약속과 정의
Testament and Justice

하나님 중심주의 기독교 정의란 무엇인가

약속과 정의
Testament and Justice

이정기 지음

엘맨

*

약속과 정의
Testament and Justice

*
초판 1쇄 | 2012년 6월 30일

*
지은이 | 이정기
펴낸이 | 채주희
펴낸곳 | 엘맨출판사

서울시 마포구 신수동 448-6
출판등록 | 제 10-1562호 (1985.10.29)

*
전화 | (02) 323-4060
팩스 | (02) 323-6416

*
질못된 책은 바꾸어 드립니다.

*
값 18,000원

하나님 중심주의 기독교정의는 관계 안에서
언약(약속)을 맺고 믿음으로 정직하고 성실하게
지켜 행함으로 약속 (언약)을 서로 간에 충족시켜
주는 법과 윤리와 도덕입니다.
인본주의 일반정의는 자기의 생각과 말과 행동을
옳다고 주장하는 자기 소견입니다.
그래서 각 사람에 따라 정의가 다를 수 있습니다.
기독교정의를 일반정의로 알고 실행한다면
하나님 중심의 기독교가
인본주의 유물론주의로 각자 개인주의로
변질되고 세속화되므로
더 이상 하나님 중심주의 신앙을 찾아 볼 수 없는
인간 중심주의 기독교로 전락됩니다.
≪약속과 정의≫ 이 책은 하나님 중심의
기독교를 변증하는 귀중한 책입니다.

머리말

≪약속과 정의≫의 원고(manuscript)를 감수(editor supervision) 해 준 목사님들이 칼빈의 ≪기독교 강요≫ 만큼이나 기대되는 책이라고 호평하여 주었습니다.

≪의와 공의와 의인≫에 대한 성경의 개념을 정리(定理)한 다음 ≪그의 나라와 그의 의를≫ 1994년에 책으로 출판하였지만 그때 출판사 대표의 평가로는 이 책은 앞으로 100년 후에나 사람들이 관심 갖게 될 것이라고 예언적인 호평을 하였습니다.

저자가 ≪약속과 정의≫를 집필할 때 이와 비슷한 시기에 미국 하버드 대학교 마이클 샌델 정치철학 교수는 20년 전부터 일반개념의 ≪정의가 무엇인가≫라는 주제로 유명한 강의를 20년이 넘도록 계속하고 있습니다. 마이클 샌델의 저서 ≪정의가 무엇인가≫ 하는 책이 대한민국에 출판되어 일약 100만 명 이상의 독자들이 읽었으며 전 세계의 지성인들이 마이클 샌델의 ≪정의가 무엇인가≫를 인식론(epistemology)으로 마치 그의 지론이 일반개념의 진리인 것같이 받아들이고 있습니다.

1859년에 찰스 다윈이 ≪종의 기원≫이라는 논문을 발표함으로써 삽시간에 세계의 지성인들은 세뇌적으로 진화론을 최고의 학문으로 받아들였습니다. 진화론이 발표될 때 그 시대의 기독교는 진화론에 대하여 아무도 관심 갖지 않았고 오직 믿음만 있으면 그만이지 하면서 기독교에 반대되는 것은 종교법으로 다스리기만 하면 된다는 무사안일주의로 진화론의 파급효과를 완전히 무시하였습니다. 진화론이 발표되고 불과 150여 년이 지난 오늘날은 무신론의 진화이론이 기독교의 창조이론보다 더 진리인 것 같이 인식되고 있습니다.

뒤늦게 기독교인 과학자들이 주축이 되어 〈기독교 창조론〉을 변증하는 데 전념하고 있지만 세계의 지성인들은 기독교의 창조론보다 무신론주의의 진화론을 더 신뢰하고 과학적 이론의 정설로 인정하고 있는 것이 현실입니다. 부끄러운 현실은 기독교인들 중에는 창조론의 지식보다 진화론의 지식을 더 많이 가지고 있는 진화론을 더 신뢰하고 있는 사람들이 많다는 사실입니다.

지금 당장 심히 우려하는 바로는 대한민국은 물론 세계의 그리스도인들이 일반개념의 〈정의〉의 뜻과 의미를 〈성경적 정의〉의 뜻과 의미로 받아들여 알고 이해하고 생각하고 행동한다면 기독교 신앙은 종교개혁운동 이후 또 다시 하나님 중심의 신앙에서 인본주의 중심의 신앙으로 완전 변질될 것입니다.

일반개념의 정의에 대한 지식으로 하나님의 말씀 곧 성경의 진리를 알고 이해하고 실행한다면 수습 불가능할 만큼 하나님 중심의 기독교 신앙에서 인간이 중심이 되는 인본주의 및 유물론주의로 급격하게 세속화 될 것입니다. 그 결과는 세계의 기독교인들은 옛날 사사기시대 보다 더 참혹한 하나님의 진노와 보복의 역사 체험을 현대의 기독교인들이 고스란히 겪어야 할 것입니다.

소위 지성인들 사이에서 일반개념의 정의가 새삼스럽게 주목을 받게 될 때 기독교의 목회자들에게 그리고 일반평신도 중에서 지성인 그룹에 속하는 사람들에게 '그리스도인에게 정의란 무엇인가? 하고 질문하여 보았더니 모두가 당혹스러워 하면서 선 듯 답변을 하지 못하였습니다.

정의가 무엇인가 하는 책이 출판된 후 몇 몇 기독교 지성인들이 기독교인들이 읽어 볼 수 있는 정의에 관한 책을 저술한 것을 보았는데 하나 같이 일반개념의 정의의 관점에서 기독교 정의를 설명하려고 하는 것을 보고 실망하였습니다.

기독교 정의는 언약(Testament)입니다. 하나님과 사람이 관계를 맺고 서로 간에 존재(Existane)를 위하여 약속하고 변함없이 정직하고 성실하게 지켜 완전하도록 충족시켜 주는 것이 〈기독교 정의〉입니다.

일반 개념의 정의는 자기의 생각과 말 그리고 행동이 옳다고 주장하는 것입니다.

만약 일반개념의 정의로 기독교 정의를 설명하면 기독교의 진리는 왜곡되고 세속화되고 변질됩니다.

기독교 정의는 하나님의 정의이며 성경의 정의이고 하나님 중심의 신앙을 지키고 보존하고 후대에 물려 줄 기독교진리입니다.

하나님 중심으로 신앙생활하고 있는 진실한 그리스도인이라면 ≪약속과 정의≫를 꼭 읽어 보시고 유일하신 하나님 중심의 신앙생활에 유익한 도움이 되시리라 믿어 의심치 않는 바입니다.

≪약속과 정의≫를 애독하시는 여러분께 진심으로 감사합니다.

2012년 새해가 밝아오는 화려한 아침에……

이정기
032-555-7980
019-417-3204

차례

제1장

약속과 정의

1 관계

인사

이 세상에 존재(existence, being)하는 모든 사물은 개체마다 존재를 나타내는 특징이 있고, 생명을 가지고 있는 유기체는 각각의 품격(dignity) 또는 인격(person)으로 존재의 뜻과 의미를 극대화시켜 존재를 나타내려고 합니다.

세상에 존재하는 사물(事物)은 유아독존(唯我獨尊)이 아니라 피조물이 다같이 모여 더불어 생존(生存)하는 데 중요한 관심사는 다른 사물이 자기의 존재를 우호적으로 친근감 있게 인정해 주는 상부상조(相扶相助)하는 것을 가장 좋아합니다.

인사(greeting)는 이 세상에 존재하는 인격체가 자연환경 안에서 다른 사물과 관계를 맺고 유지하고 발전시켜 나감에 있어 내가 먼저 상대방의 존재를 인정해 주는 특별한 배려(special consideration)입니다.

예수 그리스도께서 이 세상에 성육신(Incarnation)으로 탄생하실 때 하늘의 천군천사들이 나타나 찬송을 부르며 온 세상에 기쁨의 메시지를 선포하는 인사(人事)를 하여 주었습니다.

"지극히 높은 곳에서는 하나님께 영광이요 땅에서는 기뻐하심을 입은 사람들 중에 평화로다"(눅 2:14)

예수 그리스도께서 십자가에서 죽으시고 무덤에 장사 지낸 바 되시고 난 후 사흘 만에 부활(Resurrection)을 하셨습니다(마 28장, 막 16장, 눅 4장, 요 20장).

예수님께서 다시 살아나시고 이 세상에 사십일을 머물러 계시며 제자들에게 뿐만 아니라 모든 믿음의 사람들에게 직접 만나 주시고 죽음을 이기시고 다시 살아나신 부활의 실재하는 모습을 그대로 보여 주셨습니다.

주 예수 그리스도께서는 부활하신 후에 한 가지 특징적인 모습이 성경에 기록되었는데 그 일은 바로 인사(Greeting)였습니다.

"너희에게 평강이 있을 지로다"(눅 24:36, 요 20:19, 21, 26)

평강(平康), 평화(Peace), 평안(Shalem), 화평(和平)은 다 같은 뜻과 의미로 하나님께서 베풀어 주시는 은혜로 말미암아 더 이상 바랄 것이 없을 만큼 충만한 상태에서 얻고 누리는 기쁨과 즐거움과 만족한 상태를 말합니다.

"의의 공효(功效-공들인 보람)는 화평이요 의의 결과는 영원한 평안과 안전이라"(사 32:17)

사람이 더불어 살아가는 세상에서 서로 만날 때 반갑게 인사를 합니다.

거듭 말씀드리지만 인사(人事)는 상대방의 존재를 인정하고 더 나아가 상대방의 존재에 대하여 친절하고 우호적인 존경을 표시하여 줌으로써 다 같이 존재할 수 있는 최고의 배려이며 예절입니다.

인사는 상대방의 존재를 가장 존중해 주면서 더불어 친목하고 싶다는 의사(意思)를 표현하는 것입니다.

'칭찬(praise)은 고래도 춤추게 한다.'

생명을 가지고 있는 인격체가 처음 만날 때나 같이 만나 교제하고 있는 시간에 서로를 위하여 존중하고 사랑하고 위하여 준다는 뜻과 의미로 격려하고 덕담을 나누고 칭찬을 하는데 이런 좋은 분위기는 얼마든지 유익하게 해 줍니다.

사람이 서로 만나 반갑게 인사를 주고받으면 하루 종일 기분이 좋습니다. 그러나 사람이 기대를 가지고 만났음에도 인사를 하지 않고 그대로 지내면 상대로부터 무시당하는 기분이 들어 매사에 스트레스만 쌓이고 능률도 오르지 않는 것입니다.

왜냐하면 상대방으로부터 자기의 존재를 무시당한 느낌의 굴욕감이 마음의 상처로 남기 때문입니다.

중학교 2학년 때부터 갑자기 머리가 쑤시고 아파 참을 수 없을 만큼 고통스러움을 당하면서 학업을 계속하여 가까스로 대학생이 된 청년이 있습니다. 이 청년은 머리 아픈 데 좋다는 약을 다 사용해 보았고 의사를 찾아 치료를 받아 보았지만 아무런 효과가 없었습니다. 대학생이 되고 더 이상 참고 견딜 수 없어 휴학을 하고는 어느 종교시설에 들어가 2년 동안 정신 수양 한다며 도(道)를 닦아 보았는데도 전혀 치유되지 않았습니다.

청년은 자신의 머리 아픈 것은 현대의학으로 치료불가하다는 절망과 탄식을 하며 집으로 왔을 때 이웃에 살고 있는 그리스도인이 전도하여 그 때부터 교회를 열심히 다녔습니다. 이 청년은 자신의 머리 아픈 병고를 치유 받으려고 교회에 다니면서 유명하다는 금식기도원에 가서 금식기도를 하여 보았고 유명한 부흥강사에게 안수기도를 받아도 낫지를 않았습니다. 새벽기도를 계속 하여도 전혀 머리 아픈 병이 치유되지 않는 것입니다.

저자(著者)는 어느 날 기독교 서점에서 우연히 기독교월간 잡지를 한 권 사가지고 읽었는데 그 책의 맨 뒷면에 독자 투고란이 있어 그곳을 읽어보다가 이 청년의 딱한 사연을 알게 되었습니다. 그 때 저자는 이 청년의 원인불명의 두통에 시달림 당하면서 나름대로 최선을 다하여 투병하고 있는

짤막한 기사를 읽는 순간에 하나님께서 저자에게 특별하게 가르쳐 주시는 치유의 응답을 받았습니다.

그 청년은 멀리 지방에 살고 있었고 생면부지의 초면인데 내가 먼저 나서서 청년의 머리 아픈 병을 치유시켜 주겠다고 선 뜻 나설 수 없는 노릇이었습니다. 청년의 머리 아픈 사정은 딱하지만 어찌 할 도리가 없어 그냥 잊어버리려고 하였는데 그럴수록 나의 마음은 죄책감으로 사로잡히게 되었습니다. 며칠동안을 고민하다가 좋은 방법 곧 편지상담을 하면 되겠다는 생각이 떠올라 조심스럽게 편지를 써서 보내 주었습니다.

이 청년은 나의 편지를 받자 버럭 화를 내면서 시외전화로 “누구든지 자기를 위하여 기도만 해 달라고 했지 상담해 달라고 했냐?”며 강력하게 불쾌한 반응을 보여 왔습니다. 안타까운 일이지만 더 이상 어떻게 할 도리가 없어 그냥 포기하려고 하였는데, 전혀 뜻밖이지만 일주일 후에 그 청년의 편지가 배달되었습니다. 청년은 편지로 정중하게 사과를 하면서 부디 자신의 두통질병을 주 예수 그리스도의 이름으로 치유시켜 달라는 간곡한 사연이 들어 있었습니다.

편지신앙상담 하는데 필요한 그 청년의 가정형편과 개인의 신상에 관한 정보를 소상하게 알려 주었습니다. 이 청년은 옛날 명문가문의 장손으로 태어나 온 문중의 사람들로부터 장손(長孫)이라는 존귀한 존재로 떠받침을 받으며 대접받으며 인사를 받는 위치에서 자라났습니다. 그런데 이 청년은 나이가 차서 초등학교에 입학하고부터 심각한 문제가 생겼습니다. 학교 다니는 또래의 친구들에게 존귀한 대접은커녕 비속어와 주먹다짐의 싸움질로 많이 매 맞고 욕설과 무시와 멸시까지 받게 되었던 것입니다.

중 · 고등학교에 다니면서부터는 더욱 심각한 상황에 직면하였습니다. 대한민국의 교육제도는 상급학교에 올라갈수록 성적순위 때문에 경쟁의식이 치열합니다. 아무리 친한 친구라도 우열을 가리는 경쟁의식이 가장 강렬할 때이며 더 심각한 것은 내가 더 공부를 잘 해야만 상급학교에 안심하고 진학할 수 있다는 현실입니다. 그러니 이 청년은 중·고등학교를 다니면서 친구들로부터 더욱 가혹한 경쟁상대의 피해자로 시달림을 당합니다. 고등학교 2학년 때 머리 아픔이 심각한 상태까지 다다르게 되어 학업을 계속 못한 것 때문에 단번에 대학교 입학을 못하고 다시 재수를 하고는 각고의 노력으로 대학생이 되었습니다.

대학교를 입학하고 곧바로 휴학하고 머리 아픈 병을 치유하려고 백방으로 노력을 다하고 있었는데 저자와 극적으로 연결되게 된 것입니다. 이렇게 하여 두통을 심하게 앓고 있는 청년과 편지상담을 하면서 처방전을 알려 주었습니다.

'청년이 매일같이 만나는 이웃의 사람들에게 내가 먼저 공손하게 인사를 하라.'

꼭 일주일 만에 그 청년으로부터 답장이 왔는데 대단히 실망했다며 이런 유치한 장난질하려고 그렇게 호언장담했냐며 아주 불쾌한 내용의 편지를 써 보내 왔습니다. 이 청년의 생각은 자신이 투병 중에 있는 두통이란 불치병을 치유받기 위하여 지금까지 사람으로는 감내하기 힘든 일도 다 겪어 보았으니 아마도 인간의 한계를 넘나들 만큼 실행하기 힘들고 어려운 처방을 하여 줄 것이라고 각오를 단단히 하고 기다렸는데 고작 〈인사〉를 하라는 것에 대단히 실망을 하고 있었습니다.

즉시 답장을 써 보내주었는데 청년이 백방으로 다니며 치료를 다 받아 보았지만 단 한 가지 아직 실행해 보지 않은 비법이란 이웃사람들에게 인사하는 것뿐이니 이것을 꼭 실행해 보면 반드시 좋은 일이 있을 것이라는 뜻과 의미로 미션(mission)을 준 것이니 일단은 실행해 보고 그래도 치유가 되지 않으면 그 때 항의하라고 말하여 주었습니다.

한 가지 덧붙여 구약성경에 기록되어 있는 아람왕국의 군대장관 나아만이 문둥병에 걸렸으나 이스라엘의 선지자 엘리사를 찾아와 그의 지시를 그대로 순종함으로써 문둥병에서 고침을 받았다는 말씀(열왕기하 5장)을

16

인용하여 주었습니다. 그로부터 한 달 후에 청년으로부터 편지가 왔는데 믿음으로 자기가 먼저 사람들에게 친절하게 인사를 하였더니 어느 날부터 거짓말 같이 머리 아픈 병이 다 나았다는 것입니다.

아주 간단한 방법, 만날 때와 헤어질 때 정답게 나누는 인사(greeting) 곧 상대방의 존재를 존중하며 인정하는 친절하게 대면해 주는 매너(manner)를 내가 먼저 실행함으로써 두통이라는 심각한 병리현상의 문제를 해결할 수 있었던 것입니다.

많은 사람들을 겪어 보지만 꼭 남에게 인사를 받고나서 무덤덤하게 무성의하게 건성으로 인사하는 사람들이 많이 있습니다. 기왕에 인사를 주고 받으려면 지위고하를 막론하고 먼저 본 사람이 친절하고 유쾌하게 인사를 하여 준다면 화기애애한 좋은 분위기로 교제하면서 더불어 같이 일과를 시작할 수 있습니다.

'나'라는 존귀한 인격자가 세상에 존재하며 생명활동을 할 바에는 기분 좋은 이미지로 유쾌한 이미지로 다른 사람을 유쾌하게 해주면서 더불어 살아가는 것이 행복입니다.

"그러므로 너희가 회개하고 돌이켜 너희 죄 없이 함을 받으라 이같이 하면 유쾌하게 되는 날이 주 앞으로부터 이를 것이요"(행 3:19)

기독교 정의를 변증(dialectic)하면서 책 첫머리에 인사란(人事欄)을 특별하게 서술(敍述)하고 있는가 하면, ≪약속과 정의≫를 읽고 있는 독자를 진심으로 사랑하고 존중하기 때문입니다. 저자는 더욱 애정을 가지고 기독교 정의에 관한 올바른 지식과 지혜를 전하여 드리고 싶은 사명감의 열정이 있습니다.

≪약속과 정의≫의 책을 읽고 있는 독자께서도 저자의 아낌없는 선물의 충정을 우호적으로 기쁨과 즐거움으로 받아 주시면 한 층 더 기독교 정의를 읽고 신앙생활을 하는데 유익이 될 것입니다.

≪약속과 정의≫는 성경에 기록되어 있는 올바르게 알아야할 중요한 주

제(main theme)를 상당한 분량으로 다루고 있으며 내용에 있어서도 동기(motive)를 충분히 설명함에 있어 정말이지 성직자의 사명감으로 최선을 다하였습니다.

《약속과 정의》를 읽고 난 독자제위께서는 누가 〈그리스도인에게 정의란 무엇이냐〉고 질문을 하면 기탄없이 기독교 정의 곧 성경정의(Bible Righteousness)의 뜻과 의미 그리고 내용을 알고 자신 있게 설명할 수 있는 자랑스러운 그리스도인 되시기를 진심으로 기원합니다(행4:5~12).

"저희가 베드로와 요한이 기탄(忌憚)없이 말함을 보고 그 본래 학문 없는 범인으로 알았다가 이상히 여기며 또 그 전에 예수와 함께 있던 줄도 알고 또 병 나은 사람이 그들과 함께 섰는 것을 보고 힐난할 말이 없는지라"(행4:13~14)

인식론

대한민국 사람들은 옛날부터 모든 만물은 서로 관계를 맺고 유지하고 발전시키며 존재하고 있다는 인과관계(cause relation)에 남다른 관심이 많습니다. 길을 가다가 옷깃만 스쳐도 인연(因緣)이 있다며 인사를 나누고 친교를 합니다.

대한민국 사람들은 우주만물을 창조하시고 섭리하시고 계시는 하나님과 신앙적인 관계를 맺고 유지하고 발전시켜 나가야만 자기와 가족 그리고 자손이 복을 많이 받고 누리며 살아갈 수 있다고 믿어 왔습니다(출20:1~17).

"나를 사랑하고 내 계명을 지키는 자에게는 천대(千代)까지 은혜를 베푸느니라"(출 20:6)

대한민국 전체 국민이 4,800만 명인데 그 중에 기독교인이 1,000만 명, 불교인이 1,000만 명, 가톨릭교인이 700만 명, 유교를 종교로 생각하고 있는 사람이 1,000만 명, 군소종교인 다 합치면 1,000만 명 정도 되고 통계상으로 보면 종교인 수가 전체 국민의 수보다 많습니다. 대한민국 사람은 나름대로 유일신 하나님의 존재를 믿고 혹은 다른 종교에도 신(神)이 있다며 다양한 종교를 가지고 있습니다.

이 세상에 존재하고 있는 유기체(organism)의 구성 요소는 세포(cell)로 되어 있고 세포는 지식정보(intelligence)로 가득하다고 유전공학이 밝혔습니다. 모든 유기체의 생명의 본질은 지식(knowledge)입니다(잠 8:22~31).

"심히 교만한 말을 다시 하지 말 것이며 오만한 말을 너희 입에서 내지 말지어다 여호와는 지식의 하나님이시라 행동을 달아 보시느니라"(삼상 2:3)

인식론적(認識論的)으로 설명하자면 이 세상에서 생명을 가지고 살아가는 모든 생명체는 각자의 지식에 의존하며 생명활동을 하고 있는 것입니다.

사람도 예외는 아니고 그 사람이 가장 많이 가지고 있는 지식과 그 지식을 유효하게 응용하여 사용하는 지혜에 의존하여 생각하고 말하고 행동에 옮겨 삶의 체험을 쌓아가며 살아가고 있는 것입니다(롬10:10~15).

"그런즉 저희가 믿지 아니하는 이를 어찌 부르리요 듣지도 못한 이를 어찌 믿으리요 전파하는 자가 없이 어찌 들으리요"(롬10:14)

그 사람이 현재 가지고 있는 지식(知識)이 돈이나 재물에 관하여 잘 알고 있는 것이면 그 사람은 자신의 지식창고에 돈과 재물에 관한 각종 정보 외에는 관심도 없습니다.

예를 들어서 어떤 사람이 불교에 관한 지식은 있고 다른 종교에 관한 지식은 별로 없다면 절대 불교 외에 다른 종교에 관해서는 완고하게 거부반응을 일으킵니다.

대한민국에 처음 선교사가 들어와 주 예수 그리스도의 복음을 전파할 때 사람들은 기독교에 대하여 전혀 무지하였습니다. 하나님에 대하여 전혀 무지한 사람들에게 창조주 하나님께서는 특히 사람들의 생명을 풍성하게 살려주며 병자를 치유하며 귀신을 내쫓아주며 가난한 사람에게 재물 얻을 복을 주신다고 하나님에 대한 지식을 가지게 하여주었습니다. 누구든지 주 예수 그리스도를 영접하면 성공하고 부와 귀를 얻고 누릴 수 있는 믿음의 종교라고 사람들에게 하나님에 대한 진리의 지식을 갖게 하여 주는데 주력한 덕분에 선교120년 만에 1,000만 명의 기독교인으로 놀라운 부흥을 이룩할 수 있었습니다.

옛날 무지(無知)한 시대에는 유식(有識)한 사람이 무슨 말을 그럴듯하게 하고는 믿느냐고 물으면 아는지 모르는지 그대로 믿는다고 대답하였습니다.

그러나 지금의 사람들은 고도의 수준 높은 지식을 다 가지고 있어 일방적으로 믿음을 강요하면 즉각 반발하면서 왜 믿어야 하는가에 대한 인식(認識)을 할 수 있게 논리적으로 설명하라고 요구합니다.

요즘 〈정의(Justice)가 무엇인가〉에 대한 책이 출판되어 많은 지성인들이 필독서마냥 읽고 있습니다.

일반적인 개념으로 〈정의가 무엇이냐〉고 질문한다면 막연한 개념으로 느껴질 뿐 어떻게 일목요연하게 대답하거나 논리적으로 설명하기에는 너무 광범위하고 포괄적이고 복잡하다는 생각이 떠오릅니다.

실제로 〈정의가 무엇인가〉의 책을 읽어 보면 어떤 사회적 이슈(issue)에 대하여 각자의 소견을 피력하면서 자기가 생각하는 것과 말하는 것, 판단하는 것 그리고 행동하는 것이 옳다고 주장하는 것을 정의라고 우겨 쌈 하는 논쟁만 있지 정의라는 개념에 대하여 인식론적인 결론을 내리지 못합니다.

"그 때에 이스라엘에 왕이 없으므로 사람이 각각 그 소견(所見)에 옳은 대로 행하였더라"(삿 21:25)

'기독교 정의는 무엇인가'하고 기독교회에 열심히 다니는 교인에게 또는 기독교신앙에 대하여 선생 같은 위치에 있는 목사 전도사 신학생 교사에게 단도직입적으로 질문하면 곤혹스럽게 한참을 생각하고 자신 없는 말로 대답합니다.

'〈일반적인 개념의 정의〉나 〈기독교의 진리 성경적 개념의 정의〉나 다 같은 뜻과 의미가 아닐 까요?'

저자가 작심하고 사명감을 가지고 ≪약속과 정의≫를 집필한 까닭은 모든 그리스도인이 〈성경의 정의〉 곧 〈기독교 정의〉를 기탄없이 말할 수 있게 지식과 지혜를 일깨워 주려는 충정(衷情)임을 밝히 말씀드립니다.

하나님을 알고 있는 지식(성경지식)으로 상대방에게 하나님의 존재를 변증하지 못하면 상대방은 여전하게 하나님을 불신앙하고 신뢰하지 않을 것입니다.

저자는 〈기독교 정의〉를 변증(defense)하면서 가장 성경정의(聖經定意)에 부합되는 개념을 찾아 알기 쉽게 자세하게 설명하려고 심혈을 기울였습니다.

그러나 〈기독교 정의〉에 관한 책≪약속과 정의≫를 독자가 읽고 지식을 갖게 된다면 하나님의 존재를 확고부동하게 믿게 될 것이고 또한 〈기독교의 정의〉에 대한 인식을 확실하게 가지고 뜻과 의미가 충족되는 인생의 삶을 가장 보람되게 살아가게 될 것입니다.

전제

전제(Premise)라 함은 목적하는 결과를 이끌어 내기 위하여 어떤 사물을 먼저 내세우는 것입니다.

논리학(Logic)은 전제(前提)를 주제(主題)에 걸 맞는 내용을 추리(推理)함에 있어서 원인과 과정 그리고 결론을 이끌어 내는 유력한 기초가 되는 가정(假定)을 말 합니다.

이 세상을 창조하시고 섭리하시는 여호와 하나님께서 존재하고 계시면서 태초에 천지만물을 창조하시고 섭리하시고 계십니다(창 1장).

≪약속과 정의≫의 책을 읽는 독자는 하나님께서 우주만물을 창조하시

고 섭리하고 계신다는 전제를 논리학적 가정이 아닌 성경적인 진실(진리)로 받아 들여야 합니다(창 1:1~31). 세계의 모든 기독교인은 하나님께서 존재하시고 계시다는 절대 불변의 믿음을 가지고 있습니다.

대한민국에서 태어나 일반대학교를 졸업한 후 신학교에서 학사학위를 받은 신학도가 세계적인 신학자가 되고 싶은 청운의 꿈을 가지고 독일의 유명 신학교에 입학원서를 제출하였습니다. 입학사정관이 질문하기를 정말로 하나님이 있다고 보는가? 하고 질문하는데 얼른 대답하기를 〈하나님께서 존재하고 계십니다〉라고 하나님의 존재를 인정하니까 더 이상 물어보지 않고 불합격시키더라는 것입니다. 독일의 신학은 인본주의를 중시하며 무신론주의로부터 시작하기 때문에 유신론주의로는 신학공부를 할 수 없다는 것입니다(슥 7:5~6).

대한민국 기독교회는 독일이라는 국가에 대하여 제일 먼저 생각하는 것은 기독교종교개혁의 발상지라는 것을 좋게 보고 있습니다. 그러나 200여 년 전부터 독일에서부터 시작하여 전 세계는 자유주의신학 곧, 인간중심주의진보신학이 주류를 이루고 있습니다.

대한민국 기독교인들은 신앙과 신학에서만큼은 외국에서 신학학위를 받았다고 하면 혹시 인간중심의 자유주의에 물들지 않았을까하고 좋게 봐주지 않습니다. 대한민국 기독교회는 하나님께서 만세전부터 스스로 존재하고 계시며 세상을 창조하시고 다스리시고 계신다는 믿음이 변함없이 충만합니다(출 3:14).

만고불변의 성경적인 진리이자 기독교의 정의는 창조주와 피조물 사이에 서로 간의 존재를 인정해 주고 존중해 주는 약속을 하고 그 약속을 어떻게 지켜 나가는가에 대하여 전적으로 관심(interest)을 집중하기 때문입니다.

하나님께서 만들어 놓으신 모든 피조물은 자신의 존재에 대한 자존심을 소중히 여기기 때문에 본능적으로 자신의 존재를 과시(誇示)하고 지키고 발전시키며 보존하려고 합니다.

피조물의 존재(existence, being)란 사물(事物)이 현재 하나님께서 만들어 놓으신 대자연 곧 우주만물 가운데 있다는 뜻과 의미이므로 모든 피조물은 자신이 현재 존재하고 있다는 사실을 다른 사물들 곧 상대방에게 각인(刻印)시켜 주려고 합니다.

자연(Nature)이란 피조물에 의하여 변질되거나 변형되지 아니한 그야말로 하나님께서 처음 만들어 놓으신 최초의 상태를 원형(original) 그대로 보존하고 있는 것을 말합니다.

환경(environment)이란 피조물의 생명체를 둘러싸고 있는 일체의 사물, 유기체에 직접 혹은 간접으로 영향을 주는 모든 것을 말합니다. 다시 말하자면 피조물이 각자 놓여 있는 자리에서 그 주변에 있는 다른 생명체와 공생공존을 위한 우호적인 상부상조를 하면서 존재하고 있는 것을 말합니다.

조물주와 피조물의 약속 곧 조물주(the Creator)가 만물(all things)을 만들어 놓은 목적에 완전하도록 부합되는 변함없는 사랑과 은혜를 약속하는 것이고 피조물은 조물주에 대하여 존재의 목적을 달성시켜 드림으로, 다시 말하자면 피조물은 일제히 창조주 하나님의 존재를 찬양하고 감사하며 영광을 올려 드림으로서 하나님의 존재를 인정해 드리는 약속을 지켜 행함이 됩니다.

사람과 사람이 모여 살아가는 사회도 서로 간에 존재를 위하여 상부상조하는 약속이 잘 지켜져야 합니다. 만물의 영장(靈長)이라고 하는 사람이 다른 유기체 곧 동물이나 식물, 나아가서는 무생물의 존재까지도 인정하고 지켜 주고 보호하여 주는 의지(will)를 약속을 함으로써 모든 피조물이 보다 존재하기 좋은 세상을 만들어 갈 수 있고 보존할 수 있으며 후대에게 귀중한 자연을 유산으로 물려 줄 수 있는 것입니다(창 1:26~28).

"하나님이 자기 형상 곧 하나님의 형상대로 사람을 창조하시되 남자와 여자로 창조하시고 하나님이 그들에게 복을 주시며 그들에게 이르시되 생

육하고 번성하여 땅에 충만 하라 땅을 정복하라 바다의 고기와 공중의 새
와 땅에 움직이는 모든 생물을 다스리라 하시니라”(창 1:27~28)

환경파괴(環境破壞)라는 말은 피조물 간에 상호존재를 위하여 노력하지
않고 특정한 존재만을 위하여 다른 피조물의 존재를 무시하거나 없애려
하는 이기적인 행동의 결과를 말합니다. 인간이 문명을 발달시켜 공업화
시대를 열어가면서 유해물질을 대자연에 마구 배출하고 무분별하게 개발
하고 환경파괴를 일삼고 있습니다. 그 결과 얼마 가지 않아서 인간에게 돌
이킬 수 없는 환경재앙이 대자연에 발생하기 시작합니다. 우라늄 자원을
이용하면 아주 저렴한 비용으로 고품질의 전기를 많이 생산할 수 있지만
만약 원자력발전소가 파괴되는 대형 참사가 일어나면 뒷수습을 할 수 없
는 대재앙을 맞게 됩니다. 세계 최고의 공업선진국 일본에 2011년 3월에
대지진이 발생하면서 원자력발전소를 여지없이 파괴시켰습니다. 일본은
국력을 총동원하여 방사능오염을 최소화시키려고 온갖 노력을 다 쏟아 부
어보았지만 원자력피해로 인한 환경파괴를 원상복구 시키는 일은 엄두를
못 내고 있습니다.

인류는 지구라는 자연환경을 잘 지키고 보존하려고 노력하고 있습니다.
사람이라는 유기체의 존재가 생명활동을 하고 있다는 것은 사람이 육신의
몸을 입고 지구(earth)라는 자연환경 안에서 육신의 생명이 살아서 존재
하고 있는 것을 말합니다. 사람의 육체적 죽음은 이 세상에서 더 이상 생
명활동을 할 수 없다(존재하지 않는다)는 뜻과 의미가 되므로 존재할 가치
를 상실당하는 것입니다.

하나님께서는 인간이 육신의 생명만 살아 있는 동안뿐만 아니라 생명의
본질인 영혼이 영생복락 할 수 있도록 영적존재만 가능한 천국(Kingdom
of Heaven)을 만들어 놓고 육신의 생명이 살아 있는 동안에 하나님과의
언약을 잘 지켜 행하는 사람을 엄선하여 구원하시고 천국에서 영원히 복
락을 얻고 누리면서 존재하도록 허락하십니다.

"여호와의 모든 길은 그 언약과 증거를 지키는 자에게 인자와 진리로다 여호와여 나의 죄악이 중대하오니 주의 이름을 인하여 사하소서 여호와를 경외하는 자 누구뇨 그 택할 길을 저에게 가르치시리로다 저의 영혼은 평안히 거하고 그 자손은 땅을 상속하리로다 여호와의 친밀함이 경외하는 자에게 있음이여 그 언약을 저희에게 보이시리로다"(시 25:10~14)

하나님께서 존재하고 계심

하나님은 영원히 스스로 존재하시는 하나님이십니다(출 3:13~14).

"하나님이 모세에게 이르시되 나는 스스로 있는 자니라 또 이르시되 너는 이스라엘 자손에게 이같이 이르기를 스스로 있는 자가 나를 너희에게 보내셨다 하라"(출 3:15)

왜 하나님께서 홀로 계속 존재하시지 않고 태초에 피조물을 창조하셨는가(창세기 1장~3장)하면, 영원히 홀로 존재하시는 하나님께서 피조물을 통하여 하나님의 존재를 인정받으시려는 목적이 있습니다(시편 19:1~6).

"하늘이 하나님의 영광을 선포하고 궁창(穹蒼)이 그 손으로 하신 일을 나타내는 도다"(시 19:1)

존재론(Ontology)에서 '있다'(being)는 존재(existance)를 인정받는 것은 상대성(relativity)에 의하여 존재하고 있는 다른 사물이 상대방의 존재를 인정해주고 증거해주고 검증해 줌으로서 가능한 것입니다.

하나님께서 왜 사람을 만드시고 사람으로부터 하나님의 존재를 인정받으시려 하는 가하면 하나님의 형상(Image)과 모양(Likeness)이라는 인격의 속성을 닮은 사람과 더불어 존재하시려고 작정하셨습니다. 하나님과의 약속(언약)을 잘 지킬 수 있는 인격의 존재로 처음부터 만드셨기 때문입니다(창 1:26~28).

하나님의 존재를 사람이 정직하고 성실하게 믿음으로 인정해 드리는 것은 하나님의 말씀 곧 언약을 정직하고 성실하게 믿음으로 지켜 행하는 것입니다(시 19:7~14).

"여호와의 율법은 완전하여 영혼을 소성케 하고 여호와의 증거는 확실하여 우둔한 자로 지혜롭게 하며 여호와의 교훈은 정직하여 마음을 기쁘게 하고 여호와의 계명은 순결하여 눈을 밝게 하도다 여호와를 경외하는 도는 정결하여 영원까지 이르고 여호와의 규례는 확실하여 다 의로우니 금 곧 정금보다 더 사모할 것이며 꿀과 송이 꿀 보다 더 달도다"(시 19:7~10)

모든 피조물도 자신의 존재는 이 세상에서 가장 가치 있는 뜻과 의미를 내포(內包)하고 있습니다. 여기서 내포(connotation)란 뜻과 의미는 어떤 뜻을 그 속에 포함하는 것, 혹은 개념이 적용되는 범위 곧, 외연(外延)에 속하는 여러 사물의 공통으로 지니는 필연적 성질의 전체를 말하는 것입니다.

하나님께서 만들어 놓으신 모든 피조물은 각기 그 만든 목적의 뜻과 의미를 가지고 있는데 분명한 사실은 존재하는 사물은 각자의 모든 속성을 동원하여 자신의 존재를 과시할 자존심(self respect)이라는 명분(名分)을 다 충분하게 가지고 있다는 사실입니다. 그러므로 모든 피조물은 각자 이 세상에 존재하는 이유 목적에 대하여 설명할 수 있고 주장할 수 있는 권리가 있습니다.

피조물의 세계는 모든 존재하는 것들의 자기과시(自己誇示) 즉, 자존심의 욕구를 충족시키려는 경쟁이 있게 마련인데 여기서 다른 존재물과 피할 수 없는 존재과시의 충돌현상-생존경쟁, 적자생존, 양육강식 현상이 나타나게 되고 이런 과열현상에서 패배하면 자연도태 됩니다.

"오직 각 사람이 시험을 받는 것은 자기 욕심에 끌려 미혹됨이니 욕심이 잉태한즉 죄를 낳고 죄가 장성한즉 사망을 낳느니라"(약 1:14~15)

기독교정의(基督教正義)와 세속정의(世俗正義)

각각의 피조물이 이 세상에서 존재를 극대화시키는 과정에서 나타나는 필연적 존재과시현상에 대한 충돌은 각자 자신의 존재를 극대화시키기 위한 모든 필요한 수단과 방법에 있어서 자기의 생각과 말과 행동을 옳다고 정당화하기 때문에 부득불 〈어떤 것이 더 중요한 가〉〈누가 옳은가〉〈 무엇을 잘하고 있는가〉의 시비를 가려볼 필요가 있습니다.

옳고 그름 또는 중요하고 경미한 것의 공정한 판단은 누가 하는가?

기독교에서는 공정한 판단을 완전하신 인격의 하나님께서 가장 공정한 판단(심판)을 하십니다.

"심히 교만한 말을 다시 하지 말 것이며 오만한 말을 너희 입에서 내지 말지어다 여호와는 지식의 하나님이시라 행동을 달아 보시느니라"(삼상 2:3)

세상에서는 가장 유식하고 옳은 생각 옳은 행동을 하는 사람, 정직하고 성실한 사람, 자기유익을 구하지 아니하는 사람, 죄악이나 허물이 없는 사람이 재판관이 되어야 합니다. 그러나 사람이란 인격의 한계가 있습니다. 자기에게 유리할 때는 천사같이 말하고 행동하지만 자기에게 불리하고 손해 가는 일 당하면 사람의 얼굴빛부터 달라집니다. 사람은 다 똑같은 성정(性情)을 가지고 있기 때문에 자기라는 존재를 지키고 보전하려는 본능이 있습니다.

사람은 항상 자기를 가장 중요한 존재라고 생각하는 자기중심성을 가지고 남을 판단하는 것입니다. 그러므로 자기 생각이나 말이나 행동이 가장 정의롭다고 판단하는 것입니다.

"기록한바 의인은 없나니 하나도 없으며 깨닫는 자도 없고 하나님을 찾는 자도 없고 다 치우쳐 한 가지로 무익하게 되고 선을 행하는 자는 없나니 하나도 없도다"(롬 3:10~12).

기독교 정의는 서로 간에 더불어 존재하기 위하여 관계 안에서 서로 간에 요구하는 모든 조건을 충족시켜 주는 약속(언약)을 하고 그 약속을 충족시켜 주는 것입니다.

일반론적인 정의(Justice)는 각자의 소견에 옳은 것 즉, 생각하는 것, 말하는 것, 행동하는 것이 옳은 것이라고 여기는 것이 정의(正義)입니다.

피조물의 세계 안에서 일어나는 각자의 존재적 가치를 과시하기 위하여 절대 양보하거나 빼앗길 수 없는 생존경쟁이 있게 마련입니다. 여러 존재들이 자기의 존재를 극대화시키기 위한 무한 경쟁에서 살아남거나 혹은 존재의 우위를 점령하고 온갖 기득권을 독차지하고 행사하려면 경쟁에서 대두되는 문제 곧, 원인(origin)과 과정(process) 그리고 결과(result)에 대한 제반 평가를 자신의 생각과 말과 행위와 의무와 책임에 관한 자기합리화의 명분과 주장과 변명으로 판단하는 것이 곧, 일반적인 정의(Justice)입니다.

일반적인 정의는 각 사람에 따라 정의의 기준이 다 다르므로 누가 더 정의로운가를 놓고 다투며 갈등하게 되고 결국은 따로따로 갈라서든지 아니면 대판 싸움으로 우열을 가리게 됩니다.

분명한 사실은 비록 일반적인 정의라 할지라도 최후의 심판은 완전하신 인격의 하나님께서 공정하게 심판하십니다.

"청년이여 네 어린 때를 즐거워하며 네 청년의 날을 마음에 기뻐하며 마음에 원하는 길과 네 눈에 보는 대로 좇아 행하라 그러나 하나님이 모든 일로 인하여 너를 심판하실 줄 알라"(전 11:9)

관계의 중요성

관계(關係)는 둘 이상이 서로 연결되는 것 또는 서로 간에 생명과 생명으로 연결되거나 서로 믿음과 의리로 가까워지거나 신뢰로 끊어지지 않는 연결고리가 형성 되어 공동(common)의 생각과 행동을 하면서 서로 간에 우호적으로 연합하여 공생공존 하는 공동체(community)를 형성하는 것을 말합니다(창 44:22~34).

"요나단은 다윗을 자기 생명같이 사랑하여 더불어 언약을 맺었으며"(삼

상 18:3)

'나'라는 인격의 존재가 이 세상에서 살아가려면 이미 이 세상에 존재하고 있는 다른 존재들과 필연적으로 대등한 관계를 맺고 유지하고 발전시켜 나가야만 합니다. 만약, '나' 라는 인격체가 우주만물 가운데서 유아독존(唯我獨尊)으로 존재할 수 있다면 창조주든지 피조물이든지 굳이 관계를 맺을 필요도 이유도 없을 것입니다.

영원 전부터 존재하시고 계신 유일하신 하나님께서 왜 우주만물을 창조하시고 섭리하시고 계시면서 특별히 하나님의 형상과 모양을 닮은 사람을 만들어 놓으셨을까요? 하나님께서 스스로 영원히 존재하신다 할지라도 이미 존재하고 있는 누군가로부터 하나님의 존재하심을 인정(recognition)해 주지 않는다면 영원하신 하나님의 존재도 아무런 뜻이나 의미가 없는 것입니다. 하나님께서 우주만물을 창조하시기 전의 모습은 매우 고독하시고 불안정하셨습니다(창 1:2).

"태초에 하나님이 천지를 창조하시니라 땅이 혼돈하고 공허하며 흑암이 깊은 위에 있고 하나님의 신은 수면에 운행하시니라"(창 1:1~2)

예를 들어 어떤 사람이 무인도에 홀로 있다고 가정해 봅시다. 물론 처음에는 아무도 자기를 의식하거나 상관할 사람이 없으니 홀가분하게 누구로부터 간섭받지 아니하는 자유를 만끽할 것이지만 조금 시간이 지나고부터는 아무도 무엇으로부터도 자기의 존재를 인정해 줄 사물이 없는 고독에서 벗어나려고 어딘가 자기의 존재를 인정해 줄 사물을 찾아 헤매는 그런 모습이 떠올려 집니다.

그러나 하나님께서 우주만물을 창조하심으로서 피조물이 창조주의 존재를 인정(시편 19:1~6)해 주실 때 하나님은 형용할 수 없을 만큼 기뻐하시고 만족해하시며 모든 영광을 홀로 받으시고 계십니다(창 1:10,12,18,21,31).

영광(Glory)이란 다른 사람으로부터 오직 자기의 존재를 우월(superiority)하게 인정받는 것을 말합니다. 여러 사람이 실력을 겨뤄 자기가 일등을 하여 경쟁자들로부터 자기의 월등한 실력을 혼자 인정받을 때 그것이 영광입니다.

기독교회 대소요리문답 제1번의 질문은 하나님께서 사람을 왜 창조하셨는가? 질문하는데 정답은 하나님께서 하나님의 인격을 닮은 사람을 통하여 영광을 받으시기 위하여 사람을 창조하셨다는 것입니다. 사람이 하나님께 모든 영광(榮光)을 올려 드리는 것은 가장 우선적으로 하나님의 존재를 인격적으로 존귀하게(우월하게) 인정해 드린다는 뜻과 의미가 있는 것입니다.

"나는 여호와니 이는 내 이름이라 나는 내 영광을 다른 자에게 내 찬송을 우상에게 주지 아니하니라"(사 42:8)

영광이란 자신의 존재를 극대화시켜 뽐내므로 인하여 다른 사람들로부터 자신의 존재를 부러울 만큼 넘치도록 인정받는 것입니다. 기독교인은 자신에게 돌아오는 영광을 하나님께 돌려 드리고 오직 자기는 하나님의 도와주심으로써만 그 일을 할 수 있는 지극히 미약한 존재라고 자신의 존재를 하나님의 존재보다 낮춥니다.

"내게 능력 주시는 자 안에서 내가 모든 것을 할 수 있느니라"(빌4:13)

관계 안과 밖

관계 안(relation in)에 있는 것과 관계 밖(relation out)에 있다는 것은 상극(相剋)입니다. 다시 말하자면 어떤 존재하는 것이 다른 존재와 더불어 관계 안에 있다는 뜻과 의미는 서로 간에 잘 협력하면서 공생공존의 수단과 방법을 공동으로 찾고 노력하는 것입니다.

그러나 관계밖에 있다는 것은 자기의 존재를 극대화시키기 위하여 상대를 공격하여 상대가 가진 모든 것을 다 빼앗는 싸움 혹은 전쟁을 해서라도 상대를 굴복시키고 죽이고 멸망시켜 모든 것을 다 빼앗아도 아무 일 아닌 전혀 자기와는 상관없는 무관심의 대상이란 것입니다.

사람이 관계개념이 없는 자기의 존재만 있고 다른 존재는 없다는 유아독존(唯我獨尊)의 의식(意識)을 가지고 있다면 그 사람은 철저하게 자기의 생각과 말과 행동이 절대적으로 정의롭다고 그렇게 고집할 것입니다.

사람이 이 세상에 살아감에 있어 관계개념이 얼마나 중요한가는 사회생활을 하면서 여러 사람을 상대해 보면 스스로 깨달을 수 있습니다.

기독교는 관계개념이 신앙의 전제가 되는 종교입니다. 하나님과 나는 관계 안에 있는가 아니면 관계밖에 있는가에 따라서 신앙의 뜻과 의미가 전혀 달라집니다. 하나님과 관계밖에 있으면 하나님과 전혀 무관하므로 구원이나 은혜나 어떠한 도움도 기대할 수 없습니다.

"그 때에 너희는 그리스도 밖에 있었고 이스라엘 나라 밖의 사람이라 약속의 언약들에 대하여 외인이요 세상에서 소망이 없고 하나님도 없는 자이더니"(엡 2:12)

하나님과 사람이 관계를 맺고 서로 간에 관계 안으로 들어와 있으면 하나님의 적극적인 구원과 도와주심과 은혜를 받고 하나님 안에서 살고 화목할 수 있으므로 하나님과 사람이 서로 간에 요구하는 모든 조건의 약속(언약)을 철저하게 잘 지켜 행하여야 합니다.

"이제는 전에 멀리 있던 너희가 그리스도 예수 안에서 그리스도의 피로 가까워졌느니라"(엡 2:13)

하나님과 사람을 화목(Reconciliation)하게 하시려고 이 세상에 성육신하신 성자 하나님, 사람들을 구원하시려고 인간의 죄와 허물을 십자가의 희생으로 말미암아 다 사(赦)하여 주시고 계신 구세주 예수 그리스도께서 모든 인류를 위하여 절대적으로 필요한 계명(Commandment)을 만들어 주셨습니다.

"예수께서 가라사대 네 마음을 다하고 목숨을 다하고 뜻을 다하여 주 너의 하나님을 사랑하라 하셨으니 이것이 크고 첫째 되는 계명이요 둘째는 그와 같으니 네 이웃을 네 몸과 같이 사랑하라 하셨으니 이 두 계명이 온 율법과 선지자의 강령이니라"(마 22:37~40)

창조주 하나님과 피조물 사람의 관계 그리고 사회생활에서 절대 소홀히 할 수 없는 대인관계 즉, 나의 삶에서 항상 마주 대면하며 더불어 살아가는 이웃이라는 상대방에 대하여 그들의 존재를 마치 나의 존재만큼 소중하게 존중해 주는 것이 얼마나 중요하고 필요한가를 강조하신 말씀입니다.

사람에게 있어서 가장 가까운 관계는 한 몸을 이루고 더불어 살아가는 부부(夫婦) 지간이고 그 다음은 부모의 피와 살을 똑같이 나누어 이 세상에 태어난 자녀라는 가족구성원입니다(창 2:18~25). 사람이 가정을 이루고 사람들과 어떤 목적을 가지고 관계를 이루고 살아가는 데 있어서 그 관계를 맺고 유지하고 발전시켜 나가는 가장 현명하고 좋은 수단과 방법을 선용함으로써 더불어 살아가는 이웃과 보다 더 가까워지는 것입니다. 가까운 관계보다 밀접한 관계 더 나아가서는 한 몸을 이루며 살아가는 관계를 맺고 유지하고 발전시켜 나가기 위하여 필요한 많은 요소들 가운데 먼저 할 것과 나중 할 것을 구별하는 분별력(discrimination)이 참으로 중요합니다(잠언 31:10~31, 고전 13장, 딤전 3:1~13).

"만일 누가 말하려면 하나님의 말씀을 하는 것같이 하고 누가 봉사하려면 하나님의 공급하시는 힘으로 하는 것 같이 하라 이는 범사에 예수 그리스도로 말미암아 하나님이 영광을 받으시게 하려 함이니 그에게 영광과 권능이 세세에 무궁토록 있느니라. 아멘"(벧전 4:11)

2 존재와 약속

존재

"사람이 만일 온 천하를 얻고도 제 목숨을 잃으면 무엇이 유익하리요 사람이 무엇을 주고 제 목숨을 바꾸겠느냐"(막 8:36~37)

자기의 인생을 개척하며 살아가는 사람들은 거의 다 공통점이 있는데 젊은 시절 성공 지향적으로 살아가는 의욕이 넘치는 사람들이 남들보다 먼저 목적하는 비전(vision)을 성취시키려고 최선을 다합니다.

인생의 경험을 어느 정도 쌓고 나면 자기중심적인 것에 집착하게 되고 유물론에 상당한 애착을 가지며 오로지 돈(재물)을 모아 부자 되려고 그렇게 열심히 살아갑니다. 부귀영화(富貴榮華)를 마냥 좇아가다가 덜커덕 질병에 걸려 치유가 불가능하다는 의사의 진단을 받고나면 그 때부터 건강(健康)에 온 정신을 쏟으며 여생을 건강하게 그리고 장수하며 살려고 최선을 다합니다. 몇 년을 살든지 사람이 한 평생의 삶을 살아간다는 것은 존재론적으로 대단한 가치가 있는 것입니다.

만물은 다 자기(self)라는 개체의 존재를 최우선으로 삼고, 보다 오래, 보다 안전하게, 보다 풍요롭게 존재하려고 생존경쟁을 하고 있는 것입니다. "자신의 존재적 가치에 대하여 어떻게 생각하고 있을까?" 하고 사람들에게 질문을 하면 이상하게도 자신의 존재적 가치에 대한 확고한 답변을 잘 못합니다. 자기(one self)라는 인격자가 이 세상에 존재한다는 가장 중요한 목적은 오직 창조하시고 섭리하시는 하나님의 존재를 인정해 드리기 위함입니다.

"이는 만물이 주에게서 나오고 주로 말미암고 주에게로 돌아감이라 영광이 그에게 세세에 있으리로다 아멘"(롬 11:36)

자기(自己)라는 인격자가 이 세상에 존재하는 또 다른 목적은 무엇일까요? 창조하시고 섭리하시는 하나님께서 나를 통하여 영광을 홀로 받으시기를 원하시므로 마땅히 하나님께 영광을 올려 드리기 위하여 나의 존재를 돋보이게 하는 것입니다.

"그런즉 너희가 먹든지 마시든지 무엇을 하든지 다 하나님의 영광을 위하여 하라"(고전 10:31)

이 세상에 존재하는 만물은 다른 개체와 구별되는 자기만이 가지고 있는 인격의 특성, 즉 속성(an attribute)을 가지고 있습니다. 하나님께서는 사람에게 영광을 받으시기를 원하시는 최고의 가치가 그 사람의 인격 안에 충만하도록 잠재돼 있는 능력입니다. 사람은 자기만이 가지고 있는 잠재능력이라는 독특한 개성(individual)을 유감없이 발휘하여 하나님께 영광으로 나타내 보여 드리는 것입니다.

욥이라는 사람은 사회적으로 성공한 사람이며 친구도 많이 있고 재물 또한 많아 가난한 이웃을 구제 하며 자녀도 많이 있는 그야말로 남부러울 것 없는 선행을 하며 화목하고 행복한 가정을 이루고 살아가는 부귀영화와 권세를 한 몸에 지니고 누리며 살아가는 사람이었습니다. 욥(Job)과 같이 하나님께서 자랑하시는 인격자가 되기를 바랍니다.

“여호와께서 사단에게 이르시되 네가 내 종 욥을 유의하여 보았느냐 그와 같이 순전하고 정직하여 하나님을 경외하며 악에서 떠난 자가 세상에 없느니라”(욥 1:8)

이사야는 청년 때 왕의 죽음을 비통하게 여기며 나라와 민족을 위하여 선왕(先王) 같이 훌륭한 왕을 세워 주기를 위하여 성전에 나아가 여호와 하나님께 간절하게 기도를 하다가 하나님의 부르심을 받고 선지자가 되었습니다. 아사야(Isaiah) 선지자처럼 하나님께 요긴하게 쓰임 받을 준비를 하고 있는 사람이 되기를 바랍니다(사 6:1~13).

“내가 또 주의 목소리를 들은즉 이르시되 내가 누구를 보내며 누가 우리를 위하여 갈꼬 그 때에 내가 가로되 내가 여기 있나이다 나를 보내소서”(사 6:8)

사람들은 다른 사람보다 성공하고 출세하여 맨 위에 올라가고 부귀영화를 얻고 누리고 하면 그것이 곧 성공이며 존재의 뜻과 의미에 부합되는 것으로 생각하고 있습니다. 하나님께서는 각 사람에게 그 사람에게 주어진 인생을 살아가는 한 평생의 삶을 통하여 가장 고귀한 영광을 받으시고 계십니다. 비록 건강하지 못하고 병들고 장애를 입고 살아도 실패도 많이 해 보고 가난하게 살아도 하나님께서 그 사람에게 주신 생명의 목적을 이루려고 그 사람에게만 주어진 환경조건 안에서 최선을 다하며 살아가는 것을 보시고 하나님께서는 최고의 영광을 받으시고 계십니다(요 9:1~34).

사람들은 잘 살지 못하고 가난하거나 사업에 실패하거나 병들거나 신체에 장애를 입거나 무슨 일이 잘못되고 그러면 혹시 누구의 죄 때문은 아닌가. 혹은 무슨 귀신이 훼방을 놓아 그런 것이 아닌가 하고 책임을 다른 존재에게 떠넘기려 하는 좋지 못한 생각을 가지고 사람들을 판단합니다.

“예수께서 대답하시되 이 사람이나 그 부모가 죄를 범한 것이 아니라 그에게서 하나님의 하시는 일을 나타내고자 하심이니라”(요 9:3)

하나님께서 만세전부터 ‘나(one self)’라는 인격자를 너무 사랑하셔서 특별하게 예정(Predestination)하시고 설계(Design)하시고 작정(Determination)하시고 오늘 이 시대에 이 세상에 태어나 한 평생의 삶을 살아가게 하셨습니다. '나'의 인격체가 모든 사람에게 똑 같은 운명(運命)이나 팔자(八字) 같은 것이 마치 기계로 만든 판에 박은 듯이 똑 같은 크기 모양 색깔 입력돼 있는 지식과 지혜가 판에 박은 듯이 똑 같도록 대량생산된 인조인간이 절대 아닙니다. 이 세상의 만물 특히 생명을 가지고 있는 모든 유기체는 자기만이 가진 개성의 성질이 다르고 잠재능력이 다르고 모든 것이 구별되도록 다 다르게 만들어 놓으신 까닭이 있습니다. '나'에게 바라시고 원하시는 영광도 다른데 그것은 하나님께서 각기 다른 생명의 인격체를 통해서 각각 다른 영광을 받으시려는 목적입니다(고전 15:35~58).

지혜로운 사람이라면 다른 사람을 비교할 필요가 없이 오직 자기에게 주어진 인생을 스스로 개척하며 살아가면 그것이 곧 성공이며 출세요 하나님께서 영광을 받으시는 나의 존재의 목적입니다.

"내가 선한 싸움을 싸우고 나의 달려갈 길을 마치고 믿음을 지켰으니 이제 후로는 나를 위하여 의의 면류관이 예비(豫備)되었으므로 주 곧 의로우신 재판장이 그 날에 내게 주실 것이니 내게만 아니라 주의 나타나심을 사모하는 모든 자에게 니라"(딤후 4:7~8)

저자의 인생은 이제 60대를 훌쩍 지나 몇 년 후에는 70대를 바라볼 그야말로 인생의 황혼기를 맞이할 나이입니다. 지금까지 주어진 여건 속에서 최선을 다하여 목회사역을 계속하였으니 남들 부럽지 않을 만큼 자랑스러운 삶이었습니다. 굳이 목회성공을 자랑할 만한 것이 무엇이 있냐고 질문하면서 누구는 교회당을 크게 건축했고 성도 수가 몇 천 몇 만 몇 십 만 명을 모아 놓고 목회를 하는데 너는 그 동안 무엇을 했냐고 다그쳐 물을 때가 곤혹스럽기도 합니다. 그러나 이제는 그런 것들을 초월할 수 있는 인격의 됨됨이가 갖추어져 있어 비록 가난을 면하지 못하고 지금도 아주 작은 교회에서 목회를 하고 있어도 자부심과 긍지로 자신감이 넘쳐납니다(고후

12:16~33).

"무명한 자 같으나 유명한 자요 죽은 자 같으나 보라 우리가 살고 징계를
받는 자 같으나 죽임을 당하지 아니하고 근심하는 자 같으나 항상 기뻐하
고 가난한 자 같으나 많은 사람을 부요하게 하고 아무것도 없는 자 같으나
모든 것을 가진 자로다"(고후 6:9~10).

지금까지 살아온 정말이지 파란만장한 인생(창 47:8~9)을 살아오면서
가난과 실패와 병고의 아픔과 사람들로부터 무시와 멸시 그리고 이용당하
고 배신당한 일들이 부지기수로 많이 있습니다.

예수님을 잘 믿는 사람들을 바라보면 다들 복을 받고 만사가 형통하고
성공하고 부자가 되고 잘 살아가는데 유독 나만 가난과 실패 그리고 맨 밑
바닥에서 헤어나지 못하고 그럴수록 더 깊은 수렁으로 빠져 들어가는 것
같은 도무지 앞이 안 보이는 절망적인 삶의 연속이 계속되었습니다.

그렇듯 매사가 잘 안되고 복도 지지리도 없었던 기구한 팔자에다가 그런
비극적인 운명의 삶을 살아갈 때는 무엇을 바라볼 여가도 틈도 없이 당장
의 어려운 일을 헤쳐 나가는 것이 급선무였습니다. 누구를 비교할 수도 없
었고 하루를 살아가고 한 달을 목회하는 아무도 도와주지 않는 절박한 삶
과 목회사역을 현실적으로 헤쳐 나갈 때는 일용할 양식을 위하여 간절히
기도하는 것도 하나님께 송구스럽고 부끄러울 만큼 면목이 없었습니다.

1965년 1월 1일부터 예수 그리스도를 믿고부터 유난히도 생각하고 실행
하는 일은 모두 실패를 경험하는 삶의 연속이었기에 부모도 친형제도 모
두 나를 외면하고 아예 도와주려 하지 않았습니다. 왜 그러냐 하면 나를
도와주면 같이 망하고 같이 어려움 당하니 부모형제인들 오죽했겠습니까.
주 예수 그리스도를 믿으면서 참으로 인내를 많이 하면서 터득한 바로는
나의 가난과 실패와 고난과 멸시받는 일과 어려움을 많이 겪는 까닭은 하
나님께서 나를 연단시켜 하나님의 일꾼으로 쓰시려는 특수한 훈련이었음
을 알게 되었습니다(히 12:5~13).

"무릇 징계가 당시에는 즐거워 보이지 않고 슬퍼 보이나 후에 그로 말미암아 연달(鍊達)한 자에게는 의의 평강한 열매를 맺느니라"(히 12:11)

목회사역을 하는데 참으로 어렵고 난감했던 일은 사람 됨됨이가 아주 특별한 사람을 대면해 주는 일이었습니다. 미자립교회에서 어렵고 힘들게 목회사역을 하고 있는데 다른 교회에서 받아주지 않는 개성이 아주 고약한 사람들만 찾아오니 인격이 멀쩡한 사람들은 지레 겁먹고 떠나가 버립니다.

아무도 선뜻 나서서 상대해 주지 않는 특별한 사람들을 위하여 혼신의 힘을 다 쏟아 부으며 겨우 대인관계가 웬만한 사람으로 인간성이 거듭난 새로운 인격자로 변화시켜 놓으면 그런 보답이나 인사는커녕 미련 없이 훌쩍 떠나 바로 이웃교회로 가서 신앙생활 너무 모범적으로 잘하고 있습니다.

목회사역의 사정이 이러하니 교회가 부흥될 리 만무하고 경제적으로도 가난을 면하지 못하는 개척교회수준을 넘지 못합니다. 자존심 있는 성도들은 자기의 품격에 알맞은 보다 더 나은 여건이 잘 갖추어져 있는 큰 교회로 이동하는 추세이니 작은 교회 특수목회 사역하는 교회가 부흥될 리 없는 것입니다.

목회사역하면서 가장 곤혹스러운 사실은 경제적 어려움인데 가난을 모면하려고 다른 사람들 같이 나도 부자가 되고 싶어서 칠전팔기(七顚八起)가 무색할 정도로 최선의 노력을 경주하여 보았지만 여전하게 가난을 못 면하며 살아가고 있습니다. 가난을 벗어나려고 여러 번 하나님께 기도하였는데 그 때마다 나에게 환상으로 보여주시는 사실은 그나마 내가 의존하려고 집착하는 재물을 다 거두어 가시며 오직 교회만 사역할 수 있게 최소한의 경제적 배려만 하여 주셨습니다.

"그는 주 앞에서 자라나기를 연한 순 같고 마른 땅에서 나온 줄기 같아서 고운 모양도 없고 풍채도 없은즉 우리의 보기에 흠모할만한 아름다운 것이 없도다 그는 멸시를 받아서 사람에게 싫어버린바 되었으며 간고를 많이 겪었으며 질고를 아는 자라 마치 사람들에게 얼굴을 가리우고 보지 않음을 받는 자 같아서 멸시를 당하였고 우리도 그를 귀히 여기지 아니하였도다"(사 53:2~3).

인생의 나이 이제 70을 바라보면서 지금까지 살아온 인생의 시간과 공간을 뒤 돌아보니 가난하게 살아온 것이 얼마나 고귀한 삶이었는가를 뒤늦게 깨달을 수 있는 것입니다. 가난하게 살아갈 때는 전혀 몰랐지만 그런 세월을 훌쩍 지내 놓고 보니 성직자로서 가난은 오히려 유익이고 신앙의 눈으로만 바라볼 수 있고 신앙으로만 느끼고 즐길 수 있는 특별한 은혜임을 깨닫게 되었습니다. 황혼을 맞이하며 진심으로 바라는 마지막 내 인생의 희망은 지금 이대로 가난하게 살다가 가난하게 하나님 나라로 올라가고 싶은 것입니다.

"내가 두 가지 일을 주께 구하였사오니 나의 죽기 전에 주시옵소서 곧 허탄과 거짓말을 내게서 멀리 하옵시며 나로 가난하게도 마옵시고 부하게도 마옵시고 오직 필요한 양식으로 내게 먹이시옵소서 혹 내가 배불러서 하나님을 모른다 여호와가 누구냐 할까 하오며 혹 내가 가난하여 도적질하고 내 하나님의 이름을 욕되게 할까 두려워함이니이다"(잠 30:7~9).

목회성공이요? 글쎄올시다. 나의 인생 살아온 것과 주어진 여건에서 최선을 다했으니 얼마나 더 오래 살아가려는지 모르지만 누가 뭐라 해도 나의 인생은 내가 볼 때 대단히 성공한 존재였다고 확신합니다. 왜냐하면 그토록 어렵고 힘든 목회사역을 하면서 무엇을 먹을까 무엇을 입을까하는 시급한 현실적 문제를 당장 해결해야 함에도 불구하고 '그의 나라와 그의 의를 구하라'(마 6:33)는 대 주제를 가지고 공부하며 마침내 의와 공의와 의인에 대한 개념의 뜻과 의미가 곧 〈성경의 정의〉라는 사실을 깨달아 알게 됐으니 이보다 더 유명한 것이 어디 있겠으며 이보다 큰 목회성공이 또 어디 있겠습니까! 다만 사람들 너무 인간적이고 너무 유물론적이라서 그

래서 눈이 감기고 귀가 막히고 마음이 둔해 하나님의 사람 이정기 목사의
존재를 몰라볼 뿐입니다(마 6:19~34).

"좁은 문으로 들어가라 멸망으로 인도하는 문은 크고 그 길이 넓어 그리
로 들어가는 자가 많고 생명으로 인도하는 문은 좁고 길이 협착하여 찾는
이가 적음이니라"(마 7:13~14)

약속

약속(언약)은 국어사전에 '장래 일에 대하여 상대자와 서로 결정하여 둠'
이라고 정의(定意)하여 놓았습니다.

일반적 개념에서 약속이라 하면 상대와 어디서 만나자든지 무엇을 주고
받겠다든지 작은 일이든지 큰일이든지 쉬운 일이든지 어려운 일이든지 같
이 실행에 옮기겠다고 서로 마음으로 결정해 놓는 것이 부분적이고 한정
적인 약속입니다.

기독교의 약속(언약)은 포괄적(inclusively)인 뜻과 의미가 있음을 알아
야 합니다. 서로 관계 안에서 상대방이 요구하는 모든 요구와 조건을 충족
시켜 주는 완전한 약속입니다.

"또 주께서 가라사대 그 날 후에 내가 이스라엘 집으로 세울 언약이 이것
이니 내 법을 저희 생각에 두고 저희 마음에 이것을 기록하라 나는 저희에
게 하나님이 되고 저희는 내게 백성이 되리라"(히 8:10)

약속(promise)은 존재하는 인격자가 현재와 미래에 할 일에 대하여 관계
안에서 서로 간에 분담하여 행할 유익한 일을 의논하고 결정하여 정직하
고 성실하게 실행하는 의무와 책임입니다. 한정된 공간 안에서 다른 생명
체의 개체들이 존재하고 있는데 각각 자기 생각에 좋을 대로 자기의 유익
만 챙기며 다른 개체는 어찌 되든지 전혀 상관하지 않고 살아간다는 것을
상상해 보십시오. 무법천지(無法天地)는 존재하는 인격체가 서로 간에 약
속한 개념이 존재하지 않는 그야말로 개체가 자기 좋을 대로 생각하고 말

하고 행동하며 존재하려는 이기적 존재형태입니다. 존재하는 생명체들이 자기의 유익만을 위하기 때문에 상대방을 죽이고 괴롭히고 빼앗고 파괴하고 그런 일들이 자기만 아니라 다른 개체들도 그렇게 행하고 있으므로 싸움과 죽음이 난무하는 아수라(asura), 즉 싸움을 일삼는 사람의 눈에 보이지 아니하는 악한 귀신(Demon)이 존재하는 꼴이 됩니다.

오래 전에 본 포스터(poster)에 협동심을 풍자한 몇 컷 짜리 만화인데 도랑위에 좁다란 나무다리가 있고 서로 마주보고 있는 염소 두 마리가 있습니다. 두 마리의 염소는 자기가 바라보는 건너편에 싱싱한 풀이 있는 것을 뜯어 먹으러 가려고 일방적으로 우격다짐하며 밀어 붙이니 두 마리의 염소는 좁다란 나무 위에서 절대 물러설 수 없고 양보할 수 없는 만약 떨어지면 죽을 수밖에 도리 없는 위험천만한 싸움만 계속하는 것일 뿐 아무 진척이 없습니다. 한 동안 그렇게 다투다가 두 마리 염소는 그럴 것이 아니라 둘이 사이좋게 협동심을 발휘하여 양쪽을 번갈아 가면서 싱싱한 풀을 뜯어 먹었습니다.

대한민국은 일본의 압제 밑에서 40년 동안 침략자 일본에 착취당하다가 1945년에 해방을 맞이합니다. 1950년에 남과 북은 동족상잔의 피비린내 나는 전쟁을 치루고 겨우 휴전하지만 전쟁의 폐허에서 살아남은 사람들은 당장 급한 대로 자기만 살기 위하여 무질서하게 자기만 생존할 궁리를 하고 행동을 일삼고 있으니 사회는 무질서와 아귀다툼과 혼돈상태에 놓이게 되었습니다. 국가와 민족의 장래를 생각하는 사람들이 더불어 존재하기 위하여 좋은 궁리를 생각해 냈는데 바로 그것은 온 국민이 한 마음 한 뜻으로 협동(cooperation)하여 대한민국을 재건(reconstruction)하자는 사회적 운동을 전개하였습니다.

협동(協同)은 관계 안에서 서로 가지고 있는 마음(지식과 감정과 의지)을 합쳐서 혼자서는 할 수 없는 일을 여럿이 중지를 모아 능히 해 내는 것입니다. 여럿이 모여 이룬 공동체의 질서와 평화 그리고 공동의 번영은 한 사람의 노력으로는 할 수 없고 모두가 협동할 때 가능한 일입니다(전 4:9~12).

"한 사람이면 능히 패하겠거니와 두 사람이면 능히 당하나니 삼 겹줄은 쉽게 끊어지지 아니하느니라"(전 4:12)

대자연에서 살고 있는 동물들의 먹이사슬을 보면 혼자서도 생존할 자격 조건을 두루 갖추고 있는 동물 곧 힘세고 사냥 잘하는 육식 동물은 혼자 살아가는 것이 많이 있습니다. 맹수들 중에는 사냥하는 기술의 첫째 조건 인 달리기에서 초식동물 보다 뒤떨어지는 육식동물들은 무리지어 협동하 여 사냥하는 것을 볼 수 있습니다. 그와는 대조적으로 협동으로 생존하는 초식동물을 보면 무리지어 살아가는 그들만의 집단생활은 철저하게 위계 질서가 있는 약속개념이 상존합니다.

지구상에 존재하는 유기체의 생명 가운데 사람은 여러모로 보아 자연 안 에서 생존하기에는 결점이 많습니다. 달리기를 못하고 몸에 털도 없어 기 후조건에 적응하지 못하고 사나운 뿔이나 이빨도 없고 맹수처럼 힘도 없 고 위협적이지 못하므로 대자연 속에서 독자적으로 생존할 수 없는 허약 한 동물이나 다름없습니다. 그럼에도 사람이 만물의 영장으로 존재할 수 있었던 비결이며 장점은 공동체를 이루어 관계를 맺고 다 같이 지식과 지 혜와 경험을 활용하여 협동하면서 살아가고 있다는 것입니다.

사람의 최고 장점은 지능지수가 높아 알고 있는 지식을 오래도록 기억하 고 있으므로 약속을 맺고 지켜 행하는데 별로 어려움이 없다는 것입니다. 만물의 영장이라는 사람의 존재의 법칙 곧 약속이라는 개념을 앞에서 약 속해 놓고 뒤돌아서기 바쁘게 잊어버린다면 불신과 싸움만 일어날 것입니 다.

대자연 안에서 생존하는 모든 유기체들 중에서 존재를 위한 장점 보다는 결점이 더 많은 사람이지만 가정을 이루고 씨족사회 부족사회 그리고 민 족을 이루는 거대한 사회적 집단을 이루고 약속이라는 개념을 최고의 가치로 생각하면서 서로 협동(협력)하고 존재하고 있다는 것을 경솔하게 취급해서는 안 될 일입니다.

언약의 두 가지 형식

언약(Covenant)은 구두형식(口頭形式)이나 상징적인 행동으로 표현되는 것입니다.

인류가 문자(letter)를 발명한 시기는 BC 3000년경의 일입니다. 인류에게 문자가 없었던 시대는 사람이 서로 간에 약속을 할 때는 말(언어)로 약속하고 보다 중요한 약속은 어디다가 잘 지워지지 않게 그림을 그려 표식을 해 놓음으로써 언약의 확실한 증거가 되게 하였습니다. 옛날 아브라함(BC 2160–BC 1985)시대에 하나님과 아브라함이 거룩한 언약을 하였습니다(창 12:1~3).

"내가 너로 큰 민족을 이루고 네게 복을 주어 네 이름을 창대케 하리니 너는 복의 근원이 될지라 너를 축복하는 자에게는 내가 복을 내리고 너를 저주하는 자에게는 내가 저주하리니 땅의 모든 족속이 너를 인하여 복을 얻을 것이니라 하신지라"(창 12:2~3)

하나님께서 아브라함(열국의 아비–조상)과 언약(Covenant)을 맺고 그 후 하나님께서는 아브라함에게 나타나셔서 언약을 맺고 있음을 잊지 말고 살아갈 것을 강조하십니다. 하나님께서 아브라함에게 언약을 맺고 있음을 잊지 말고 반드시 지켜 그대로 행함은 물론 만일 아브라함이 언약을 다 지키지 못할 경우에는 후손에 후손까지라도 반드시 하나님과 맺은 언약을 지켜 행하여야 할 의무와 책임을 부과시켜 주시면서 하나님과 언약하였음을 아브라함은 물론 후손들까지도 언제든지 입증할 수 있도록 결정적인 증거(decisive evidence)를 가지고 있도록 하셨습니다.

"너희 중에 남자는 다 할례(割禮)를 받으라 이것이 나와 너희와 너희 후손 사이에 지킬 내 언약이니라"(창 17:10)

아브라함이 그의 외아들 이삭을 결혼시키려고 하는데 그가 살고 있는 사회에도 얼마든지 여자들이 많이 있었음에도 아브라함의 친족들이 살고 있는 하란이라는 곳으로 신뢰할 수 있는 종을 보내 이삭의 배필을 구해 오라는 특명을 내립니다. 그 때 아브라함은 그의 종에게 자기의 환도 뼈(남성의 성기에 대한 완고한 표현)에 손을 얹고 약속을 하게 합니다(창 24장).

"아브라함이 자기 집 모든 소유를 맡은 늙은 종에게 이르되 청컨대 네 손을 내 환도 뼈 밑에 넣으라"(창 24:2)

BC 1870년경에 이스라엘(야곱)이 가족과 함께 애굽으로 이주하여 17년을 생존하다가 수한이 다 차서 죽게 됩니다. 이스라엘의 임종이 가까울 때 애굽의 국무총리로 있던 요셉을 불러 자기의 죽음과 장사지낼 것에 대하여 언약(약속)을 받아 낼 때 야곱의 환도뼈에 요셉이 손을 얹고 약속을 하게 합니다.

"이스라엘이 죽을 기한이 가까우매 그가 그 아들 요셉을 불러 그에게 이르되 이제 내가 네게 은혜를 입었거든 청하노니 네 손을 내 환도뼈 아래 넣어서 나를 인애와 성심으로 대접하여 애굽에 장사하지 않기를 맹세하고"(창 47:29)

'할례의 언약'이나 '환도 뼈 언약'은 그 시대 문자가 없었던 시대였으므로 중요한 약속을 절대 잊어버리지 않을 가장 신뢰할 수 있는 곳에다가 표식을 해 놓음으로써 약속개념을 잊지 않도록 확실한 증거로 삼게 하였습니다. 할례의 언약이나 환도뼈 언약의 뜻과 의미는 언약을 맺은 것을 반드시 실행에 옮겨 언약으로 요구하는 모든 조건을 충족시키겠다는 가장 신뢰할 만한 약속의 징표입니다. 할례의 언약이나 환도뼈 언약의 뜻과 의미는 약속을 지켜 행하다가 뜻을 이루지 못할 때는 자손의 자손 곧 후손 대대로 이 약속을 의무와 책임감을 가지고 반드시 지켜 행함으로써 약속을 성사시켜 놓겠다는 깊은 뜻과 의미가 있습니다.

언약(Testament)은 약속한 것을 문자로 기록하여 문서(Treaty)로 영구히 보관하는 것입니다. BC 1400년경에 이스라엘 민족이 애굽에서 나와 젖과 꿀이 흐르는 약속의 땅으로 향하여 가는데 광야에서 40년 동안 머물러 있으면서 하나님의 율법을 받고 배웠습니다(출애굽기, 레위기, 민수기, 신명기).

이스라엘민족이 애굽을 나올 때는 문자를 이스라엘 사람들도 널리 사용하는 문명의 시대입니다. 하나님께서 모세를 불러 진리의 말씀을 선포하시면 모세는 문자로 기록해 놓고 이스라엘민족에게 교육시켰습니다.

하나님의 말씀을 기록해 놓은 책을 성경(Bible)이라고 하는데 성경(聖經)을 펼쳐 보면 구약(Old Testament)과 신약(New Testament)으로 구분지어 놓고 있습니다. 하나님의 아들 구세주 예수 그리스도께서 이 세상에 육신의 몸을 입고 오시기 전에 한 약속은 구약(舊約)이라고 말합니다. 구세주 예수 그리스도께서 인간의 죄와 허물을 용서하시고 사하여 주심으로서 구원을 시켜 주시려고 탄생하신 이후의 언약을 신약(新約)이라고 말합니다.

신약성경은 주 예수 그리스도의 족보(마 1:1~17 눅 3:23~38)이야기로부터 시작되고 있습니다. 왜 신약성경에 예수 그리스도의 계보(Genealogy)를 기록하고 있는가? 유명한 글쟁이가 글 잘 쓰는 요령을 설명하는 것을 보니 먼저 독자의 주목을 이끌기 위하여 결론부터 글을 쓰라고 합니다. 신약성경의 족보이야기는 한 마디로 성경의 결론을 먼저 쓰고 있는 것입니다. 하나님께서 인간에게 언약하신 구원의 약속을 비록 장구한 역사의 세월을 지나오면서 사람이 하나님과 얼마나 불화하고 불신앙하고 죄를 짓고 그렇게 하였음에도 하나님께서는 절대 변함이 없으신 신뢰로 언약(약속)을 지켜 행하여 마침내 완성하시고 계시다는 역사적 사실을 입증해 보여 주시는 증거입니다.

"그 이상은 에노스요 그 이상은 셋이요 그 이상은 아담이요 그 이상은 하나님이시니라"(눅 3:38)

중요한 사실은 약속이 비록 구두(口頭)로 한 약속이든지 문자(文字)로 기록해 놓은 약속(約束)이든지 관계 안에서 상대방과 약속(언약)한 것은 어떤 경우에도 어떠한 사정이 생겨나도 반드시 지켜 행하여야 하는 의무와 책임이 부과되는 것이며 만일 이유야 어떠하든지 언약을 지켜 행하지 못하면 그것은 죄(sin)가 된다는 사실입니다.

사람은 자기를 높이고 상대방을 낮고 비천하게 볼 때 약속을 경솔히 여기며 약속을 지켜도 그만 안 지켜도 상관없는 것처럼 취급하는 경우가 많습니다. 선천적으로든지 후천적으로든지 교만한 인격자 치고 약속을 잘 지켜 행하는 사람은 없습니다. 비록 상대방과 약속을 했더라도 자기에게 불리하거나 손해갈만 하거나 귀찮거나 별것 아니라고 생각하면 언제 그런 약속했냐며 시침 딱 떼고 무시하고 그냥 넘어가려고 합니다. 사람과 사람 사이에 약속을 잘 안 지키는 버릇이나 습관이 하나님을 경외하고 순종하는 신앙생활을 하면서도 거룩하신 하나님과 약속한 일도 성경말씀대로 지켜 행하는 일도 그런 일쯤이야 하면서 경솔하게 생각하고 지켜 행하기를 잊어버리거나 별것 아니라고 무시하고 그냥 넘어 가려고 합니다.

그러나 여호와 하나님께서는 절대 약속한 것은 그냥 넘어가지 않으시고 다 기억하시고 계시며 생명책에 다 기록해 놓으셨다가 심판하실 때 증거물로 내 놓으시고 계십니다(계 20:11~15).

"심히 교만한 말을 다시 하지 말 것이며 오만한 말을 너희 입에서 내지 말지어다. 여호와는 지식의 하나님이시라 행동을 달아 보시느니라"(삼상 2:3)

사람이 무슨 일을 당하여 자기 혼자서는 도저히 감당하지 못할 일이 생겨 막다른 골목까지 다다르면 다급한 나머지 하나님을 찾고 감당할 수 없는 약속을 한다는 것은 무리하다는 것을 알면서도 마치 자기의 생명을 보증으로 삼고 반드시 지켜 행할 것 같이 하는 하나님 앞에서 자기의 일방적인 의지로 약속하는 것을 성경에서는 서원(Vows)이라고 말합니다.

서원(誓願)은 사람이 하나님 앞에서 하나님과 의논하거나 하나님의 허락을 먼저 받는 것이 아니라 무슨 일에 직면하여 너무 다급한 나머지 '하나님께서 자비와 긍휼을 베풀어 주셔서 자기의 소원을 들어 주시면 고맙고 감사하겠습니다'라는 자기의 일방적인 약속에 불과 합니다. 그러나 하나님께서는 하나님의 사전 허락 없이 하나님의 동의도 구하지 않은 채로 사람이 먼저 일방적으로 하나님 앞에서 한 약속이라도 반드시 그 사람이 지켜 행할 것을 요구하시고 계십니다(창 28:20, 시 66:13~15).

"네가 하나님께 서원하였거든 갚기를 더디게 말라 하나님은 우매자를 기뻐하지 아니하시나니 서원한 것을 갚으라 서원하고 갚지 아니하는 것보다 서원하지 아니하는 것이 나으니 네 입으로 네 육체를 범죄케 말라 사자 앞에서 내가 서원한 것이 실수라고 말하지 말라 어찌 하나님으로 네 말소리를 진노하사 네 손으로 한 것을 멸하시게 하랴"(전 5:4~6)

지금으로부터 30년 전에 같은 교회를 다니면서 이웃 보다 더 가까운 친구지간으로 친분을 쌓고 지금까지 변함없는 절친한 사이로 교제하고 있는 강돈석 장로와 고추임 권사 부부가 있습니다. 이정기 목사가 목회자의 길을 가기 전에도 물심양면으로 많은 도움을 받았지만 목회자의 사역을 하면서 참으로 많은 도움을 받았습니다. 그럼에도 장로와 권사는 단 한 번도 인사 받기를 즐거워하지 않는 어쩌면 형제지간 보다 더 가까울 만큼 친절하게 지내기 때문에 자주 만나면 허물없이 말하고 행동하게 됩니다. 우리의 사이는 어쩌면 법이 없어도 잘 지낼 만큼 친밀한 관계 안에서 교제를 하고 있으면서도 딱 한 가지 반드시 지켜야 할 불문율이 있습니다. 허물없이 만나 대화하다가 농담을 할 때가 많은데 비록 농담이라도 부정적이거나 사려 깊지 못한 말을 하면 당장에 제재를 받는데 그것은 '목사님의 말은 비록 농담이라도 그것이 그대로 다 이루어지기 때문'입니다.

하나님의 기름 부어 주심을 받고 성직자가 된 목사의 말과 행동이 그대로 이루어진다는 사실은 주목받을 만한 일입니다. 그러나 많은 목사들 가운데 말은 너무나 잘하고 설교 또한 세계에서 제일 잘하는 유명한 메시지를 선포하면서도 정작 자기가 한 말에 대하여 의무감도 책임감도 없이 목회사역을 하는 약속의 개념이 전혀 없는 한심한 성직자들이 너무 많이 있다는 것입니다.

이 글을 집필하는 목사도 예외는 아니지만 목사의 말과 행동이 곧 약속이며 법이고 윤리며 도덕이라는 사실을 염두에 두고 생활하지 않으면 안 됩니다. 목회사역 15년을 하고 난 다음 문득 '나의 설교는 어떠한가?' 하는 의문과 함께 설교공부를 다시 하였습니다. 책방에 가서 설교에 관한 책을 전부 다 사가지고 읽어 보았습니다. 그리고 〈설교학 개론〉이라는 원고를 정리해 놓았습니다. 설교에 관한 공부를 다시 하면서 깨달은 사실은 '설교란 설교자의 말과 행동을 하나님 앞에서나 사람들 앞에서 그대로 보여 주는 것'이라고 정리(adjustment)하여 놓았습니다.

"에스라가 여호와의 율법을 연구하여 준행하며 율례와 규례를 이스라엘에게 가르치기로 결심하였었더라"(스 7:10)

존재와 약속

지도자(왕, 대통령)의 말과 행동은 그 자체가 곧 약속이라는 법입니다. 옛날 왕정시대는 왕의 말과 행동을 가장 가까이서 하나도 빠짐없이 사실 그대로 기록해 놓았습니다. 왜냐하면 그것이 곧 약속이며 법이기 때문이었습니다.

현재 이 세상을 살아가는 사람이 어쩌다가 참으로 어이없이 자기의 존재를 무시당하고 박탈당하는 일이 있는데 그것은 대개 누구와 한 약속이 원인이 됩니다. 누구든지 상대방과 맺은 약속을 잘 지켜 행하면 존재감이 돋보이고 존경받고 기념(commemoration) 됩니다. 그러나 비록 하찮은 사람에게라도 약속을 했다가 그 약속을 태만하고 지키지 않으면 약속을 맺은 상대방으로부터 여지없이 자기의 존재감을 무시당하고 박탈당하고 응징 받게 됩니다.

요즈음 교회에 교인 수가 현저하게 감소하고 있다고 합니다. 교회에 약속과 정의에 대하여 큰 기대(희망)를 가지고 주 예수 그리스도를 믿으려 했던 사람이 대단히 실망을 하고는 미련없이 교회를 떠나가 버립니다. 왜 이런 비극적 현상이 나타나는 것일까요? 목사도 장로도 집사도 교인들이 약속개념이 없다며 크게 실망하고 마음에 상처를 받고 교회를 떠나가 버리는 것입니다.

〈기독교정의(基督敎正義)〉란 개념을 정리(定理)하기란 참으로 어려운 노작(勞作)에 속하지만 성경말씀에 충실하면 쉽게 〈성경정의(聖經正義)〉가 무엇인가를 깨달아 알 수 있습니다.

하나님과 사람 또는 피조물과 서로 간에 존재를 위하여 언약을 맺었을 때 하나님께서 상대방(사람 혹은 피조물)이 요구하는 모든 조건을 충족시켜 주실 때 이런 일이 〈하나님의 의(정의)〉가 됩니다.

"이제는 율법 외에 하나님의 한 의가 나타났으니 율법과 선지자들에게 증거를 받은 것이라"(롬 3:21)

사람이 하나님과 더불어 존재하기 위하여 언약을 맺고 하나님께서 사람에게 바라시고 원하시는 모든 요구와 조건을 정직하고 성실하게 충족시켜 드릴 수 있으면 그것이 바로 하나님께서 인정해 주시는 〈인간의 의(정의)〉가 됩니다.

"기록한 바 의인은 없나니 하나도 없으며 깨닫는 자도 없고 하나님을 찾는 자도 없고 다 치우쳐 한 가지로 무익하게 되고 선을 행하는 자는 없나니 하나도 없도다"(롬 3:10~12)

사람이 이 세상에 존재하면서 가장 많이 하는 것이 바로 자기 자신에게 하는 약속이든지 다른 사람에게 하는 약속이든지 나아가서 다른 생명체나 사물에게 하는 약속입니다. 이렇듯 수많은 약속을 하고 인생을 살아가지만 그 중에 몇 퍼센트를 지켜 행하고 있을까 수학적으로 조사해 보면 참으로 부끄러운 사실이 드러날 것입니다.

　신학교에 입학하여 첫 강의시간에 들어온 교수가 느닷없이 신학생들에게 질문을 하는데 "여러분은 하나님을 위하여 하루 몇 시간 동안 기도하며 성경을 읽고 봉사하고 헌신하고 있느냐"고 묻는 것이었습니다. 그 때 신학생들 모두가 "우리는 매일같이 그리고 앞으로 평생 동안을 하나님을 위하여 기도하고 성경을 읽으며 봉사하고 헌신하며 살아갈 사람들입니다"라고 자랑스럽게 대답을 하였습니다. 교수는 피식 웃으며 "신학생들 각자 종이에다가 무엇을 어떻게 하나님과 약속하며 또한 실행하며 살아가는가를 시간으로 표시해 보라"고 합니다. 신학생들은 자신 있게 하나님을 위하여 얼마나 헌신 봉사 충성하고 있는가를 양심적으로 계산을 해 보고는 아무도 고개를 들지 못하였습니다. 하루 24시간 중에서 진실로 하나님을 위하여 전적으로 할애하는 시간은 생각보다 너무 적은 시간으로 나타났기 때문이었습니다.

　운동경기 중에 야구(baseball)는 확률게임입니다. 타자는 투수가 던진 공을 몇 개나 쳐내 안타를 만들고 득점으로 연결시키는가의 수학적인 기록으로 몇 퍼센트의 기록을 보유하고 있는가를 보고 최우수선수로 보통선수로 잘 못하는 선수로 구분합니다. 선수(champion)는 뛰어난 기술과 경험을 겸비하고 있는 사람들 중에서 특별하게 선발된 사람이기 때문에 어떠한 조건에서도 실력발휘를 해 내야 합니다. 야구선수(타자)는 투수가 던지는 공을 전부 다 쳐내 안타를 만들고 홈런을 쳐내고 득점을 올려야 하겠는데 문제는 상대의 투수는 나름대로 정교한 기술로 공을 던져 상대팀 타자가 타석에서 호락호락 야구공을 쳐내지 못하게 한다는 사실입니다. 그리고 요소요소에 수비선수가 포진하고 있어 웬만한 공은 다 잡아 내 버립니다. 그럼에도 타자는 최선을 다해 투수의 공을 쳐내 버려야 하는데 그것이 생각대로 잘되지 않고 단지 투수가 던진 10개의 공 가운데 한 개 내지 두 개나 세 개 쯤의 안타를 만들어 내도 우수한 야구선수로 인정받는다는 것입니다.

사람이 아무리 상대방과 맺은 약속을 잘 지키려 해도 그것을 못 지키게 만드는 피하지 못 할 사정이 끊임없이 생겨난다는 것입니다. 고의적이든지 아니면 약속을 지키려 했는데 피할 수 없는 변수가 생겨 그렇게 됐다고 변명을 하더라도 어찌 됐든지 약속을 잘 지켜 행하지 못하게 되었다는 사실에 대한 의무와 책임으로부터 벗어날 수는 없습니다, 완전한 인격자가 못되는 사람이 약속을 전부 다 정직하게 성실하게 지켜 행하라는 요구와 조건은 인간 모두의 불완전성 때문에 부질없는 약속개념이기도 할 것입니다.

완전하신 인격의 하나님께서 불완전한 인격의 사람에게 하나님과 동등한 약속의 의무와 책임을 짊어지우지 않고 계심은 무엇으로 어떻게 변명할 수 없는 무한한 감사를 올려 드려야 할 특별하신 배려와 은혜(선물)라는 것을 인정해 드려야 합니다.

하나님께서 어떤 사람과 동업하는 관계를 맺으시고 그 사람의 사업을 도와 주셔서 상상외로 이익을 많이 남겼다면 당연히 하나님과 그 사람은 이익을 공평하게 나누어 가져야 할 것입니다. 그러나 하나님께서 십일조(Tithe)를 하나님께서 받으시는 까닭은 하나님께서 사람과 맺은 언약에 의하여 사람이 수고한 분복을 기대 이상으로 올린 일에 대한 명예로운 표식으로 상(Prize)을 받으시는 것과 같은 것이며, 사람에게 나머지의 몫을 가지게 하신 것은 보상(Reward)을 충분히 배려(consideration)해 주시는 특별한 은혜(선물)입니다(말 3:10~12).

약속은 어떠한 명분으로든지 존재하는 인격체에게 있어서 가장 중요한 요소(factor)입니다. 윤리적이고 도덕적인 말 가운데 말과 행동을 똑같이 하라는 뜻과 의미로 언행일치(言行一致)라는 말을 잘 사용합니다. 기독교인들은 믿음(faith)을 약속과 동일하게 생각하고 약속을 지켜 행동에 옮기는 것을 실제적으로 행함(practice)인 것으로 생각하면서 믿음과 행함을 일치시켜 보라는 말을 즐겨 사용합니다. 엄밀하게 따져보면 믿음이나 행함은 다 같은 뜻과 의미로 그 안에 약속이 들어 있고 그것을 지켜 행하여야할 의무와 책임이 포함된 말입니다(약 2:14~26).

 "네가 보거니와 믿음이 그의 행함과 함께 일하고 행함으로 믿음이 온전케 되었느니라"(약 2:22)

 말하고 행동하는 것이나 믿음이나 행함이나 다같이 지켜 본보기를 보여준다는 것은 존재하는 목적에 가장 중요한 가치임이 틀림없습니다(렘 1:4~12). 존재와 약속은 수학(mathematics)의 함수론(theory of functions)으로도 얼마든지 설명이 가능한 기독교 정의에서 중요한 개념임을 밝힙니다(말 3:7~12).

 함수이론적으로 약속을 이해할때 상대방과 약속한 일로 인하여 상대방에게 유익이 돌아가면 다른 상대방에게도 상응하는 유익이 돌아가야만 하는 것입니다.

 "만군의 여호와가 이르노라 너희의 온전한 십일조를 창고에 들여 나의 집에 양식이 있게 하고 그것으로 나를 시험하여 내가 하늘 문을 열고 너희에게 복을 쌓을 곳이 없도록 붓지 아니하나 보라"(말 3:10)

 여호와 하나님께서 믿음의 사람에게 베풀어 주시는 최고 최대의 은총은 하나님께서 행하실 일을 미리 사람에게 예언해 주시는데 바로 그 것은 약속의 뜻과 의미를 말씀하여 사람에게 알려 주십니다(신 18:15~22).

 "주 여호와께서는 자기의 비밀을 그 종 선지자들에게 보이지 아니하시고는 결코 행하심이 없으시리라"(암 3:2)

 "여호와의 말씀이 또 내게 임하니라 이르시되 예레미야야 네가 무엇을 보느냐 대답하되 내가 살구나무가지를 보나이다 여호와께서 내게 이르시되 네가 잘 보았도다 이는 내가 내 말을 지켜 그대로 이루려 함이니라"(렘 1:11~12)

3 너희는 나의 증인이라

"너희는 이 모든 일의 증인이라"(눅 24:48)

증인(Witness)이란 어떠한 일의 사실이나 사건에 대하여 직접 목격하고 자세하게 알고 있는 사람을 말합니다. 증거(Testimony)는 하나님께서 말씀하시고 실행하시는 요구와 조건에 관하여 증인들이 말(口頭)한 것이나 문서형태(文書形態)로 남긴 것이나 또는 약속의 근거가 될 만한 물건(物件)이나 표식(標式) 또는 흔적(痕迹)을 말합니다.

저자(著者)는 《약속과 정의》의 책을 오직 하나님 영광을 위하여 충정어린 사명감으로 집필하면서 내용에 있어 〈존재론〉을 중요한 제목(Theme)으로 변증하고 〈약속(언약)〉이라는 개념이 얼마나 중요한가를 장문의 글로써 설명하고 있습니다.

중요한 사실은 시간과 공간의 개념이 오래 지나가 버리면 존재를 위하여 또는 언약에 대하여 증인이나 증거가 남아 있지 않게 된다는 것입니다.

하나님께서는 영원무궁하시도록 존재하시고 계시므로 이 사실에 대하여 증인으로 세움 받은 사람은 언제든지 어느 때든지 어디서든지 무엇을 하든지 〈하나님의 존재〉를 밝히 말할 수 있고 증거를 제시할 수 있어야 합니다. 하나님께서 피조물을 창조하시고 섭리하시는 포괄적인 목적은 피조물로 하여금 하나님의 영원무궁하신 존재를 증인으로 또는 증거로 삼으시려는 것입니다(창1장, 시19편).

성경을 읽어 보면 하나님께서는 중다하게 많은 인류 가운데서 특정한 사람을 선택하여 하나님과 그 사람과 믿음의 관계를 맺으시고 그 사람을 특별히 사랑하시고 은혜를 베풀어 주시며 교제를 하시고 계십니다. 하나님께서 특별히 선택하시고 복을 주시며 사랑하는 사람은 궁극적으로 하나님의 존재를 증거 하는 증인이 돼야하고 그런 뜻과 의미에서 하나님과 사람이 관계 안에서 맺은 언약(약속)에 대하여 그 사람이 능히 행할 수 있는 의무와 책임을 다 충족시켜 놓아야 합니다(사 43:9~12).

"나 여호와가 말하노라 너희는 나의 증인 나의 종으로 택함을 입었나니 이는 너희로 나를 알고 믿으며 내가 그인 줄 깨닫게 하려 함이라 나의 전에 지음을 받은 신이 없었느니라 나의 후에도 없으리라 나 곧 나는 여호와라 나 외에 구원자가 없느니라"(사 43:10~11)

증인이나 증거는 재판할 때 반드시 있어야 할 요소(element)이기도 합니다. 재판할 때 원고(原告)나 피고(被告)는 자신의 정당성을 스스로 입증해 보여주기 위하여 그리고 상대방의 잘못이 확실하다는 사실을 뒷받침할 수 있는 증거나 증인을 내세워야 합니다(신 19:15, 민 35:30, 신 17:6).

하나님의 아들 구주 예수 그리스도께서 성령으로 잉태하사 이 세상에 사람으로 육신의 몸을 입고 탄생하시고 33년의 생애를 살면서 가장 인간다운 모습으로 여호와 하나님께 영광을 올려 드리는 증인으로 인간의 생애를 살아 주셨음을 확실하게 증거를 제시하며 수많은 사람들에게 하나님의 사랑과 언약(약속)을 친히 실행하여 보여 주셨습니다(요 14:6~21).

"나는 아버지 안에 있고 아버지께서 내 안에 계심을 믿으라 그렇지 못하겠거든 행하는 그 일을 인하여 나를 믿으라"(요 14:11)

예수 그리스도께서 하나님을 믿는 모든 사람들이 각자 지은 죄와 허물을 깨끗하게 사하여 주시고 영혼을 구원하여 주심으로써 믿음의 사람도 영원하게 존재하는 인격자로 하나님의 나라에서 영생복락을 얻고 누리게 하시려고 십자가에서 고난 받으시고 죽음을 맞이하셨지만 사흘 만에 다시 부활(Resurrection)하셨습니다(마 28장, 막 16장, 눅 24장, 요 21장).

"그리스도께서 만일 다시 살지 못하셨으면 우리의 전파하는 것도 헛것이요 또 너희 믿음도 헛것이며 또 우리가 하나님의 거짓 증인으로 발견 되리니 우리가 하나님이 그리스도를 다시 살리셨다고 증거 하였음이라 만일 죽은 자가 다시 사는 것이 없으면 하나님이 그리스도를 다시 살리시지 아니하셨으리라"(고전 15:14~15)

주 예수 그리스도의 부활을 직접 목격한 믿음으로 하나님의 존재는 영원하도록 영성(Spirituality)에 있어서 불멸(immortality)하시며 육체(물질)에 있어서도 불멸(indestructibility)하심을 확실하게 목격하고 이에 증인으로 증거자로 맡은 바 사명을 다해야 합니다(고전 15:12~29).

"진실로 진실로 네게 이르노니 우리 아는 것을 말하고 본 것을 증거 하노라 그러나 너희가 우리 증거를 받지 아니하도다(요 3:11)

영원히 존재하시는 하나님을 위하여 믿음으로 증인(증거)이 되는 것은 오직 하나님을 잘 믿는 믿음의 삶 곧 하나님의 말씀대로 인생을 살아가는 것입니다.

"그 날에는 내가 아버지 안에 너희가 내 안에 내가 너희 안에 있는 것을 너희가 알리라 나의 계명을 가지고 지키는 자라야 나를 사랑하는 자니 나를 사랑하는 자는 내 아버지께 사랑을 받을 것이요 나도 그를 사랑하여 그에게 나를 나타내리라"(요 14:20~21)

똑같은 인격자로 이 세상을 살아가는 사람인데 신령한 하나님 곧 사람의 눈에 보이지 아니하시며 존재하시는 영이신 하나님을 사람이 어떻게 보여 드릴 수 있겠습니까?

"사람들이 종일 나더러 하는 말이 네 하나님이 어디 있느뇨 하니 내 눈물이 주야로 내 음식이 되었도다"(시 42:2)

영이신 하나님을 사람이 알고 믿을 수 있는 것은 오직 하나님의 성령을 충만하게 받음으로서만 가능합니다(행 2:1~4, 고전 2:10~16).

"하나님은 영이시니 예배하는 자가 신령과 진정으로 예배할지니라"(요 4:24)

다만 하나님을 믿는 사람이 하나님의 존재를 증거로 혹은 증인으로 설 수 있는 것은 하나님과의 약속(언약) 곧 하나님의 말씀(Bible)을 정직하고 성실하게 지켜 행하며 살아가는 모범을 사람들에게 진실하게 보여 주는 것뿐입니다.

"내 영혼아 네가 어찌하여 낙망하며 어찌하여 네 속에서 불안하여 하는고 너는 하나님을 바라라 나는 내 얼굴을 도우시는 내 하나님을 오히려 찬송하리로다"(시 42:11)

믿음의 사람이 하나님의 존재를 입증할 증인으로 또는 증거로 나서 줌에도 하나님의 존재를 완고하게 불인하고 믿지 아니하고 여전하게 무신론자 우상숭배자로 살아가면서 죄악을 범하며 살아가는 것은 자기 자신의 존재에 대하여 장래 어떻게 될 것인가에 대한 목적도 희망도 없는 문자 그대로 땅에 속한 사람이기 때문입니다(사 6:9~10, 롬 1:18~32, 고전 15:35~49).

부자와 거지 나사로의 비유(눅 16:19~31)에서 부자는 일락을 즐기며 살다가 결국 육체의 죽음을 맞이하여 음부에 내려가 자신의 존재를 부정당하고 말로 형용할 수 없는 형벌을 받게 될 때 그제 서야 뒤늦게 자기의 영혼이 구원받고 싶어 몸부림쳐보지만 아무도 그 사람 곧 무신론자요 불신앙자의 영혼을 구원해 줄 수 없게 됩니다(롬 7:21~25)

　사람은 육신의 몸이 살아 있을 때 하나님의 존재를 인정하고 믿고 구원
받기를 바라는 신앙생활을 정직하고 성실하게 행하며 살아가면 주 예수
그리스도께서 다시 살게 하여 주심으로 하나님 나라에서 영원히 존재하는
사람이 되는 것입니다(롬 8:1~11).

레갑 족속

　"우리가 레갑의 아들 우리 선조 요나답의 우리에게 명한 모든 말을 순종
하여 우리와 우리 아내와 자녀가 평생에 포도주를 마시지 아니하며 거처
할 집도 짓지 아니하며 포도원이나 밭이나 종자(種子)도 두지 아니하고 장
막에 거처하여 우리 선조 요나답의 우리에게 명한 대로 다 준행하였노라"
(렘 35:8~10)

　레갑족속(Rechabites)의 시조(Founder)는 BC 1400년경에 이스라엘이
출애굽 할 때 모세의 장인(丈人) 이드로의 아들이며 모세의 처남(妻男)되
는 호밥(Hobab)입니다(민 10:11~36). 이스라엘이 출애굽하여 시나이 반
도를 지나갈 때 사막과 광야길 안내자로 모세(Moses)의 처남 호밥이란 사
람이 나서 주었습니다. 호밥은 이스라엘 민족으로 동화(assimilation)하여
하나님께서 모세를 통하여 선포하신 말씀(율법)을 이스라엘과 똑 같이 듣
고 교육 받았습니다.

　이스라엘이 가나안을 정복하고 각 지파로 각 개인에게 토지를 제비뽑아
분배할 때 호밥도 이스라엘과 동등한 자격으로 기업(Inheritance)을 할당
받아 가나안의 기름진 농경지에서 농사를 짓거나 수단 좋게 장사나 중개
무역을 하여 재물을 많이 벌어들일 수 있는 좋은 위치의 주거지역을 분할
받을 수 있었습니다.

　그러나 호밥은 이스라엘 민족과는 전혀 구별되는 선택 곧 여호와 하나님
의 말씀(율법)을 지켜 행하며 살아가기 위하여 호밥의 민족(미디안이라고
도 하고 겐 족속이라고도 부름)이 시나이반도를 삶의 터전으로 삼고 살아

가던 유목생활(Nomadism)을 고집하였습니다.

이스라엘 민족은 물질문명의 풍요로운 혜택을 얻고 누리기 위하여 가나안문명을 그대로 전수(傳受)받고 유물론주의로 깊숙하게 빠져 들어가 살면서 여호와 하나님을 믿는 신앙을 버리고 오로지 재물을 많이 벌어 부유하게 살려고 가나안의 중개무역에 종사합니다.

BC 844년에 북왕국의 예후가 군사 쿠데타로 왕위를 찬탈(簒奪)할 때 레갑 족속은 지도자 요나답의 진두지휘 아래 바알(Baal Deity)을 우상숭배하는 아합 왕을 지지하는 중심세력을 멸망시켜 예후의 일등공신이 됩니다(왕하 9장~10장). 그 때 예후는 요나답에게 일등공신으로 예우를 해 주려고 문명세계로 나와 문명의 혜택을 얻고 누리며 살아가도록 레갑 족속에게 새로운 삶의 터전을 마련해 주려고 합니다. 요나답은 예후의 특별한 배려를 일언지하에 사양하고 다시 산간변촌으로 들어가 그들이 전통적으로 살아온 유목민족의 삶의 방식으로 살아가고 있습니다.

BC 586년에 유다왕국이 멸망당할 때 레갑 족속이 이스라엘역사의 무대에 반짝 등장하는 사건이 있습니다. 유다가 바벨론 제국의 침공을 받고 예루살렘 성이 포위되어 고립무원(孤立無援)의 상태가 됩니다. 그 때 유다의 동맹국 세계최강을 자랑하던 이집트 군대가 올라와 바벨론 대군과 최후의 일전을 벌리게 될 때 바벨론 군대는 긴급히 예루살렘 포위를 풀고 이집트 대군과 전쟁하러 어디론가 떠나갑니다.

바로 그 때 예루살렘에서 멀리 떨어진 산간벽촌에서 유목생활 하던 레갑 족속이 예루살렘 도성 안으로 피난을 왔습니다. 상식적으로는 도시에서 산간벽촌으로 전쟁을 피하여 떠나가야 하는데 레갑 족속은 보통사람들의 예상을 뛰어넘는 예루살렘 도성 안으로 역으로 피난을 온 것입니다(렘 35:1~19).

레갑 족속이 예루살렘 성 안으로 들어올 때 선지자 예레미야가 이들을 정중하게 맞이하면서 포도주를 마시도록 배려하여 주었습니다. 먼 길을 걸어오면서 갈증을 느끼던 레갑 족속이었지만 그들의 선조가 가르쳐 준 삶의 방식대로 살아가기 위하여 아무리 갈증을 느껴도 절대 포도주를 마시지 않겠다고 말하였습니다.

예레미야35장을 자세하게 읽어 보면 놀라운 사실을 알 수 있습니다. 유다(이스라엘)가 멸망당하기 직전에 여호와 하나님께서 선지자 예레미야를 재판장으로 세워놓고 유다를 재판하는 것이었습니다. 여호와 하나님께서는 유다를 재판하기 위하여 증인으로 레갑 족속을 재판 자리에 나타나게 한 것입니다.

레갑의 선조(조상)가 가르쳐 준 교훈대로 살아가기 위하여 포도주를 마시지 아니하고 포도밭도 경작하지 않고 한 곳에 머물러 살아가려고 거주 지역도 만들지 아니하며 유목생활을 하면서 살아왔고 또 앞으로도 그렇게 살아갈 것이라는 확고부동한 선언은 하나님의 심판을 이롭게 하여 드리는 하나님의 증인으로 증거하는 메시지(massage)였습니다.

레갑 족속의 증언을 들은 재판장 예레미야는 이스라엘(유다)을 향하여 엄숙하게 선포합니다. 레갑 족속은 이스라엘이 출애굽할 때 광야에서 듣고 배운 여호와의 언약의 말씀을 잘 지키며 살아가기 위하여 물질문명도 포기하고 문명과 동떨어진 산간벽촌을 유리(遊離)하며 고독하게 가난하게 살아오기를 장장 900여 년 동안을 그렇게 살아왔습니다. 그렇다면 이스라엘민족은 가나안의 풍요로운 문명의 혜택을 얻고 누리며 살아가면서 과연 여호와 하나님을 변함없이 잘 믿으며 언약(약속)을 얼마나 잘 지켰는가 하고 유다를 향하여 질책하고 유다의 유죄를 선언함과 동시에 재판을 마쳤습니다(렘 35:12~17).

하나님의 심판 자리에서 하나님의 재판을 이롭게 하여 드리는 증인으로서 준 레갑 족속을 향하여 여호와 하나님께서 의미심장한 축복의 약속을 하여 주셨습니다(렘 35:18~19).

≪약속과 정의≫를 읽고 있는 독자가 분명히 알 것이 있는데 그 것은 과

거와 현재 그리고 미래의 인류를 최후 심판할 재판장으로 하나님의 아들 주 예수 그리스도를 세우셨다는 사실입니다. 예수 그리스도의 최후심판은 하나님께서 존재하시고 계시다는 사실을 증거 할 증인을 세우실 것이며 또한 하나님의 아들 예수 그리스도께서 구세주 되심을 증거를 할 증인을 세우실 것입니다(행 10:39~43).

"우리를 명하사 백성에게 전도하되 하나님이 산 자와 죽은 자의 재판장으로 정하신 자가 곧 이 사람인 것을 증거하게 하셨고 저에 대하여 모든 선지자도 증거 하되 저를 믿는 사람들이 다 그 이름을 힘입어 죄 사함을 받는다 하였느니라"(행 10:42~43)

지상명령

주 예수 그리스도께서 십자가의 고난을 받으시고 죽으신 후 사흘 만에 부활하셨습니다(마 28장, 막 16장, 눅 24장, 요 21장). 분명한 사실은 예수 그리스도께서 부활하신 실제사실(實際事實)을 믿음이 있는 사람들에게만 보여 주셨고 전혀 믿음이 없는 사람들에게는 절대로 보여 주시지 않으신 것입니다(사 6:9~10).

"하나님이 사흘만에 다시 살리사 나타내시되 모든 백성에게 하신 것이 아니요 오직 미리 택하신 증인 곧 죽은 자 가운데서 일어나신 후 모시고 음식을 먹은 우리에게 하신 것이라"(행 10:40~41)

만약에 평소 하나님을 믿지 않던 사람이나, 하나님에 대하여 완고하게 반대하는 사람에게 하나님께서 직접 나타내 보여 주시면서 "보라 하나님이 이렇게 존재하고 있다"고 말씀하신다면 이유를 불문하고 모든 사람은 다 하나님을 믿을 것입니다. 참으로 난감한 선택의 갈림길(岐路)은 하나님의 실재하시는 모습을 보여 주시지 않고 하나님을 믿으라는 것입니다(요 20:26~31, 롬 10:8~15).

"예수께서 가라사대 너는 나를 본 고로 믿느냐 보지 못하고 믿는 자들은

복되도다 하시니라"(요 20:29)

완전하신 인격의 하나님께서는 평소에 사람이 하나님을 잘 믿지 아니하고 불신앙으로 범죄를 일삼고 있으면 하나님께서 그에 상응하는 징계를 내려 주시는데 그것은 바로 사람의 지능지수 곧 기억력의 감퇴현상이 나타나게 만드십니다(사 6:9~10). "이사야의 예언이 저희에게 이루었으니 일렀으되 너희가 듣기는 들어도 깨닫지 못할 것이요 보기는 보아도 알지 못하리라 이 백성들의 마음이 완악하여져서 그 귀는 듣기에 둔하고 눈은 감았으니 이는 눈으로 보고 귀로 듣고 마음으로 깨달아 고침을 받을까 두려워함이라 하였느니라 그러나 너희 눈은 봄으로 너희 귀는 들음으로 복이 있도다"(마 13:14~16) 그러나 주 예수 그리스도를 믿는 사람에게는 보고 듣고 생각하는 인간의 지적 속성을 다시 원 상태로 회복시켜 주셔서 영이신 하나님을 바라 볼 수 있게 하여 주십니다(눅 24:32).

주 예수 그리스도께서 부활하시고 사십일 동안 이 세상에 머물러 계시면서 모든 믿음의 사람들에게 예수 그리스도께서 부활하신 실제의 모습을 직접 보여 주셨습니다. 모든 그리스도인들이 온 세상에 다니며 복음을 전파하고 있는데 진실로 복음을 전파하는 전도사역이나 선교사역 구제사역은 주 예수 그리스도의 존재를 증인으로 서 주면서 증거를 보여 주는 일입니다(마 28:19~20, 막 16:15~18).

"오직 성령이 너희에게 임하시면 너희가 권능을 받고 예루살렘과 온 유대와 사마리아와 땅 끝까지 이르러 내 증인(證人)이 되리라 하시니라"(행 1:8)

영원히 존재하시고 계시는 하나님을 믿고 구원받아 하나님의 나라에서 영생복락을 얻고 누리는 영생의 존재자가 되고 싶으십니까? 주 예수 그리스도의 증인들의 복음증거를 믿음으로 받아들여 자기도 하나님의 존재와 부활하신 예수 그리스도의 존재를 오직 믿음으로 살아가는 그리스도인들의 생생한 삶의 존재를 하나님 앞에서 그리고 사람들 앞에서 용기 있게 시

인(approval)하고 고백(confession)하는 지혜로운 사람이 되어야 합니다
(롬 10:9~10, 요일 4:2~3).

 "누구든지 사람 앞에서 나를 시인(是認)하면 나도 하늘에 계신 내 아버지
앞에서 저를 시인할 것이요 누구든지 사람 앞에서 나를 부인하면 나도 하
늘에 계신 내 아버지 앞에서 저를 부인하리라"(마 10:32~33)

4 가치관

가치관

가치(value)는 값어치, 욕망을 충족시키는 재화의 중요 정도, 주관(主觀)의 뜻을 만족시키는 객관적 당위(當爲)입니다. 모든 사물은 개체(individual) 간에 서로 관계를 맺고 상대 할 때 제일 먼저 유념할 것은 자기의 상대(相對)에 대하여 어떻게 대면하고 어떻게 대응하는 것이 유익한지 혹은 해로울 것인가에 대한 값어치를 생각하고 계산하여 우선순위를 정하여 놓는 것을 가치관(價値觀)이라고 말합니다. 시각을 다투는 치열한 경쟁에서 상대에 대한 가치를 먼저 계산하고 행동하는 사람이 유리하고 경쟁에서 이길 확률이 높습니다.

"또 어느 임금이 다른 임금과 싸우러 갈 때에 먼저 앉아 일만으로서 저 이만을 가지고 오는 자를 대적할 수 있을까 헤아리지 아니하겠느냐 만일 못할 터이면 저가 아직 멀리 있을 동안에 사신을 보내어 화친을 청할지니라"(눅 14:31~32)

사람이 다른 사람과 경쟁할 때 희망이나 목표가 있다는 것은 가치를 이미 정해 놓았다는 것을 뜻하고 의미합니다. 일관되게 목표(희망)를 향하여 반듯하게 인생을 살아가는 사람은 가치관의 우선순위가 이미 정립(定立)되어 있습니다.

독자(讀者) 여러분이 각자 자기의 가장 소중한 것, 가치관의 우선순위 열 가지를 메겨 본다면 무엇 무엇이 있습니까? 지혜로운 사람이 일하는 것을 보면 항상 가치관의 우선순위대로 침착하게 일을 합니다. 재물(돈)이 우선순위인 사람은 무슨 일을 해도 돈을 가장 소중하게 여깁니다. 건강이 우선순위에 있으면 무슨 일이든지 건강을 체크해 보고 일하려고 합니다. 신앙이 우선인 사람은 신앙을 위하여 다른 소중한 것도 능히 버릴 수 있습니다.

육체를 소유하고 살아가는 유기체(有機體)의 생명활동은 의식주(衣食住)를 해결해 주는 유물론(materialism)이 최고 우선일 것입니다. 인간이 유물론(唯物論)을 하나님보다 먼저 생각하고 물질의 소유개념이 신앙보다 우선이라고 생각하는 것은 당장 유기체(an organic body)가 필요로 하는 필수요소를 충족시켜 주는 것이 가치의 제일에 해당되기 때문입니다.

그러나 피조물의 가치의 우선순위는 항상 창조주 하나님의 존재를 가장 소중한 가치관의 제1번에 자리를 잡고 있어야 합니다. 하나님 중심주의의 신앙은 하나님을 경외하고 순종하는 신앙의 자세입니다. 하나님을 최고 우선순위에 올려 드리면 하나님께서는 그 보답으로 하나님 중심주의로 살아가는 사람들에게 파격적인 선물을 예비하시고 베풀어 주시고 계십니다(마 6:19~34).

"주를 두려워하는 자를 위하여 쌓아 두신 은혜 곧 인생 앞에서 주께 피하는 자를 위하여 베푸신 은혜가 어찌 그리 큰지요"(시 31:19)

인간 중심주의(humanism)는 사람이 가장 중요한 가치입니다. 인류사회는 신본중심(神本中心)과 인본중심(人本中心)의 충돌이 항상 일어나고 있습니다. 인류의 종교적 정의는 매 시대마다 가장 중요한 논쟁(Issue)이 되고 있습니다.

기독교는 오직 하나님 중심주의를 완고하게 지켜 행하고 있는데 반하여 인본중심주의로 살아가는 사람들은 다만 인간이 가장 중요한 가치이며 초월자 하나님의 존재를 무시하는 무신론주의를 주장하는 것이므로 항상 종교적 갈등과 충돌이 일어납니다.

성경은 사람이 생명을 얻고 누리며 살아가려면 오직 하나님을 위하여 살아가라는 말씀을 강조하고 있습니다(신 30:19~20).

인본주의의 특징은 두 가지가 있는데 하나는 신(god)의 존재를 사람이 만들어 숭배하는 범신론(pantheism)이 있습니다(호 13:1~3). 인본주의 두 번째 특징은 유물론(materialism)을 최고의 가치로 삼고 물질을 누가 더 많이 더 좋은 것을 얼마만큼 소유하는 가를 따져보고 가치를 매깁니다. 그래서 성경은 인본주의와 유물론주의를 완고하게 경계합니다(마 6:19~34).

"너희는 먼저 그의 나라와 그의 의를 구하라 그리하면 이 모든 것을 너희에게 더하시리라"(마 6:33)

하나님을 가장 중요시하는 신앙생활은 그 사람의 영성의 열매를 보아 알 수 있습니다(갈 5:22~23). 예수 그리스도께서는 비유의 말씀으로 열매가 있는 사람이 되라고 말씀하셨습니다(마 7:16~20).

"이러므로 그의 열매로 그들을 알리라"(마 7:20)

식물이 자라고 열매를 맺는 요구와 조건은 식물이 성장하고 결실하기까지 토양에서 영양분을 계속 공급 받을 수 있어야 하고 수분이 충분하게 공급되고 태양빛을 적당히 받아야 하고 기온이 가장 알맞아야 함은 물론 병충해의 피해를 입지 않아야합니다.

신앙생활 하는 사람도 그의 인격의 열매를 맺는 요구와 조건이 있는데 그 것은 하나님을 중심에 모시고 살아가는 사람 곧 하나님의 주권을 존중하고 순종하는 사람은 성령의 은사를 충만하게 받고 하나님께서 바라시고 원하시는 요구와 조건을 충족시켜 놓은 사람의 인격으로 거듭나야 성령의 열매를 많이 맺을 수 있습니다.

"좋은 땅에 뿌리웠다는 것은 말씀을 듣고 깨닫는 자니 결실하여 혹 백배 혹 육십 배 혹 삼십 배가 되느니라 하시니라"(마 13:23)

사람이 하나님을 믿으면서 인간중심 곧 자기의 존재를 가장 중요하게 여기며 물질(유물론)을 가장 소중하게 여기며 살아가는 사람은 성령의 열매 곧 성령의 은사를 절대 받지 못할 뿐만 아니라 영성의 열매를 맺지 못합니다.

하나님 중심주의는 하나님의 주권(Sovereignty Of God)의 지배를 받으며 언약(약속)을 정직하게 성실하게 지키며 살아가려고 최선을 다합니다.

가치관의 우선순위 제1번은 하나님의 존재

"사람이 만일 온 천하를 얻고도 제 목숨을 잃으면 무엇이 유익하리요 사람이 무엇을 주고 제 목숨을 바꾸겠느냐"(마 16:26)

〈기독교 정의〉를 논(論)하면서 본질적인 대 주제는 〈존재(存在)〉임을 역설하였습니다. 존재론(ontology)의 핵심원리(kernel principle)는 〈자기라는 개체 혹은 인격체가 있다〉는 것입니다. 그래서 존재의 뜻과 의미는 자기라는 존재가 있다(there is)는 것을 전제로 만물 앞에서 과시하고 다른 존재들로부터 자기의 존재(self existence)를 인정받음과 동시에 상대의 존재도 같이 인정해 주는 것입니다.

있다(existence)는 것은 뜻과 의미에 있어서 세상에서 가장 가치 있는 것이므로 가치관의 우선순위에 하나님의 존재가 제1번이고 다음으로 자기의 존재가 제2번 자리에 올라가 있어야 합니다. 기독교에서는 하나님의 존재 안에서 만물이 존재하고 또한 사람의 인격체도 존재하고 있는 것입니다.

기독교는 하나님과 사람이 제사(Ritual) 통하여 서로 간에 존재를 인정해 주면서 친교를 하고 사랑을 합니다. 제사(예배)의 자리에서 특징적인 것은 하나님의 존재를 가장 우선순위에 올려 드리는 예의를 갖추는 것입니다. 구약시대는 하나님과 사람의 만남은 반드시 제사를 통하여 이루어 졌는데 제사를 드릴 때는 사람은 의무적으로 희생제물(Sacrifices and Offerings)을 준비하여 하나님께 바쳐야 합니다(레 1장~7장, 히 8장~10장).

제사에 사용하는 제물(Offering)은 선물(Gift)의 뜻과 의미가 있는데 하나님과 사람이 친교를 위하여 만날 때는 사람은 반드시 하나님께 지극정성으로 드리는 선물(제물)을 준비해야 합니다. 선물의 뜻과 의미는 선물을 바치는 사람 보다 선물을 받는 상대방의 마음을 기쁘고 즐겁고 만족하게 해 드려야 합니다.

하나님께서 사람에게 바라시고 원하시는 선물(제물)은 이 세상에서 가장 고귀한 것을 받으시기를 원하십니다. 이 세상에서 가장 고귀한 것은 바로 예배드리는 사람의 가치인 세상에 단 하나뿐인 생명이라는 존재입니다. 이 세상에 단 하나뿐인 생명을 어떻게 제물(선물)로 바칠 수 있겠습니까. 구약의 제사제도는 사람의 생명을 상징하는 짐승(송아지, 염소, 양)을 대신 선물로 바쳐 드렸습니다(히 8장~9장). 구약의 제사는 모형과 그림자요 (히8:5) 더 좋은 제사를 드리기 위하여 사람의 생명을 직접 바쳐드려야 하는데 이 제사를 주 예수 그리스도께서 드리셨습니다(히 9:11~14).

"하물며 영원하신 성령으로 말미암아 흠 없는 자기를 하나님께 드린 그리스도의 피가 어찌 너희 양심으로 죽은 행실에서 깨끗하게 하고 살아계신 하나님을 섬기게 못 하겠느뇨"(히 9:14)

구약의 제사 특징은 거룩하게 성별된 희생제물을 하나님께 선물로 바치는데 있습니다. 왜 하나님께서 특별히 사람의 생명의 존재를 제물(선물)로 받으실까요? 사람의 생명은 이 세상에 단 하나뿐인 존재인데 그것을 하나님께서 특별한 선물로 받으시고 계시는 까닭은 무엇일까요?

존재의 가치는 부득불 우선순위가 매겨져 있는 것입니다. 어느 것이 존재할 가치가 더 있는가. 혹은 어느 것이 존재를 위하여 필요하고 유익한가를 우선순위를 매겨 두어야 합니다. 이 세상에 존재하는 것 중에 나의 생명이 가장 존재할 가치의 제1번에 해당됩니다.

영원 전부터 존재하고 계시는 하나님께서 사람과 만물을 창조하심으로써 모든 피조물은 존재하게 된 것입니다. 그러므로 당연한 원리는 창조주시며 섭리의 주이신 하나님의 존재 안에 피조물이 존재하는 것입니다. 사람의 존재가 아무리 귀중하다 하더라도 창조주 하나님 앞에서는 하나님의 존재가 우선이고 그 다음에 사람의 존재가 있다는 사실을 인정해야 합니다.

그러므로 기독교인이라면 가치관이 분명해야하고 부동의 제1번의 가치는 반드시 하나님의 자리이며 그 다음에는 자기의 자리가 될 것입니다. 하나님께서는 사람에게 이렇게 깊은 뜻과 의미를 가진 진리를 깨달아 알게 하려고 사람의 생명을 선물로 받으시고 계시는 것입니다.

하나님의 아들 독생자 예수 그리스도께서 성육신하시고 인간의 죄와 허물을 주님의 십자가 보혈로 다 깨끗하게 사하여 주신 그 이면에는 주 예수 그리스도께서 구약의 제사의식을 통하여 하나님께서 예배드리는 사람에게 바라시고 원하시는 요구와 조건을 완전하게 충족시켜 드리는 완전한 제사의 희생제물, 즉 예수 그리스도의 육신의 살아있는 생명을 직접 희생제물이 되게 하심으로 구약의 제사를 온전케 하여 놓았습니다. 주 예수 그리스도께서 구약의 제사를 온전하게 하신 다음 즉시 제사제도를 개혁(reform)하여 놓으셨습니다.

"이런 것은 먹고 마시는 것과 여러 가지 씻는 것과 함께 육체의 예법만 되어 개혁할 때까지 맡겨 둔 것이니라"(히 9:10)

주 예수 그리스도께서 제사예법을 개혁해 놓으시기 전을 구약시대라 하고 예수 그리스도께서 구약의 제사를 온전한 희생 제물로 바쳐드리신 후에 구약의 제사제도를 개혁해 놓으시고 이를 실행하는 시대를 신약시대라고 말합니다. 구약시대는 폐일언하고 사람이 하나님께 자기의 생명의 존재를 비록 간접적이기는 하지만 정성을 다하여 바침으로 하나님의 거룩하신 존재 안에 사람의 존재가 있다는 뜻과 의미를 나타내었습니다.

신약시대, 즉 주 예수 그리스도께서 개혁해 놓으신 제사(예배)의 뜻과 의미는 하나님께서 성도에게 하나님의 생명(Holy Spirit)을 직접 충만하게 부어 주시고 계십니다(행 2:1~4). 하나님의 성령을 사람에게 부어 주심은 하나님의 존재가 사람의 존재와 한 몸을 이룰 만큼 가까워진 관계를 뜻하고 의미합니다.

구약의 제사(예배) 특징은 사람의 생명이라는 존재를 하나님께서 받으셨다는 것이고, 신약의 예배(제사) 특징은 하나님의 생명을 사람에게 충만하게 부어 주시고 계신다는 것입니다. 하나님과 사람이 예배(제사)를 통하여 선물(희생제물)을 주고받는다는 사실은 존재론의 절정에 해당되는 부분입니다. 존재론적으로 생각해 보면 이 세상에 단 하나 뿐인 고귀한 생명을 선물로 교환 한다는 사실은 사람이 너무 감당할 수 없는 파격적인 존재의 위상입니다. 하나님께서 하나님을 믿는 성도에게 하나님의 성령(생명)을 주심은 하나님의 존재가 하나님을 잘 믿는 성도의 생명 안으로 들어와서 더불어 같이 존재하시고 계심을 뜻하고 의미하기 때문입니다. 하나님의 생명과 사람의 생명이 더불어 존재한다는 것은 존재의 뜻과 의미를 알고 존중하는 사이가 아니면 절대 불가능한 일입니다.

주 예수 그리스도의 중보(Mediation)로 말미암아 하나님과 사람이 화목한 관계를 다시 회복(Restoration)하였으므로 하나님과 믿음의 사람은 대등한 관계 안에서 더불어 같이 존재하고 있다는 하나님의 자비와 긍휼의 사랑이라는 뜻과 의미가 있습니다(고후 5:14~21).

"그 날에는 내가 아버지 안에 너희가 내 안에 내가 너희 안에 있는 것을 너희가 알리라. 나의 계명을 가지고 지키는 자라야 나를 사랑하는 자니 나를 사랑하는 자는 내 아버지께 사랑을 받을 것이요 나도 그를 사랑하여 그에게 나를 나타내리라"(요 14:20~21)

할아버지와 할머니는 손녀손자가 너무 사랑스러워 같이 놀아주면서 손자손녀의 지적 수준으로 말하고 행동하면서 친밀하게 지냅니다. 그러다가 행여 손자손녀가 할아버지 할머니에게 예의에 어긋나는 말이나 행동을 하면 할아버지 할머니는 가차 없이 매를 들거나 호되게 꾸중을 하여 다시는 그런 예의에 어긋나는 무뢰를 범하지 못하도록 엄중히 꾸짖어 교훈해 줍니다.

거룩하신 하나님께서 성도의 인격 안에 들어와 계신다 해도 하나님의 거룩하신 존재를 항상 두려움으로 공경해 드려야 하고 하나님의 말씀에 절대 순종하는 믿음을 보여 드려야 합니다.

경외

경외(Fear)는 존경하는 두려움의 뜻과 의미가 있는데 성경은 하나님을 경외(敬畏)하라고 일관되게 요구합니다.

"네 하나님 여호와의 명령을 지켜 그 도를 행하며 그를 경외할지니라"(신 8:6)

"그리스도를 경외함으로 피차 복종하라"(엡 5:21)

기독교 신앙의 최고 덕목은 창조하시고 섭리 하시는 여호와 하나님을 두려움으로 존경하여 드림으로 하나님의 존재를 최고로 높여 드리는 믿음입니다.

하나님의 거룩(Holiess)은 지고의 선(Summum bonum)입니다. 하나님께서 사람에게 요구하는 조건의 제일 중요한 가치는 사람도 하나님의 인격을 닮는 거룩한 존재가 되라는 것입니다.

거룩(至高의 善)이란 하나님의 완전하신 인격에서 나오는 자비와 긍휼 그리고 은혜를 베풀어 주시는 사랑입니다.

거룩의 낱말의 뜻과 의미는 '잘라버리다' '분리하다'인데 사람이 하나님의 거룩에 동참하기 위하여 하나님께서 싫어하시고 미워하시는 모든 것들을 다 버리는(잘라버리는) 것이며 세상의 사람들과 구별되는 하나님께서 기쁘시게 받으시는 인격자로 분리되는 것입니다.

거룩한 성도(Hallowed Saint)는 죄악을 다 씻어 버리고 세례 받음으로 하나님께 바쳐진 거듭난 인격의 사람이란 뜻과 의미가 있습니다(요 3:1~15).

"나는 여호와 너희 하나님이라 내가 거룩하니 너희도 몸을 구별하여 거룩하게 하고 땅에 기는바 기어 다니는 것으로 인하여 스스로 더럽히지 말라 나는 너희 하나님이 되려고 너희를 애굽 땅에서 인도하여 낸 여호와라 내가 거룩하니 너희도 거룩할지어다"(레 11:44~45, 벧전 1:16)

여호와 하나님께서 믿음의 조상 아브라함과 언약하심(창 15:12~21)에 따라 후손인 이스라엘을 출애굽시켜 가나안 땅으로 이주(移住)시켰습니다. 애굽 문명과 수메르 문명이 가나안을 통하여 교류되는 문명의 요충지대라는 지리적 특성으로 인하여 가나안은 세계최고의 문명을 얻고 누리며 살아가는 곳이었습니다. 세계 최고의 문화민족 가나안 사람들의 의식수준(意識水準)은 일찍부터 인본주의 사상과 유물론주의로 인한 인간의 정의, 곧 각자 자기의 생각과 말과 행동이 옳다고 주장하는 가치관이 사회적 통념으로 자리 잡고 있었습니다.

"그 때에 이스라엘에 왕이 없었으므로 사람이 각각 그 소견(one's views)에 옳은 대로 행하였더라"(삿 21:25)

인간 중심주의로 찬란한 문화를 이룩하며 가장 인간답게 살아가는 바로 그곳에 하나님께서는 왕이 되시고 이스라엘은 백성이 되는 신정국가(神政國家)를 세우시려 하십니다.

완전하신 인격의 하나님께서 임재하시는 곳은 죄가 없는 깨끗한 곳이어야 합니다. 하나님의 나라는 언약(Testament)으로 다스려지는 법과 윤리와 도덕이 빛을 발하는 곳이어야 합니다.

범상한 이스라엘 백성은 하나님의 거룩의 뜻과 의미를 알지 못하여 하나님의 원본 말씀(율법)을 제일 먼저 받고 교육 받으며 세상의 사람들과 구별(분리)되는 사람으로 살아가야 합니다. 시나이반도의 사막에서 사십년을 머물러 있는 동안에 출애굽 제일세대는 다 죽게 되고 여호수아와 갈렙 두 사람만이 가나안 땅을 기업으로 물려받게 됩니다. 그러나 모세는 아주 조그만 실수로 인하여 가나안 땅에 들어가지 못합니다(민 20:1~13).

이스라엘 민족이 가나안을 정복할 때 옛날의 세계에서 그 당시의 물질문명의 혜택을 가장 많이 받고 살아가던 인본주의를 대표하던 가나안의 7족속 31왕이 통치하는 부족국가의 모든 사람들을 다 멸망시켜 버립니다. 여호와 하나님께서 이스라엘에게 명령하시고 이스라엘은 그대로 순종하여 가나안의 거민들을 전부 다 죽이는 사건은 인간의 상식(常識)으로는 설명할 수 없는 일입니다.

그러나 거룩이라는 단어의 뜻과 의미를 생각하면 이해가 됩니다. 거룩하신 여호와 하나님이 왕이 되시고 선민 이스라엘이 백성이 되는 거룩한 나라는 철저하게 하나님의 존재가 중심이 되는 성별된 땅이어야 합니다. 이렇듯 거룩한 곳에 가나안의 인간중심주의와 유물론주의가 그대로 통용된다면 하나님의 나라의 본래 뜻과 의미는 퇴색되고 변질 될 것입니다.

하나님의 단호하신 명령은 누구든지 하나님과 함께 존재하려면 죄나 허물을 잘라내 버려야 합니다. 예수 그리스도께서도 단호하게 말씀하십니다.

"만일 네 오른눈이 너로 실족케 하거든 빼어 내버리라 네 백체 중 하나가 없어지고 온 몸이 지옥에 던지우지 않는 것이 유익하며 또한 만일 네 오른손이 너로 실족케 하거든 찍어 내버리라 네 백체 중 하나가 없어지고 온 몸이 지옥에 던지우지 않는 것이 유익하니라"(마 5:29~30)

사도 바울은 자신의 존재를 거룩하게 하려고 참으로 단호한 결심을 하고 실행하고 있습니다(빌 3:8~17).

주 예수 그리스도를 믿는 기독교인들에게 진심으로 묻고 싶은 것은 하나님의 나라에 들어가서 영원한 존재로 하나님과 더불어 같이 존재하고 싶다면 지금 자신의 몸을 다시 돌아보고 지금 살아가고 있는 생활이 과연 구별되는 신앙적인 삶인가를 구별하는 거룩에 합당한 삶을 살아가야 마땅할 것입니다.

십계명(Ten Commandments)의 제1계명~제4계명은 여호와 하나님을 경외(敬畏)하라는 지엄하신 명령입니다(출 20:1~17).

"나를 사랑하고 내 계명을 지키는 자에게는 천대(千代)까지 은혜를 베푸느니라"(출 20:6)

세상의 어떤 우상신(偶像)보다 비교할 수 없는 유일하신 참 신이신 하나님을 두려운 마음으로 공경하며 믿으라는 하나님의 가장 완고하신 요구와 조건의 약속입니다. 하나님을 두려워하지 않는 사람에게는 하나님께서 진노하시고 보복을 하여 주십니다.

"여호와는 투기(妬忌)하시며 보복(報復)하시는 하나님이시니라 여호와는 보복하시며 진노하시되 자기를 거스리는 자에게 보복하시며 자기를 대적하는 자에게 진노를 품으시며"(나훔 1:2)

많은 사람들이 하나님을 사랑의 하나님이시며 인자하시고 용서하시며 복 주시는 마냥 좋으신 하나님으로 착각을 합니다. 하나님은 참 좋으신 하나님이십니다. 그러나 하나님과의 약속을 일부러 위반하는 사람에게는 두려움(무서움)과 엄격하심을 나타내 보여주십니다(롬 1:18~32).

하나님을 부정하고 무시하고 하나님의 거룩하신 존재를 욕되게 하는 사람에게는 이유 여하를 막론하고 반드시 징치(懲治)하십니다(나훔 1:2~3). 하나님의 진노하심과 보복하시는 징벌을 한 번이라도 받아 본 사람은 그 후부터는 절대로 하나님을 만홀(漫忽)히 여겨 드리지 못합니다. 왜냐하면 또 다시 그렇게 하였다가는 어떤 심판을 받을 것인지 알고 있기 때문입니다(갈 6:7).

가정에서 어린 자녀를 양육할 때 새 생명이 자라나는 모습이 너무나 사랑스럽고 귀여워서 어린아이가 말하고 행동하는 모든 것을 마냥 좋게 봐 주면서 오냐오냐 하고 잘한다고 칭찬만 해 주면 이 아이가 자라서는 도무지 어른을 공경할 줄 모르고 막말을 하고 못된 행동을 일삼다가 결국 패륜아로 전락될 것입니다. 어린 아이가 아무리 귀엽고 사랑스러워도 어릴 때부터 어른의 존재를 인식하게 하는 엄격한 교육을 시켜 놓으면 어린아이가 자라나서 어른을 공경할 줄 아는 훌륭한 인격자가 될 것입니다.

교회에서 성도들을 성경의 가르침으로 교육하는 현주소를 보면 하나님을 마냥 좋으신 하나님으로만 가르쳐 줍니다. 두려운(Fear) 하나님의 존재는 전혀 모르고 단지 좋으신 하나님만 알고 있으니 그런 성도는 하나님 앞에서 자기의 말과 행동이 얼마나 잘못을 범하고 있는가를 알지 못하기 때문에 법과 윤리와 도덕의 개념이 없는 그래서 회개도 하지 않는 일반 사람들이 보아도 저래서는 안 될 만큼 예절이 없는 교인이 되어 버리는 것입니다. 2011년에 여론조사기관에서 종교에 대한 선호도를 조사했는데 유감스럽지만 기독교에 대한 호감도가 17퍼센트 정도라니 부끄럽지 않습니까? 하나님을 경외(두려워)하는 사람은 하나님이 무서워서 절대 죄를 범하지 않고 오로지 하나님의 말씀에 절대 복종(순종)하며 살아갑니다.

"믿음으로 노아는 아직 보지 못하는 일에 경고하심을 받아 경외함으로 방주를 예비하여 그 집을 구원하였으니 이로 말미암아 세상을 정죄하고 믿음을 좇는 의의 후사가 되었느니라"(히 11:7)

BC 2450년에 노아시대 홍수가 있었는데 대홍수가 나기 전 120년 전에 여호와 하나님께서 노아에게 나타나셔서 세상을 물로 심판하시겠다고 말씀하셨습니다(창세기 6:3). 그 시대의 사정을 역사적으로 이해할 수 있다면 노아가 방주를 만드는 작업환경이 얼마나 어려움이 많았을가 짐작할 수 있습니다. 모든 사람들이 향락문화에 도취되어 타락한 생활을 일삼고 있어도 그런 부도덕한 생활에 전혀 물들지 아니한 점, 방주를 만드는데 사용하는 도끼나 칼 같은 철연장이 얼마나 형편없었는가 하면 몇 번 도끼질하고 나면 날이 무뎌져서 다시 대장간에서 재련하여 사용해야 할 만큼 저급한 철기문명 시대였습니다.

말이 120년의 시간개념이지 그렇게 장구한 날 동안 방주(方舟) 만드는 일에 매진한다는 것 또한 보통의 일이 아닙니다. 모든 조건이 열악한 가운데 노아와 그의 가족 8명이 120년 동안 공들여 방주를 만들 수 있었던 가장 영향을 준 것은 여호와 하나님을 경외(두려워)했기 때문입니다.

욥기를 읽어 보면 욥은 인간으로는 어디 흠잡을 데 없을 만큼 온전한 인격을 갖추고 있는 훌륭한 사람입니다. 욥이 시험을 받을 때 친구들이 그의 여죄를 추궁하였지만 욥은 당당하게 자신의 의로움을 변증하고 있습니다. 그런 당당한 욥이 여호와 하나님 앞에 납작 엎드려 회개를 한 까닭은 여호와 하나님께서 폭풍 가운데서 나타나 주시는 하나님의 거룩하신 위엄에 두려움을 느꼈기 때문이었습니다(욥 38장~42장).

"때에 여호와께서 폭풍 가운데로서 욥에게 말씀하여 가라사대"(욥 38:1)

기독교가 그리스도인에게 신앙교육을 제대로 못 시켜주는 것은 기독교교육을 전담하는 위치에 있는 사람(목사 장로 집사 교사)이 모범이 되지 못하기 때문입니다. 거룩이나 경외 그리고 순종의 뜻과 의미를 모르고 또 그런 단어에 합당한 삶을 모범적으로 살아가지 못하고 있으니 성경이 바라고 요구하는 기독교교육이 잘 될 리 없는 노릇입니다. 하나님을 경외할 줄 아는 그리스도인이 되도록 교육하지 못하고 죄악에 둔감하여 회개할 줄 모르고 자신도 모르는 사이에 인본주의적 신앙관으로 변질 되어 성도에게 가르치기를 오로지 부자가 되라고 성공하여 유명한 사람이 되라고 마냥 축복해 주는 인본주의교육만 장려하고 있다는 것입니다.

순종

순종(Obedience)이라는 단어는 듣는다는 뜻이 있는데 상대방의 말을 듣고 생각하여 깨닫고 그리고 실행에 옮기는 것을 의미합니다. 상대방의 말을 듣고도 도무지 무슨 뜻과 의미가 있는가를 모르는 사람은 상대방의 요구와 조건에 대하여 긍정적으로 반응하지 못합니다.

성경은 바로 이런 무관심하고 무성의한 사람들에게 들을 수 있는 기회를 박탈시켜 마음을 둔하게 하고 귀를 막히게 하며 눈으로 보아도 깨닫지 못하도록 사람의 속성에 퇴화현상(退化現象)이 일어나 지능지수가 현저하게 떨어지도록 저주의 징계를 내려 주십니다(사 6:9~10).

"그러나 너희 눈은 봄으로 너희 귀는 들음으로 복이 있도다"(마 13:16)

순종(順從)의 뜻과 의미에는 수용(reception)의 뜻도 있습니다. 리셉션이란 상대방을 환영하는 파티로 최고의 예우를 갖추어 접대하는 것입니다. 리셉션이 주로 외교적인 특별한 용어로 사용되는데 국가간의 최고 지도자가 만나 협상할 때 리셉션을 통하여 우의(友誼)를 다집니다.

"손님 대접하기를 잊지 말라. 이로써 부지중에 천사들을 대접한 이들이 있느니라"(히 13:2, 창 18:1~15)

순종에는 포용(comprehension)의 뜻이 있습니다. 이해한다, 휩싸여 들인다, 남의 잘못을 덮어준다는 사전적인 뜻이 있지만 그 가운데 가장 마음에 와 닿는 것은 이해(understanding)한다는 것입니다. 이해(理解)란 상대방이 말할 때 겸손하게 그 사람의 발 앞에서 자세를 낮추어 전적으로 순종할 의사를 표시하여 주는 것입니다.

옛날 주인과 종의 관계에서 종은 주인 앞에서 자세를 낮추어 주인의 명령에 절대적으로 복종을 표시하는데 바로 이런 매너(manner)가 이해하다의 뜻과 의미입니다.

순종의 또 다른 뜻은 상대방의 위치(position)에 서주는 것입니다. 운동경기에서 공격이든지 수비든지 각자가 맡은 주요임무를 수행할 위치를 정하는 것을 포지션이라고 말합니다. 포지션은 자기가 서 있는 자리에서 자기가 감당해야 할 몫을 다하는 의무와 책임이 있는 것입니다. 주인은 종의 입장에 서보고 종은 주인의 입장에 서보면 서로를 더 잘 이해할 수 있고 관계개념을 맺고 유지하고 발전시켜 나가는데 참으로 요긴한 참고가 될 수 있습니다.

신명기 성경은 신앙생활의 교과서와 같은 귀중한 말씀의 책이며 특히 신명기 성경의 말씀은 하나님을 경외하고 말씀에 순종하면 하나님께서 예비해 놓으신 은혜를 충만히 받고 누리게 되는 말씀으로 기록되어 있습니다(신 28:1~14). 그러나 하나님을 경외하지 않고 말씀에 순종하지 않으면 하나님의 저주(詛呪)를 받게 됩니다(신 28:15~68).

"내가 오늘날 천지를 불러서 너희에게 증거를 삼노라 내가 생명과 사망과 복과 저주를 네 앞에 두었은즉 너와 네 자손이 살기 위하여 생명을 택하고 네 하나님 여호와를 사랑하고 그 말씀을 순종하며 또 그에게 부종(附從-멀리 떨어져 있지 않고 가까이 있으면서 순종함)하라 그는 네 생명이시요 네 장수시니 여호와께서 네 열조 아브라함과 이삭과 야곱에게 주리라고 맹세하신 땅에 네가 거하리라"(신 30:19~20)

아내가 결혼하여 처음으로 시부모와 형제들이 다 모인 대가족의 식사 시간에 시아버지가 새로 시집온 며느리에게 마실 물을 달라고 부탁하였습니다. 새 며느리는 얼른 부엌으로 가서 식수를 준비하여 시아버지께 갔다 드려야겠는데 그 때 문득 생각나는 것은 시아버지가 차가운 물을 원하시는지 더운 물을 원하시는지 아니면 구수한 숭늉을 원하시는지 그걸 몰라 어찌 할 바를 몰랐습니다. 새 며느리는 잠시 동안 망설이다가 친정아버지가 식사하실 때 습관처럼 뜨끈한 숭늉을 즐겨 마시는 것이 생각나 얼른 밥솥에 누룽지가 붙어있는 적당하게 데운 숭늉을 한 그릇 떠서 시아버지께 드렸습니다. 식사를 마친 시아버지는 숭늉을 마시고는 새 며느리에게 어찌 시아버지가 숭늉 좋아하는 것을 알아서 이렇게 맛있는 숭늉을 떠왔느냐

하며 칭찬을 해 줍니다.

믿음

신앙(Faith)이란 관계 안에서 친밀하게 만나서 서로 간에 인격을 최대한 존중해 주면서 교제(fellowship)하며, 상대방을 유익하게 해 주는 약속(promise)을 서로 잘 지켜 줌으로 신뢰(confidence)를 쌓고 서로 간에 의지(dependent)가 되어 주는 것입니다.

사람이 절대자이신 하나님께 제사(예배)를 드릴 때 예배드리는 사람은 반드시 제물(Offering)을 드립니다. 하나님께 바치는 제물(祭物)은 인간이 하나님께 드리는 가장 좋은 선물을 의미하는데 구약시대는 하나님께 사람의 생명의 존재를 상징하는 제물(선물)을 바쳐 드렸습니다. 기독교 고유의 종교적인 특별한 뜻과 의미가 있는 선물은 곧 예배드리는 사람의 생명이라는 존재를 영원히 존재하시는 하나님께 선물(제물)로 바치는 것입니다. 그러나 현실적으로 자기의 생명을 하나님께 직접 바칠 수 없기 때문에 자기의 생명을 상징하는 정결한 짐승 가운데서 제물을 장만하여 거룩하게 구별되도록 바쳤습니다(레 1장~2장).

사람이 하나님을 경외하고 말씀에 순종하는 것은 하나님과의 약속을 잘 지켜 행함의 범위 안에 들어가는 것입니다. 하나님과 사람이 서로 의지(依支)가 된다는 뜻과 의미는 하나님과 더불어 같이 살아가는, 즉 서로의 인격 안에 들어가 거(居)하고 동행(同行)하며 동업(同業)하면서 존재하는 것입니다.

"그 날에는 내가 아버지 안에 너희가 내 안에 내가 너희 안에 있는 것을 너희가 알리라 나의 계명을 가지고 지키는 자라야 나를 사랑하는 자니 나를 사랑하는 자는 내 아버지께 사랑을 받을 것이요 나도 그를 사랑하여 그에게 나를 나타내리라"(요 14:20~21)

믿음은 유일하신 하나님의 존재를 만천하에 시인(approval)하여 주는 것

입니다(롬 10:8~15). 관계 안에서 서로 간에 상대방의 존재를 인정하고
사람들 앞에서 상대방의 존재를 인정하여 널리 알려주는 것은 상대방의
존재감을 최대한 돋보이게 나타내 줌이 되는 것입니다(요일 4:2~15).

　"누구든지 사람 앞에서 나를 시인하면 나도 하늘에 계신 내 아버지 앞에
서 저를 시인할 것이요"(마 10:32)

5 하나님의 창조와 섭리

창조

태초에 성삼위 하나님께서 우주만물을 창조(Creation)하심으로 말미암아 피조물이 존재(existence)하게 된 것입니다(창 1장).

"태초에 하나님이 천지를 창조하시니라 땅이 혼돈하고 공허하며 흑암이 깊음 위에 있고 하나님의 신은 수면에 운행하시니라 하나님이 가라사대 빛이 있으라 하시매 빛이 있었고"(창 1:1~3)

하나님의 천지창조(天地創造)로 말미암아 이 세상에 존재하는 모든 피조물은 각기 나름대로 창조주 하나님께서 만드신 목적이 있습니다. 존재(being)하는 것은 서로 간에 상호관계(mutuality) 안에서 서로의 존재를 인정해 주는 것입니다. 상호관계라는 뜻과 의미는 존재하는 것이 인격이 있든지 없든지 간에 서로 상대편에 대하여 감정, 책임 따위의 이해관계가 있다는 것이고, 관계 안에서 서로 품고 있는 애정(mutual affection)을 의미하기도 하며, 존재하는 것끼리 서로의 존재적 가치를 동등하게 주고

받는 것(reciprocal)을 뜻하는 것이며, 존재하는 것끼리 서로 상호관계 안
(reciprocity in)에서 서로 간에 요구하는 조건들을 충족시켜 주는 것을 약
속하는 것(reciprocal promises)을 말합니다.

대한민국 국가라는 영토 안에서 사람이 태어나면 그 즉시로 대한민국의
국적을 가지게 되고 헌법에 명시된 의무와 책임 그리고 자유와 권리의 혜
택을 받고 누리게 됩니다.

하나님의 천지창조로 인하여 존재하게 된 모든 피조물은 그것이 하나님
의 영역 곧 하나님의 나라 안에서 존재하는 그 순간부터 창조주 하나님과
피조물 그리고 피조물과 피조물의 상호관계 안에서 약속이라는 의무와 책
임을 짊어지게 되는 것입니다. 하나님의 천지창조로 말미암아 이 세상에
존재하는 만물은 각기 나름대로 하나님의 창조하심의 가치를 가진 존재임
을 알 수 있습니다.

사람들은 자기가 왜 이 세상에 존재하는가에 대하여 스스로에게 질문할
때가 있는데 그 때 합당한 대답을 찾지 못하면 자신의 존재에 대하여 심각
한 회의(doubt)를 가지고 자신의 존재를 스스로 부정하고 무의미한 존재
라는 절망감에 사로잡혀 자기의 생명을 끝내버리는 자살(suicide)로까지
이르게 될 수도 있습니다.

하나님께서 어떤 사람을 지목하여 하나님의 일을 감당해야 할 적임자를
선택하시는데, 하나님의 부르심을 받는 사람들을 보면 하나같이 잘 나지
못하고 많이 배우지 못하고 지위가 높지 못하고 그런 사람들이 많습니다(고
전 1:18~31).

"형제들아 너희를 부르심을 보라 육체를 따라 지혜 있는 자가 많지 아
니하며 능한 자가 많지 아니하며 문벌 좋은 자가 많지 아니하도다"(고전
1:26)

하나님께서 이사야를 부르실 때 이사야는 마음이 초개같이 녹아내리는
듯 하는 큰 충격을 받고 하나님 앞에 납작 엎드렸습니다(사6:1~13).

"그 때에 내가 말하되 화로다 나여 망하게 되었도다 나는 입술이 부정한 사람이요 입술이 부정한 백성 중에 거하면서 만군의 여호와이신 왕을 뵈었음이로다"(사 6:5)

예레미야도 선지자의 사명 받을 때 자신이 적임자가 못됨을 하나님께 아뢰옵고 있습니다. 그러나 하나님께서는 예레미야를 만세 전부터 선택하여 놓은 목적이 있는 사람이라고 말씀하셨습니다(렘 1:1~12).

"내가 너를 복중에 짓기 전에 너를 알았고 네가 태에서 나오기 전에 너를 구별하였고 너를 열방의 선지자로 세웠노라하시기로"(렘 1:5)

섭리

예레미야가 하나님의 부르심과 그가 장차 사역할 나라와 백성들에게 하나님의 메시지를 전파해야 할 선지자의 사명을 감당할 일에 대하여 심히 부담스러워할 때 하나님께서는 그런 예레미야에게 용기와 신념을 불어 넣어 주시고 계십니다.

"너는 그들을 인하여 두려워 말라 내가 너와 함께하여 너를 구원하리라 나 여호와의 말이니라 하시고 여호와께서 그 손을 내밀어 내 입에 대시며 내게 이르시되 보라 내 말을 네 입에 두었노라 보라 내가 오늘날 너를 열방 만국 위에 세우고 너로 뽑으며 파괴하며 파멸하며 넘어뜨리며 건설하며 심게 하였느니라"(렘 1:8~10)

하나님께서 부르시고(召命) 사역(使役)시키는 선지자(Prophet)는 앞으로 다가오는 수 십 년 후에 혹은 수 백 년 후에 도래할 하나님의 계획과 설계를 미리 선포하면서 사람은 믿음으로 하나님의 계획하시는 일에 동참할 것을 선포합니다.

예레미야는 특별히 현재 일어날 역사적 사건사고에 대하여 하나님의 뜻을 백성에게 전파하는 막중한 사명을 감당하는 선지자입니다. 예레미야는 유다 왕국이 신흥제국 바벨론에게 멸망당할 것을 예고하지만 유다의 왕과 백성은 애굽을 세계 최강대국으로 알고 오로지 친애굽주의 정책을 펴 나가려 합니다. 그러니 예레미야 선지자는 유다의 왕과 백성들에게 미움과 원망과 증오를 받게 되고 심지어 생명의 위험까지 감수해야 하였습니다. 예레미야가 유대인들의 반대와 살해 위협까지 받으면서 다시는 하나님의 말씀을 선포하지 않으려 하지만 잠시 후에 다시 힘을 얻어 하나님의 말씀을 선포하고 있습니다.

"내가 다시는 여호와를 선포하지 아니하며 그 이름으로 말하지 아니하리라 하면 나의 중심이 불붙는 것 같아서 골수에 사무치니 답답하여 견딜 수 없나이다"(렘 20:9)

여호와 하나님께서는 예레미야를 지켜 주시고 보호해 주시면서 그에게 부과된 선지자로서의 사명을 잘 감당할 수 있도록 특별한 배려를 하여주셨습니다. 하나님께서 예레미야를 보호하시고 힘을 더하여 주시고 계심은 곧 하나님의 섭리에 의한 것입니다.

섭리(Providence)는 하나님께서 창조사역을 마치시고 피조물이 존재하는 그 순간부터 현재와 미래는 물론 영원무궁하도록 모든 피조물의 존재를 보살펴 주시고 후원해 주시며 감독해 주시는 하나님의 일하심을 뜻하고 의미합니다(시 121:4, 욥42:2).

"예수께서 저희에게 이르시되 내 아버지께서 이제까지 일하시니 나도 일한다 하시매"(요 5:17)

하나님의 섭리(攝理)는 천지만물을 만드신 바로 그 순간부터 모든 피조물의 존재에 대하여 전적인 책임을 짊어지시고 덩치가 큰 피조물이든지 몸집이 아주 작아 잘 보이지 않는 피조물까지 완전하게 보살펴 주심으로 피조물의 존재를 얼마든지 가능하도록 도와주시고 계십니다.

인간은 과학문명을 발달시키면서 공업제품을 만들어 팔아 많은 이익을 취합니다. 사람이 만든 공업제품들을 생산자가 만들어 소비자에게 팔아 버리면 그 시로부터 생산자는 책임도 의무감도 없이 단지 이익만 챙겨 먹었던 시대가 있었습니다. 고객이 신제품을 구입하고 보니 제품에 심각한 하자가 있든지 고장이 나 있어도 순전히 소비자가 알아서 고쳐 쓰든지 아니면 폐기처분하든지 그렇게 하였습니다.

인류가 문명을 발달시키면서 공업제품 생산과 소비에도 경쟁이 붙었습니다. 자기가 만든 신제품을 보다 많이 소비자에게 팔려니까 이제부터는 소비자들이 신제품을 선별해서 구매합니다. 소비자는 보다 좋은 신제품을 구매하려 하며 품질이 우수하고 만약 사용하다가 고장이 나면 생산자가 친절하게 고쳐 주는 아프터 서비스(after service)를 바랍니다.

생산자들 간에 과열 경쟁이 붙으면서 자기네 회사에서 만든 물건을 보다 많이 판매하려고 기발한 수단과 방법을 쓰고 있는데 바로 그것은 자기네 회사에서 만든 신제품에 결함이 있으면 소비자에게 이미 팔려 나갔어도 전부 회수하여 다시 고쳐 주는 친절한 서비스(recall)를 해 주고 있습니다. 현대의 사업가들의 회사 경영하는 수법은 곧 섭리와 같은 것입니다.

창조(創造)가 이전에 없었던 것을 새로이 존재하게 하는 것이라면, 섭리(攝理)는 이제부터 존재하는 것을 현재는 물론 미래도 영원하도록 친절하게 책임을 지고 보살펴 주는 것이라고 생각하면 됩니다.

섭리는 우연을 완전 배제함

필연(inevitability)은 반드시 그렇다고 정하여 진 것, 그렇게 될 수밖에 달리 생각할 수 없는 일을 말합니다.

우연(accident)이란 뜻하지 않는 일, 원인을 모르는 일, 알 수 없는 일이 일어나는 것을 말합니다. 무신론주의자나 진화론주의자들은 이 세상 만물은 우연(偶然)에서 비롯됐다고 주장하는 우연론(accidentalism)을 주장하고 있습니다.

하나님의 섭리(攝理)는 우연이란 것을 완전히 배제(exclusion)합니다. 하나님의 창조와 섭리는 하나님의 완전하신 인격의 속성에 의하여 예정하시고 작정하시고 계획하시고 설계하셔서 피조물의 존재를 보살펴 주시고 보호하시며 후원을 해 주시고 감독하고 계시기 때문에 절대 우연이란 것이 있을 수 없습니다(잠 8:22~31).

"여호와께서는 지혜로 땅을 세우셨으며 명철로 하늘을 굳게 펴셨고 그 지식으로 해양이 갈라지게 하셨으며 공중에서 이슬이 내리게 하셨느니라"(잠 3:19~20)

이 세상에 존재하는 만물이 태초에 만들어진 최초의 상태 그대로 종족이 번성하고 번식되고 선대로부터 후대로 존재가 계속 이어져 가고 있어도 절대 변형되거나 변질되는 일은 없습니다. 영원히 스스로 존재하시는 하나님께서 우주만물을 창조하시고 섭리하시고 계심에 대하여 인간의 철학(Philosophy)은 두 개의 각기 다른 관점(사실문제 권리문제)에서 논구(discussion)하려 하였지만 인간이 학문적으로 창조와 섭리를 연구하면 할수록 창조와 섭리하시는 하나님께서 존재하고 계신다는 사실을 인정할 수밖에 도리가 없었습니다.

사실문제(fact problem)는 어떤 일의 그것이 사실로서 어떤 사정, 상태, 관계에 있는가를 확정하려 할 때 기원(起源)이나 발생(發生)의 사실에 관한 문제나 가치를 따지거나 비판하지 아니하고 보는 경우를 말합니다.

권리문제(right problem)는 사물의 기원 발생에 관한 사실문제에 대하여 사물의 권리 가치 규범을 논구(論究)하여 증명하는 경우를 말합니다.

사실문제(事實問題)나 권리문제(權利問題)에 대한 나름대로의 명쾌한 해답을 찾으려고 인문과학과 자연과학이 연구에 연구를 거듭하여 보았지만 만물을 만들고 다스리고 있는 초월자 곧 하나님께서 존재하시고 계시다는 사실을 믿게 되는 것입니다.

"전능 자를 우리가 측량할 수 없나니 그는 권능이 지극히 크사 심판이나 무한한 공의를 굽히지 아니하심이니라"(욥 37:23)

하나님의 완전하신 인격으로 섭리하시고 계시기 때문에 우주만물은 태초부터 지금까지 미래에도 모든 피조물은 질서정연하게 존재할 것입니다(욥 38장~41장).

이스라엘 백성이 하나님께로부터 율법을 받은 시기는 BC 1400년대입니다. 예수 그리스도께서 공생애 사역을 시작하실 때 이스라엘 사람들에게는 율법 무용론이 우세하였습니다. 선민 이스라엘이 믿음으로 율법을 잘 지키려 노력하여도 인간은 도저히 율법을 완전하게 지켜 행할 수 없다는 것이 유대인(이스라엘)들의 볼멘 핑계였습니다. 그 때 주 예수 그리스도께서 분명히 선포하신 말씀이 있습니다.

"내가 율법이나 선지자나 폐하러 온 줄로 생각지 말라 폐하러 온 것이 아니요 완전케 하려 함이로라"(마 5:17)

율법은 사람의 인격과 존재의 목적을 완전케 하는 법(시 19:7)이며 기독교의 가르침은 사람으로 완전한 인격자로 살아가도록 교육하는 것인데 창조주 하나님께서 그 사람을 창조하신 목적에 부합되도록 성경말씀으로 양육하는 것입니다(시 18:30, 골 1:28, 딤후 3:15~18).

기도

기도(prayer)는 초자연적인 기적을 일으키는 권세와 능력을 가지고 계시는 하나님께 간구하여 응답을 받는 것이라는 사전적인 뜻이 있습니다.

기독교에서 기도의 뜻과 의미는 두 가지가 있습니다. 기도(祈禱)는 창조하시고 섭리하시는 하나님과 영적으로 교제하는 것이며 나아가서 하나님의 뜻과 행동에 있어서 하나님과 기도하는 사람과 하나가되는 다시 말하여 일체감을 갖는 데까지 나아가는 것입니다. 하나님 앞에서 매일같이 기도를 하는 사람의 인격의 특징은 하나님의 거룩(지고의 선)하심 같이 사람도 거룩한 인격의 존재가 되는 데까지 거듭나는 것입니다. 기도하는 사람은 인격적으로 법과 윤리와 도덕의 모범이 될 만큼 존중히 여김을 받는 사람으로 변화되어야 합니다.

"기록하였으되 내가 거룩하니 너희도 거룩할지어다 하셨느니라"(벧전 1:16)

피조물인 사람이 창조하시고 섭리하시는 하나님의 마음을 알고 하나님께서 실행에 옮기시는 모든 일을 이해하며 하나님의 일꾼으로 또는 종으로, 그릇으로 쓰임을 받는 사역자 곧 심부름하는 사람이 되는 것입니다. 사람이 기도를 통하여 감히 하나님의 경지(境地)에까지 갈 수 있다면 그 사람은 거룩한 사람의 인격을 가진 존재입니다. 성경을 읽어 보면 특별히 창세기의 주요 주인공들 아담, 에녹, 노아, 아브라함, 이삭, 야곱, 요셉 같은 인물은 하나님과 동거하고 동행하며 동업하면서 철저하게 하나님 중심주의로 인생을 살아간 사람들입니다.

사람은 인류가 발달시키는 문명의 혜택을 많이 받을수록 인간중심주의 유물론주의로 살아가면서 하나님 중심주의를 멀리하려고 합니다. 문명이 발달할수록 문명의 편리와 만족을 얻고 누리는 사람이 하나님의 뜻과 행동에 하나가 되는 데까지 진실로 신앙적으로 살아가기란 참으로 어려운 일입니다. 그럴지라도 하나님을 향하여 기도를 생활화하고 살아가는 사람이라면 하나님의 성품을 닮아가는 구별된 삶을 살아가야 할 것입니다(벧후 1:1~12).

"이러므로 너희가 더욱 힘써 너희 믿음에 덕을 덕에 지식을 지식에 절제를 절제에 인내를 인내에 경건을 경건에 형제우애를 형제우애에 사랑을 공급하라"(벧후 1:5~7)

참으로 통탄스러울 만큼 한심한 사람들은 하루에 기도를 한 시간 혹은 두세 시간 동안 하고 기도만 하면 방언으로 중얼거리는 사람들이 기도를 마치면 남을 흉보고 헐뜯고 욕하고 시기와 분쟁을 일삼고 자기유익을 위하여 죄악을 도모하는 너무 이기적인 세속화된 위선적인 신앙생활을 하는 사람들이 많다는 것입니다.

기도의 두 번째 뜻과 의미는 하나님과 사람이 관계 안에서 약속(언약)

하는 것입니다. 하나님의 섭리하시는 최고 관심사는 하나님과 사람이 관계 안에서 맺은 언약(약속)을 사람이 어떻게 지켜 행할 수 있을까를 유심히 살펴보시면서 하나님께서 그런 사람으로 하여금 하나님과의 약속을 보다 잘 지킬 수 있도록 하기 위하여 여러 모양으로 도와주시는 일입니다(마 7:7~11).

"너는 기도할 때에 네 골방에 들어가 문을 닫고 은밀한 중에 계신 네 아버지께 기도하라 은밀한 중에 보시는 네 아버지께서 갚으시리라"(마 6:6)

사람이 자기 혼자로는 감당하지 못하는 일들 혹은 어렵고 난감한 문제들 자기의 포부를 성취하고자 하는 사업들을 놓고 하나님께서 도와주시기를 바라는 믿음으로 기도를 합니다. 이때 기도하는 사람은 기도제목을 다 이루어지게 하여 주시면 하고 여러 가지 하나님을 감동시켜 드릴 약속을 많이 하게 됩니다.

"야곱이 서원하여 가로되 하나님이 나와 함께 계시사 내가 가는 이 길에서 나를 지키시고 먹을 양식과 입을 옷을 주사 나로 평안히 아비 집으로 돌아가게 하시오면 여호와께서 나의 하나님이 되실 것이요 내가 기둥으로 세운 이 돌이 하나님의 전이 될 것이요 하나님께서 내게 주신 모든 것에서 십분 일을 내가 반드시 하나님께 드리겠나이다 하였더라"(창 28:20~22)

기도는 하나님과 사람이 맺은 약속을 충족시켜 주기 위하여 하나님과 사람이 인격적으로 만나 의논하고 도와주고 도움을 받으면서 협력하여 목적을 달성시키는 가장 바람직한 수단과 방법의 교제(relation)입니다. 사람이 하나님과의 약속을 실행하려 할 때 가장 부담되는 부분은 과연 하나님께서 바라시고 원하시는 일인가 하는 것을 확실하게 알 수 없다는 것입니다. 많은 사람들의 궁색한 변명은 만약 하나님의 뜻이라면 백 번이라도 순종하겠다는 말을 합니다.

기도는 하나님과 사람 사이에서 하나님의 마음과 사람의 마음이 서로 교통하도록 해 줍니다(고전 2:10~16).

"오직 하나님의 성령으로 이것을 우리에게 보이셨으니 성령은 모든 것 곧 하나님의 깊은 것이라도 통달하시느니라 사람의 사정(私情)을 사람의 속에 있는 영외에는 누가 알리요 이와 같이 하나님의 사정도 하나님의 영외에는 아무도 알지 못하느니라"(고전 2:10~11)

기도할 때 성령이 도와주는 일은 기도하는 사람에게 하나님의 마음의 뜻을 깨닫게 해 줍니다(요 14:16~26). 성령으로 기도하는 사람은 주 예수 그리스도의 이름으로 초자연적인 기적을 나타내 보여 주기도 합니다(막 16:17~18, 요 14:14). 기도하는 그리스도인은 하나님과의 약속을 정직하고 성실하게 잘 지켜 행합니다. 하나님과의 약속을 잘 지켜 행함으로 하나님의 특별하신 은혜 곧 선물을 충만하게 받고 누리며 살아갑니다(신명기). 하나님의 섭리하시는 은총을 받고 순종하는 사람은 하나님의 특별하신 보호를 받게 됩니다(딤후 4:18).

"나는 세상에 더 있지 아니하오나 저희는 세상에 있사옵고 나는 아버지께로 가옵나니 거룩하신 아버지여 내게 주신 아버지의 이름으로 저희를 보전하사 우리와 같이 저희도 하나가 되게 하옵소서"(요 17:11)

사람에게는 하고 싶은 호기심(好奇心)같은 소욕(所欲)을 다 가지고 있습니다. 하나님을 믿지 않는 사람은 본래 자기가 하고 싶은 대로 실행하는데 문제는 동기나 과정이나 결과에 대하여 좋은 성과를 내지 못할 뿐더러 도리어 인생의 많은 문젯거리만 생겨나게 합니다(갈 5:16~21). 그러나 하나님을 믿는 사람은 〈성령의 소욕〉으로 기도를 하여 하나님께 영광을 올려 드리고 자기의 유익을 구하며 다른 사람에게도 유익한 일을 선별적으로 실행함으로써 모두에게 좋은 이미지를 갖게 합니다.

"오직 성령의 열매는 사랑과 희락과 화평과 오래 참음과 자비와 양선과 충성과 온유와 절제니 이 같은 것을 금지할 법이 없느니라"(갈 5:22~23)

섭리(攝理)라는 개념이 어렵게 생각되면 보다 쉬운 예화를 들려주겠습니다. 옛날 공산품이 희귀할 때는 공업용 신제품을 생산하는 회사는 제품을 생산하여 소비자에게 내다 팔아 버리면 그것으로 그들이 할 일은 다 끝이 났다고 생각하였습니다. 신제품을 구매한 고객이 신제품을 구입하여 사용하다가 혹시 성능이 좋지 않아도 사용도중에 고장이 나도 아무에게 하소연도 못하고 자기 돈을 들여 고쳐 사용하든지 최악의 경우는 폐기처분시켜 버려야 하였습니다.

요즘은 공업용 신제품이 홍수를 이루는 그야말로 무한 경쟁시대입니다. 사업(事業)하는 사람이 많아 하루가 다르게 경쟁상품이 쏟아져 나오고 소비자의 구매욕구도 보다 더 좋은 제품과 사후관리를 잘 해 주는 그런 제품을 선호합니다.

기업가들이 소위 공격형 기업경영을 한다는 말을 자주 하는데 이 말은 생산자가 소비자를 만족시켜 주는 보다 적극적으로 구매자에게 다가가겠다는 뜻입니다. 신제품 생산회사가 자사제품을 소비자(고객)에게 판매하면 그 시로부터 고객관리를 하고 자사제품이 흠집이나 결점이 발생하면 새것으로 바꿔 주기도 하고 고장이 나면 무료로 고쳐 주기도 하고 소비자가 전혀 모르는 제품의 결함을 생산회사가 발견하면 주저 없이 무상으로 수리(recall)를 해 주고 그렇게 합니다. 한 걸음 더 나아가서 헌 것을 새것으로 바꾸려고 하면 생산회사가 헌 것을 회수해 가버립니다. 현대의 기업경영은 하나님의 섭리(경영, 통치)를 뒤늦게 깨닫고 보고 배워 실행하고 있는 것입니다.

기독교는 성도들의 모든 것을 잘 보살펴 주고 온전한 인격자로 하나님 앞으로 나아갈 때까지 책임져 인도해 주고 있습니다. 생명이 이 세상에 태어나서부터 하늘나라로 올라갈 때까지 교회는 그 사람을 위하여 기도해 주며 기독교 교육을 통하여 보다 완전한 인격자로 살아가게 배려를 해 줍니다. 성도가 몸이 아프면 심방하여 병 낫기를 위하여 기도해 주고 사업이 잘되도록 매일같이 축복기도를 해 주며 무슨 문제가 생겨나면 철야하면서 기도를 하고 육체의 생명이 죽으면 장례예식에 따라 엄숙하게 장사지내

90

줍니다.

“나는 너희를 위하여 기도하기를 쉬는 죄를 여호와 앞에 결단코 범치 아니하고 선하고 의로운 도로 너희를 가르칠 것인즉 너희는 여호와께서 너희를 위하여 행하신 그 큰일을 생각하여 오직 그를 경외(敬畏)하며 너희의 마음을 다하여 진실히 섬기라”(삼상 12:23~24)

6 그리스도인의 특별한 사명

존재를 위한 경쟁의 법칙

대자연이라는 한정된 공간에서 생명을 가지고 있는 모든 피조물은 개체의 존재를 지키고 번성케 하며 자기의 존재가치를 극대화시키려는 본능(instinct)을 다 가지고 있으면서 이를 관철시키기 위하여 다른 존재하는 것들과 끊임없이 경쟁(competition)하는 것입니다.

대자연 환경 안에서 개체의 존재를 위협하는 많은 유기체들과 필연적으로 경쟁관계가 성립됩니다. 광활한 대자연 안에 태초부터 조성되어 있는 대평원이나 원시림의 숲 속 또는 강에서 바다에서 잠시도 멈춤이 없이 계속적으로 일어나고 있는 현상은 개체의 생명체가 자기 본능대로 존재하기 위하여 다른 생명체와의 무한 경쟁을 하는데, 그것을 적자생존(survival of the fittest)이라고 말합니다. 다른 생명체와 절대 양보 없는 경쟁에서 이겨야만 자신이 안심하고 존재할 수 있는 약육강식(the weak fall a prey to the strong)이 있고 만일 경쟁에서 패하면 문자 그대로 스스로 도

92

태(selection)되든지 타의에 의한 강제 도태를 당하게 될 것입니다.

존재는 잠시 동안만 있는 것이 아니라 할 수 있으면 보다 더 오랫 동안 존재해야 가치가 있는 것입니다. 만물 가운데 생명력을 가지고 있는 유기체는 태초에 만들어진 원형 그대로 번식하고 번성하며 살아갑니다. 만물이 존재하는데 절대 최초에 만들어진 다시 말하자면 하나님께서 태초에 만들어 놓으신 모든 피조물 개체의 존재는 변형되거나 소위 진화(evolution)하지 않는 것입니다.

만약 태초부터 존재하는 생명체가 시간과 공간개념을 거치면서 원형질이 변화되어 버린다면 존재라는 뜻과 의미의 목적이 있을 필요가 없는 것입니다. 개체가 존재하기 위하여 다른 경쟁자를 물리쳐야 하고 자기의 존재의 영역을 확보하고 생명의 존재에 필수적인 영양소를 확보하기 위하여 땀을 흘려가며 노동을 하고 새로운 삶의 방법을 연구하고 찾아내는 소위 문명의 발달을 가져오게 만드는 것입니다. 개체의 존재가 만족하고 편리하게 생활하기 위한 새로운 문명을 발달시켜 나가려면 필연적으로 경쟁원리가 성립되고 그것은 죽느냐 사느냐의 문제가 달린 싸움(전쟁)으로 결판이 나게 됩니다.

인류문명의 발달은 전쟁으로부터 시작되고 전쟁이 문명의 과정이나 다름없고 다가올 전쟁을 대비하는 준비과정을 통하여 존재를 위한 유익한 문명이 발달되는 것입니다.

문화의 뜻과 의미

문화(Culture)라는 새로운 단어가 생겨난 것은 불과 200년 전의 일입니다. 문화(文化)의 개념이 생겨난 그 기원을 거슬러 올라가 보면 창세기 1:26~28에 창조주 하나님께서 하나님의 형상과 모양을 닮은 사람을 만드시고 특별한 사명을 부여하셨는데 모든 피조물을 〈다스리라〉는 말씀을 선포하셨습니다.

"하나님이 가라사대 우리의 형상을 따라 우리의 모양대로 우리가 사람을 만들고 그로 바다의 고기와 공중의 새와 육축과 온 땅과 땅에 기는 모든 것을 다스리게 하자 하시고"(창 1:26)

'다스리다'는 어원은 육체의 노동을 뜻하고 의미하며 육체적인 노동은 농업(agriculture)을 지칭한 말씀입니다. 참으로 기발한 생각은 문화라는 말을 최초로 사용한 사람이 Agriculture(농업)에서 Culture(문화)라는 새로운 단어를 만들어 사용한 점입니다.

참으로 기이한 현상은 인류가 문명 곧 문화(Culture)를 발달(발전)시키는 원인과 과정 그리고 결과에 이르는 모범이 있는데 그것은 창조하시고 섭리하시는 하나님께 인간이 제사(예배)드리는 종교의식을 거룩한(구별되는) 모델로 삼고 인류문명을 발달시키며 인류에게 만족과 편리를 안겨주고 있다는 것입니다. 사람이 하나님께 예배(제사)드리는 종교의식은 거룩하신 하나님을 인간이 만나 교제하는 시간이므로 불완전하고 죄를 짓는 인간은 완전하신 인격을 가지고 계신 하나님 앞으로 나아가려면 하나님의 거룩하심의 존재를 높여 드리기 위하여 인간도 거룩함을 보여 주어야 합니다.

"나는 너희 하나님이 되려고 너희를 애굽에서 인도하여 낸 여호와라 내가 거룩하니 너희도 거룩할지어다"(레 11:45)

하나님의 존재의 위상을 높여 드리기 위하여 하나님께서 임재하시는 자리는 인간의 관점에서 볼 때 가장 거룩한 모습이어야 합니다. 하나님께서 임재하시는 장소를 만들어 놓기 위하여 인간의 지식과 지혜로 그것도 모자라 성령을 충만하게 받고 제단을 만들고 제사장의 제복을 만들며 제물을 담는 그릇하며 모든 필요한 제사의식에 사용되는 기구들을 공교하게 만들어야 합니다(출 35장).

하나님께 제사(예배)를 드리기 위하여 정성과 성의를 완벽하게 준비하는 지식과 요령(know how)을 인간의 생활에 그대로 반영시킴으로써 인간의 생활을 한 차원씩 높여 주었습니다. 쉽게 말하자면 초일류 국가에서 인공위성을 만들어 우주공간에 발사시켜 소기의 목적을 달성시키는데 이런 최고급 과학기술을 인간의 생활에 편리하도록 응용시켜 주면 인류의 과학문명은 한 차원 더 높아지게 되는 것입니다.

인류의 문명(문화)은 하나님께 예배드리는 종교의식을 인간의 생활에 적용시켜 문명을 발전(발달)시켜 왔습니다. 현대의 무신론과 진화론이 판치는 인간중심의 세계는 문화라는 개념을 순전히 하나님께 예배드리는 종교의식을 완전히 배제하고 전적으로 인간의 삶을 위한 만족과 편리를 안겨주는 인본주의로 변질시켜 버렸습니다.

생명의 탄생은 경쟁의 산물

생명을 가지고 있는 개체라는 존재가 자신을 닮은 후대라는 존재를 만들어 내기 위한 육체의 생명이 탄생하는 과정을 반드시 거쳐야 합니다. 개체가 자기와 똑같은 존재를 만들어 내는 것을 재생산(reproduction)이라고 말하는데, 이때 똑같은 종류의 암수가 생식세포를 통하여 자웅(雌雄)이 결합하는 형성과정을 거쳐야 합니다.

자연과학이 밝혀낸 바에 의하면 하등생명체는 생식세포의 형성과정 없이 간단한 무성생식(Asexual reproduction)으로 재생산이 가능합니다. 그러나 고등생명체는 반드시 암수의 생식세포를 통하여 자웅이 결합하는 유성생식(Sexual reproduction)을 이루어야 합니다. 유성생식은 사람의 경우 남성의 정자(Sperm)와 여성의 난자(Ovum)가 융합(Fusion)하는 과정에서 상상을 초월하는 세포의 경쟁이 있음을 알게 됩니다. 남성의 정액 3.5 ml(1ml에 약 1억 마리의 정자가 존재)가 수정장소인 여성의 난관팽대부에 도달하는 동안 대략 300에서 500마리의 정자만 남게 되고 이들이 경쟁적으로 난자 벽을 뚫고 들어가 최종적으로 정자가 난자와 1:1로 융합하는 것입니다. 사람의 새로운 생명의 존재를 만드는 시초부터 그 원인 물질인 정자 3억 5천만 마리가 치열하게 경쟁하여 그중에서 정자 하나만이 난자와 결합하여 존재함으로써 새로운 생명의 존재를 만들어 내는 최종 승리의 정자가 되는 것입니다.

생명체가 만들어지는 시작부터 경쟁원리가 작용하는 것이므로 모든 고등생명체는 본능적으로 경쟁하는 속성을 가지고 육체의 존재가 시작하는 시간부터 육체의 존재가 끝나는 죽음에 이르기까지 한시도 멈추지 않고 경쟁을 영위하는 것입니다.

인간은 만물의 영장으로 고귀한 인격체라고 자랑하면서 가히 신(God)의 경지에까지 도달할 만큼 지식을 개발(development)하여 학문을 전수시키는 교육(education)을 장려하고 있습니다.

따지고 보면 인간중심주의 교육(敎育)은 생명의 존재가 살아남고 보다 풍요로운 삶의 존재를 위하여 어떤 경쟁에서도 승부하여 이기고 승리하여 부산물을 다 가져가는, 다시 말하자면 모든 영광을 이긴 것이 다 가져가는 경쟁하는 법을 가르치고 배우는 것입니다. 학교는 진리를 배우고 탐구하는 전당(殿堂)이라고 좋은 말을 사용하지만 실제로 교육현장에 가서 보면 장래를 위한 직업교육 곧 사회에서 무한경쟁 하는 원리의 법칙에서 도전하고 극복하여 마침내 이기고 승리하는 수단과 방법을 가르치고 있습니다. 명문학교란 경쟁에서 우승할 확률이 높은 사람을 가장 많이 배출하는 학교를 말합니다.

대한민국의 작은 영토 안에서 많은 교회가 설립되다보니 자연스럽게 일반적 개념의 경쟁원리가 작용하고 있습니다. 목회성공이니 교회부흥이니 설교 잘하는 목사라느니 하는 말은 다 기독교 안에서 치열한 경쟁의 산물로 얻어지는 부끄러운 상급입니다. 인본주의에서나 장려될 수 있는 유아독존의 경쟁을 위하여 수단과 방법을 가리지 않고 오로지 자기가 속한 교회만 부흥되고 성도 수가 많아지고 예배당 크게 짓고 재정이 넘쳐나고 그래서 마음만 먹으면 무엇이든지 다 할 수 있다는, 경쟁에서 우승만 하는 교회들 그리고 교인들 목사들이 너무 많이 있습니다. 교회부흥이라는 지상최대의 과제를 충족시키기 위하여 무한대의 부흥운동을 하고 세계 제일 큰 교회당을 건축해도 만족이란 것 없고 온 세계의 기독교인들 다 자기네 교회에 소속하게 만들고 싶어 하는 무한경쟁 원리를 조장하는 인물이 바로 그런 교회를 담임하고 있는 목사가 주범이라면 수긍이 갑니까. 기독교회 안에서 경쟁원리가 버젓하게 작용하고 있다는 것 바로 이런 현상이야말로 인본주의를 표방하는 기독교가 알게 모르게 타락하고 변질되고 세속화되고 있다는 것이고 말세의 징조인 것입니다.

하나님의 나라는 존재를 위한 경쟁이 필요 없는 곳

창조하시고 섭리하시는 하나님의 존재는 영원무궁하시고 절대불변하시고 어디든지 그곳에 하나님의 존재가 임재하시고 계십니다.

하나님께서 특별히 하나님의 형상과 모양을 닮은 인격체로 사람을 만들어 놓으신 목적은 하나님과 사람이 영원하도록 같이 존재하고 싶어 하시는 하나님의 예정과 계획과 설계에 의한 것입니다.

하나님과 함께 더불어 같이 영원히 존재하는 나라 그곳은 하나님과 사람이 존재를 위하여 필요한 모든 것들이 충만하게 갖추어져 있고 존재를 위하여 무엇이든지 얼마든지 사용할 수 있으므로 경쟁이란 개념이 전혀 필요 없는 곳입니다(계 21장~22장).

"다시 저주가 없으며 하나님과 그 어린양의 보좌가 그 가운데 있으리니 그의 종들이 그를 섬기며 그의 얼굴을 볼 터이요 그의 이름도 저희 이마에 있으리라 다시 밤이 없겠고 등불과 햇빛이 쓸데없으니 이는 주 하나님이 저희에게 비취심이라 저희가 세세토록 왕 노릇하리로다"(계 22:3~5)

하나님을 믿고 살아가는 모든 믿음의 사람들이 육신의 몸을 입고 살아가는 이 세상에서도 믿음의 사람으로 구원받아 하나님의 나라로 갈 교우관계를 맺으면 그 시로부터 일절 경쟁원리를 배제하며 살아가야 합니다. 왜

냐하면 하나님의 나라는 누구든지 다 풍족하게 존재할 수 있을 만큼 인간이 요구하는 조건들이 충만하도록 갖추어져 있습니다.

주 예수 그리스도께서 말씀하신 하나님의 나라 안에서 살아가는 사람들의 살아가는 존재의 수단과 방법은 무엇을 먹을까 무엇을 입을까 어디서 잘까 하는 의식주(衣食住) 해결의 유물론이 아닙니다. 하나님의 나라에서의 존재는 오직 하나님의 나라와 그의 의를 구하는 신앙적인 삶이면 족하고 그렇게 될 때 사람의 생존에 필요한 물질은 다 하나님께서 책임지시고 공급해 주신다는 확실한 말씀을 하셨습니다(마 6:19~34).

"너희는 먼저 그의 나라와 그의 의를 구하라 그리하면 이 모든 것을 너희에게 더하시리라"(마 6:33)

믿음의 사람 간에는 서로 도와주고 도움을 받으며 더불어 같이 살아가는 존재의 방식을 채택해야 하는데 바로 이런 삶의 방식이 하나님께서 바라시고 원하시는 일입니다(고후 8장).

"이는 다른 사람들은 평안하게 하고 너희는 곤고하게 하려는 것이 아니요 평균케 하려 함이니 이제 너희의 유여한 것으로 저희 부족한 것을 보충함은 후에 저희 유여한 것으로 너희 부족한 것을 보충하여 평균하게 하려 함이라 기록한 것같이 많이 거둔 자도 남지 아니하였고 적게 거둔 자도 모자라지 아니하였느니라"(고후 8:13~15)

모든 피조물이 다 각자의 존재를 위하여 경쟁하는 속성으로 존재를 영위해 나가는 것이 자연의 법칙입니다. 사람이 육신의 몸이 죽어 영혼이 하나님의 나라로 올라가면 그 즉시로 천국에서 영원한 존재의 위상으로 하나님 나라에 이미 구비되어 있는 모든 요구와 조건들이 충족된 가운데 영생복락을 누리며 영원한 존재가 되는 것입니다. 사람이 육신의 몸을 입고 살아가는 이 세상에서도 하나님의 충만하신 은혜(선물)로 말미암아 이웃에게 베풀어 주고 나누어 주고 도와주고 흩어 구제하여도 풍족하게 즐거움과 만족을 얻고 누리며 살아갈 수 있습니다.

"흩어 구제하여도 더욱 부하게 되는 일이 있나니 과도히 아껴도 가난하게 될 뿐이니라 구제를 좋아하는 자는 풍족하여질 것이요 남을 윤택하게 하는 자는 윤택하여지리라."(잠 11:24~25)

하나님의 나라는 하나님의 은혜가 넘치고 있는데 그런 환경 안에서 굳이 더 많이 가지려고 혼자 독점하려고 과도하게 경쟁할 필요를 느끼지 못할 것입니다.

"주라 그리하면 너희에게 줄 것이니 곧 후히 되어 누르고 흔들어 넘치도록 하여 너희에게 안겨 주리라 너희의 헤아리는 그 헤아림으로 너희도 헤아림을 도로 받을 것이니라"(눅 6:38)

그러므로 하나님께서는 하나님을 믿는 사람에게 전혀 뜻밖의 사명(Mission)을 부여하시고 계십니다. 하나님을 믿는 사람들은 특히 성도들의 모임의 공동체인 기독교 안에서 어떤 명분으로든지 경쟁원리가 도입되면 마치 소금이 그 맛을 잃어버림과 같이 아무 쓸모가 없어지게 됩니다. 뿐만 아니라 교회 안에서 경쟁원리가 도입되면 당장은 어떤 효과가 나타나고 이득을 볼 수 있을지는 잘 모르겠지만 결국은 인간 중심의 정의, 곧 자기의 생각과 말과 행동을 옳다고 정당화시키는 일이 발생하여 서로 자기가 옳다고 주장하고 갈등하고 싸우고 그렇게 세속적인 교회로 전락됩니다.

"너희는 세상의 소금이니 소금이 만일 그 맛을 잃으면 무엇으로 짜게 하리요 후에는 아무 쓸데없어 다만 밖에 버리워 사람에게 밟힐 뿐이니라"(마 5:13)

예수 그리스도의 제자들 가운데 야고보와 요한의 어머니가 찾아와 제자들 중에서 으뜸이 되게 하여 달라며 주님의 나라에서 하나는 주의 우편에 하나는 좌편에 세워 달라는 부탁을 합니다(마 20:20~28). 다른 제자들이 그 말을 듣고 가만히 있을 수 없는 경쟁원리가 발생하는 심각한 문제가 되었습니다.

예수 그리스도께서는 제자들에게 서열을 메겨 직책을 부여하지도 않으셨고 제자들을 부추겨 서로 견제하며 자기만 최고가 되려는 야심을 가지고 경쟁하게 만들지도 않으셨으며 누구를 편애할 만큼 특별히 불러 우두머리(captain)로 세워 놓지도 않으셨습니다. 자녀를 사랑하는 어머니의 마음이야 얼마든지 이해 할 수 있는 것이지만 주님께서는 단호하게 진리의 말씀을 선포하십니다.

"너희 중에는 그렇지 아니하니 너희 중에 누구든지 크고자 하는 자는 너희를 섬기는 자가 되고 너희 중에 누구든지 으뜸이 되고자 하는 자는 너희의 종이 되어야 하리라. 인자가 온 것은 섬김을 받으려 함이 아니라 도리어 섬기려하고 자기 목숨을 많은 사람의 대속 물로 주려 함이니라"(마 20:26~28)

예수님의 말씀처럼 야고보는 제자들 중에서 제일 먼저 순교를 당하였고 요한은 제자들 중에 맨 마지막까지 살아남아 요한복음과 요한 1서 2서 3서와 요한계시록을 기록하는 주 예수 그리스도의 참된 제자의 모범을 보여 주고 있습니다.

그리스도인에게 부여된 특별한 사명

생명체가 가지고 있는 존재를 위한 자기만의 개체의 속성이란 절대 변질되지 않는 그야말로 특징이 있습니다. 무한 경쟁사회에서 한 치의 양보도 없는 오로지 이기고 승리하려는 경쟁원리로 살아온 사람에게 갑자기 경쟁하지 말라면 과연 경쟁의 속성을 다 버릴 수 있겠습니까? 도적질을 직업으로 행하던 사람에게 절대 도적질하지 말란다고 그대로 도적질하는 습관을 버릴 것 같습니까? 안타까운 일이지만 배운 것이 도적질이란 말이 있는데 한 번 도적질에 맛을 들인 사람은 감옥에 갔다 와서도 대단히 혼찌검을 당해보고도 그 미련 못 버리고 슬그머니 도적질에 발 들여 놓는 사람들이 많이 있다는 사실입니다. 걸핏하면 싸움질 일삼던 사람에게 앞으로는 절대 다른 사람과 싸움하지 말란다고 과연 싸움하고는 거리가 멀어질 것

같습니까. 버릇을 하루아침에 뜯어 고치라고 하면 당장 고쳐집니까. 한 번 길들어진 버릇이나 습관을 고치는 것은 결코 쉽지 않은 일입니다.

자기만의 존재를 위하여 수단과 방법을 가리지 않고 재물 모으며 살던 사람에게 이제부터는 다른 사람에게 재물을 나눠주며 살아가라면 그대로 순복할 수 있을까요. 유물론의 가치를 우선하며 수단과 방법을 가리지 않고 재물을 모아 부자가 된 사람에게 하나님의 나라 곧 영원히 존재하는 세상에 가려면 부자의 재물을 가난한 사람들에게 나눠주고 이웃에게 유익을 끼쳐주고 하나님의 나라에 올라가라면 흔쾌히 수락할 것 같은가요(마 19:16~29).

"예수께서 가라사대 네가 온전하고자 할진대 가서 네 소유를 팔아 가난한 자들을 주라 그리하면 하늘에서 보화가 네게 있으리라 그리고 와서 나를 좇으라 하시니"(마 19:21)

하나님께서 사랑하시는 사람에게 단호하게 명령하시기를 모든 경쟁원리는 다 버리는 것은 기본이고 이후 경쟁할 원인이 될 수 있는 사람의 명예나 재물이나 그런 가치들을 다 버리고 오직 맨 몸으로 예수 그리스도의 가르침에 충실히 순종하라고 명령하시고 계십니다(빌 3:1~9).

하나님의 말씀 곧 그리스도 예수님의 말씀에 순종하여 인간적인 속성으로 일절 경쟁원리에 미련을 가지는 일없이 기쁨으로 즐거움으로 다른 사람을 유익하게 하는 이타주의(利他主義)를 온전히 실행할 수 있는 유일한 방법은 하나님의 성령을 충만하게 받아야만 가능합니다(행 2:1~4).

사람에게는 육체의 소욕으로 살아가기도 하지만 성령의 소욕으로도 얼마든지 살아갈 수 있습니다(갈 5:16~18). 육체의 소욕에 얽매여 살아가면 절대로 경쟁 심리를 버리지 못하고 도리어 그것에 얽매여 혼탁한 생활을 하게 됩니다(갈 5:19~21).

성령의 소욕으로 살아가면 이웃과 더불어 같이 살아가면서 참 좋은 생활환경을 조성하고 그 결과가 흠모할 만큼 복스러운 열매로 나타나게 되는 것입니다.

"오직 성령의 열매는 사랑과 희락과 화평과 오래 참음과 자비와 양선과 충성과 온유와 절제니 이같은 것을 금지할 법이 없느니라"(갈 5:22~23)

엘리야가 부자 농사꾼인 엘리사를 찾아가 여호와 하나님의 부르심을 받으라고 사명감을 전달했을 때 엘리사는 전토나 재물에 미련이나 애착을 갖지 않고 순종하였습니다(왕상 19:19~21).

예수 그리스도께서 열두 제자를 부르실 때 부르심을 받은 제자들은 주님의 말씀 한 마디에 순복하여 집이나 전토나 가족을 다 버려두고 주님의 제자가 되었습니다(마 4:18~22)

바울은 성공과 경쟁본능이 대단한 사람이지만 주 예수 그리스도를 영접하고부터 그가 제일 먼저 실행에 옮긴 일은 자신의 존재에 유용할 것들 즉 상당한 수준의 학문적 지식과 상류계층의 친구들과 로마시민권과 부잣집 아들이라는 것과 아무튼지 그에게 지금까지 유익을 주었던 모든 가치들을 몽땅 다 버렸습니다(빌 3:5~12).

"그러나 무엇이든지 내게 유익하던 것을 내가 그리스도를 위하여 다 해로 여길뿐더러 또한 모든 것을 해로 여김은 내 주 그리스도 예수를 아는 지식이 가장 고상함을 인함이라 내가 그를 위하여 모든 것을 잃어버리고 배설물로 여김은 그리스도를 얻고 그 안에서 발견되려 함이니 내가 가진 의는 율법에서 난 의가 아니요 오직 그리스도를 믿음으로 말미암은 것이니 곧 믿음으로 하나님께로서 난 의라"(빌 3:7~9)

하나님의 사역(使役)을 감당하는 성직자의 가난(poverty of Ministry)이란 것은 그 가치가 재벌들의 소유물보다 더 값어치 나갈 것입니다. 일용할 양식으로 만족하게 살아가는 사람의 방식과 지혜는 차원 높은 인간의 경지에 올라가지 않으면 느끼고 즐길 수 없는 만족을 얻고 누리는 은혜입니다.

"오늘날 우리에게 일용할 양식을 주옵시고"(마 6:11)

목사에게 재물이 없으니 누가 도와 달라면 몸으로 때우는 조그마한 봉사가 전부요 누가 축복해 달라면 진심으로 기도하는 것이 때로는 금식기도를 하고 작정기도를 하는 것이 전부지만 한참 지난 후에 그런 사람을 다시 만나보면 다들 하나님의 은혜로 잘 살고 잘되고 있음을 확인할 수 있습니다(약 5:13~18).

돌이켜 곰곰이 생각해 보면 목사가 재물 같은 것 가진 것이 전혀 없으니 경쟁심리가 전혀 생겨나지 않아 좋습니다(마 19:27~29).

"예수께서 가라사대 네 마음을 다하고 목숨을 다하고 뜻을 다하여 주 너의 하나님을 사랑하라 하셨으니 이것이 크고 첫째 되는 계명이요 둘째는 그와 같으니 네 이웃을 네 몸과 같이 사랑하라 하셨으니 이 두 계명이 온 율법과 선지자의 강령이니라"(마 22:37~40)

예수 그리스도의 말씀(마태, 마가, 누가, 요한, 4복음서)은 이웃끼리 경쟁하지 아니하고 도리어 서로 도와주고 도움을 받는 이타주의(利他主義)의 삶의 가르침이 진리의 절정을 이루고 있는 것입니다. 주 예수 그리스도께서 공생애의 3년 동안의 삶을 유의해 보면 가난하고 병들고 죄인이라고 차별받고 아무도 상대해 주지 않고 오히려 귀찮은 존재인양 외면하는 소외받는 사람들에게 사랑과 위로와 그리고 그들의 간절한 소망을 기적으로 이루어 주시고 계십니다.

사람이 비록 주 예수님 같이는 못하더라도 몸과 마음으로 진실하게 우러나오는 사랑으로 도움이 필요한 이웃들-이런 사람들은 누구와 무엇과도 경쟁할 엄두도 못내는 그런 사람들을-진심으로 배려해 주고 돌보아 주고 사랑한다는 것을 성경은 경건(Godliness)이라는 단어로 그렇게 살아가고 있는 사람들을 최고의 존경으로 호칭해 주고 있는 것입니다(마 25:34~40).

"하나님 아버지 앞에서 정결하고 더러움이 없는 경건은 곧 고아와 과부를 그 환난 중에 돌아보고 또 자기를 지켜 세속에 물들지 아니하는 이것

이니라”(약 1:27)

주 예수 그리스도께서 공생애 사역을 행하실 때 그 시대는 로마제국이 유대민족을 정복하고 다스리던 때였습니다. 유대인들은 호시탐탐 로마제국에 반기를 들고 저항운동을 하고 강대국의 침략으로부터 자주독립을 하려고 기회를 엿보고 있었습니다.

독립운동을 하려면 탁월한 지도자가 필요하였는데 유대인들은 예수 그리스도를 독립운동의 지도자로 모시려고 많은 기대를 하고 있었습니다(요 7:11~13). 그러나 예수 그리스도는 로마제국에 맞서 독립운동이라는 경쟁 곧 저항운동을 절대로 하지 않으셨습니다.

좀 더 역사를 거슬러 올라가면 유대가 바벨론에 멸망당했을 때 유대의 독립운동가들은 지하운동 곧 저항운동을 하려고 바벨론으로 포로로 끌려간 사람들에게 은밀하게 바벨론에서 저항운동을 펼쳐 보라는 지령을 내리고 있었습니다(렘 23장~28장). 하나님의 선지자 예레미야는 바벨론에 포로로 끌려가 있는 유대인들에게 편지를 써 보내 주었는데 거짓 선지자들의 말에 현혹되지 말고 여호와 하나님의 말씀대로 70년이 차면 포로생활을 청산하고 고국으로 돌아갈 수 있도록 하나님께서 도와주실 것을 약속하셨으며 절대로 독립운동 같은 저항운동으로 전혀 도움이 되지 못하는 경쟁을 하지 말라고 일러 주었습니다(렘 29장).

바벨론에 포로로 끌려가 있는 수많은 유대인들은 과연 누구의 말을 들어야 좋을까하고 고민하고 토론을 하면서 예레미야 선지자가 참 하나님의 선지자임을 알고 극단적인 경쟁방법인 저항운동을 하지 않았습니다. 그런데 선지자의 예언대로 유대인들은 70년 후에 포로생활을 마치고 금의환향하는 기적이 있었습니다. 뿐만 아니라 페르시아제국의 국고금의 지원을 받아 예루살렘성전을 재건축하는 인류역사상 전무후무한 이방사람의 도움으로 하나님의 성전 재건축을 하게 된 것입니다(에스라, 느헤미야). 하나님의 은혜를 받으면 경쟁하지 않고 서로 상부상조하는 더불어 살아가는 경쟁개념과는 전혀 상관없이 얼마든지 더불어 잘 살고 잘 될 수 있는 것입니다.

경쟁하지 않고도 이기고 승리하고 모든 것을 얻고 누리는 법

"진리를 알지니 진리가 너희를 자유케 하리라"(요 8:32)

동서고금을 막론하고 사람들 중에서 주 예수 그리스도 같은 기구한 인생으로 생존한 인물은 없을 것입니다(이사야 53장).

하나님의 아들 주 예수 그리스도께서 성령으로 잉태하시고 이 세상에 탄생하실 때 제일 먼저 분봉왕 헤롯이 새로운 왕이 탄생한 것에 심히 두려움과 위기감을 느껴 아기 예수를 죽이려하였으므로 몇 날 동안 애굽으로 피난을 가야만 하였습니다.

예수 그리스도께서 육신의 부모 슬하에서 성장할 때 얼마나 가난한 생활 환경에서 자랐으며 거기다가 수많은 질병으로 병치레를 다 겪으셨습니다. 하나님의 아들로 인간을 구원하시려고 구세주의 사역을 하시던 공생애의 3년 동안은 그야말로 유대인들로부터 견뎌낼 수 없을 만큼 견제 곧 멸시와 차별 그리고 무시를 당하고 온갖 욕설과 막말과 심지어 폭행당할 위기와 죽음의 위협을 받으셨습니다(이사야 53장).

"그가 찔림은 우리의 허물을 인함이요 그가 상함은 우리의 죄악을 인함이라 그가 징계를 받음으로 우리가 평화를 누리고 그가 채찍에 맞음으로 우리가 나음을 입었도다"(사 53:5)

공관복음서 4권을 읽어 보면 읽어볼수록 감동이 됩니다. 주 예수 그리스도 만큼 인간으로 살아가는 존재가 자유(freedom)를 얻고 누릴 수 있었던 사람이 누구 또 있을까 싶은 것입니다.

십자가에서 죽으시고 다시 살아나신 후 승천하심으로써 제자들은 성령을 충만하게 받고 주님께서 명령하신 복음을 온 세상에 전파하는 사역을 하게 됐습니다. 사도시대, 즉 사도들이 복음전파의 지도자로 사역할 때 얼마나 많은 견제와 방해와 위협과 고난 그리고 인간의 한계를 초월하는 핍박과 죽음의 위협을 그렇게 많이 당하면서도 사도들의 활동은 이 세상에서 가장 많은 자유를 얻고 누리는 사람들로 보입니다.

자유(Freedom)는 노예에서 해방된 사람 또는 강요된 노동을 면제받은 사람, 누구로부터 간섭받지 아니하고 자기 마음대로 생각하고 말하고 행동할 수 있는 사람에게 주어지는 말입니다. 사람의 인권을 존중하는 뜻으로 자유를 말할 때는 아무에게도 구속(拘束)받거나 간섭받지 아니하는 해방(Liberation)을 의미하기도 하는 말입니다.

지구(地球)라는 한정된 자연환경의 공간 안에는 수많은 무생물의 존재가 가득 차 있고 생명을 가진 유기체가 주변에 얼마나 많이 살아가고 있습니까. 개체의 생명을 가지고 있는 존재는 이 모든 존재하는 것들과 결코 피할 수 없고 양보할 수 없는 삶과 죽음이 달려있는 경쟁관계 안에 들어 있다는 것입니다.

존재를 위하여 먹고 살아가는 문제도 중요하고 사회라는 거대한 공동체 안에서 준법하며 살아가야 하는데 얼마나 많은 실수를 하고 시행착오를 하며 잘못을 범하여 죄라는 개념이 더욱 위기의식을 가져다줍니다.

"내 지체 속에서 한 다른 법이 내 마음의 법과 싸워 내 지체 속에 있는 죄의 법 아래로 나를 사로잡아 오는 것을 보는도다 오호라 나는 공고한 사람이로다 이 사망의 몸에서 누가 나를 건져내랴"(롬 7:23~24)

죄의식도 견딜 수 없는 심적 부담감이지만 그 보다 죽음으로써 존재의 의미가 사라지는 것이 더 두렵습니다. 죽음이나 죄악, 질병이나 가난 실패, 해결하지 못하는 문제들 등등, 이런 잡다한 문제들로부터 홀가분하게 벗어나고 싶은 마음의 여유를 얻고 누리려고 많은 사람들이 눈물겨운 노력을 합니다. 많은 일들 끊임없이 생겨나는 장애물 같은 문제들을 훌훌 털어버리고 자유를 얻고 누리고 싶으며 해방감을 만끽하고 싶은 그런 마음의 정서를 다들 가져 보았을 것입니다.

세계 역사에 이름을 날리고 있는 위인들의 삶을 보고 배우고 그대로 따라서 살아가면 자유가 있을 것 같고 해방감을 맛볼 수 있을 것 같지만 실제로 그렇게 모방적인 삶을 살아보려고 하면 또 다른 난관에 부딪칩니다, 인류 중에 가장 유명한 인물들을 본받고 살아가려도 실제로 어렵기는 마찬가지입니다.

그러나 주 예수 그리스도를 본받고 살아가는 것은 얼마든지 가능한 일입니다. 왜냐하면 아무리 따져 봐도 예수 그리스도의 삶은 범상한 나 같은 존재보다 더 열악한 환경에서부터 인생을 시작하셨고 또 나보다 더 형편이 어려운 가운데서 예수 그리스도의 생애 전부를 살아 주셨기 때문입니다. 예수 그리스도의 말씀 곧 인생을 가르쳐 주신 교육은 누구든지 다 배울 수 있고 실행할 수 있는 너무나도 평범한 가르침입니다.

"수고하고 무거운 짐 진 자들아 다 내게로 오라 내가 너희를 쉬게 하리라 나는 마음이 온유하고 겸손하니 나의 멍에를 메고 내게 배우라 그러면 너희 마음이 쉼을 얻으리니 이는 내 멍에는 쉽고 내 짐은 가벼움이라 하시니라"(마 11:28~30)

가장 중요한 진실은 누구든지 주 예수 그리스도의 마음을 가지고 살아가면 됩니다(빌 2:5~11). 당연히 예수 그리스도를 영접하고 믿음으로 살아가는 사람들은 예수님의 마음을 가지고 살아가며 또 가지려고 노력하며 살아갑니다. 주 예수 그리스도께서 가르쳐 주신 경쟁하지 않고도 능히 서로 공생공존하면서 살아가는 비결을 실행하며 살아가려고 얼마나 열심히 얼마나 진지하고, 얼마나 노력하며 살아가고 있는지 이웃에 살고 있는 그리스도인들의 생활을 견학해 보십시오.

세상에서 가장 연약한 것 같은, 세상에서 가장 무능하고 힘없는 것 같은 그리스도인들의 경쟁하지 않고 더불어 살아가려고 하는 복음주의의 삶을 통하여 이 세상은 가장 인간미 넘치는 세상이 되고 있습니다(고전 1:18~31).

많은 사람들이 각 분야에서 성공하여 명예와 재물을 얻고 누리며 살아가면서 이웃사랑을 실천하는 아름답고 향기로운 모습을 볼 수 있습니다. 그들이 성공하기 전에 불우한 환경에서 살면서 가난이 뭔지, 질병의 고통이 어떤 것인지 다 겪어 보았기 때문에 주변에 어려운 형편의 사람들을 보면 동병상련(同病相憐)의 정이 생겨나 도와주지 않고는 못 견딜 만큼 그들의 형편이 마치 자기의 형편과 같이 느껴지기 때문에 기꺼운 마음으로 도와주는 것이라고 합니다(고후 8장).

"내가 비천에 처할 줄도 알고 풍부에 처할 줄도 알아 모든 일에 배부르며 배고픔과 풍부와 궁핍에도 일체의 비결을 배웠노라 내게 능력 주시는 자 안에서 내가 모든 것을 할 수 있느니라"(빌 4:12~13)

사람들은 존재감의 위기를 의식하면서 현실적인 문제에 집착하지 않을 수 없는 것입니다. 사람이 존재하기 위하여 먹고 살아가는 문제만큼 중요한 필수적 요소가 또 어디 있겠습니까만, 그러나 주 예수 그리스도의 가르침은 이것까지도 초월하여 가치관의 우선순위를 가지고 의식주(衣食住)에 필요한 것보다 먼저 하나님의 나라와 그의 의를 구하라고 완고하게 말씀하십니다(마 6장).

"너희는 먼저 그의 나라와 그의 의를 구하라 그리하면 이 모든 것을 너희에게 더하시리라"(마 6:33)

하나님의 말씀(성경)을 배우고 그대로 살아보려고 시도하고 노력하는 사람들도 많이 있지만 인간의 지식과 지혜 그리고 인간적인 의지로는 진리를 깨닫지 못합니다.

등신같이 바보같이 많이 모자라는 사람같이 하나님의 말씀을 그대로 실행에 옮기며 살아가는 생활 속에서 경험(experience)하는 신앙생활을 하다 보면 스스로 깨달음이 오는데, 바로 이런 삶이 진리의 삶이요 자유며 해방이란 사실을 실감하게 되는 것입니다.

"…… 하나님의 나라는 너희 안에 있느니라"(눅 17:21)

도움이 필요한 이웃을 배려하라

무한 경쟁하는 피조물의 세계에서 살아남으려면 다른 피조물과의 경쟁에서 이기고 승리하는 것만이 가장 보편타당한 수단과 방법입니다. 자연환경이 열악한 곳에서 다른 경쟁상대와 적자생존을 위한 피할 수 없는 한판 승부를 하려면 오직 힘이 센 강자만이 필요합니다. 옛날에는 실제로 사람이 자녀를 낳고 기르는 육아법을 살펴보면 유약한 생명체는 과감하게 도태시키고 세상에서 가장 힘이 세고 생존본능이 우수한 존재가 되게 하려고 싸움에서 이기는 법만 가르쳤습니다.

하나님께서는 피조물 세계의 존재의 제일 법칙인 무한경쟁에서 살아남는 비법 곧 약육강식(弱肉強食)의 수단과 방법을 일절 하지 말라고 말씀하셨습니다. 사회적 약자, 곧 가난한 자와 병든 자와 나그네와 고아와 과부를 도와주며 살아가라고 모든 그리스도인들에게 완고하게 요구하시고 계십니다.

"하나님 아버지 앞에서 정결하고 더러움이 없는 경건은 곧 고아와 과부를 그 환난 중에 돌아보고 또 자기를 지켜 세속에 물들지 아니하는 이것이니라"(약 1:27)

하나님께서는 인간의 속사정 곧 인간이 자연환경 안에서 생존을 하려면 피할 수 없는 무한경쟁을 하며 살아가야 한다는 사실을 잘 알고 계시면서 사회적 약자들에 대한 특별한 배려를 해 주라고 요구하시는 것일까요?

여기에는 심오한 진리가 있습니다. 하나님께서 베풀어 주시는 은혜는 충만(Fullness)입니다. 성도가 들어갈 영원복락을 얻고 누릴 수 있는 천국은 누구든지 바라고 원하는 모든 요구와 조건이 충만하도록 가득 채워져 있는 곳입니다. 이 세상에서 육신의 몸을 입고 살아가는 사람들에게 베풀어 주시는 은혜 또한 충만하게 예비 되어 있기 때문입니다.

"주를 두려워하는 자를 위하여 쌓아 두신 은혜 곧 인생 앞에서 주께 피하는 자를 위하여 베푸신 은혜가 어찌 그리 큰지요"(시 31:19)

하나님과 인간이 약속을 하였다면 언젠가는 반드시 그 약속을 잘 지켰는지 안 지켰는지를 확인하는 절차만 남아있을 것입니다. 하나님의 최후심판은 인간이 하나님의 요구와 조건을 얼마나 충족시켜 놓았는가를 결산하는 심판이며 그 시기가 반드시 있습니다. 엄밀하게 따져서 하나님과 사람이 약속한 일을 결산해 본다면 인간은 어느 누구도 하나님께서 바라시고 원하시는 만큼의 의를 충족시켜 드릴 수 없습니다. 인간은 하나님의 지엄하시고 엄격하신 원리원칙대로의 심판에서 스스로 구원받을 수 있는 사람은 단 한 사람도 없습니다.

만약 하나님의 심판을 받지 아니하고도 구원받을 수 있다면 얼마나 좋을까요! 성경에서 하나님은 믿음의 사람들에게 심판을 받지 아니하고도 구원받을 수 있는 아주 특별한 선택권(special option)을 만들어 놓으셨습니다.

나의 삶의 환경 안에서 나와 더불어 살아가고 있는 저 불쌍하고 유약하고 병들고 가난하고 실패하고 혼자의 힘과 의지로는 도저히 정상적으로 살아가지 못하는 불우한 이웃들을 진심으로 자비(kindness)로 대면하면서 마치 부모가 친자녀에게 쏟아 붓는 끓어오르는 사랑의 정으로 불쌍히 여겨 도와주는 것 곧 긍휼(compassion mercy pity)을 행하면 최후의 심판을 받지 아니하고도 구원받을 수 있는 길이 열려 있습니다(벧전 2:9~10).

"긍휼을 행하지 아니하는 자에게는 긍휼 없는 심판이 있으리라 긍휼은 심판을 이기고 자랑하느니라"(약 2:13)

하나님의 아들이시며 인간을 구원하시려고 이 세상에 성육신하셔서 33년의 인생을 직접 살아주신 주 예수 그리스도께서 사람이 하나님 앞에서 가장 믿음으로 아름답고 향기롭게 살아가는 법의 모범을 보여 주셨는데 그것은 바로 가난하고 병들고 실패하고 죄인으로 사회에서 따돌림 받고 고아로 과부로 정말이지 살아가기 너무 벅차고 힘들고 고통스러워하는 사회적 약자들을 돌보아 주신 모범이었습니다(마 11:28~30).

"너희 목마른 자들아 물로 나아오라 돈 없는 자도 오라 너희는 와서 사먹되 돈 없이 값없이 와서 포도주와 젖을 사라"(사 55:1)

역설적인 진리

상식(common sense)이 통하는 논리(logic)는 진리(Truth)에 가깝습니다. 자연환경 안에서 동물이든지 식물이든지 존재하는 생명체는 무한경쟁에 의한 생존을 진리로 받아들이고 있습니다. 선으로든지 악으로든지 경쟁은 피할 수 없는 숙명이므로 이기고 승리하는 것이 당연지사입니다.

구약성경에는 전쟁이라는 극단적인 경쟁에 관하여 많이 기록이 되어 있고 여호와 하나님을 잘 믿으면 전쟁에서 승리를 보장받는 특별한 은혜도 있었습니다.

신약성경에서 주 예수 그리스도께서는 인류가 전혀 상상하지 못하고 있는 역설적인 진리(paradox Truth)를 선포하셨습니다(마 5:38~48). 복수를 하지 말고 미워하는 원수를 용서하고 이용하려는 사람에게 우호적으로 대해 줄 것이며 이웃의 가난하고 병들고 어려움에 처한 사람을 위하여 기도해 주면서 도움을 주라는 말씀을 선포하셨습니다. 나의 강력한 경쟁자들이며 원수이고 해로움을 끼치는 도움이 안되는 사람들에게 오히려 우호적으로 친밀한 관계를 맺고 유지하며 발전시켜 나가라는 하나님의 요구와 조건을 선 뜻 들어줄 사람은 없습니다.

사울이 다메섹 도상에서 주님을 만나서 눈을 못 뜨게 되는 상황이 됐을 때 주님께서 다메섹에 있는 아나니아 라는 주님을 잘 믿는 사람에게 명령하시기를 지금 즉시 사울을 만나 그를 위하여 기도해 주라고 말씀하셨을 때 아나니아는 심히 당혹스러워 했습니다(행 9:1~22). 그러나 아나니아가 사울을 찾아가서 기도해 줌으로써 사울의 시력이 원상회복 되었습니다.

구약의 요나 선지자는 니느웨 성읍에 가서 복음을 전파하라는 하나님의 명령을 받았을 때 요나는 니느웨 사람들이 용서받고 구원받는 것이 지극히 싫었기 때문에 차라리 다른 곳으로 떠나가려고 했었습니다(요나).

나를 해치고 괴롭히고 손해를 입히며 잘되는 것을 못 봐주며 죽음에 이르러도 오히려 좋아할 그런 원수 같은 사람들을 친절하게 대하여 주고 도와주고 한걸음 더 나가서 그들을 위하여 축복을 빌어 주라는 말씀은 순종하기 참으로 난감한 사명(unbearable Mission)입니다.

나의 경쟁자들이요 원수들이며 도움이 전혀 안되는 이웃들에게 축복을 하고 도움을 주고 잘되기를 바라는 것은 물론 그렇게 하여 그들이 참회를 하게 된다면 감동을 받고 마음을 고쳐먹고 우호적인 이웃이 될 수 있다면 참 좋은 일일 것입니다. 그보다 본질적으로 중요한 진리는 그렇게 함으로써 '나'라는 존재는 하나님의 특별하신 조명을 받아 하나님의 자녀로 인정받는 특별한 기회가 주어지기 때문입니다.

"이같이 한즉 하늘에 계신 너희 아버지의 아들이 되리니 이는 하나님이 그 해를 악인과 선인에게 비취게 하시며 비를 의로운 자와 불의한 자에게 내리우심이니라"(마 5:45)

만물을 창조하시고 섭리하시는 하나님의 입장에서는 이 세상의 모든 만물이 꼭 있어야할 필요한 존재들입니다. 하나님께서 만세 전부터 작정하시고 선택하시고 사랑하시는 사람(saint)은 하나님의 말씀을 순종(Obedience)하며 살아갑니다. 하나님을 믿지 않고 인간중심주의로 살아가는 사람들은 하나님을 믿지 않고 하나님의 말씀을 절대로 듣지 않습니다. 하나님께서는 하나님을 경외하고 말씀에 순종하는 사람에게 특별하신 은총을 베풀어 주시는데 그것은 바로 역설적인 진리로 말미암아 구원받고 하나님의 아들이 되며 온전한 인격자가 되도록 아주 특별한 기회를 만들어 주시고 계십니다.

"그러므로 하늘에 계신 너희 아버지의 온전하심과 같이 너희도 온전하라"(마 5:48)

여기서 한 가지 조심하고 주의할 일은 원수를 사랑하고 경쟁자들에게 우호적이고 도움이 필요한 이웃을 기꺼이 도와주는 일을 할 때, 다른 사람에게 자랑하고 과시하든지 인사를 받기 좋아하든지 나아가서 이런 일을 행함으로써 특별한 공력을 쌓게 된다고 집착하지 말아야 합니다.

"너는 구제할 때에 오른손의 하는 것을 왼손이 모르게 하여 네 구제함이 은밀하게 하라 은밀한 중에 보시는 너의 아버지가 갚으시리라"(마 6:3~4)

착각은 금물

우주만물을 창조하시고 섭리하시는 하나님께서 베풀어 주시는 충만한 은혜는 모든 존재하는 생명체가 얻고 누리는데 부족함이 없을 만큼 풍요롭습니다. 단지 나의 주변에 내가 바라고 원하는 물질이 부족하더라도 좀 더 시야를 넓혀 바라보고 찾아보면 얼마든지 사용가능한 자원(resources)이 있습니다.

하나님께서 특별히 만물의 영장인 사람에게 바라시는 것은 나만 살기 위하여 상대방을 죽이는 극단적인 살상행위나 지나친 경쟁을 하지 말고 대자연 안에서 더불어 살아가며 존재하기를 바라시고 원하시는 것입니다. 이기심으로 가득 차있는 사람들은 마음이 완악하여 하나님의 말씀을 듣지 아니하고 당장 자기의 이익만 바라보고 지나치리만큼 경쟁을 하여 이기고 모든 것을 독점하려고 싸우고 빼앗고 죽이고 괴롭히는 것을 능사로 일삼고 있습니다.

하나님을 진실로 믿는 사람에게는 하나님의 말씀을 순종할 수 있는 인격이 있습니다(마 13:9~23).

"그러나 너희 눈은 봄으로 너희 귀는 들음으로 복이 있도다"(마 13:16)

하나님의 아들 주 예수 그리스도께서 인간을 구원하여 주시는 구세주로 이 세상에 친히 오셔서 말씀하시고 실행의 모범을 보여 주신 가장 귀중한 진리가 있습니다.

주님께서 친히 모범을 보여 주신 진리는 인격을 가지고 살아가는 사람이 서로 간에 욕심에 치우쳐 경쟁하는 것을 다시는 하지 않는 것입니다. 가까이 살고 있는 이웃을 돌아보면 경쟁할 요구와 조건을 갖추지 못한 사람들이 있습니다. 다시 말하자면 어떤 경쟁에서도 패배할 수밖에 없는, 그래서 경쟁사회에서 자연 도태될 수밖에 없는 가난하고 병들고 실패하고 소외받고 누군가의 도움이 필요한 사람들을 힘닿는 데까지 도와주면서 더불어 살아가라고 가르쳐 주셨습니다.

도움이 필요한 이웃에 대한 자비와 긍휼의 사랑으로 도와주고 도움을 받으며 살아가는 사람에게는 특별하게 원리원칙의 심판을 받지 아니하고 천국에 갈 수 있게 해 주십니다. 이와 같은 특별하신 하나님의 진리를 하나님을 믿지 아니하는 사람들도 단지 이웃에 대한 구제나 선행으로 특별히 구원받을 수 있는 것은 절대 아닙니다.

≪약속과 정의≫의 책을 집필하면서 전제조건(premise condition)으로 존재 안에서 관계(relationship)라는 개념을 강조하였습니다. 관계(關係) 안에 있는가 아니면 관계밖에 있는가가 중요한데, 관계 안에 있다면 약속한 것을 철두철미하게 지켜 행하여야 하는 의무와 책임이 주어지지만 만약 관계 밖에 있다면 아무 상관이 없는 법도 없고 의무와 책임도 없는 것입니다.

하나님의 특별하신 진리이며 특별하신 은혜인 이웃사랑은 어디까지나 하나님을 믿는 하나님과 친밀한 관계 안에 있는 사람들에게만 해당된다는 것을 명심해야 할 것입니다(요 14:1~21).

"다른 이로서는 구원을 얻을 수 없나니 천하 인간에 구원 얻을 만한 다른 이름을 우리에게 주신 일이 없음이니라 하였더라"(행 4:12)

7 의

의란 무엇인가

"오직 공법을 물같이 정의를 하수같이 흘릴지로다"(암 5:24)

국어사전을 보면 정의(正義)란 낱말의 뜻과 의미는 바른 뜻, 바른 의리입니다. 관계 안에서 자기(self)라는 존재(existence)가 사회생활을 하면서 자기의 생각이나 말하는 것이나 행동하는 것은 다 옳은 것이고 정당하다고 주장하는 것이 곧 일반개념의 정의(Justice)입니다.

사람이 이 세상을 살아가면서 다른 사람에게 자선을 베풀어 주는 일, 원수를 대신 갚아 주는 일, 어려울 때 도와주는 일, 내가 하고 싶은 일을 대신 해 주는 일, 궁지에 내몰린 사람을 위하여 좋은 일을 하는 사람 등등 일반적인 용어로 의인이라는 칭호를 사용합니다.

≪약속과 정의≫는 책 내용에서 의(Righteousness)와 공의(Justice)와 의인(Justification)의 중요한 개념을 자세하게 설명할 것입니다.

영어로 표기된 'Justice'라는 단어를 일반사람들은 〈정의(正義)〉라고 사용하고 있는데 기독교에서는 〈공의(公義)〉라는 단어로 사용하고 있다는 것을 유념(留念)해야 합니다.

성경에서는 일반적 개념의 뜻과 의미가 들어있는 〈정의〉라는 말 대신에 언약(약속)의 개념이 가득하게 내포되어 있는 〈의(義)〉를 일관(consistent)되게 사용하고 있습니다.

"너희는 먼저 그의 나라와 그의 의를 구하라 그리하면 이 모든 것을 너희에게 더하시리라"(마 6:33)

의(義)는 이 세상에 존재하고 있는 생명을 가지고 있는 인격자가 다른 생명의 인격자와 더불어 존재하기 위하여 관계를 맺고 유지하고 발전시켜 나가면서 서로 간에 요구하는 모든 조건들을 완전하게 충족시켜 주는 의무와 책임을 뜻하고 의미합니다.

하나님과 세상의 만물(萬物)은 창조주와 피조물이라는 관계 안에 있고 특히 하나님과 사람은 형상(Image)과 모양(Likeness)이 닮았으며 하나님은 완전한 인격자시고 사람은 하나님의 인격을 가장 많이 닮은 생명의 본질적 인격의 속성이 닮은 관계로 하나님의 말씀을 사람이 교육 받으면 하나님의 온전하신 인격을 보다 완전하게 닮을 수 있으므로 하나님의 영원하신 존재 안에서 사람도 하나님과 더불어 같이 존재하며 살아갈 수 있습니다.

"제자가 그 선생보다 높지 못하나 무릇 온전케 된 자는 그 선생과 같으리라"(눅 6:40)

사람과 다른 사물들은 같은 지구(earth)라는 대자연의 환경 안에서 더불어 살아가면서 서로 도와주고 도움을 받아 더불어 살아가면서 존재하고 있습니다. 관계 안에서 서로 간에 존재하고 있다는 것을 인정해 주기 위하여 전제되는 것은 반드시 관계를 맺고 유지하고 발전시켜 나가는데 꼭 필요한 요구와 조건들을 약속(Promise)하고 정직하고 성실하게 실행해야 할 의무와 책임이 있습니다.

116

하나님이시든지 사람이든지 관계 안에서 서로 간에 언약(약속)을 지켜 행하는 것은 마치 경주자가 경기하는 규칙대로 경기에 임하여야만 우승할 수 있는 것과 같습니다.

"경기하는 자가 법(法)대로 경기하지 아니하면 면류관을 얻지 못할 것이며"(딤후 2:5)

약속(언약)이란 관계 안에서 서로 간에 행할 일들에 대하여 충분하게 의논을 하고 서로가 분담해야 할 일들을 실행에 옮겨서 서로 간에 존재하는 데 유익이 돌아가도록 서로 협력해야 합니다.

"우리가 알거니와 하나님을 사랑하는 자 곧 그 뜻대로 부르심을 입은 자들에게는 모든 것이 합력하여 선을 이루느니라"(롬 8:28)

의를 충족시켜 주는 언약의 난제

존재하는 세계 안에서 자기에게 부여된 지식과 감정 그리고 의지라는 인격의 속성을 주권적으로 행사할 의무와 책임이라는 권리가 있는 독립된 인격체가 다른 인격체와 관계를 맺고 의를 이루어 주어야 하는 법적 윤리적 도덕적 의무와 책임이 있습니다.

하나님께서 창조하신 이 세상이라는 한정된 공간 안에서 유기체(organism) 서로 간에 더불어 존재하기 위하여 불가분의 관계를 맺고 서로 간에 바라고 요구하는 모든 조건을 충족시켜 줄 법적으로 윤리적으로 도덕적으로 의무와 책임을 짊어질 언약을 맺고 실행함에 있어서 전혀 예상하지 못했던 문제가 발생할 수 있습니다.

사람들은 각자의 이해타산이 걸려 있기 때문에 사리를 판단하고 신중하게 생각하고 나름대로 자료를 참고하고 상대방을 신뢰하면서 언약(약속)을 맺었지만, 그 후에 다시 돌이켜 봄으로써 의외의 우려할 문제점이 발생하는 경우에 잘못하면 언약(약속)을 파기할 수 있는 불행한 일이 발생할 수 있다는 것입니다.

관계 안에서 서로 공평하고 대등하게 서로 불만 없이 만족할 수 있을 만큼 유익이 돌아갈 수 있다고 생각하고 판단하여 약속(언약)을 성사시켰지만 잠시 후 돌이켜 생각하고 살펴보니 자기에게 불리하고 유익이 없고 도리어 이용당하고 손해를 볼 것 같다는 결론에 도달하게 되면 의를 이루겠다는 언약(약속)은 유명무실하게 되든지 태만하든지 아예 약속을 무효화시키든지 하는 극단의 상황까지 갈 수 있습니다.

관계가 일방적인 경우, 즉 상대가 비교 안될 만큼 월등한 편이고 자기는 너무 빈약한 경우는 월등한 편이 주도권을 가지고 약속을 이끌어감으로 월등한 편이 의도하는 대로 빈약한 편은 일방적으로 불리한 약속을 할 수밖에 도리가 없습니다.

관계를 맺고 실행함에 있어 서로 대등한 잠재능력을 가지고 있을 경우는 서로 간에 자존심의 문제로 비약해 어떻게 하든지 자기에게 유리한 약속을 하고 자기의 유익을 보다 극대화시키려 하고 자기에게 보다 더 많은 명예와 영광이 돌아가도록 하려는 치열한 경쟁심리가 작용합니다.

사람의 경우를 참고해 보면, 사람의 생활환경이 궁핍할 만큼 가난하고 병약하고 처지와 형편이 어려운 경우에는 절대자이신 하나님께 일방적으로 경외(Fear)하고 순종(Obedience)하는 믿음을 보여 드려 하나님의 인정을 받아야 합니다.

사람이 배운 것이 많아 지식과 지혜와 기술 또는 경험이 풍부하고 건강하고 재물이 많아 남부러울 것이 없을 만큼 여유 있고 부요한 삶을 살아가는 지경에 도달하면 자신의 존재를 부각시키려는 명예심이 많아지면서 관계를 맺어도 서로 대등한 위치에 서든지 아니면 자기가 보다 우월한 위치에 서 있으려고 자존심을 내세우게 됩니다(겔 28장).

그리스도인으로 혹은 일반인으로 〈선〉과 〈악〉의 본질적 개념에 대한 의문을 생각해 보아야 합니다.

태초에 하나님께서 인간을 창조하신 다음 특별하신 은혜로 아담과 하와는 에덴동산이라는 이상향(paradise)의 땅에서 인간이 살아가는데 부족함이 없을 만큼 모든 요구와 조건이 충족된 곳에서 결혼하여 부부지간으로 살아가도록 인간에게 특별한 배려를 해 주십니다. 그런데 기독교 신앙의 본질적인 문제가 생겨나는데 그것은 에덴동산 안에서 사람은 모든 것을 다 유용하게 사용하고 먹을 수 있지만 다만 '에덴동산 중앙에 있는 선악을 알게 하는 나무의 실과를 먹지 말라'(창 2:17)는 언약을 하나님과 사람이 하였습니다.

여기서 의문(疑問)을 가져 보시고 그 해답(解答)을 나름대로 찾고 설명해 보시기 바랍니다.

하나님께서 사람에게 에덴동산이라는 모든 것이 다 충족된 풍요의 땅에서 자유롭게 살아가도록 특별한 배려를 해 주시고 단 한 가지 '선악을 알게 하는 나무의 실과를 따 먹지 말라'고 언약(계약)을 체결하도록 하셨을까요?

하나님께서 태초에 아담과 하와를 에덴동산에 살게 하신 후 언약을 맺으실 때 가장 핵심적인 중요한 언약은 사람의 지식(knowledge) 수준이 획기적으로 현저하게 향상될 때 야기(cause)되는 문제였습니다(창 3:1~7). 하나님께서는 인간의 지식과 지혜로 말미암아 하나님 앞에서 교만해 지는 것을 미연에 방지하기 위하여 특별한 언약을 맺으셨던 것입니다.

"선악(善惡)을 알게 하는 나무의 실과는 먹지 말라 네가 먹는 날에는 정녕 죽으리라 하시니라"(창 2:17)

인류문명의 발달역사는 자연환경 안에서 사람의 질적 변화 곧 인간의 삶을 보다 편리하게 만족하게 하려는 생활환경의 풍성한 변화를 가져다주는 것이었는데, 인류가 문명을 발달(발전)시킬수록 인간의 삶의 질적인 면이 향상되면서 하나님을 불신앙하고 반역하고 죄를 범하기를 더하여 가는 것이었고 마침내 진화론(evolution)이라는 무신론(atheism)의 결정판이 나오게 되었습니다.

태초의 인류(아담과 하와)가 하나님의 특별하신 배려로 살아가던 장소는 에덴동산이라는 곳이었는데 바로 이곳에는 사람이 살아가는데 필요한 모든 요구와 조건이 충족된 현대의 인류가 궁극적으로 꿈꾸는 대자연의 풍족함으로 가득 채워져 있는 축복의 땅이었습니다. 태초의 인류가 생존하기 위하여 마지막 선택의 여지가 없이 궁핍한 나머지 '에덴동산 중앙의 선과 악을 알 수 있는 과일'을 따 먹을 만큼 생존의 절박함도 전혀 없었는데 단지 사단이라는 뱀의 미혹에 넘어가 호기심으로 하나님과의 약속(언약)을 저 버리면서까지 선악과를 따 먹었던 것입니다(창 3:1~24).

선(good)과 악(evil)이라는 개념은 하나님의 입장 곧 하나님 중심에서 바라보고 판단할 때 하나님의 존재를 존중하며 하나님의 말씀을 전적으로 순종하고 하나님을 바라보고 의지하며 살아가는 하나님과 사람이 더불어 존재하는 방식이 선(善)입니다. 인간이 하나님을 떠나서 자기가 존재의 중심이고 자기만의 존재를 위하여 생각하고 말하고 행동하는 원인과 과정 그리고 결과는 하나님께서 바라보실 때 악(惡)인 것입니다.

에덴동산에서 아담과 하와가 뱀의 미혹을 받고 선악을 알게 하는 나무의 실과를 따 먹었다는 것은 하나님을 떠나서 인간 스스로의 지식과 의지로 얼마든지 존재할 수 있다는 확신과 가능성과 자신감 그리고 자립심을 갖게 되었습니다.

에덴동산에서 사람(Adam)은 이 세상에 존재하는 인간중심성의 자신감을 갖게 된 순간부터 인간은 하나님을 믿지 않고도 이 세상에서 얼마든지 육체적 존재가 가능하다는 생각과 말과 행동을 함으로써 하나님과 인간은 갈등하고 불신하며 사이가 멀어지게 되었습니다(창세기 3장).

이스라엘이 민족을 이루고 마침내 하나님의 특별하신 은총으로 모세를 지도자로 삼고 애굽을 탈출하여 약속의 땅 가나안을 향하여 가다가 시나이 반도의 중간지점에 있는 가데스 바네아(신 1:19)의 오아시스가 있는 곳에서 38년동안 머물러 있으면서 여호와 하나님의 원본말씀을 모세를 통하여 최초로 듣고 배우며 실습을 하면서 철저하게 말씀을 배운 다음 마침내 가나안 땅에 입성하여 그 땅을 정복하고 열 두 지파대로 씨족과 가족 수대로 제비뽑아 나누어 가지는데 성경은 이를 기업(Inheritance)이라고 말합니다.

기업(基業)의 뜻과 의미는 하나님과 사람이 언약을 맺고 지켜 행함에 있어 어떤 장애요소가 생겨나지 않도록 다시 말하자면 언약을 지키려 했는데 어떤 일 때문에 못 지켰다는 구실을 주지 않기 위하여 하나님께서는 언약을 잘 지킬 수 있도록 사람의 의식주를 부족함이 없도록 공급해 주시려고 특별하게 배려하시는 은혜 곧 선물입니다.

이스라엘 민족은 젖과 꿀이 흐르는 기름지고 풍요로운 땅에서 토지를 가꿔 농사지으며 다른 사업을 하면서 오로지 하나님과 맺은 언약을 잘 지켜 행하기만 하면 될 일이었습니다.

그런데 원래 가나안(팔레스타인) 땅은 나일강 유역의 애굽 문명과 티그리스, 유프라테스 강 유역의 수메르문명을 연결하는 중간지점에 위치해 있으면서 양 대 문명을 중개하는 문명의 요충지대입니다. 이스라엘이 가나안을 정복할 때 그곳의 사람들만 다 죽이고 원주민들의 삶의 터전을 고스란히 물려받았습니다. 이스라엘민족은 생각 그 이상으로 최고의 발달된 문명의 풍요를 물려받았던 것입니다.

하나님께서 인간과 언약을 맺으실 때 우려하셨던 일이 다시 발생하게 된 것입니다. 인류가 발달시킨 세계 최고의 지식과 지혜로 말미암는 물질문명의 혜택을 얼마든지 얻고 누리게 된 가나안의 새로운 주인 이스라엘은 광야에서 40년 동안 철저하게 하나님의 말씀을 받고 배우고 실습까지 다 하면서 말씀으로 무장한 하나님의 선민 곧 언약의 백성이 되었습니다.

선민 이스라엘이 가나안 땅을 기업(Inheritance)으로 받자마자 그들은 인류문명의 지식의 풍부와 물질의 풍요에 현혹되어 보다 인간중심주의로 보다 유물론주의로 살아가기 위하여 하나님을 믿지 않고 하나님과의 언약을 고스란히 다 무시하고 잊어버리면서까지 오로지 인간중심주의 물질문명의 혜택만 추구하였습니다.

"그 세대 사람도 다 그 열조에게로 돌아갔고 그 후에 일어난 다른 세대는 여호와를 알지 못하며 여호와께서 이스라엘을 위하여 행하신 일도 알지 못하였더라"(삿 2:10)

사사기의 교훈은 이스라엘이 하나님과의 언약을 저버리고 세상적으로 물질의 풍요를 얻고 누리려는 무신론주의와 인본주의와 유물론주의를 추구하는 결말이 무엇인가를 확실하게 보여 줌으로써 하나님과 언약관계 안에 있는 사람들에게 사사기의 역사적 과오를 다시 재현하지 말라는 것입니다.

하나님께서 인간의 지식과 지혜로 말미암는 물질문명을 얻고 누리면서 짓게 되는 죄악에 대하여 분명하게 징계를 내려 다스리시는데 그것은 인간이 전혀 의식하지 못하게 인간의 지식과 지혜를 퇴보시키는 것입니다.

"여호와께서 가라사대 가서 이 백성에게 이르기를 너희가 듣기는 들어도 깨닫지 못할 것이요 보기는 보아도 알지 못하리라 이 백성의 마음으로 둔(鈍)하게 하며 그 귀가 막히고 눈이 감기게 하라 염려컨대 그들이 눈으로 보고 귀로 듣고 마음으로 깨닫고 다시 돌아와서 고침을 받을 까 하노라"(사 6:9~10, 마 13:10~23)

그러나 하나님을 진실로 믿는 믿음의 사람에게는 하나님께서 성도(하나님의 사랑을 받는 사람)에게 하나님을 알고 언약을 지켜 행할 수 있도록 필요한 지식과 지혜를 다시 회복시켜 주시고 계십니다(마 13:1~23).

"그러나 너희 눈은 봄으로 너희 귀는 들음으로 복이 있도다"(마 13:16)

하나님께서 존재의 중심이 되시는 것이 아니라 어디까지나 인간이 존재의 중심이 되는 인본주의(휴머니즘)나 유물론주의는 인간의 삶의 질적 변화를 가져다주는 재료, 즉 지식과 지혜와 삶의 편리한 도구로 사용 가능한 물질이 풍부하다는 것이기 때문에 인간은 하나님께 더 이상 의존하지 않아도 얼마든지 자립자족하며 살아갈 수 있다는 인본주의 존재론이라는 자만심이 생겨났습니다.

하나님과 사람이 관계를 맺을 때 인간 중심주의 무신론주의 유물론주의는 하나님과 사람이 서로 대등하게 또는 인간이 하나님보다 우위에 올라가는 인간이 더 유익한 언약을 체결하려고 합니다. 인간이 생존하는데 필요한 사용가능한 잠재능력이 우월하고 육체의 삶에 필수요소인 자원이 풍부하다고 느껴지면 자신도 모르게 교만해져서 하나님보다 우위에 올라가려고 저항하고 반역하게 됩니다(에스겔 28:1-19).

창조하시고 섭리하시는 영원무궁하도록 스스로 존재하시는 하나님과 인간도 자력으로 육체적 존재가 가능하다는 자존심이 많은 인간중심주의 및 유물론주의로 자기의 존재를 과시하는 사람이 관계를 맺고 의를 이룰 수 있도록 약속(언약)을 맺음에 있어서 사람은 〈하나님의 의〉 보다 〈인간의 의〉를 더 과시하고 챙기려 하게 됩니다.

"하나님의 의를 모르고 자기 의를 세우려고 힘써 하나님의 의를 복종치 아니하였느니라"(롬 10:3)

태초부터 오늘의 현대문명사회에 이르기까지 창조하시고 섭리하시는 하나님과 단지 피조물인 사람이 관계를 맺고 유지하고 발전시켜 옴에 있어 수 없이 많은 갈등과 결별 그리고 하나님의 진노와 보복 그리고 심판을 받았습니다. 자비하시고 긍휼하신 사랑의 하나님께서는 인내하시면서 어떻게 하든지 사람과의 관계를 계속 유지하고 발전시켜 나가시려고 공의(Justice)를 베풀어 주시면서 사람을 구원해 주시고 계십니다.

하나님의 특별하신 섭리(Providence)에도 여전하게 하나님을 불신하고 무신론으로 나가고 하나님의 세상경영에 반기를 들고 반항하고 반대하고 악행을 도모하는 사람들이 많이 생겨나고 있습니다(롬 1:18~32). 하나님 앞에서 죄악을 자행하면서 살아가는 사람들은 죄의식도 없고 도리어 자기들의 말과 행동이 의롭다고 주장하고 있는 것입니다.

"저희가 이같은 일을 행하는 자는 사형에 해당하다고 하나님의 정하심을 알고도 자기들만 행할 뿐 아니라 또한 그 일을 행하는 자를 옳다 하느니라"(롬 1:32)

이렇듯 인간의 현주소가 현저하게 부패하고 타락하여 심판을 자초하고 있지만 자비와 긍휼과 인내의 하나님께서 모든 믿음의 사람들을 구원하시는 공의(Justice)와 사랑(Love)을 어떻게 베풀어 주시고 계시는가를 바라보십시오(출 14:13).

"내 집이 하나님 앞에 이같지 아니하냐 하나님이 나로 더불어 영원한 언약을 세우사 만사에 구비하고 견고케 하셨으니 나의 모든 구원과 나의 모든 소원을 어찌 이루지 아니하시랴"(삼하 23:5)

하나님의 의

"이제는 율법 외에 하나님의 한 의가 나타났으니 율법과 선지자들에게 증거를 받은 것이라 곧 예수 그리스도를 믿음으로 말미암아 모든 믿는 자에게 미치는 하나님의 의니 차별이 없느니라"(롬 3:21~22)

〈하나님의 의(Righteousness of God)〉라 함은 여호와 하나님과 여호와 하나님을 믿음으로 살아가는 사람이 신앙의 관계 안에서 여호와 하나님께서 믿음의 사람과 존재를 위하여 약속을 하셨으므로 반드시 그 약속을 실행하여 믿음으로 살아가는 사람에게 하나님께서 언약(약속)하신 모든 것을 충족시켜 주시는 것입니다.

"비와 눈이 하늘에서 내려서는 다시 그리로 가지 않고 토지를 적시어서 싹이 나게 하며 열매가 맺게 하여 파종하는 자에게 종자를 주며 먹는 자에게 양식을 줌과 같이 내 입에서 나가는 말도 헛되이 내게로 돌아오지 아니하고 나의 뜻을 이루며 나의 명하여 보낸 일에 형통하리라"(사 55:10~11)

〈하나님의 의〉라 함은 곧 관계 안에서 하나님께서 바라시고 원하시는 요구와 조건을 사람이 지켜 행하지 못하고 있을 때 그것으로 관계를 파기하고 단절시킬 수 있는 사유가 되고도 남을 것입니다. 그럼에도 하나님께서는 인내하시면서 하나님께서 사람에게 바라시고 원하시는 모든 요구와 조건을 사람이 정직하고 성실하게 충족시켜 줄 수 있도록 충분한 기회와 여건을 제공해 주심은 물론 건강과 물질 등도 함께 풍족히 지원해 주시는 하나님의 특별하신 은혜를 베풀어 주시고 계십니다.

〈하나님의 의〉는 하나님과의 관계 안에 있는 사람이 언약을 지켜 행하지 못하는 죄를 지어 더 이상 하나님의 요구와 조건을 충족시켜 줄 수 없게 되었을 때 하나님께서 자비와 긍휼하심으로 그 사람의 죄와 허물을 용서해 주시고 다시 언약을 지켜 행할 수 있는 기회를 주셔서 구원받을 수 있도록 특별하신 은총을 베풀어 주십니다.

많은 사람들이 〈하나님의 의〉에 대하여 하나님께서 믿음의 관계 안에 있는 사람을 구원하는 구속개념에만 국한하여 신학적 관점으로 완고하게 이해하려만 고집합니다. 하나님께서 창조하신 모든 피조물의 세계를 다스리심(섭리하심, 경영하심)은 하나님께서 모든 피조물과 약속하신 언약을 지켜 행하시는데 공통으로 사용하시는 의로우심입니다. 하나님과 인간 특히 하나님을 믿는 자에게 국한하는 관계개념 안에서 〈하나님의 의〉라 함은 구세주 예수 그리스도에 의한 구속사역의 특별한 개념으로 설명이 됩니다.

특히 주 예수 그리스도께서 육신의 몸을 입고 유대 땅에서 탄생하시고 유대민족 중에서 성장하시고 유대민족의 사회를 두루 다니시며 구속사역을 완성하셨음에도 유독 유대인들로부터 예수 그리스도는 하나님의 아들로 구속의 주로 인정받지 못하셨습니다. 그럼에도 하나님의 말씀(언약)은 주 예수 그리스도를 인하여 하나님의 구원이 성취되고 있음을 확신시켜 주시고 계십니다(롬 3:19~31).

"이 예수를 하나님이 그의 피로 인하여 믿음으로 말미암는 화목제물로 세우셨으니 이는 하나님께서 길이 참으시는 중에 전에 지은 죄를 간과(看

過)하심으로 자기의 의로우심을 나타내려 하심이니 곧 이때에 자기의 의
로우심을 나타내사 자기도 의로우시며 또한 예수 믿는 자를 의롭다 하려
하심이니라"(롬 3:25~26)

〈하나님의 의〉라 함은 하나님의 구원은 반드시 하나님의 아들 주 예수
그리스도를 통해서만 이루어진다는 불변의 진리 곧 특별한 은혜입니다.

"다른 이로서는 구원을 얻을 수 없나니 천하 인간에 구원을 얻을만한 다
른 이름을 우리에게 주신 일이 없음이라하였더라"(행 4:12)

창조하시고 섭리하시는 여호와 하나님과 모든 피조물 특히 하나님의 형
상과 모양을 닮은 사람과의 언약(약속)은 필연적으로 원인과 성취되는 과
정과 결과에 있어서 하나님의 아들 주 예수 그리스도로 말미암지 않고는
이루어질 수 없다는 최종적인 선언입니다(행 4:12).

〈하나님의 의〉에 대하여 아브라함의 직계후손이라는 유대인들이 반발할
것이고 나아가서는 다른 민족들(이방민족들)이 불만을 가질 것이겠지만
하나님의 창조하심으로 말미암아 존재하는 모든 피조물은 하나님께서 그
렇게 하시겠다는 선언에 믿음으로 순종하는 것이 복(福)입니다.

태초에 아담, 즉 인류 최초의 사람이 에덴동산에서 원죄(original sin)를
범하여 하나님의 징계를 받을 때 하나님께서 인간을 구원하여 줄 구세주
를 보내 주시겠다는 약속의 말씀(창 3:15)을 하셨습니다.

성경은 역사(History)의 시간과 공간 개념을 매 시대마다 정확하게 문자
로 기록하여 그 시대적 사실을 후손에게 정확하게 알 수 있도록 배려하고
있습니다. 하나님의 아들 예수 그리스도께서 성육신(Incarnation)하시고
이 세상에서 인간을 구원하시는 구속사역을 시작하실 때 의미심장한 사
실에 주목해야 합니다. 예수 그리스도의 족보이야기입니다(마 1:1~17 눅
3:23~38).

성경을 상고(詳考)하여 보면 태초에 아담(창 3장)이 원죄로 말미암아 인
류에게 죄에 대한 형벌이 가해지기 시작한 BC 4000년경부터 인간의 죄와

126

허물의 사함을 받을 수 있게 하시는 예수 그리스도 탄생의 해까지 4000년의 장구한 세월이 필요합니다.

놀라운 사실은 성경은 태초의 아담으로부터 예수 그리스도까지 4000년 동안의 족보(genealogical)를 빠짐없이 정확하게 기록하고 있습니다. 성경에서 주 예수 그리스도의 족보를 기록하는 목적은 장구한 시간과 공간 개념의 흐름에도 불구하고 하나님께서 인류에게 약속하신 언약을 반드시 이루시려는 하나님의 확고하신 약속의 의지를 인류역사를 통하여 보여 주시는 것입니다.

하나님과 사람이 서로 언약(약속)한 것에 대하여 믿음(Faith)으로 관계를 맺으면 시간과 공간 개념의 흐름에 구애받지 않고 서로 간에 신뢰(reliance)를 쌓도록 서로 노력해야 합니다.

성경에 기록한 아담에서 예수 그리스도까지의 세계(Genealogy)는 하나님께서 인간에게 보여 주시는 언약을 원본 그대로 지켜 행하시고 계심을 보여 주시는 가장 신뢰할 만한 증거입니다.

하나님의 아들 주 예수 그리스도께서는 탄생에서부터 공생애(Official Life)의 사역을 시작하시는 30세까지 성장과정과 3년 동안의 예수 그리스도의 구세주 사역은 인간으로서는 아무것도 능히 할 수 없을 만큼 가장 열악한 형편이었습니다. 그럼에도 예수 그리스도께서는 하나님의 아들로서의 사명 곧 하나님께서 인간에게 언약(약속)하신 모든 것을 완전하게 충족시켜 놓으신 〈하나님의 의〉를 성취시켜 놓으시고 계십니다(이사야 53장).

이사야 53장의 기록은 예수 그리스도께서 33년 동안 어디서 어떻게 살아 오셨는가의 사실을 자세하게 기록하고 있습니다. 사람으로는 도저히 감당할 수 없는 가장 열악한 환경에서 생활하면 그런 사람에게서는 아무것도 기대할 수 없을 만큼 세상에서 가장 불행한 사람으로 취급합니다. 가난하고 비천하고 병들고 무엇 하나 가진 것 없는 그런 사람에게 누가 도움을 바라겠습니까? 그럼에도 예수 그리스도는 만민을 구원하시는 공의를 완전하게 행하시고 인간의 죄와 허물을 사하여 주시고 육신의 죽음에서 영원한 생명으로 구원하여 주시고 계십니다.

"이는 죄가 사망 안에서 왕 노릇한 것같이 은혜도 또한 의로 말미암아 왕 노릇하여 우리 주 예수 그리스도로 말미암아 영생에 이르게 하려 함이니라"(롬 5:21)

인간의 의

"하나님의 의를 모르고 자기의 의를 세우려고 힘써 하나님의 의를 복종치 아니하였느니라"(롬 10:3)

〈인간의 의〉란 한 마디로 말하여 하나님과 사람이 관계 안에서 서로 간에 약속을 한 것에 대하여 하나님께서 바라시고 원하시는 모든 요구와 조건을 사람이 얼마나 정직하고 성실하게 약속을 충족시켜 드리고 있는가를 말하고 있는 것입니다.

본질적으로 사람은 하나님께서 요구하시는 모든 조건에 대하여 하나님을 실망시켜 드릴 뿐이지 아무도 하나님께서 바라시고 원하시는 요구와 조건을 충족시켜 드리지 못합니다. 그럼에도 사람은 하나님 앞에서 아무런 죄의식도 없이 의로운체하며 자기의 존재를 과시하려 합니다.

"의인은 없나니 하나도 없으며 깨닫는 자도 없고 하나님을 찾는 자도 없고 다 치우쳐 한 가지로 무익하게 되고 선을 행하는 자는 없나니 하나도 없도다 저희 목구멍은 열린 무덤이요 그 혀로는 속임을 베풀며 그 입술에는 독사의 독이 있고 그 입에는 저주와 악독이 가득하고 그 발은 피 흘리는데 빠른지라 파멸과 고생이 그 길에 있어 평강의 길을 알지 못하였고 저희 눈앞에 하나님을 두려워함이 없느니라."(롬 3:11~18)

인류의 조상 아담이 보여 주는 하나님과의 약속에 대한 실천의지는 하나님께서 잠시 아담 곁을 떠나 계신 그 짧은 순간에 사람은 뱀(사단)의 미혹을 받고 하나님과의 언약(약속)을 위반합니다(창 3장).

하나님과 아담(사람)이 최초로 맺은 언약(약속)은 '선악을 알게 하는 나무(Tree of the Knowledge of Good and Evil)의 실과를 먹지 말라'는 것입니다(창 2:17). 한 번 깊이 생각해 보십시오. '선과 악'이란 무엇인가? 하고 알아보시오.

선(Good)이란 하나님의 존재 안에서 관계를 맺고 하나님을 경외하며 말씀에 순종하며 살아가는 철저하게 하나님 중심주의로 살아가는 것입니다.

악(Evil)이란 하나님의 존재를 부정하고 인간중심으로 살아가면서 자기의 생각과 말과 행동이 옳다고 다시 말해서 정의라고 우겨 쌈을 하면서 살아가는 것입니다.

에덴동산의 언약(약속)은 하나님께서 원하시고 바라시는 바는 인간은 하나님의 존재 안(in)에서 하나님과 더불어 살아가기를 바라신 하나님의 뜻입니다. 그러나 사람은 하나님의 존재 밖(out)으로 나가서 자기가 생각하고 말하고 행동하는 삶을 살아가려고 선악을 알게 하는 나무의 괴실을 따 먹은 것입니다. 아담의 원죄로부터 인간은 자기중심적으로 또는 인간중심주의로 살아가게 된 것입니다.

여호와 하나님께서는 매시대마다 선지자를 보내셔서 사람들에 회개하고 하나님께로 돌아오기를 촉구합니다. 하나님과 관계를 맺고 하나님 중심주의로 살아가려고 주 예수 그리스도를 믿는 사람에게는 언제든지 누구든지 그 사람이 지금까지 지은 죄를 다 사하여 주시고 앞으로는 죄 없는 사람으로 살아갈 수 있게 새로운 삶의 기회를 주십니다.

"그런즉 누구든지 그리스도 안에 있으면 새로운 피조물이라 이전 것은 지나갔으니 보라 새 것이 되었도다"(고후 5:17)

아브라함 같은 믿음의 조상(아버지)도 하나님 앞에서 약속한 그대로 온전하게 살지 못하였으나 하나님께서 의롭다고 간과(看過)하여 주시고 간주(看做)하여 주심으로 의롭다는 인정을 받았을 뿐입니다(롬 3:1~31).

"만일 아브라함이 행위로써 의롭다 하심을 얻었으면 자랑할 것이 있으려니와 하나님 앞에서는 없느니라 성경이 무엇을 말하느뇨 아브라함이 하나님을 믿으매 이것이 저에게 의로 여기신바 되었느니라"(롬 4:2~3)

여호와 하나님께서는 사람과의 언약관계를 맺고 유지하고 발전시켜 나가시려고 여호와 하나님을 믿는 제사(예배) 가운데 특별히 사람의 죄와 허물을 속죄할 수 있는 의식을 거행함으로써 죄와 허물의 용서를 받고 다시 새 출발 할 수 있도록 종교적인 속죄 제도를 만들어 놓으셨습니다(레위기).

하나님께서는 믿음의 사람들을 대표하는 제사장(祭司長)을 세우셔서 그 사람이 백성을 대표하여 하나님께 제사를 집전하고 하나님께 나아와 백성의 소원을 말하게 하고 하나님의 응답을 제사장을 통하여 백성에게 전달하도록 허락하셨습니다.

하나님께서 아론을 최초의 제사장으로 세우시고 그 자손에게 제사장 직임을 계속 세습(世襲)하도록 위임하여 주셨습니다(출 29장). 제사장은 레위지파의 사람으로 아론의 후손만이 위임받을 수 있습니다.

왜 아론의 후손만이 제사장으로 세습을 받게 되는 가하면 제사장 직임을 받은 자는 본인은 물론 자손의 자손에게까지 제사장이라는 막중한 임무를 온전하게 감당해야 하는 법과 윤리와 도덕의 의무와 책임이 언약(약속)되어 있기 때문입니다.

이스라엘이 광야에서 머물러 있으면서 하나님의 말씀을 받고 배우며 특히 제사제도, 성직자제도에 대하여 철저한 교육을 받았습니다. 그러나 이스라엘이 약속의 땅 가나안에 정착하면서부터 제사장의 역할은 눈에 띄지 않고 유명무실한 존재로 겨우 명맥만 유지하게 됩니다.

구약성경에서 제사장의 역할이 가장 절실하던 시대는 사사기 시대였을 것입니다. 이스라엘민족이 출애굽하여 광야에서 40년 동안 머물러 있으면서 여호와 하나님의 말씀을 직접 들었으며 원본 말씀을 교육받았고 말씀을 배운 그대로 실천하기를 배운 하나님을 믿는 신앙민족으로 거듭나게 됨으로 마침내 젖과 꿀이 흐르는 약속의 땅으로 이주하게 됩니다. 그러나 이스라엘 민족은 광야에서 배운 신앙교육을 받은 그대로 살아가지 못합니다. 약속의 땅 가나안을 기업으로 물려받은 선민 이스라엘은 하나님을 믿지 아니하고 하나님중심으로 살아가는 존재론적 가치를 져버리고 철저하게 무신론주의로 우상숭배로 인간중심주의로 유물론주의로 살아가면서 각자 자기의 소견에 옳은 대로 생각하고 말하고 행동하며 오로지 자기만의 존재를 위하여 개인의 존재적 가치를 추구하고 있습니다(사사기 21:25). 사사기 350년의 역사가 보여주는 생생한 교훈은 하나님의 존재를 무시하고 하나님을 떠나 인간중심으로 살아가는 사람에게 하나님의 준엄한 심판을 사실 그대로 보여주고 있습니다.

가나안 정착 제일세대에게 앞장서 여호와 하나님을 잘 믿으라고 가르치고 모범을 보여 주어야 할 제사장들이 사사기에 전혀 나타나지 않고 있습니다.

"그 세대 사람도 다 그 열조에게로 돌아갔고 그 후에 일어난 다른 세대는 여호와를 알지 못하며 여호와께서 이스라엘을 위하여 행하신 일도 알지 못하였더라(사사기 2:10)

다윗 왕 시대에 레위지파 아론의 후손에게 제사장제도를 세습 받게 하였으며 특히 사독 제사장은 권위를 인정받고 그 명성을 얻고 누렸습니다. 그러나 분열왕국 시대에 북 왕국(이스라엘)은 제사장을 레위지파가 아니어도 북 왕국(이스라엘)의 왕이 마음대로 제사장을 임명하게 됩니다. 하나님께서 유다왕국 보다 이스라엘 왕국을 신뢰하지 않으신 이유가 북 왕국의 왕이나 백성들의 불신앙에 기인한 점도 있지만 그런 것 보다는 제사장제도의 세습(transmission by heredity)이 아닌 왕에 의하여 아무나 선출(election)하는 것 때문이었습니다.

왕이 제사장을 임명한다는 것은 하나님과 제사장 그리고 이스라엘 간에 언약(약속)을 완전히 무시하는 것일 뿐만 아니라 백성(사람)을 대표하는 왕이 중심이 되는 세속주의의 세상임을 나타내는 것입니다.

예수 그리스도께서 공생애 사역을 하실 때 사독 제사장의 후손들은 소위 사두개파라는 종파를 형성하였는데 그들은 인간의 영혼은 단지 육체의 몸이 살아 있을 때 뿐이고 육체가 죽으면 영혼의 부활도 없고 천사도 없다는 무신론주의자, 초현실주의자로 전락하였습니다. 백성을 대표하여 하나님 앞으로 나아가는 제사장이 자기의 사명을 다하지 못하는 사실은 어떤 이유로도 변명할 수 없습니다.

특히 하나님께서는 백성을 대표하여 성전에서 사역하는 레위지파 사람들 특히 제사장에게는 이스라엘 전체 민족들로부터 십일조를 받고 살아가며 여러 가지 특혜를 받고 누리며 살아갈 수 있었으므로 제사장의 직무유기(職務遺棄)는 변명할 수 없는 것입니다(말 2:1~9).

"대저 제사장의 입술은 지식을 지켜야 하겠고 사람들이 그 입에서 율법을 구하게 되어야 할 것이니 제사장은 만군의 여호와의 사자가 됨이어늘 너희는 정도에서 떠나 많은 사람으로 율법에 거치게 하도다 나 만군의 여호와가 이르노니 너희가 레위의 언약(민 1:47~54)을 파하였느니라 너희가 내 도를 지키지 아니하고 율법을 행할 때에 사람에게 편벽되이 하였으므로 나도 너희로 모든 백성 앞에 멸시와 천대를 당하게 하였느니라 하시니라"(말 2:7~9)

이스라엘을 다스린 유다 왕과 이스라엘 왕을 다 합쳐 40여명의 왕들이 있지만 북 왕국 왕 중에는 단 한 명도 신앙의 모범을 보여주지 못하였습니다. 유다의 왕들 중에는 처음에 신앙심을 가지고 등극한 왕이 집권하면서 점점 신앙을 등한시 한 그런 왕들까지 다 합쳐 봐도 열 명도 안 됩니다. 역사의 기록을 살펴보면 선민 이스라엘이 하나님을 믿는 신앙을 자손들에게 유전시켜 주는 모범이 드물 만큼 대물림하는 신앙심이 희귀합니다. 동서고금을 막론하고 사람의 지위고하 남여노소 빈부귀천을 막론하고 인간은 한 결 같이 자기의 마음에 내키는 대로 생각하고 판단하고 행동하며 살아가는 것을 정의라고 생각합니다.

"그 때에 이스라엘에 왕이 없으므로 사람이 각각 그 소견에 옳은 대로 행하였더라"(삿 21:25)

자기(one'self)라는 존재를 최고 우선 하는 정의는 다른 사람이야 어찌 되든지 상관할 바 아니며 오로지 자기만이 잘되면 그것을 정의로 착각합니다.

하나님의 변함없으신 관심은 사람이 관계 안에서 다른 사람을 얼마나 어떻게 배려(consideration)하며 살아가는 가를 중요하게 살펴보시고 계십니다(출 23장).

예수 그리스도께서 확실하게 천명하셨지만 이웃을 자기 몸같이 사랑하라(마 22:39)고 말씀하신 뜻과 의미는 인간의 현재와 미래의 삶 속에서 반드시 지켜 행하여야만 하는 과제(mission)를 주신 것입니다. 현재와 미래의 기독교나 그리스도인들이 진실로 지켜 행하여야 하는 계명은 바로 이웃에 대한 사랑입니다. 말하기 좋을 대로 말로는 소외받는 이웃을 사랑한다고 뻔질나게 말하는데 그렇다면 이웃의 소외계층은 도움을 주는 사람들로 인하여 현저하게 줄어들어야 합니다. 우리가 살아가는 사회에 소외계층이 점점 많아진다는 사실은 그 만큼 사람들이 이웃사랑의 실천을 실행에 옮기며 살아가고 있지 않다는 증거입니다.

이 세상에 존재하는 모든 피조물은 인격 내지 품격이라는 최고의 가치를 스스로 지키고 보존해야 합니다. 자기라는 존재는 이 세상에 단 하나뿐인 가장 고귀한 가치를 지키고 보존하기 위한 방편(expediency) 혹은 방책(plan)을 세워 놓아야 안전할 수 있는 것입니다.

피조물의 세계 안에서는 서로 간에 자기만을 극대화시키려는 무한경쟁의식이 있습니다. 세계의 독재군주가 군림하고 있는 나라들을 보면 오직 군주만을 위하여 백성은 사람의 가치도 얻고 누리지 못할 만큼 인권을 박탈당하고 있습니다. 독재군주들의 공통점은 권력의 기회만 주어지면 자기의 존재를 극대화시키려고 의도적으로 백성을 무시하고 굴복시키고 심지어 죄 없는 백성을 마음대로 죽이는 일까지 주저하지 않고 자행합니다.

같은 종류의 사람이라도 서로 만나면 상대의 존재를 의식하게 됩니다. 상대방으로부터 인간다운 대접을 받기 위하여 여러 사람을 만나고 사귀고 어떤 일을 같이 하려고 할 때 반드시 자기를 지켜 주고 보호해 줄 수 있는 협약(약속)을 합니다. 그렇지 않으면 상대방이 무슨 무뢰한 일을 하여도 법적으로 윤리적으로 도덕적으로 보호받거나 보상받지 못합니다.

다른 사람과 약속하는 중요한 내용은 내가 바라고 원하는 모든 요구와 조건들을 상대방이 충족시켜 주기를 바라는 것입니다. 또한 상대방도 나와 똑같이 자기가 요구하는 조건들은 내가 다 충족시켜 주기를 바라는 것은 너무나 당연한 일입니다.

사람은 이기심(self-interest, egoistic mind) 또는 자존심(the spirit of self respect)을 가지고 있기 때문에 본능적으로 자기의 존재를 스스로 지키고 보호하려는 심리적 작용을 하게 됩니다.

관계 안에서 다른 사람과 약속을 하였을지라도 자기에게 불리하거나 손해 보는 일이 발생할 것을 우려하여 특단의 조치를 강구하게 됩니다. 다시 말하자면 약속을 하였는데 자기에게 손해가 되는 일이거나 피해가 생길 일이거나 하면 약속을 다시 수정하든지 아니면 파기하든지 그럼에도 굳이 실행하여야 한다면 소극적으로 대응하든지 아예 태만해 버리는 것입니다. 그러면서 상대방을 향하여는 강력하게 주문하기를 자기와의 약속을 온전하게 지켜 행할 것을 요구합니다.

약속을 맺었으면 비록 손해가 다소 가더라도 자기에게 다소 불리하더라도 정직하고 성실하게 이행하여 주는 것이 원칙입니다. 현실적으로는 자기에게 불리하고 손해 가는 약속을 곧이곧대로 실행해 준다는 것은 사람을 시험(examination)들게 만듭니다. 사람은 여럿이 모여 살아가는 사회적 공동체를 만들어 놓고 더불어 살아가고 있습니다. 사회적 공동체는 그 사회를 구성하고 있는 모든 사람들이 공동의 약속을 하고 지켜 행하여야

할 의무와 책임을 구성원 모두에게 법적으로 윤리적으로 도덕적으로 책임 지도록 제도(system)를 만들어 놓았습니다.

개인이 살아가는 자기만의 공간 안에서도 규칙(regulation)이 있습니다. 부모와 자녀가 같이 살아가는 가장 작은 공동체인 가정도 가정의 전통이나 가정의 풍습이 있어 가족구성원들이 서로 간에 지켜 행할 약속들을 의무와 책임을 짊어지고 정직하게 성실하게 준수하고 있습니다.

공동체의 규모가 커질수록 법(law, rule)이라는 사회적 약속에 의존하는 질서개념이 엄격하게 요구되고 지켜져야 합니다. 이제 대한민국은 인구는 4,800만 명이며 기독교인 수가 1,000만 명에다가 다른 종교를 가진 사람들까지 다 합하면 전체 인구 가운데 절대다수가 종교를 가지고 있다고 보아야 합니다.

종교(Religion)는 무한하고 절대의 초인간적인 사람의 눈에 보이지 아니하는 영성의 인격체를 숭배하면서 또 한편으로는 사람의 눈에 보이는 모든 사물과 특히 사람과는 대등한 존재적 가치를 공유하면서 상부상조하며 살아가도록 요구합니다. 종교가 사람들에게 가르치는 최고의 요구와 조건은 육체적 생명을 가진 존재와는 더불어 같이 존재하기 위하여 서로 간에 우호적으로 상부상조하며 상대를 해치지 않고 도와주고 도움을 받으면서 사이좋게 살아가도록 법과 윤리와 도덕을 장려합니다.

"누구든지 하나님을 사랑하노라 하고 그 형제를 미워하면 이는 거짓말하는 자니 보는바 그 형제를 사랑치 아니하는 자가 보지 못하는바 하나님을 사랑할 수가 없느니라 우리가 이 계명을 주께 받았나니 하나님을 사랑하는 자는 또한 그 형제도 사랑할지니라"(요일 4:20~21)

기독교가 대한민국의 문명과 역사를 선도(lead)해 나가고 있습니다. 그렇다면 대한민국은 세계에서 가장 살기 좋은 나라가 되어야 합니다. 그러나 신문이나 TV 라디오와 같은 언론매체를 통하여 뉴스를 들어 보면 매일같이 끔찍한 사건사고가 일어나고 있습니다. 살인사건, 강도사건, 폭행사건, 부정하고 부패하여 국법을 어기는 일들이 비일비재하게 일어나고 있는 것입니다.

기독교인 수가 천만 명 이상이고 다른 종교인들까지 합치면 대한민국 국민 중에는 절대 다수가 종교인들입니다. 그런 사람들이 더불어 살아가는 나라의 사회가 매일 살상행위가 자행되고 절도에다가 부정부패사건이 난무하고 있다면 이런 불합리한 사회적 현상을 어떻게 설명할 수 있겠습니까? 물론 국가는 국민들이 보다 잘 살아가는 세상을 만들어 주려고 사회보장제도를 개선하는데 최선을 다하고 있습니다.

기독교인들이 사람들을 찾아다니며 전도하고 구제하면서 그리고 따로 기독교인에게 성경교육을 시켜 주면서 성경말씀과 같이 정직하고 성실하게 살면서 서로 도와주며 살아가는 세상을 만들자고 말합니다.

이렇듯 기독교의 노력에도 불구하고 사회는 갈수록 점점 흉폭 해지고 빈부격차가 더 벌어지며 취업하기가 어렵고 가난한 사람과 소외받는 계층이 점점 더 많이 생겨나고 있습니다. 기독교인들의 종교적인 노력에도 불구하고 국가와 정부의 법적 제도적 개혁에도 세상은 갈수록 살아가기가 힘들고 어려워지는 까닭은 무엇일까요?

완벽한 법을 만들어 놓고 시행해도 경찰이나 검찰이 사회질서를 바로잡겠다고 아무리 노력해고 사회적 지도계층이 솔선수범하는 모범을 보여 주어도 끊임없이 발생하는 사회악을 없앨 수는 없는 것입니다.

왜 그런가 하면, 사람이 모여 살아가는 공동체는 각 사람이 요구하고 바라는 각자의 소견(one's views) 곧 각 사람의 의(Righteousness)- 종교적 요구와 조건이든지 사람과 사람의 요구와 조건이든지 사람과 다른 피조물과의 요구와 조건이든지 그것은 다 약속에 속하는 일입니다. 문제는 아무리 정부나 사람들이 사회보장제도를 잘 만들어 놓고 지키려 해도 다양한 사람들이 각자가 요구하는 조건들을 어떻게 각자가 만족할 만큼 충족시켜 줄 수 없는 것입니다.

다른 사람에 의하여 충족될 수 없는 자신의 요구와 조건을 욕심 부려 자기 스스로 해결하려니까 부정부패가 생겨나고 도둑이 날뛰고 있으며 다른 선량한 시민들을 억울하게 하는 각종 사회적인 악이 난무하게 되는 것입니다. 어떤 사람이 마땅한 직업도 없이 국가나 누군가의 도움을 받고 잘 살고 싶지만 누가 이런 사람에게 관심을 가져 줍니까? 결국 그 사람은 자신이 바라는 것들을 충족시키려고 무리수를 두고 남의 것을 훔치거나 빼앗을 것입니다.

다시 말하자면 자기가 다른 사람에게 부과시킨 자기의 요구와 조건을 다른 사람들이 충족시켜 주지 않으니 부득불 자기가 자기의 요구와 조건을 스스로 충족시키려 하기 때문에 폭행사건, 절도사건, 살인사건, 부정부패 사건 등등이 일어나게 되는 것입니다.

사회라는 거대한 공동체가 서로 더불어 잘 살아가는 모델이 되려면 각자가 자기의 요구와 조건 보다 다른 사람의 요구와 조건을 먼저 배려해 주는 그런 일이 일어나야만 가능한 것입니다. 자기의 요구와 조건이 먼저 충족되고 난 후 다른 사람의 요구와 조건이 충족되는 것을 바란다면 그런 사회나 공동체는 항상 갈등하고 분쟁하고 싸우고 결국은 다 같이 멸망당합니다. 〈인간의 의〉에 대한 결론은 아무도 상대방 곧 하나님이시든지 사람이든지 다른 대상이든지 요구하는 조건들을 온전하도록 충족시켜 주지 못하면서 그럼에도 자기의 요구와 조건은 무슨 수를 다 써서라도 충족시키려 한다는 것입니다.

"오직 각 사람이 시험을 받는 것은 자기 욕심에 끌려 미혹됨이니 욕심이 잉태한즉 죄를 낳고 죄가 장성한즉 사망을 낳느니라"(약 1:14~15)

인간의 정의는 모순(矛盾)

옛날 어느 청년이 군사(軍士)가 되려고 군수품 가게를 찾아 갔습니다. 칼과 창 방패 그리고 활 등등 군인이 사용하는 무기들을 살펴보는데 군수품

가게 주인이 다가와서 듣기 좋게 설명을 해 줍니다. '이 창(矛)으로 말할 것 같으면 천하의 방패도 힘 안들이고 단번에 뚫어버릴 수 있습니다. 다음에는 방패(盾)를 소개하면서 '이 방패로 말할 것 같으면 세상의 어떤 창으로도 절대 뚫지 못하는 튼튼한 방패입니다.' 이때부터 앞뒤가 어긋나 맞지 않는 일을 빗대어 모순(矛盾)이라고 말하게 되었답니다.

인간중심주의에서 나오는 정의(正義) 곧 자기의 생각과 말과 행동이 다 옳다고 자기주장을 정당화시키려 들 때 상대방도 자기의 소견을 굽히지 않고 정당성을 주장하게 됩니다. 그러다보면 언쟁을 하고 갈등하게 되고 싸움이 일어나고 확대되면 집단으로 또는 민족끼리 국가 간에 피할 수 없는 전쟁으로 치닫게 됩니다.

인간은 다 자기의 존재를 스스로 지키고 보존하고 방어하기 위하여 인격의 속성 중에 자존심(pride)을 다 가지고 있습니다. 자존심에 상처를 입으면 존재감을 상실할 수 있습니다. 자존심은 존재를 위한 가장 안전하고 믿을 수 있는 든든한 보루(堡壘)입니다.

사람이 자기의 생각과 말과 행동을 옳다고 정당화시키려고 주장하는 것도 자기의 존재감을 과시하려는 의도가 다분히 있습니다. 서로 자기의 주장이 옳다고 주장하며 쌈질하는 것을 제삼자가 들어 보면 서로 이해가 가능하고 양보가 가능한데도 절대로 상대방에게 이해도 양보도 타협도 하지 않고 오로지 자기의 주장만 관철시키려는 편협(偏狹)된 사람들이 많습니다.

현대는 바야흐로 세계화시대입니다. 전에는 민족 간에 국가 간에 다툼이 많아 전쟁이 끊이지 않았지만 현대는 단지 어떤 개념적(conceptional)인 것 가지고 지지세력과 반대세력으로 편 갈라 나뉘어져 언쟁하고 실력행사하고 그러는 시대입니다. 상대방이 조금만 잘못해도 가장 완고한 표현으로 비난합니다. 그런데 자기는 상대방 보다 더 잘못했음에도 자기는 의로운 사람으로 소위 인간의 정의를 내세워 자기변명 내지는 자기방어를 하고 있는 것입니다.

"네가 어찌하여 네 형제를 판단하느뇨 어찌하여 네 형제를 업신여기느뇨 우리가 다 하나님의 심판대 앞에 서리라 기록되었으되 주께서 가라사대 내가 살았노니 모든 무릎이 내게 꿇을 것이요 모든 혀가 하나님께 자백하리라 하였느니라 이러므로 우리 각인이 자기 일을 하나님께 직고(直告)하리라"(롬 14:10~12)

대한민국의 어머니 상(aspect)

대한민국의 어머니는 이 세상에서 가장 슬기롭고 위대하다고 봅니다. 옛날에는 세계가 다 그랬지만 남존여비사상(男尊女卑思想)이 얼마나 심했습니까? 특히 대한민국의 옛날 가족제도는 대가족이었습니다. 식구들 많고 집안에 어른들이 있고 가풍이 얼마나 완고한지 법도대로 살아가면서 집안의 온갖 대소사를 거의 다 여자가 도맡아 했습니다. 과중한 육체의 중노동에 혹사당하면서도 잘하는 일은 다 집안 어른들 특히 남자들 몫(영광)으로 돌아갔습니다. 만약 집안에서 누가 잘못하는 일의 결과는 다 여자가 뒤집어쓰고 질책을 받고 차별을 감수하고 심하면 폭행까지 당하는 수모를 겪어야만 하였습니다. 이렇듯 여자가 남자에게 심하게 차별받는 사회적 제도 하에서도 대한민국의 어머니는 그 가정을 번성하게 만들었고 남자들이 성공하도록 뒷바라지를 다해 주었으며 가족 간에 화목하게 만들어 주었습니다.

대한민국의 어머니들은 그들이 살아가는 신념(principle)이 투철하였습니다. 어머니의 가족을 위하는 위대한 정신을 딸에게 대물림시켜 줍니다. 딸이 장성하여 결혼할 때 어머니는 시집가는 딸에게 의미심장한 당부를 해줍니다.

"딸아, 네가 시집가서 살아가는 집안 식구들을 위하여 특히 남자들을 위하여 너의 권리는 반으로 줄이고 남자들과 어른들의 권리는 배로 늘려 주어라."

대한민국 여성들은 옛날부터 참으로 훌륭한 지혜를 가지고 살아 왔습니다. 옛날 어머니의 덕망은 공동체 안에서 구성원들, 즉 가족을 배려해 주려고 자기를 희생시켜 주었던 것입니다.

일반 사람들은 〈정의〉라고 말하고 기독교는 〈의〉라고 주장하는 독특한 약속(언약)개념을 어떻게 하면 충족시켜 줄 수 있을까? 하고 생각해 보십시오. 구약성경의 가장 중요한 진리, 율법을 이스라엘 사람들은 하나님의 은혜를 충만하도록 받고 누리면서도 지켜 행하지 못하였습니다.

그러나 하나님의 아들 예수 그리스도께서는 가장 가난하게 살면서 가장 열악한 환경에서 율법을 완성시켜 놓으셨습니다.

율법을 지켜 행하겠다는 신앙(信仰)과 의지(意志)가 대단했던 선민 이스라엘 사람들은 하나님과 이스라엘 사람 간에 언약한 내용인 율법을 그렇게 좋은 조건(젖과 꿀이 흐르는 약속의 땅)에서도 지켜 행하지 못합니다. 율법을 지키며 살아가는 것이 이스라엘 사람들에게 얼마나 어려운 일인지 제사장도, 왕(지도자)도, 율법에 능통한 지식계층의 사람들도 모범적으로 지키며 살아가지 못합니다.

율법에 대한 지나친 부담감 때문인지 율법대로 살아가는 것을 포기하고 다른 개념의 삶, 즉 우상을 섬기며 율법에서 금지한 죄를 지으며 살아가고 있습니다. 과연 율법대로 살아간다는 것이 그렇게 어렵고 힘든 일인지 하고 이스라엘 사람들의 입장을 이해하려다가 주 예수 그리스도께서 율법을 온전케 하신 삶의 모범을 보면서 이스라엘 사람들에 대한 동정적인 생각을 접어 버리게 됩니다.

예수 그리스도께서 율법을 지켜 행하여 보여주신 모범을 관심 깊게 보아야 합니다. 예수 그리스도는 유대인 그 중에 유다지파 사람으로 나사렛 동리에서 생애의 대부분을 살았지만 물질적인 생활형편이나 건강상태를 고려해 보면 율법을 지켜 행하고 살아갈만한 요구와 조건이 전혀 갖추어져 있지 않았습니다. 예수 그리스도는 극빈하여 고생을 너무 많이 하며 살아가고 있었고 질병으로 인한 고통을 감당하기 힘들만큼 가련한 사람이었으므로 도리어 율법에 의하여 보호받아야 마땅할 그런 간고(艱苦)와 질고(疾苦)의 사람이었습니다(사 53장).

"그는 주 앞에서 자라나기를 연한 순 같고 마른 땅에서 나온 줄기 같아서 고운 모양도 없고 풍채도 없은즉 우리의 보기에 흠모할 만한 아름다운 것이 없도다 그는 멸시를 받아서 사람에게 싫어 버린바 되었으며 간고를 많이 겪었으며 질고를 아는 자라 마치 사람들에게 얼굴을 가리 우고 보지 않음을 받는 자 같아서 멸시를 당하였고 우리도 그를 귀히 여기지 아니하였도다"(사 53:2~3)

예수 그리스도께서 율법을 온전하게 하신 일은 돈이나 대가나 어떠한 보수를 바라지도 않으시고 도리어 아무 대가 없이 아무 공로 없이 도움이 필요한 사람들에게 자비와 긍휼한 마음으로 자기를 아끼고 사랑하는 마음으로 다른 사람들을 배려하시는 그 많으신 사랑으로 아낌없이 도와주심으로써 자연스럽게 율법을 완성하셨습니다(마 11:28~30).

예수 그리스도께서 공생애의 사역을 통하여 보여주신 모범은 하나님과 사람들을 배려하는 사랑과 자비와 긍휼하심으로 겸손(Humility)과 봉사(Service)와 희생(Sacrifices)의 뜻과 의미를 온전하게 하여 주셨습니다.

"수고하고 무거운 짐진 자들아 다 내게로 오라 내가 너희를 쉬게 하리라 나는 마음이 온유하고 겸손하니 나의 멍에를 메고 내게 배우라 그러면 너희 마음이 쉼을 얻으리니 이는 내 멍에는 쉽고 내 짐은 가벼움이라 하시니라"(마 11:28~30)

여호와 하나님께서는 태초에 만물을 창조하실 때 특별하게 하나님의 형상(Image)과 모양(Likeness)을 닮은 사람(Adam)을 만들어 놓으시고 사람에게 모든 피조물 다스리는–정치(政治)하라는 막중한 명령(약속)을 지켜 행하라고 사명(mission)을 주셨습니다(창 1:26~28).

하나님께서 아담과 하와에게 가정을 이루고 에덴동산에서 살아가도록 허락하실 때 하나님과 사람이 더불어 같이 거(remain)하시는 특별한 관계 안에서 하나님과 사람이 약속(Covenant)한 일(창 1:26~28)에 신뢰성이 더하여 집니다(창 2:15~17).

하나님과 사람이 관계 안에서 서로 간에 인격을 인정하고 상호 간에 존재를 존중하면서 약속(언약)을 정직하고 성실하게 지켜 행할 수 있는 법과 윤리와 도덕의 의무와 책임이 있습니다.

만일 이를 지켜 행하지 못하면 그에 상응하는 불이익을 당해야 합니다. 아담과 하와는 하나님의 전폭적인 사랑과 신뢰에 실망감을 안겨 주는 중대한 실수를 행함으로 인류 최초이자 아마도 피조물이 생겨난 이후 첫 번째 사례가 될 만한 하나님의 말씀(명령, 약속)을 사람이 불순종하는 선례를 남겨 버립니다(창 3장).

할례의 뜻과 의미

"나를 사랑하고 내 계명을 지키는 자에게는 천대까지 은혜를 베푸느니라"(출 20:6)

성경(Holy Bible, Holy Scripture)의 내용 전체에 언약(Testament)을 명시(明示)하여 놓았습니다. 그것은 하나님과 사람이 관계 안에서 약속한 것을 문서로 기록하여 증거를 삼고 있다는 뜻과 의미입니다. 구세주 예수 그리스도께서 이 세상에 오시기 전에 하나님과 사람이 약속한 것은 구약(Old Testament)입니다. 하나님의 아들 예수 그리스도께서 모든 믿는 사람을 구원하시기 위하여 육신의 몸을 입고 이 세상에 탄생하신 이후부터의 약속은 신약(New Testament)입니다.

구약은 하나님과 인간이 관계 안에서 지켜 행하여야 할 원리원칙적인 약속이므로 인간의 편에서 보면 언약의 내용에 대하여 무슨 말인지 또는 무슨 뜻과 의미가 들어 있는가를 이해하는데 어려움이 있고, 언약을 원본 그대로 지켜 행함이 얼마나 어려운 일인가를 사실 그대로 보여주고 있습니다.

신약은 구세주 예수 그리스도께서 이 세상에 오셔서 사람이 하나님과 맺은 약속을 어떻게 하면 지켜 행할 수 있는가에 대한 신앙적인 방법론에 대하여 예수 그리스도께서 직접 모범을 보여주시면서 이렇게 말하고 행동하면 하나님과의 약속을 지킴이 된다고 자비하심과 긍휼하심으로 진리를 가르쳐 주시는 약속입니다.

"모든 성경은 하나님의 감동으로 된 것으로 교훈과 책망과 바르게 함과 의로 교육하기에 유익하니 이는 하나님의 사람으로 온전케 하며 모든 선한 일을 행하기에 온전케 하려 함이니라"(딤후 3:16~17)

성경에서 언약의 뜻과 의미는 매우 완고하여 이미 기록된 문서(언약)에 의하여 그가 가진 모든 의무와 책임을 자손(Heir, Heiress)에게 유산을 상속하며 언약 당사자가 죽은 후에도 효력이 발생하므로 후손이 이를 반드시 지켜 행하여야 한다는 것입니다.

인류가 아직 문자를 발명하여 요긴하게 사용하기 전에는 〈언어로 하는 약속〉을 어떻게 보증하고 증명하였을까? 여호와 하나님께서 아브라함을 부르셔서 복을 내려 주십니다(창 12:1~3). 여호와 하나님께서 아브라함에게 약속하시기를 이제부터 모든 신앙인의 조상(아버지)으로 삼겠다는 아주 특별한 언약을 맺었습니다(창 17:1~8).

"내가 내 언약을 나와 네 대대 후손의 사이에 세워서 영원한 언약을 삼고 너의 후손의 하나님이 되리라 내가 너와 네 후손에게 너의 우거하는 이 땅 곧 가나안 일경(一境)으로 주어 영원한 기업(基業: Inheritance)이 되게 하고 나는 그들의 하나님이 되리라"(창 17:7~8)

옛날 아브라함은 팔레스타인 지역에 살면서 장성한 아들(이삭)의 배필(配匹)을 구하려고 가장 신뢰할 수 있는 심복(心腹)에게 막중한 사명(Mission)을 안겨 주었습니다(창 24장). 이역만리 멀리 떨어진 곳(하란)에 살고 있는 아브라함의 친족 가운데서 이삭의 배필을 구해 오라며 사명(使命)을 부여(附與)할 때 아브라함의 환도뼈(남성의 성기의 완고한 표현)에 심복은 손을 얹고 약속을 하게 합니다.

〈환도뼈 언약〉은 자신에게 부여된 임무(사명)는 반드시 지켜 행할 것이며 임무를 수행하는 도중에 자신이 죽으면 자기의 자식들(후손)에게까지 이 약속을 지켜 행하겠습니다하는 약속의 뜻과 의미가 있습니다. 〈환도뼈 언약〉은 고대사회에서 아직 글자가 없었던 시대에 상대방과 중요한 약속의 징표(표시)로 남성의 사타구니 밑 환도뼈(남자의 성기에 대한 완고한 표현)에 손을 얹고 약속을 하는 것이 그 시대 사회의 전통이자 풍습이었습니다(창 24장).

하나님과 아브라함이 언약을 맺을 때 할례(Circumcision)를 행하도록 명령하신 것은 사람에게 약속의 징표를 항상 의식(意識)하면서 약속을 잊지 않고 정직하고 성실하게 지켜 행하라는 마음과 육체에 자극(stimulus)하도록 함으로써 사람의 양심(conscience)을 깨우쳐 주기 위함인 것입니다(창 17:10).

"하나님이 또 아브라함에게 이르시되 그런즉 너는 내 언약을 지키고 네 후손도 대대로 지키라"(창 17:9)

〈할례의 언약〉이나 〈환도뼈 언약〉의 공통된 점은 언약을 맺은 본인은 물론이고 자손의 자손에게까지 언약의 법적 윤리적 도덕적 의무와 책임이 기업개념으로 대물림하는, 다시 말하자면 언약에 대한 의무와 책임이 본인에게서 후손에게로 법적 윤리적 도덕적으로 전가(imputation)되는 것입니다.

구약성경의 일관된 관심사(matter of concern)는 하나님과 관계를 맺고 살아가는 사람이 하나님과 맺은 약속(언약)을 어떻게 순종하며 살아가는가, 그리고 후손에게 어떻게 대물림시켜 주고 있는가에 주목하고 있습니다.

저자의 친형이 뒤늦게 예수님을 영접하고 신앙생활에 전념하려고 성경을 부지런히 읽었습니다. 그런데 성경을 읽어도 내용이 어려워 잘 알 수 없었습니다. 구약성경을 읽다가 〈할례〉란 뜻과 의미를 몰라 애타게 궁금하던 차에 마침 이웃에 살고 있는 장로를 만나 물어 보았습니다. "할례? …… 아, 그거는 벌받는 거요." 저자의 형이 장로의 해석을 듣고 집에 와서 성경을 읽으면서 곰곰이 생각해 보니까 할례의 뜻과 의미는 잘못하여 벌(징계)받는 것이 아닌 것 같다는 생각이 들어 다시 친구처럼 다정하게 교제하는 안수집사에게 〈할례〉가 뭐냐며 질문하였더니 의외의 말을 들었습니다. "그렇게 어려운 말씀은 대충 그냥 넘어가요. 꼬치꼬치 다 알려고 하면 골치 아픈거요." 사람의 지식의 속성은 지식적으로 궁금한 것이 생겨나면 더욱 그것을 알고 싶어 하는 인간의 본능이 있습니다. 며칠 후 교회의 부목사를 만나 〈할례〉가 무엇이냐고 질문하였더니 부목사는 교회사무실로 친형을 안내하여 알아들을 수 있도록 잘 가르쳐 주더라고 한참 후에 그런 이야기를 들려주었습니다.

"오직 이면적(裏面的) 유대인이 유대인이며 할례는 마음에 할지니 신령(神靈)에 있고 의문(儀文)에 있지 아니한 것이라 그 칭찬이 사람에게서가 아니요 다만 하나님에게서니라"(롬 2:29)

하나님의 선물

사람이 하나님과의 언약(약속)을 반드시 지켜 행함은 물론 자손만대까지도 언약이 유효한 가운데 지켜 질 수 있도록 하기 위하여 기업(Inheritance)이라는 개념을 중요하게 다루고 있는 것입니다. 기업(基業)이란 하나님께서 사람과 관계를 맺고 언약을 잘 지켜 행하며 살아가라는 뜻과 의미로 하나님께서 사람에게 물려주시는 포괄적인 은혜(선물)입니다. 선대가 하나님께로부터 받은 모든 유형무형의 자산을 본인이 평생 동안 얻고 누리며 살아가면서 하나님과의 언약(약속)을 지켜 행하는 일에다가 최고 최선을 다하며 살다가 언약의 의무와 책임을 다시 후손에게 유전시켜 주는 귀중한 자산(資産)입니다. 하나님께서는 그 사람에게 베풀어 주시는 은혜는 반드시 본인과 그의 가족 그리고 후손에게만 효과적으로 사용하도록 제한시켜 놓으십니다.

"나는 여호와니 이는 내 이름이라 나는 내 영광을 다른 자에게 내 찬송을 우상에게 주지 아니하리라"(사 42:8)

구약성경을 읽어 보면 하나님께서 베풀어 주신 은혜 곧 기업이 누구에게로 가며 누가 어떻게 사용하고 있는가를 세밀하게 관찰하고 계심을 알 수 있습니다. 인류의 유구한 역사가 보여주는 사실은 인류가 문명을 발달시키며 살아가면서 하나님의 언약도 지키지 않고 율법은 유명무실하게 되고 신앙적인 뜻과 의미가 있는 기업(Inheritance)이란 개념은 아예 세상적이고 불신앙적인 인간중심주의에서 널리 상식으로 통하는 기업(enterprise)으로 바꾸어 놓고 살아가고 있다는 것입니다.

유감스러운 사실이지만 많은 성직자들과 최고학문을 수료한 유식한 신앙인들 가운데 〈기업〉이란 단어를 〈基業(Inheritance)〉으로 알고 있는 것이 아니라 〈企業(enterprise)〉으로 잘못 알고 있다는 사실입니다. '企業(enterprise)'이라는 단어 하나 때문에 기독교 신앙은 아주 심각할 수준의 유물론주의 수렁에 빠져들어 가고 있는 것입니다.

신약시대의 유명한 인물 바울은 할례를 단지 종교적인 형식과 의식으로 육체에 표시만 해 놓고 하나님의 선민이라고 자랑만 하면서 지켜 행하지 않을 바에는 차라리 마음에 할례를 하여 반드시 지켜 행하는 믿음이 있는 사람이 되라고 강조합니다(신 30:6, 롬 2:17~29).

성경〈구약(Old Testament)과 신약(New Testament)〉을 읽을 때 하나님과 나는 하나님의 생명(하나님의 인격속성)과 나의 생명(나의 인격속성)으로 연결된(결탁된) 관계 안에 있다는 사실을 명심하고 관계개념이 신앙적으로 투철해야 합니다. 성경말씀 안에 기록되어 있는 약속들을 반드시 지켜 행하겠다는 의무와 책임감을 가지고 성경을 읽으면 이해가 잘되는 것은 물론이고 지켜 행함(순종)에도 별다른 문제가 발생하지 않을 것입니다.

성경에 명시 되어 있는 약속들을 지켜 행함으로써 그에 따르는 보상적 차원의 은혜(선물)를 받고 누릴 수 있다는 사실에 무한한 희망을 가질 수 있습니다(신명기). 어제나 오늘이나 영원토록 동일하신 하나님(히 13:8)께서는 성경에 기록되어 있는 약속들을 지켜 행하는 사람에게는 누구든지 그리고 언제든지 상상을 초월하는 큰 상급을 선물(은혜)로 베풀어 주십니다.

"주를 두려워(경외)하는 자를 위하여 쌓아 두신 은혜 곧 인생 앞에서 주께 피하는 자를 위하여 베푸신 은혜가 어찌 그리 큰지요"(시 31:19)

그러나 하나님과의 약속을 잘 지켜 행하지 못하는 사람에게는 그에 상응하는 벌칙이 어김없이 반드시 가해진다는 사실을 결코 잊어서는 안 될 것입니다. 사람들이 분명히 알고 있어야 할 아주 중요한 사실을 하나님과의 약속을 잘 지키는 사람에게는 태초의 사람 아담(창 2장)과 맺은 약속을 다 이루어 주시는 새사람으로 거듭나게 하시는 중생(Regeneration)하는 새로운 생명으로의 삶의 기회를 주십니다(요 3:1~15).

하나님의 언약을 믿음으로 지켜 행하는 사람에게는 하나님의 은사 곧 지식과 지혜를 특별하게 부어 주십니다(마 13:1~23).

"좋은 땅에 뿌리웠다는 것은 말씀을 듣고 깨닫는 자니 결실하여 혹 백배, 혹 육십 배, 혹 삼십배가 되느니라 하시더라"(마 13:23)

하나님과 약속을 지켜 행하지 못하면 못할수록 사람의 인격의 속성, 즉 지식과 지혜라는 지능지수가 기본적으로 제약을 받아 퇴보하게 됩니다(사 6:9~10). 불신앙으로 살아가는 삶의 환경조건이 점점 열악해 지는 것입니다(롬 1:18~32). 그럼에도 불구하고 계속하여 하나님과의 약속을 지켜 행하지 못하면 하나님의 심판 자리에서 죄인으로 선언 받고 형벌을 즉시 받게 됩니다(계 20:12~15).

어느 해에 예수님을 잘 믿으려고 하는 성도의 가정을 심방하였는데 말끔하게 단장을 하고 비단 옷을 입고 환하게 미소를 지으며 영접하여 주는 것입니다. 집에 들어가니 은은하게 찬송가가 오디오를 통하여 들려옵니다. 무슨 좋은 일 있냐며 질문하였더니 그 성도는 하나님의 은혜를 충만히 받았다며 기쁨과 즐거움이 넘쳐나고 있었습니다.

며칠 후에 다시 성도가정에 심방을 갔는데 이번에는 정반대로 자매는 세수는 했는지 아니했는지 머리가 그대로 헝클어져 있고 의복도 항상 입는 옷 그대로이고 기분이 가라앉아 슬픔의 기색이 역력해 보입니다. 집안에 무슨 안 좋은 일 있냐며 조심스럽게 물어 보았더니 그 성도는 울먹이면서 하나님의 은혜를 못 받았다며 하나님께서 자기에게 은혜를 안 주시는 것은 자기를 버리시는 것 아니냐며 우울해 하고 슬퍼하면서 절망하고 있는 것입니다.

은혜(Grace)는 선물(Gift)과 같은 뜻과 의미가 있습니다. 은혜(선물)는 주고받을 때 감정(정서)이 예민하게 작용합니다. 선물을 주고받을 때 기분이 좋아지고 즐거움이 솟아나고 정서가 안정됩니다. 그런데 정서(감정)의 작용은 시효(時效)가 있어 얼마쯤 지나가면 시들해져 버립니다. 그래서 은혜(선물)는 마치 샘물과 같은 것으로 샘물이 땅 속에서 솟아 흐를 때 그 물을 마시면 시원하고 맛도 좋습니다. 양질의 샘물도 우물 안에 가두어 놓으면 냄새가 나고 벌레가 생겨나고 물이 썩어 악취가 나게 되니까 좋은 우물 물로 간직하고 싶으면 솟아나오는 만큼 퍼내다가 마시든지 다른 사람에게 나눠 줘야 합니다.

은혜(선물)는 만나(출 16:1~36)와 같은 것인데 만나(manna)는 일용할 양식으로 아침 일찍 일어나 만나를 거두어 하루분의 양식으로 사용하였는데 이것을 남겨 두고 다음 날에 먹으려면 냄새가 나고 벌레가 먹고 그래서 버려야만 합니다. 은혜(선물)를 받으면 기쁨이 생겨나고 즐거움이 한동안 넘쳐나게 되지만 어느 정도 시간이 지나가면 다 없어지므로 기왕에 샘물처럼, 만나처럼 다 못 먹고 버릴 바에야 다른 사람에게 인심 좋게 나눠 주면 더불어 좋은 것이겠지요.

은혜(선물)도 받으면 기분이 좋고 즐거움이 넘쳐나므로 나 혼자만 오래 오래 즐기려 하지 말고 다른 사람에게도 하나님의 은혜를 나눠 주면 더불어 기분이 좋아지고 즐거움이 넘쳐날 것입니다. 기독교인으로 봉사활동을 많이 하고 다니는 성도는 유별나게 그 얼굴에 기쁨과 즐거움이 넘쳐나는 것을 볼 수 있습니다. 하나님의 은혜를 충만하게 받았으면 그 은혜를 다른 사람에게 나눠 줄 수 있도록 이타주의의 삶을 살아간다면 항상 기쁨이 있고 즐거움과 만족이 넘쳐날 것입니다.

"우리가 하나님과 함께 일하는 자로서 너희를 권하노니 하나님의 은혜를 헛되이 받지 말라 가라사대 내가 은혜 베풀 때에 너를 듣고 구원의 날에 너를 도왔다 하셨으니 보라 지금은 은혜 받을 만한 때요 보라 지금은 구원의 날이로다"(고후 6:1~2)

의를 위하여 핍박을 받는 사람

"좁은 문으로 들어가라 멸망으로 인도하는 문은 크고 그 길이 넓어 그리로 들어가는 자가 많고 생명으로 인도하는 문은 좁고 길이 협착하여 찾는 이가 적음이니라"(마 7:13~14)

약속을 철저하게 지키며 살아간다는 사람이나 준법정신이 투철한 사람이 살아가는 것이나 윤리적으로 도덕적으로 모범이 되도록 원칙주의자로 살아가는 존경스러운 위인들의 삶은 참 답답하고 고달프고 힘들어 보입니다. 약속이나 법이나 윤리도덕이라는 개념조차 없이 자기의 생각과 말과 행동이 옳은 것이고 정의라며 죄의식 없이 살아가는 사람들을 보면 더 잘되고 더 많은 복을 얻고 누리며 살아가고 있음을 볼 수 있습니다. 물론 얼마 못가 불의가 들통이 나서 국법의 심판을 받게 되지만 그럼에도 후회하는 기색이 없이 뻔뻔하고 당당하게 살아가는 사람들 많이 있습니다.

"악한 일에 징벌이 속히 실행되지 않으므로 인생들이 악을 행하기에 마음이 담대하도다 죄인이 백번 악을 행하고도 장수하거니와 내가 정녕 아

노니 하나님을 경외하여 그 앞에서 경외하는 자가 잘 될 것이요”(전 9:11~12)

신앙(Faith)이란 종교상의 교리(religion dogma)를 사람이 온 마음을 다하여 믿고 받드는 것입니다. 믿음(believe)이란 꼭 그렇게 생각하여 의심하지 않는 것입니다, 하나님과 사람이 관계 안에서 언약(약속)한 모든 것을 원본 그대로 지켜 행하는 것이 기독교 신앙이며 믿음입니다. 기독교 신앙(믿음)도 원본 말씀에 충실하며 주 예수 그리스도의 가르침 그대로 살아가는 사람은 청빈(淸貧)한 생활을 고집합니다. 기독교인 가운데도 자기의 정의, 곧 인본주의 정의를 내세우며 신앙생활 하는 사람은 하나님중심주의가 아니고 단지 자기중심적이고 유물론을 우선하는 가치관을 가지고 있습니다.

“심령이 가난한 자는 복이 있나니 천국이 저희 것임이라”(마 5:3)

본래 관계 안에서 서로 화목하고 친밀하고 서로 사랑하고 신뢰하는 가까운 사이는 평소 대면하면서 나누는 대화가 곧 약속이며 법입니다. 하나님과 성도는 예배와 기도를 통하여 친밀한 교제가 이루어지고 대화를 하고 특별한 일을 의논하고 도움을 주고받고 그렇게 살아가도 기도하는 사람의 특징은 기도하면서 하나님과 약속한 것은 반드시 지켜 행하고 살아간다는 것입니다(행 10:1~8).

부부지간에 부모와 자녀지간에 아주 가까운 친구지간에는 자연스러운 대화가 약속(約束)이며 법(法)입니다.

법(law)이란 개인적이든지 사회적이든지 약속에 대한 의무와 책임에 대하여 지켜 행하면 어떤 좋은 혜택이 있을 것이지만, 특히 약속을 위반하면 어떠한 제재(restraint)도 받아야하는 엄중한 책임이 부과됩니다.

사람들이 개인적으로든지 단체적으로든지 과연 약속을 잘 지킬 것인가에 대하여 신뢰성의 문제가 의심스러울 때 보증인이나 증거물을 제시하면서 약속할 것을 강요합니다.

하나님을 진실로 잘 믿는 사람은 비록 기독교의 교리를 잘 몰라도 약속(언약)이라는 종교적 개념을 몰라도, 오직 하나님과의 관계 안에서 하나님을 존경하는 예배를 드리고 감사하며 영광을 올려 드리며 찬송을 부르고 보다 더 하나님을 잘 믿으려고 최선의 노력을 다 합니다.

그러나 하나님과 사람이 보다 밀접한 관계 안에서 서로 신뢰하고 사랑하며 은혜(선물)를 나누는 아름답고 향기로운 관계를 맺고 유지하고 발전시켜 나가는 아주 가까운 사이를 이간(離間)시켜 멀어지게 만들려는 악의 세력 곧 마귀가 시험을 합니다.

욥기(Book of Job)는 하나님을 잘 믿는 사람이 왜 고난을 당하는가에 대한 이야기(story)입니다. 하나님과 욥은 서로 가장 신뢰하는 사이입니다. 하나님과 욥의 특별한 관계를 예고 없이 어느 날 갑자기 마귀가 시험하여 욥이 하나님을 멀리하고 불평하고 떠나게 하려고 재물을 다 잃게 만들고 자녀를 다 죽게 하고 급기야는 아내까지 저주하며 떠나가 버리게 만듭니다. 그러나 욥은 하나님을 도리어 더욱 신뢰하며 끝까지 잘 믿으려고 자신을 변증합니다. 욥기의 결론은 사필귀정(right will prevail in the end)이라는 말과 같이 하나님을 잘 믿으려고 온갖 고난을 당하는 사람에 대한 하나님의 크신 은혜는 충분한 보상으로 예전 보다 더 많은 갑절의 복을 받고 누리게 하여 주십니다.

까닭이 있는 믿음(because of faith)은 어떤 일이 생기는 조건이나 원인이기 때문에 자기가 목적하는 것이 이루어지지 않을 때 즉각 부정적으로 반응하여 원망하고 시험 들고 낙심하고 믿음을 버리게 됩니다.

까닭이 없는 믿음(in spite of faith)은 요구나 조건을 따지지 않고 사랑과 존경과 신뢰로 변함없이 더불어 살며 교제를 계속하는 신앙이므로 무슨 일이 있어도 하나님을 원망하거나 불평하거나 시험 들지 않고 경외하며 순종하는 믿음을 가집니다.

사단(satan, devil)이 욥을 시험한 까닭은 욥이 하나님의 사랑과 은혜를 충만하게 받고 누리기 때문에 하나님을 잘 믿는 것이므로 만약 욥에게 감당할 수 없는 재난을 당하게 만들면 욥도 별수 없이 하나님을 원망하고 불평하다가 시험에 빠져버릴 것이라는 것을 확인하려고 시험하였던 것입니다. 그러나 욥은 그런 시험과 환난을 당하면서도 여전히 하나님을 찬송하고 감사하며 영광을 올려 드리는 까닭 없는 믿음을 가지고 있습니다(합 3:1~19).

"가로되 내가 모태에서 적신(赤身)이 나왔은즉 또한 적신이 그리로 돌아갈 지라 주신 자도 여호와시요 취하신 자도 여호와시오니 여호와의 이름이 찬송을 받으실지니이다 하고 이 모든 일에 욥이 범죄 하지 아니하고 하나님을 향하여 어리석게 원망하지 아니하니라"(욥 1:21~22)

옛날이나 지금이나 사람들 중에는 하나님을 보다 잘 믿으려고 하는데 도리어 재난을 당하고 핍박을 받고 어려움에 처하는 일이 많이 발생합니다. 사람이 모여 살아가는 사회적 공동체나 가족공동체는 사람이 중심이므로 자연스럽게 사람의 의견이 존중되고 반영됩니다. 사람의 인격의 존재는 독립성이 강하므로 개인의 인격은 존중 되어야 하고 자유로워야 합니다. 개인이 신앙의 자유를 내세워 하나님을 믿으려고 하는데 다른 사람에 의하여 강제되는 경우가 종종 있습니다.

하나님을 믿지 못하게 압력을 행사하고 불이익을 당하게 만들고 정신적으로 육체적으로 감내하기 힘든 압력(stress)을 가함으로 신앙의 자유와 권리를 박탈시키려는 일이 많이 있습니다.

가정에서는 전통적으로 믿어오던 가족의 수호신(patron saint)을 버리고 하나님을 믿겠다고 할 때 다른 신을 숭배하는 사람으로부터 완고한 반대와 핍박을 받게 됩니다. 특히 부모의 강제적인 명령에도 불구하고 자녀가 부모의 종교를 선택하지 아니하고 하나님을 믿을 때 혹은 남편이 반대하는데 아내가 하나님을 믿을 때 말 못할 핍박과 설움을 받게 됩니다.

사회적으로는 민족의 수호신을 믿지 아니하고 유일신 하나님을 믿을 때 종교의 자유가 박탈당하고 고초를 받으며 심할 때는 순교를 당하게 됩니다. 다른 우상종교는 권세자(權勢者)에게 굴복하고 아부하며 타협을 하고 권세에 빌붙어서 기생합니다. 그러나 기독교는 세상의 어떤 사람과 타협하지 않았으며 굴복하지 않으며 인내로 이기고 승리합니다.

　예수님을 잘 믿는 자매가 처음에 남자친구를 사귈 때는 전혀 몰랐었는데 나중에 결혼하려고 보다 구체적으로 알아보니 남자친구는 무당집의 아들이었습니다. 그런 사실을 알고는 절교를 하려고 했는데 남자친구는 물론 그의 부모가 사정하기를 절대로 신앙의 자유를 보장해 줄 것이며 언젠가는 자기들 모두가 다 하나님을 믿을 것이라고 실낱같은 희망을 제시하면서 결혼하자는데 차마 뿌리치지 못하고 그만 결혼을 하였습니다. 물론 결혼 전에 철석같이 약속하기를 자매의 기독교 신앙을 보장해 주겠다는 남자친구는 물론 그의 부모가 한 약속을 믿어 주었는데, 막상 결혼한 후에 이런 저런 핑계를 대가며 교회를 못 나가게 압력을 가합니다. 점하고 무당 굿하는 집이니까 사사건건 무슨 귀신이 씌워져서 그렇다며 굿을 하려지만 예수 믿는 며느리 때문에 강신(降神) 곧 귀신내림이 안되어 점도 못하게 되고 굿도 못하게 되었으니 잘못 되는 일은 몽땅 다 며느리가 둘러씌우게 되었습니다. 그런 와중에 남편이 시름시름 앓다가 중병에 걸려 집안에 드러누워 버립니다. 예수 믿는 며느리 때문에 집안에 우환이 끊이지 않는다고 마침내 기독교 신앙인의 며느리를 내 쫓으려 합니다. 점쟁이 집에 분란이 끊이지 않고 일어나니 누가 점하러 오는 사람도 없으니 생계가 말이 아닐 정도로 형편이 어렵게 되었습니다. 집안 사정이 경제적으로 어려움이 발생하자 며느리가 취직하여 받아오는 월급으로 시부모와 남편이 생활하게 되고 병든 남편 약값을 책임져야 하니 며느리도 몹시 힘들어하였습니다. 결국 최후의 담판을 할 시간이 다가왔는데 며느리가 이혼하고 집을 나가든지 아니면 그대로 살려면 며느리는 기독교 신앙을 포기하고 시어머니의 점쟁이 하는 것을 대물림 받든지 하라는 것이었습니다. 이에 며느리도 물러서지 않고 담대하게 주장하기를 며느리가 이 집을 나가는 순간부터 귀신의 저주스러운 재앙이 본격적으로 시작되어 망하게 될 것이고 남편도 죽고 시부모도 차례로 죽게 될 것이라며 그런 참담한 꼴을 보지 않으려면 지금부터라도 점쟁이 굿하는 것을 다 버리고 주 예수 그리스도를 영접하라며 압박을 가하였습니다. 기독교는 주 예수 그리스도의 이름으로 귀신을 물리치고 이기고 승리하는 믿음으로 살아가도록 하나님의 능력과 권세를 행사하는 종교입니다. 만약에 온 집안 식구가 다 예수님을 믿으면 일주일 이내에 남편이 병고의 고통을 이기고 일어날 것이라고 선언하였습니다. 만약 일주일 안에 남편이 병중에서 일어나게 하려면 교회 목사님과 성도들을 초청하여 일주일 동안 예배를 드려야 한다고 힘주어 말하였습니다. 워낙 믿음이 좋은 며느리임을 이미 알고 있었기 때문에 시부모는 그들이 살기 위하여 결단을 하였는데, 점쟁이 굿하는 도구를 다 버리고 예수님을 영접하였습니다. 의를 위하여 핍박을 받으면 특별한 은혜(선물)를 받게 됩니다. 자매의 신앙생활은 파란만장한 우여곡절이 있었지만 결국 남편은 물론 시부모를 다 구원시켜 주는 특별한 은혜를 받았습니다.

"의를 위하여 핍박을 받은 자는 복이 있나니 천국이 저희 것임이라 나를 인하여 너희를 욕하고 핍박하고 거짓으로 너희를 거스려 모든 악한 말을 할 때에는 너희에게 복이 있나니 기뻐하고 즐거워하라 하늘에서 너희의 상이 큼이라 너희 전에 있던 선지자들을 이같이 핍박하였느니라"(마 5:10~12)

로마시대 초기에 기독교가 혹독한 핍박을 받고 순교자의 길을 걸어간 사람이 많았지만 어떠한 위기의 때에도 결코 세상과 타협하지 않고 오직 하나님의 말씀에 충실하였습니다.

대한민국에 기독교가 처음으로 세워졌을 때 많은 핍박과 어려움이 있어서 순교자들이 많이 있었지만 권세 잡은 자들에게 굴복하지 않고 세상과 타협하지 않고 유일(唯一)하신 하나님을 진실로 믿어 왔습니다.

"믿음으로 모세는 장성하여 바로의 공주의 아들이라 칭함을 거절하고 도

154

리어 하나님의 백성과 함께 고난 받기를 잠시 죄악의 낙을 누리는 것보다 더 좋아하고 그리스도를 위하여 받는 능욕을 애굽의 모든 보화보다 더 큰 재물로 여겼으니 이는 상주심을 바라봄이라"(히 11:24~26)

사도시대는 율법을 형식적으로 믿으면서 오로지 선택받은 사람이라는 우월감으로 교만에 빠져있던 유대인들로부터 예수 그리스도를 믿는 사람들이 말할 수 없을 만큼 핍박과 차별을 받고 불이익을 받았습니다. 그리고 대제국 로마인들로부터 그들의 황제를 숭배하지 않고 오직 하나님을 믿는다고 예수 믿는 사람들의 씨를 말려버릴 만큼 말로 형용할 수 없는 핍박과 잔혹한 순교를 당하였습니다.

약속개념(約束槪念)의 입장에서 보면 성도가 하나님과의 약속(언약)을 지켜 행하기 위하여 고생하고 어려움을 당하고 불이익을 당해야 하며 고생이란 고생 다하는 경우가 많이 있습니다. 그럼에도 하나님을 불평하거나 원망을 하여 낙심하거나 하지 않고 도리어 하나님을 보다 잘 믿으려고 최선을 다하여 인내합니다.

하나님과 사람이 관계 안에서 약속을 하고 서로 간에 잘 지키려고 최선을 다하고 있는 것을 시기하여 이간질 시켜 놓고 훼방하는 사단(마귀)은 절대로 책임지지 않습니다.

사단은 약속이라는 개념조차 없는 존재이며 하나님과 사람이 혹은 사람과 사람이 약속을 하면 어떤 수단과 방법을 다 동원해서라도 약속(언약)을 지키지 못하도록 온갖 꾀와 불법과 나쁜 일 급기야는 사람을 죽음으로 내몰 만큼 불행하게 만든 다음 그리고는 전혀 관심도 책임도 지지 않고 나 몰라라 하고 빠져 나가 버립니다. 그러므로 어떤 사람이라도 일단 사단의 미혹에 넘어가 사단의 시험을 받게 되면 반드시 망하거나 회복불능 상태의 고난 혹은 고생을 하게 된다는 사실입니다.

하나님을 진실하게 인내하며 믿으면 그 동안 연단이나 시험받은 것들에 대한 응분의 보상이 있습니다(히 12:5~13).

"저희는 잠시 자기의 뜻대로 우리를 징계하였거니와 오직 하나님은 우리의 유익을 위하여 그의 거룩하심에 참예케 하시느니라 무릇 징계가 당시에는 즐거워 보이지 않고 슬퍼 보이나 후에 그로 말미암아 연달한 자에게는 의의 평강한 열매를 맺나니"(히 12:10~11)

의의 평강한 열매는 더 이상 바랄 것이 없을 만큼 그 사람이 요구하는 조건을 충족시켜 놓은 상태에서 얻고 누리는 자유와 기쁨과 만족한 존재가 되는 것을 말합니다.

8 율법

"죄가 율법 있기 전에도 세상에 있었으나 율법이 없을 때에는 죄를 죄로 여기지 아니하느니라"(롬 5:13)

사람이 모여 사는 공동체의 규모가 작은, 몇 명으로 구성된 가족(family) 간에는 항상 같은 집에서 같이 밥을 먹고 생활하기 때문에 일상적인 대화하는 것으로 서로 간의 마음(mind)과 의사(opinion)가 통합니다. 가족이 모여 사는 집안에서는 가족 구성원 누가 잘못을 하여도 서로 간에 의향(intention)이 같기 때문에 잘못한 것을 문제 삼아 죄라고 책임을 추궁하든지 형벌을 가하지 않고 다만 주의를 주고 훈계하는 것으로 잘 마무리 합니다.

가족 구성원이 많아지는 씨족(clan), 즉 친족의 수가 많아지면 가정의 질서를 위하여 서로 간에 약속이라는 규율(order, rules)이 세워져 서로 그것을 지키려고 노력합니다. 가족 구성원 수가 불어나면 그 때부터 서로 간에 약속을 하는 것과 그 약속을 지켜 행하는 것의 중요성 곧 법과 윤리와 도덕의 중요성을 실감하게 됩니다. 가족 수가 너무 많이 번창하여 부족((tribe)이나 민족((race, people)으로 중다한 사람 수가 번성하면 공동체의 존립과 질서를 위하여 부득불 엄격한 약속, 즉 헌법(constitution law)으로 엄정하게 다스려야 합니다.

세계의 인류 역사를 보면 BC 3000년에 수메르와 이집트에서 문명이 급속도로 발달하는데 때맞추어 그 시대 사람들이 문자를 발명하여 사용하게 됩니다. 사람이 문자를 발명하여 생활에 요긴하게 사용하면서 그 시대에 일어난 중요한 일들을 반드시 문자로 기록해 놓았습니다.

후대(後代)의 사람들이 선대(先代)가 기록해 놓은 문자의 기록을 읽어 보면서 옛날에 어떤 일이 있었는가를 정확하게 알 수 있게 되었습니다. 중요한 것은 그 시대의 일들을 기록해 놓을 때 없는 것을 있다고 거짓을 기록해 놓거나 또는 부풀리거나 축소하거나하는 과장되게 기록해 놓지 않고 반드시 있었던 일 사실(fact)만을 기록해 놓는다는 일입니다.

역사(History)는 그 시대의 사실만을 기록해 놓고 후대로 하여금 보고 배울 수 있는 귀중한 생활의 자료를 제공해 줍니다.

창세기 4장~5장 그리고 창세기 11장을 읽어 보면 계보의 조상 아담(BC 4106년-BC 3276년)으로부터 아담의 20대 후손 아브라함(BC 2160년-BC 1985년)때까지의 연대기를 자세하게 기록해 놓았습니다.

세계의 역사는 BC 3000년부터 인류가 문자를 발명하여 그 시대의 중요한 일들을 기록해 놓았으므로 그 시대부터 역사시대(歷史時代)라고 말합니다. 역사시대(Age History) 이전을 선사시대(Prehistory)라고 말하는데 선사시대는 문자가 없어 사실(事實)을 정확하게 기록할 수 없었지만 다행한 일은 그 시대 사람들이 나름대로 시실을 입증할 수 있도록 유물(遺物)과 유적(遺跡)을 후대에 문화유산으로 물려주고 있습니다.

"우리 중에 이루어진 사실에 대하여 처음부터 말씀의 목격자 되고 일꾼된 자들의 전하여 준 그대로 내력(來歷)을 저술(著述)하려고 붓을 든 사람이 많은지라 그 모든 일을 근원부터 자세히 미루어 살핀 나도 데오빌로 각하에게 차례대로 써 보내는 것이 좋은 줄 알았었노니 이는 각하로 그 배운 바의 확실함은 알게 하려 함이로라"(눅 1:1~4)

사실의 기록

하나님과 아브라함(BC 2160년–BC 1985년)이 언약을 맺고 약속한 사실을 남길 수 있도록 징표로 할례를 거행한 후부터 많은 시간과 공간 개념이 지나 간 후 BC 1400년대에 아브라함의 후손 이스라엘이 출애굽하여 광야에서 40년 동안 머물러 있었던 그 시기에 하나님께서는 모세에게 언약을 기록하게 하셨습니다.

모세가 이스라엘을 인도하여 애굽에서 가나안으로 향하여 가던 시대(BC 1400년경)는 인류가 문자를 발명하여 유용하게 사용하던 시대입니다. 하나님께서는 선택받은 사람들이 개인이나 소수의 사람일 때는 구두(口頭) 약속으로 모든 것이 가능하였습니다. 그러나 이스라엘이 중다하게 번성하여 민족을 이루었기 때문에 문자로 기록한 문서가 필요하였습니다.

또한 절대 간과(看過)할 수 없는 사실은 이스라엘이 민족을 이루고 약속의 땅 가나안에 들어가서 신정국가(Theocratic State)를 건국하려면 민족이 발흥하게 되는 원인과 과정을 그 시대에 있었던 사실(fact)을 그대로 문서에 기록해 놓아야 합니다. 민족이나 국가의 요구와 조건은 중다한 백성이 있어야 하고 그런 사람들이 먹고 살아갈 수 있는 영토가 필요하며 사회질서를 세우는데 필요한 법이 정해져 있어야 하며 절대 빼 놓을 수 없는 요건은 사실을 문서로 기록해 놓은 역사(history)가 있어야 합니다.

창세기, 출애굽기, 레위기, 민수기, 신명기를 왜 모세가 기록하였는가하면 출애굽한 이스라엘 민족은 약속의 땅 가나안에 들어가 하나님 중심의 신정국가(神政國家)를 건국해야 하기 때문이었습니다. 하나님께서는 모세로 하여금 율법은 물론 그 이전의 창세기 1장- 50장에 이르는 방대한 역사적 사실을 기록하게 한 목적이 또 있습니다. 이스라엘의 국가로서의 역사성과 하나님과 이스라엘 간의 특수한 관계개념을 분명하게 표시하기 위하여 글자로 문서를 기록하게 한 것입니다.

성경은 오랜 시대의 인류 선조들로부터 오늘에 이르기까지 사람이 하나님과 언약관계 안에서 어떻게 언약을 맺고 그 언약을 어떻게 지켜 왔으며, 언약을 잘 지켰을 때와 잘못 지켰을 때의 사실을 있었던 사실 그대로 기록해 놓았습니다. 성경은 한편으로는 하나님께서 사람에게 앞으로 일어날 일들에 대한 하나님의 약속을 예언 형식으로 기록해 놓고 그 후에 역사의 시간과 공간개념을 통하여 하나님께서 예언적으로 하신 약속이 역사의 현장을 통하여 어떻게 이루어지고 있는가를 사실 그대로 보여주고 있습니다.

문서로 기록된 율법(하나님 앞에서 믿음의 사람이 마땅히 지켜 행하여야 할 약속들)의 기록 목적은 단지 하나님과 선민 이스라엘이 관계 안에서 서로 간에 지켜야할 규칙들을 정해 놓고 법적으로 윤리적으로 도덕적으로 지켜 행하는 것 이상의 뜻과 의미가 있습니다. 율법이 기록된 목적은 약속이라는 개념 안에서 이스라엘이 하나님을 보다 정확하게 알고 살아가도록 하나님에 관한 지식과 지혜를 제공해 줍니다.

하나님과 선민 이스라엘의 신뢰가 바탕이 되는 특수한 관계 안에서 하나님에 관한 지식을 보다 많이 제공해 줌으로써 하나님의 입장을 알고 이해하는데 도움을 주고 있습니다. 뿐만 아니라 율법의 특징은 하나님과의 관계 안에서 더불어 같이 살아가는 사람들은 일상생활 가운데서 서로 간에 배려해 주면서 상부상조하는 공동체의 원활한 생활이 가능하도록 하는 생활의 규칙과 질서를 공평하게 정해 놓았다는 사실입니다. 사람이 율법만 잘 지키면 공동체의 생활을 하는데 불편하거나 부당한 대우를 받는 차별이나 불이익을 당하지 않게 됩니다.

출애굽기, 레위기, 민수기, 신명기는 하나님에 관한 기록(출 20:1~7)과 하나님과 인간의 공동의 관심사의 기록, 안식일(출 20:8~11)과 사람의 일상생활에 관한 기록(출 20:12~17)의 총론적(general remarks) 십계명(Ten Commandments)을 보다 구체적으로 각 분야를 각론(itemize)으로 너무나 자세하게 기록해 놓았습니다.

성경의 기록은 물론 역사의 기록도 후대로 하여금 선대가 후대에게 물려주는 약속에 따르는 축복과 교훈과 모범을 배워 더 나은 미래의 역사를 이룩하고 다시 후대로 전승해 주기를 바라는 뜻과 의미가 있습니다.

"모든 성경은 하나님의 감동으로 된 것으로 교훈과 책망과 바르게 함과 의로 교육하기에 유익하니 이는 하나님의 사람으로 온전케 하며 모든 선한 일을 행하기에 온전케 하려 함이니라"(딤후 3:16~17)

율법은 신앙 교과서

모세는 여호와 하나님 앞에 나아가 언약의 말씀을 받고 기록함과 동시에 이스라엘 민족에게 교육시켰습니다. 40년 동안 율법(Law in the Testament)이 선포됨과 동시에 문자로 기록된 목적은 인간이 하나님을 알 수 있는 지식과 나아가 인간이 하나님께서 바라시고 원하시는 조건들에 대한 지식을 교훈해 주며, 하나님께서 계시해 주시는 말씀대로 믿음의 사람이 그대로 순종하며 살아가도록 알려주고 가르쳐 주는데 있는 것입니다. 하나님께서는 율법을 사람이 올바르게 그리고 정직하게 나아가서는 철저하게 지켜 행하는 순종(obedience)의 삶을 살아가도록 요구하시고 계십니다. 모세는 하나님의 말씀(율법)을 최초로 듣는 사람이면서 문자로 기록하는 사람일 뿐만 아니라 율법의 뜻과 의미를 무지한 백성에게 알기 쉽게 가르쳐 주어야 할 의무와 책임이 있었습니다. 다시 말하면 모세에게는 매우 무겁고 엄격한 의무와 책임이 짊어져 있는 것입니다.

그런 모세가 구스 여자를 취하는 사건이 발생합니다(민 12장). 모세는 당장 백성들로부터 도덕적이고 윤리적인 비판에 직면합니다. 입장이 대단히 난처해진 모세를 여호와 하나님께서 변호해 주심으로 겨우 위기를 모면하게 됩니다.

"이 사람 모세는 온유(溫柔)함이 지면의 모든 사람보다 승(勝)하더라"(민 12:3)

모세, 여호수아는 물론이고 이스라엘의 왕들, 제사장들 그리고 선지자들은 율법을 온전하게 지켜 행할 의무와 책임으로부터 벗어나지 못합니다. 이스라엘 백성들도 율법을 준수하려고 상당한 노력을 하였습니다. 보다 온전하게 율법을 준수해야 한다는 의무와 책임은 이스라엘 사람들에게 부담이 됩니다. 율법을 어떻게 하면 온전하게 지킬 수 있을까에 대하여 종교적 사회적 의무와 책임으로부터 자유롭지 못했던 이스라엘의 지도자들(왕, 제사장)은 물론 일반 백성까지 율법 준수에 대한 부담(stress) 때문에 율법의 해석이 점점 더 어려워지고 까다로워지며 지켜 행할 수 없을 정도로 복잡해져서 결국은 형식적(形式的)으로 지켜 행하는 위선(僞善)으로 변질됩니다.

믿음의 조상 아브라함의 후손임을 가장 자랑스럽게 여기는 이스라엘 사람들이 율법을 지켜 행하지 못한다고 가히 체념하고 살아갈 때 이스라엘 민족은 유다왕국이 멸망당하는 수모를 겪게 됩니다.

왜 이스라엘 민족은 율법을 잘 지켜 행하지 못하였습니까?

하나님께서는 사람이 누구든지 율법을 지켜 행할 수 있도록 율법을 제정해 놓으셨습니다. 사람이면 사회생활을 하면서 누구든지 능히 지켜 행할 수 있는 단지 일상생활의 규범으로 상세하게 법을 정해 놓았습니다.

"사람이 감당할 시험 밖에는 너희에게 당한 것이 없나니 오직 하나님은 미쁘사 너희가 감당치 못할 시험 당함을 허락지 아니하시고 시험 당할 즈음에 또한 피할 길을 내사 너희로 능히 감당하게 하시느니라"(고전 10:13)

이스라엘 백성이 마침내 광야생활을 마치고 약속의 땅 가나안으로 들어가 그 땅의 거민들을 다 진멸하고 가나안의 새로운 주인으로 터전을 잡았

습니다. 국가(State)는 국민과 영토를 지키고 보존할 의무와 책임을 짊어
진 지도자 곧 통치자가 세워져야 하며 국가는 원칙적으로 통치자(왕)를 중
심으로 역사를 문자로 기록하게 됩니다.

　참으로 이해가 안되는 부분은 이스라엘이 가나안에 정착하고부터 그들
을 다스리는(정치하는) 지도자가 없었다는 것입니다. 물론 여호수아가 모
세의 뒤를 이어 이스라엘을 가나안으로 인도하여 그 땅 거민을 진멸시키
고 각 지파별로 제비뽑기로 영토를 나누어 주었습니다. 여호수아의 역할
은 이스라엘 사람들에게 팔레스타인 토지를 제비뽑아 나누어준 이후부터
(BC 1400년) 여호수아가 생존한 끝날(BC 1390년)까지 지도자 역할이 눈
에 띄지 않는다는 것입니다.

　여호수아(BC 1400년)로부터 사무엘 사사 때(BC 1060년)까지 약 350
년 동안 이스라엘 민족은 지도자(왕) 없이 살아가고 있습니다. 물론 사사
(Judge)가 나타나 외적을 물리쳐 주고 백성을 보호하는 일을 하는 특별한
사람(士師)이 각 시대마다 세워져 있었습니다. 보다 구체적으로 진술하자
면 이스라엘이 지도자 없이 그들의 자유를 누리며 살아가다가 외적의 침
략을 받고 억압된 생활을 하면서 더 이상 살아가지 못할 만큼 핍박을 받으
면 이스라엘 사람들은 그 때서야 여호와 하나님을 찾았습니다.

　이스라엘 민족이 하나님께 부르짖어 구원을 간구하면 하나님께서는 사
사를 보내 주셔서 그들을 외적의 침략으로부터 해방시켜주었습니다. 사사
에 의하여 자유를 찾으면 이스라엘은 또 다시 하나님을 잊어버리고 각자
소견대로 살아갑니다. 이런 생활을 장장 350년 동안 반복적으로 한 것이
곧 사사기의 역사입니다.

　이스라엘 민족은 광야에 40년 동안 머물러 있으면서 율법을 철저하게
교육받았습니다. 40년 동안 하나님의 말씀을 교육 받았으면 전문가 수준
에 올라 있어야 할 것입니다. 하나님께서 이스라엘에게 그들이 능히 살아
갈 생활의 터전을 마련해 주신 후, 왜 그들을 다스리는 왕을 세워 주지 않

으셨는가에 대한 설명이 필요합니다.

이스라엘이 약속의 땅 가나안을 기업(基業)으로 물려받았지만 이스라엘 백성은 하나같이 팔레스타인 땅의 지리적 조건, 즉 애굽 문명과 수메르 문명의 중간 지점에서 양대 문명을 중개하면서 엄청난 재물을 벌어들였습니다. 400년 이상 자기 소유개념 없이 살다가 갑자기 가나안의 최고 문명을 독차지하고 거기다가 생각 이상으로 재물이 흘러 들어오니 이스라엘은 광야에서 40년 동안 철두철미하게 율법교육 받은 것을 생각할 겨를 도 없이, 율법대로 생활할 여유도 없이 오로지 각자의 생각과 말과 행동을 통하여 수단과 방법을 가리지 않고 재물을 벌어들이는데 몰두하게 됩니다.

"그 세대 사람도 다 그 열조에게로 돌아갔고 그 후에 일어난 다른 세대는 여호와를 알지 못하며 여호와께서 이스라엘을 위하여 행하신 일도 알지 못하였더라"(삿 2:10)

사람은 생활환경이 풍족해지면 마음이 변질되어 자기도 모르게 교만해지는 인간중심주의로 유물론 중심주의로 살아가게 됩니다. 인류가 장구한 역사의 경험을 통하여 다 겪어본 사실이지만 인간이 인간중심으로, 물질 우선으로 살아가게 되면 자기존재만 생각하기 때문에 하나님을 잊어버리고 하나님을 모른다하고 자기의 생각과 행동이 정의(Justice)라며 큰소리 치고 살아가게 되는 것입니다.

"저는 상고(商賈) 여늘 손에 거짓 저울을 가지고 사취(詐取)하기를 좋아하는 도다 에브라임이 말하기를 나는 실로 부자라 내가 재물을 얻었는데 무릇 나의 수고한 중에서 죄라할만한 불의를 발견할 자 없으리라 하거니와"(호 12:7~8)

모범을 보여 주는 것

필자는 1983년부터 목회를 하면서 나름대로 목회신념을 가지고 있었는데 목회자가 특히 설교(homiletic)를 잘하면 목회도 잘 할 줄로 생각하였습니다. 주후 2000년을 맞이하면서 설교에 대한 새로운 도전을 받고 설교학에 관한 공부를 다시 하여 설교학개론이라는 책으로 정리해 놓았는데 나름대로 설교의 정의(definition)를 하였습니다. '설교란 설교하는 사람이 하나님 앞에서 그리고 사람 앞에서 말과 행동을 그대로 보여 주는 것' 다시 말하자면 설교라는 형식으로 선포하는 메시지는 거룩한 약속인데, 이 약속을 설교자가 하나님 앞에서 그리고 사람들 앞에서 솔선수범하는 모범을 보여 주는것 이라고 정의(定意)하였습니다.

사물이나 개념을 아는 것을 지식(knowledge)이라고 말하고, 지식을 생활 속에서 응용하여 편리하게 유익하게 사용하는 것을 지혜(wisdom)라고 말합니다. 사람은 지식과 지혜를 통하여 문명인으로 사회생활을 하는데 아는 것(know)으로 유용하게 사용하며 살아가는 것입니다.

하나님께서는 사람들도 보다 많이 알고 있는 사람에게 요구하는 당연한 조건은 언약(약속)을 지켜 행하는 솔선수범을 보여 달라는 것입니다. 하나님께서 이스라엘에게 40년 동안 율법을 가르쳐 주었으니 당연히 율법대로 살아가는 삶의 모범을 요구하시는 것은 당연한 일입니다.

그러나 이스라엘 사람들은 그들이 젖과 꿀이 흐르는 가나안의 발달된 문명을 고스란히 물려받고도 하나님을 잘 믿는 신앙생활을 잘하지 못했습니다. 가나안의 새로운 주인이 된 이스라엘 사람들은 이집트와 메소포타미아의 중간지대에 위치한 팔레스타인 지역에서 세계 최고의 문명을 얻고 누리면서 오로지 인간중심주의 곧 자기중심적이고 유물론적 사고에 빠져 자나 깨나 돈을 버는 데만 집중합니다. 그러다 보니 여호와 하나님을 믿는 신앙생활, 즉 율법을 지켜 행하는 신앙적인 모범을 전혀 보여 주지 못하고 살아가는 것입니다.

예수 그리스도는 어떻게 율법을 완전하게 하셨을까요? 예수 그리스도께서 열두 명을 선택하시고 제자(Disciple)로 세워 놓으셨습니다. 놀라운 사실은 예수님께서 제자들에게 따로 특별히 교육시키지 않았다는 것입니다.

다만 예수님과 제자들은 같이 생활하고 같이 다니며 예수님께서 하시고자 하시는 일을 하시고 계십니다. 예수 그리스도의 제자 교육론은 더불어 같이 생활하면서 바라보고 이해하고 따라서 배우고 스스로 알아서 실행하는 것이었습니다.

"제자가 그 선생보다 높지 못하나 무릇 온전케 된 자는 그 선생과 같으리라"(눅 6:40)

예수 그리스도의 제자로 3년 동안 교육을 받은 제자들이 초대교회 시대 때 모든 예수님을 믿는 사람들에게 이렇게 요구하고 있습니다.

"내가 그리스도를 본받는 자 된 것같이 너희는 나를 본받는 자 되라"(고전 11:1)

오늘날의 온 세상의 그리스도인들에게도 똑같이 적용됩니다. 성경말씀을 배운 그대로 실행에 옮기며 살아가는데 신앙적인 사람의 모범을 확실하게 보여 주어야 한다는 사실입니다. 바로 이 점은 하나님께서 선택하신 그리스도인들에게 바라시고 요구하시는 조건이기도 한 것입니다. 다시 말하자면 하나님의 말씀을 배운 그대로 실행하며 살아가는 것이 곧 의(Righteousness)이며 기독교정의입니다.

신약성경 처음의 기록은 예수 그리스도의 족보(Genealogical of Jesus Christ)로부터 시작됩니다. 태초의 아담(인류 최초의 사람)으로부터 예수 그리스도까지 장장 4000년 동안의 시간과 공간의 흐름은 가히 흥망성쇠(興亡盛衰)의 역사적 사건으로 얼룩져 있습니다. 전쟁과 가난 질병 천재지변으로 인한 고생 그리고 죄악으로 인한 멸족의 위기가 수없이 반복되어 내려오면서도 가문(家門)이 끊어지지 않고 후손(後孫)이 대대로 이어져 내려 왔습니다.

예수 그리스도의 족보(族譜)가 뜻하고 의미하는 것은 하나님께서 첫 사람 아담과 맺은 언약을 마지막 아담의 때까지 엄중히 지켜 행하시고 계시다는 것입니다.

"기록된바 첫 사람 아담은 산영이 되었다 함과 같이 마지막 아담은 살려 주는 영이 되었나니"(고전 15:45)

하나님께서 이스라엘 민족과 특별한 관계를 맺고 유지하고 발전시켜 나가는데 가장 중요한 역할을 담당할 사람으로 제사장(Priests)을 세웠습니다. 하나님께서 흠향하시는 제사(Ritual)를 집전하는 특수임무를 맡은 사람에 걸맞게 제사를 드리는 사람들을 대표하여 하나님 앞으로 나아가 제사(예배)를 드리고 사람들의 간청하는 소원을 하나님께 보고하여 드린 후 하나님의 응답을 받아 사람들에게 전달하는 직임의 사람이 곧 제사장(祭司長)입니다. 율법에 의하여 제사장은 반드시 레위족속의 사람 아론의 후손들이 세습(世襲)하였습니다.

왜 제사장제도가 세습적이었는가?

오늘날 기독교는 아버지 목사가 아들 목사에게 담임목사의 직무를 물려주면 목사세습이라면서 완고하게 반대합니다. 구약시대의 제사장은 대물림의 세습을 지켜왔는데 왜 그렇게 하였을까를 언약의 관점에서 생각해 보면 정답이 나옵니다. 하나님과 제사장이 맺은 언약을 제사장이 지켜 행함에 있어 자자손손이 정직하고 성실하게 지켜 행하는 모범을 보여주고 있다는 뜻과 의미로 해석하십시오.

예수 그리스도의 족보는 아담으로부터 예수 그리스도 때까지 변함없이 잘 이어져 왔습니다.

제사장제도는 아론(Aaron)의 때(BC 1530년-BC 1430년)로부터 예수 그리스도 때까지 제사장제도는 원본 그대로 원형 그대로 세습 되어 왔는가? 구약의 역사를 상고하여 보면 수많은 제사장들이 본연의 사명을 그대로 지켜 행하지 못하고 유명무실한 존재로 성직자의 대접만 받고 기득권만 얻고 누리며 살아왔습니다.

본래 하나님께로부터 부여받은 제사장의 사명을 잘 감당하도록 제사장세습제도까지 만들어 주었지만 불신앙으로 일관하고 타락하고 변질된 제사장세습제도의 결론으로 사두개파(Sadducees)가 BC 135년경에 생겨났다는 사실입니다. 사두개파는 유대교에 있어서 귀족적인 제사장들의 단체로 이들의 관심은 영원히 존재하시는 여호와 하나님의 존재를 불인하면서도 성전의 특혜를 받고 누리는데 집중되어 있습니다. 이들은 사람이 죽으면 그 영혼이 천국에 가는지 지옥에 가는지 가장 중요한 일에는 전혀 관심이 없고 오로지 초현실주의자로 육신이 이 세상에 살아가는 날 동안을 중요하게 여겼습니다. 사두개파는 본래 제사장 사독(Zadok)의 후손들이며 사독이란 제사장은 다윗 왕 시대에 가장 권위 있는 제사장으로 다윗 왕의 존경과 신임을 받았습니다. 그런 명예로운 가문의 후예들이 제사장의 고유 직임에서 변질 되어 초현실주의자로 군림하면서 제사장의 신분과 특혜만 얻고 누리는데 급급합니다. 제사장제도가 마지막으로 변질되어 사두개파로 전락된 것은 사람이 하나님과의 약속을 끝까지 지켜 행하지 못하였음을 나타낸 것입니다. 아론과 같이 하나님의 부르심을 받고 제사장이 되었지만 아론의 후손들이 제사장제도를 완전하게 수행하지 못하였습니다(히 7장).

하나님께서는 아론과 그의 후손들이 제사장을 세습하며 이어 받고 사역하였으나 제사장 직임을 통하여 자기의 죄는 물론 다른 사람의 죄를 온전하게 사(赦)하지 못하였습니다.

신약의 히브리서(Epistle to the Hebrews)는 유대의 율법에 엄연히 레위지파 자손으로 제사장을 세습하는 법이 있음에도 왜 유다지파 후손으로 이 세상에 탄생하신 주 예수 그리스도께서 대제사장이 되실 수 있는가를 변증하고 있습니다.

성자 하나님께서는 멜기세덱(창 14:17~20 히 7:1~3)의 반차(social standing)와 동등한 자격으로 그리스도께서 제사장이 되셨습니다. 구약 시대의 제사장은 율법을 좇아 레위지파에서 아론의 자손들이 세습하였으나 제사장 자신의 죄도 스스로 온전케 하지 못할 만큼 연약하고 불완전하

므로 온전한 제사장의 모형과 그림자 일 뿐입니다(히 8:5). 온전한 제사장
이신 주 예수 그리스도께서 친히 제물이 되심으로 구약의 속죄의 제사를
완전케 하셨습니다.

"또 예수께서 제사장 된 것은 맹세 없이 된 것이 아니니 (저희는 맹세 없
이 제사장이 되었으되 오직 예수는 자기에게 말씀하신 자로 말미암아 맹
세로 되신 것이라 주께서 맹세하시고 뉘우치지 아니하시리니 네가 영원히
제사장이라 하셨도다) 이와 같이 예수는 더 좋은 언약의 보증이 되셨느니
라"(히 7: 20~22)

구주 예수 그리스도의 속죄제사로 말미암아 누구든지 예수 그리스도를
믿으면 죄를 사함 받고 구원을 얻게 됩니다(히 9:1~28). 구약시대의 속죄
제사는 온전하지 못하였으므로 매년 속죄제사를 드려야만 하였습니다. 제
사장도 예외 없이 자신의 죄와 허물의 사함을 받아야 하였고 사람들도 자
신의 죄와 허물을 용서받기 위하여 속제제사를 드려야만 하였습니다.

신약시대는 예수 그리스도께서 완전한 제사를 드림으로써 속죄제사 또
한 완전케 하였습니다. 예수 그리스도께서 속죄제사를 온전케 하시고 속
죄제사를 개혁(Reformed)하셨습니다. 구주 예수 그리스도에 의하여 단번
에 드린 속죄제사가 온전케 되었습니다. 그러므로 신약시대는 예수 그리
스도를 믿음으로 이미 죄를 용서 받은바 됨이기 때문에 구약시대와 같이
반복되는 속죄제사가 필요 없습니다.

"이런 것은 먹고 마시는 것과 여러 가지 씻는 것과 함께 육체의 예법만
되어 개혁(Reform)할 때까지 맡겨 둔 것이니라"(히 9:10)

9 기업

기업 개념

"여호와로 자기 하나님을 삼은 나라 곧 하나님의 기업(Inheritance of God)으로 빼신바 된 백성은 복이 있도다"(시 33:12)

구약성경은 기업 개념(基業 槪念)의 뜻과 의미에 특별한 비중(specific)을 두고 기록하고 있음에도 많은 사람들은 기업(Inheritance)의 뜻과 의미를 너무 소홀히 다루고 있습니다. 하나님과 사람이 약속(언약)을 맺고 지켜 행함에 있어 기업이라는 개념이 얼마나 중요한가를 절실하게 실감해야 하는데 그런 사람을 찾아보기 어렵습니다.

"이스라엘 자손이 가나안 땅에서 취한 기업(基業) 곧 제사장 엘르아살과 눈의 아들 여호수아와 이스라엘 자손 지파의 족장들이 분배한 것이 이 아래와 같으니라"(수 14:1)

여호와 하나님께서 아브라함에게 약속하신 것은 아브라함의 후손들이 언약을 지키며 살아갈 영구한 정착의 땅을 주시겠다고 말씀하셨습니다(창

"

15:18~21). 이스라엘의 기업 개념, 즉 하나님을 신앙하는 사람들에게 기업개념은 하나님과의 언약에 의하여 언약을 지켜 행함으로써 얻고 누리게 되는 하나님의 모든 은혜(선물)는 기업(基業) 개념의 뜻과 의미가 됩니다. 다시 말하자면 기업이라는 물질의 혜택을 충만하게 받아가면서 하나님과 사람이 관계 안에서 더불어 존재하면서 서로 간에 약속(언약)한 모든 것을 지켜 행함으로 하나님께 영광을 올려 드리는 것입니다(사 55:10).

"심는 자에게 씨와 먹을 양식을 주시는 이가 너희 심을 것을 주사 풍성하게 하시고 너희 의의 열매를 더하게 하시리니"(고후 9:10)

기업(Inheritance)이란 창조하시고 섭리하시는 하나님께서 육신의 부모를 통하여 물려주시는 모든 것, 곧 선대(先代)가 후대(後代)에게 물려주는 유전(heredity)하는 부모의 재산은 물론 사람의 형질, 모양, 크기, 색깔, 잠재된 재능, 유전되는 성격은 물론 유전되는 질병까지도 다 포함 됩니다. 부모로부터 많은 재산을 상속(Inheritance)받는 자녀는 단지 부모가 생전에 많이 소유했던 재산을 아무 대가없이 아무 공로 없이 고스란히 자녀에게 물려주는 것이라고 생각하면 절대 안됩니다.

하나님께서 사람에게 많은 재물을 소유할 수 있도록 복을 주시는 목적은 그리고 부모가 남긴 재산을 자녀가 물려받는 것까지 오직 하나님과 언약을 맺고 유지하고 발전시켜 나가는데 유익하도록 선용할 것을 바라시고 원하십니다. 다시 강조하지만 그리스도인은 재물을 얻고 누리고 물려줌에 있어 하나님과 그 사람과 혹은 그의 자녀들과 맺은 언약을 정직하고 성실하게 지켜 행하며 살아간다는 종교적 신념이 충만해야 할 것입니다(사 30:23).

"너의 하나님 여호와를 섬기라 그리하면 여호와가 너희의 양식과 물에 복을 내리고 너희 중에 병을 제하리니"(출 23:25)

그러므로 부모로부터 많은 재산을 상속받았다고, 타고난 복이 많아 재물을 물려받았으므로 이제부터는 자기 마음대로 재산을 사용할 수 있다고 생각하면 탕자의 비유처럼 후일에 후회막급한 일이 생겨날 수 있습니다(눅 15:11~32).

그리스도인에게 아직도 생소한 기업 개념

대한민국 기독교인들은 〈기업〉이란 단어를 단지 기업(enterprise)으로 잘못 이해하고 있습니다. 성경은 기업(企業)이라는 유물론(唯物論)을 완고 하리만큼 배격(rejection)하고 있습니다(마6장). 앞서 가치관에서 언급하 였지만 여호와 하나님께서는 사람의 존재가 하나님의 존재보다 우선하는 것을 완고하게 싫어하십니다. 특히 사람에게 있어서 물질(物質)은 육체적 인 삶의 당장에 가장 필요한 자원이기 때문에 사람은 물질(matter)을 가 장 소중한 가치로 여깁니다. 하나님께서는 어떠한 이유에서라도 하나님보 다 우선하는 인간중심의 가치(價値)를 경계하시고 배격하십니다.

이스라엘 민족은 하나님과 아브라함이 맺은 언약을 본질적(essential) 내용으로 하는 기업 개념(基業 概念)의 역사(歷史)를 기록하고 있습니다. 아브라함의 자손이라는 표현은 곧 하나님께서 아브라함(아버지, 선조)에 게 약속하신 모든 언약을 지켜 행함으로써 하나님의 은혜를 받고 누리는 축복을 그 직계자손이 당연히 물려받을 권리가 있는 사람이라는 의미입니 다(창 17:1~14).

이스라엘이 가나안 땅에 들어가 그 땅을 정복하고 지파대로 가계대로 제 비뽑아 분할 받은 땅은 곧 하나님께서 가나안 제1세대를 통하여 특별하게 베풀어 주신 은혜, 곧 선물이라고 생각합니다. 가나안 땅의 토지는 물론 유형무형의 재산을 부모로부터 자녀가 물려받는 것을 기업(Inheritance) 으로 삼고 있습니다. 이스라엘에게 있어서 기업 개념은 부모로부터 물려 받은 재산은 자녀가 얻고 누리며 살다가 다시 그 후손에게 상속시켜 주어 야 할 의무와 책임이 있습니다.

구약성경은 기업 개념에 대하여 아주 비중 있게 말씀을 기록하고 있습니다. 그러나 신약성경은 기업개념에 대하여 구약성경처럼 기업과 관련된 구체적인 기록이나 중요성을 각인(engraving a seal)시키지 않고 있는 것 같지만 신약성경의 전체적인 내용 안에는 엄연하게 기업 개념이 비중 있게 자리 잡고 있는 것입니다.

신약성경에서 가장 중요한 관심사는 사람들이 각자의 지은 죄를 주 예수 그리스도를 믿음으로 말미암아 죄를 사(赦)함 받고 구원받는다고 믿는 신앙의 핵심 내용이 구약의 기업 무름의 법에서 유래(origin)하였다는 사실을 알고 있는 사람은 아마 별로 없을 것입니다.

"믿음으로 아브라함은 부르심을 받았을 때에 순종하여 장래 기업으로 받을 땅에 나갈 새 갈 바를 알지 못하고 나갔으며"(히 11:8)

기독교 신앙의 깊이와 넓이와 높이를 아직도 잘 모르면서 신앙생활하고 있는 신자들은 아예 구약성경은 이미 지나가 버린 너무 오래된 말씀이고, 구약의 언약은 주 예수 그리스도께서 이미 다 성취해 놓으셨으므로 이제는 신약성경에 충실하면 된다고 생각하고 있습니다.

구약에는 있고 신약에는 없는 것은 오늘의 신자들에게 별로 상관없고 필요할 때만 참고적으로만 이해하면 되고 다만 신약에만 있는 진리를 지켜행하면 된다고 생각하고 있습니다.

"너희는 여호와의 책을 자세히 읽어 보라 이것들이 하나도 빠진 것이 없고 하나도 그 짝이 없는 것이 없으리니 이는 여호와의 입이 이를 명하셨고 그의 신이 이것들을 모으셨음이라"(사 34:16)

분명히 알아야 할 사실은 그리스도인이 구약성경을 잘 알고 있지 못하면 신약성경을 원본 그대로 이해하지 못한다는 것입니다. 하나님께서 뜻하시고 의미하시는 말씀(언약)을 제대로 알지 못하면 하나님께서 바라시고 원하시는 뜻과 의미대로 살아가지 못하게 되고, 그렇게 결과로 이어지면 자기는 열심히 신앙생활에 충실한 것 같지만 하나님께는 인정받지 못하게 될 뿐입니다.

본말전도(本末顚倒)라는 말이 무색할 만큼 하나님께서 성경을 통하여 말씀하시고 지시하시고 가르치시고 요구하시고 바라시는 언약(약속)을 잘못 알고 행하며 나아가서 다른 사람에게 그대로 잘못 가르쳐 줄 때 그 결과는 어떻게 되리라는 것을 알 수 있습니다(마 23:1~39).

"화있을진저 외식하는 서기관들과 바리새인들이여 너희가 박하(薄荷)와 회향(茴香)과 근채(芹菜)의 십일조를 드리되 율법의 더 중한바 의(義)와 인(仁)과 신(信)은 버렸도다 그러나 이것도 행하고 저것도 버리지 말아야 할지니라 소경된 인도자여 하루살이는 걸러내고 약대는 삼키는도다"(마 23:23~24)

특히 기독교 성직자라면, 성경을 가르치는 위치에 있는 교사라면 성경말씀을 선포하신 원저작자이신 하나님의 입장을 헤아려 알고 성경의 낱말의 뜻과 의미를 정확하게 이해하여 알고 그런 다음에 자기가 솔선수범해야 하며 다른 사람들을 가르치는 사역(使役)을 감당해야 할 것입니다.

성경의 일관된 관심은 사람이 누구든지 하나님과의 언약(약속)을 잘 지켜 행하며 살아가라는 것 이것이 곧 하나님께 영광이요 하나님을 기쁘시게 하여 드리는 신앙인 것입니다. 그런데 외람된 일은 많은 기독교 성직자들이 언약(약속)에 대하여 그 중요성을 제대로 알고 있지 못한 것 같은데 그래서 그런지 목회자의 설교나 기도는 사람 중심의 세계관에 관계된 축복만 외치고 있다는 사실입니다. 일반 성도들의 최대 관심은 예수 믿고 복 많이 받아 재물을 많이 벌어놓고 부자로 살고 싶어 한다는 것뿐입니다(눅 12:13~21).

"저희에게 이르시되 삼가 모든 탐심을 물리치라 사람의 생명이 그 소유의 넉넉한데 있지 아니하니라 하시고"(눅 12:15)

나봇의 포도원

북왕국의 아합 왕이 이스르엘 경내에 경관(景觀) 좋은 곳에 별장을 짓고 자주 거기에 가서 휴식을 취하였습니다. 왕의 별장 가까운 곳에 지극히 탐스런 포도원이 있는데 아합 왕은 이 포도원을 소유하고 싶은 마음이 들어 포도원 주인에게 원하는 만큼 값을 쳐줄 테니 포도원을 아합 왕에게 매매(賣買)하라고 종용하였습니다(왕상 21장). 그러나 포도원 주인 나봇은 일언지하에 거절하기를 "이 포도원은 부모로부터 물려받은 기업(基業)이기 때문에 왕 뿐만 아니라 누구에게도 팔 수 없다"는 것입니다. 아합 왕은 포도원 주인이 기업(基業)이므로 팔 수 없다는 말에 마음이 상심해졌습니다. 우상을 숭배하는 이방나라 출신의 왕후 이세벨은 아합 왕의 고민을 아주 간단하게 이 문제를 해결합니다. 이세벨은 페니키아의 한 씨족 출신으로 유별나게 악(badness, evil)한 여자입니다. 아합이 이세벨과 결혼함과 동시에 아합 왕은 역대 왕들 중에서 가장 우상숭배를 장려한 나쁜 왕이 되었습니다. 이세벨 왕후는 율법(律法)이나 기업(基業) 같은 개념은 완전히 무시하고 초법적인 월권행동으로 죄를 범하였으나 전혀 죄의식 따위는 갖지 않았습니다. 이세벨은 아합 왕이 포도원을 손쉽게 소유하지 못하는 것을 비웃기라도 하면서 즉시 행동에 옮깁니다. 시장에 나가 비류(匪類) 두 사람을 세워 인민재판을 하는데 비류의 증언에 따르면 나봇이 아합 왕을 저주하였다고 진술함으로써 동원된 군중들이 돌로 쳐 죽이고 말았습니다. 나봇이 돌에 맞아 죽자 포도원은 아합 왕의 소유로 넘어가 버립니다.

하나님께서 엘리야 선지자를 보내 아합 왕에게 메시지를 보내셨습니다. 나봇이 피를 흘리고 죽은 곳에서 아합도 이세벨도 똑같이 비참하게 죽었습니다.

구약성경의 최대 관심은 이스라엘 민족이 선대로부터 물려받은 기업을 어떻게 사용하고 믿음으로 기업을 보존하고 다음 세대에게 자랑스럽게 물려주고 있는가를 주의 깊게 관찰하고 있습니다. 하나님을 불신앙하고 타락하고 인간중심주의로 자기의 소견에 좋을 대로 살아가는 이스라엘은 하나님과의 언약이 전제되는 기업(基業)개념을 저버리고 오로지 자기의 욕심을 충족시켜 주는 기업(企業)으로 바꿔놓고 오직 유물론을 최고의 가치로 삼으며 살아가고 있습니다.

여호와 하나님께서는 언약의 백성 이스라엘이 기업 개념(基業 槪念)을 까맣게 잊어버리고 살아갈 때 이스라엘의 죄를 다스리기 위하여 심판을 내리시십니다.

"내 백성이 지식이 없으므로 망하는 도다 네가 지식을 버렸으니 나도 너를 버려 내 제사장이 되지 못하게 할 것이요 네가 네 하나님의 율법을 잊었으니 나도 네 자녀들을 잊어버리리라"(호 4:6)

기업의 뜻과 의미

기업(Inheritance)이라는 개념(槪念)은 언약(Covenant)의 개념과 밀접한 연관성이 있습니다.

"그는 그 언약 곧 천대에 명하신 말씀을 영원히 기억하셨으니 이것은 아브라함에게 하신 언약이며 이삭에게 하신 맹세며 야곱에게 세우신 율례 곧 이스라엘에게 하신 영영한 언약이라 이르시기를 내가 가나안 땅을 네게 주어 너희 기업의 지경이 되게 하리라 하셨도다"(시 105:8~11)

부자 주인이 일꾼을 두고 일을 시키는데 일꾼(종, 노예)은 사회적인 신분상 한 계급 낮은 일꾼이지만 엄연하게 인격을 가진 사람이므로 중노동으로부터 쉼을 얻게 휴식시간도 주고 힘써 일할 수 있게 일꾼의 가족들이 먹고 살아갈 수 있게 의식주의 문제를 넉넉하게 해결해 주어야 합니다. 일꾼이 어떤 사정이 생기면 주인이 나서서 도와주고 대신 문제를 해결하여 줌으로써 일꾼은 주인과 맺은 노동에 관한 약속을 지켜 행하는 일에만 전념하도록 주인은 특별히 일꾼의 사정을 전폭적으로 배려해 줄 의무와 책임이 있습니다.

하나님과 아브라함의 후손들 곧 하나님을 믿는 모든 믿음의 사람들은 하나님과의 언약을 맺음이 되고 그 언약을 지켜 행하여야 할 의무와 책임을 다 가지고 있습니다. 하나님께서는 사람이 하나님의 언약을 지켜 행하기 위하여 필요한 모든 조치를 마련해 주는 것이 언약 당사자 간의 지킬 법이며 의무와 책임입니다.

구약성경을 읽어 보면 하나님께서는 기업(基業)을 사람의 생각 그 이상으로 소중하게 다루고 있음을 알 수 있습니다. 그러므로 믿음이 좋은 사람은 언약(약속)이 전제 조건이 된 기업(Inheritance)에 대하여 남다른 신념(belief, faith)을 가지고 있습니다.

"믿음으로 저가 외방에 있는 것같이 약속하신 땅에 우거하여 동일한 약속을 유업으로 함께 받은 이삭과 야곱으로 더불어 장막에 거하였으니 이는 하나님의 경영하시고 지으실 터가 있는 성(城)을 바랐음이니라"(히 11:9~10)

사람이 맹목적으로 하나님께 기도하여 복(happiness)을 받고 누리려고 한다면 그것은 기복신앙(祈福信仰), 즉 하나님과의 아무런 관계없으면서 단지 자기의 만족과 편리를 위하여 무의미한 복을 받으려는 것입니다. 사람이 하나님과의 언약을 지켜 행하기 위하여 필요한 조치, 즉 물질의 축복을 받고 건강의 축복을 받고 성공하는 축복을 받으려면 그 사람은 하나님과 맺은 언약개념과 기업개념이 투철한 사람인 것입니다.

사람은 무슨 일을 하든지 나름대로 명분(名分)을 가지고 왜 그 일을 해야만 하는가에 대한 소신 있는 설명을 할 수 있어야 합니다. 기독교 신앙에서 사람이 왜 이 세상에 태어나고 성장하고 보다 나은 삶을 영위하는 존재의 명분이 무엇인가하고 질문하면 그 대답은 '하나님을 기쁘시게 하여 드리며 하나님께 존귀와 영광과 찬송을 올려 드리기 위하여'라고 자신 있게 대답할 수 있어야 합니다.

왜 돈이 필요한가? 왜 성공해야 하는가? 왜 사업이 잘되어야 하는가? 왜 건강해야 하는가? 왜 부자가 돼야 하는가? 하고 질문한다면 '하나님과의 약속을 지켜 행하기 위하여'라고 대답해야 그것이 정답입니다.

사도시대가 시작 됐을 때 예루살렘을 중심으로 사도들과 모든 믿음의 사람들이 믿음으로 전도하고 믿음으로 기적을 나타내 병자를 치유시켜 주고 소외받는 사람들을 위로해 주었습니다. 그 때 유대인들은 예수 믿는 사람들의 선교사역, 봉사활동, 구제사업이 지극히 못마땅하여 훼방을 하고 핍박을 합니다. 완고한 유대인들은 예수 믿는 사람들에게 똑같은 질문을 합니다.

"왜 율법을 어기고 나사렛 예수를 믿으며 율법이 금지하는 이런 일을 하고 다니는 것이냐?" 예수 그리스도를 믿는 사도들과 및 모든 성도들은 이렇게 대답하여 주었습니다.

"만일 병인에게 행한 착한 일에 대하여 이 사람이 어떻게 구원을 얻었느냐고 오늘 우리에게 질문하면 너희와 모든 이스라엘 백성들은 알라 너희가 십자가에 못 박고 하나님이 죽은 자 가운데서 살리신 나사렛 예수 그리스도의 이름으로 이 사람이 건강하게 되어 너희 앞에 섰느니라 이 예수는 너희 건축자들의 버린 돌로서 집 모퉁이의 머릿돌이 되었느니라 다른 이로서는 구원을 얻을 수 없나니 천하 인간에 구원을 얻을만한 다른 이름을 우리에게 주신 일이 없음이니라 하였더라"(행 4:9~12)

룻기는 기업의 교과서

사람이 부모로부터 물려받은 기업(基業)을 유지하고 발전시켜 나가려고 최선을 다하는 정직하고 근면하고 성실한 삶을 살아가더라도 우여곡절(迂餘曲折)이 많이 발생합니다. 인생의 앞길을 가로막는 장애물을 간신히 치우고 나면 얼마 못 가서 다른 장애물이 난데없이 나타나 괴롭힙니다. 인생의 앞길을 가로막는 장애물을 해결하지 않으면 그 인생은 한 발자국도 앞으로 진행하지 못함은 물론 인생을 살아가는 뜻과 의미가 심각하게 도전(挑戰)받아 힘들고 지치게 만들며, 극단적 경우에는 삶을 포기하도록 위기를 맞게 만듭니다. 모든 사람의 공통된 소망은 다 잘 되고 싶고 다 잘 살고 싶은 것인데 그럼에도 실패를 하고 가난하게 살아야 하고 병약하게 투병생활을 해야 합니다.

부모로부터 물려받은 상속재산을 보다 더 잘되게 하고 싶은 희망을 다 가지고 있는데 현실적으로는 그것이 그렇게 쉽지 않는 것입니다. 부모로부터 물려받은 상속재산으로 자본금을 삼아 원하는 사업을 잘하려고 그랬는데 그만 원치 않게 실패하고 망하는 일이 발생합니다.

룻기(Book of Ruth)는 지극히 짧은 내용의 단순한 이야기 형식으로 기록 되어 있습니다. BC 1100년 경에 유다지방 베들레헴 에브랏에 살던 가난한 서민의 한 가족에 관한 이야기입니다. 주인공(나오미)은 그녀의 남편(엘리멜렉)과 두 아들(말론, 기룐)이 가산을 정리하고, 아마도 빚으로 다른 사람에게 소유권이 넘어갔던지 아니면 이웃나라(모압)로 떠나가면서 적당한 값을 받고 팔았는지 자세하게 알 수 없지만 룻기의 전체 내용을 살펴보면 나오미의 기업(토지)은 빚으로 저당(抵當)이 잡혔든지 아니면 헐값으로 매매하여 다른 사람에게 넘겨준 것 같습니다.

나오미의 가족은 이웃나라 모압에 가서 한동안 거주하면서 두 아들을 모압 여자와 결혼시킨 것으로 보면 그곳에 영구 정착하려고 그런 것 같기도 합니다. 그런데 불행하게도 남편과 두 아들이 죽음을 맞이하는데 원치 않게 찾아온 불행으로 인하여 나오미는 모압에서의 삶을 정리하고 고향 베들레헴으로 돌아가려고 합니다. 이때 모압 여자 룻(Ruth)은 시어머니 나오미를 따라 베들레헴으로 돌아왔습니다.

룻의 신앙(룻기 1:16~18)과 그녀의 시어머니를 돌보아 드리는 효심은 베들레헴 사람들에게 널리 알려졌습니다. 이즈음에서 나오미는 친족 중에 유력자인 보아스(Boaz)에게 기업(基業)을 다시 찾고 싶은 의지를 룻을 통하여 전달합니다. 보아스는 나오미의 소원을 들어 주려고 나오미 가정의 가장 가까운 친족에게 이런 사실을 알리고 기업 무름의 의무를 이행하도록 부탁하지만 제일 가까운 친족은 나오미의 기업(基業)을 다시 찾아 주려면 자신의 막대한 재산을 정리하여야 하므로 자기 재산이 손해나는 것이 아까운 나머지 기업 무름의 법에 의한 의무와 책임을 포기합니다(룻 4:1~6).

나오미 가정의 기업 무름의 두 번째 서열(序列)에 있던 보아스는 나오미의 친족 중 가까운 유력자였지만 보아스는 자신의 재산이 막대한 손해를 보는 것을 기꺼이 감수해가면서 아무 조건 없이 아무 대가 없이 아무 공로 없이 친족 나오미의 기업(基業)을 다시 찾아 주었습니다. 그리고 나오미 가문의 기업을 무를 수 있는 혈통보존을 위하여 보아스와 룻이 결혼하여 낳은 아들(오벳)을 나오미의 후사(Heir)로 세워 주었습니다.

보아스는 나오미의 기업(基業)을 다시 찾아 줄 때 나오미로부터 일절 어떤 대가도 받지 아니하였고 무엇을 요구하지도 않았으며 단지 나오미의 혈연관계 안에서 가까운 친족을 위하여 기업 무름의 법을 실행한다는 명분(名分)뿐이었습니다.

성경에서 정의하는 기업 무름의 법에 의하면 가난한 친족이 기업을 다시 찾으려 할 때 형편이 어렵고 돈이 없어 다시 기업을 찾을 수 없는 딱한 사정에 놓인 친족을 재력이 넉넉한 부자 친족이 아무 대가없이, 아무 조건 없이 거저 도와주어야 합니다.

기업 무름의 법에서 가장 절정(climax)에 해당되는 부분은 가난한 사람이 그의 가까운 친족 중에서 유력자를 찾아 자기의 기업을 대신 찾아 달라고 호소할 때 경제적 여유가 있는 부자 친족은 가난한 친족의 기업을 아무 대가 없이 무슨 조건 없이 그저 찾아 주어야 하는 의무와 책임이 있다는 것입니다.

"너희 목마른 자들아 물로 나아오라 돈 없는 자도 오라 너희는 와서 사 먹되 돈 없이 값없이 와서 포도주와 젖을 사라"(이사야 55:1)

나오미 가문의 가장 가까운 친족들은 곤혹스런 고민을 하였을 것입니다 (룻 4:1~6). 대부분의 친족들은 자기네가 살아가기에도 빠듯한 재물로 어떻게 도움을 요청하는 친족을 도와줄 수도 없고 그렇다고 외면할 수도 없는 딱한 사정 때문에 친족의 기업을 아무 대가없이, 아무 조건 없이 그냥 찾아 주는 데는 어려움이 많았던 것은 사실입니다. 다시 말하자면 친족의 기업을 그냥 찾아 준다는 말은 쉽지만 행동은 그 만큼 재산상의 부담을 감수해야 하므로 실천할 때는 참으로 난감하고 어렵습니다. 참으로 놀라운 사실은 친족의 기업을 다시 찾아 주려고 선 듯 나서서 자기의 재산상의 손해를 감수해 가면서 친족의 기업을 아무 조건도 없이 아무 대가없이 다시 찾아준 사람이 구약성경에 기록되어 있는 인물은 룻기서의 보아스 뿐입니다.

특히 유물론의 가치가 최우선시 되는 문명사회일수록 자기의 재물로 비록 가까운 친족이라도 아무 대가없이 아무 조건 없이 그냥 도움을 준다는 것은 자유주의 시장 경제 개념상 난해한 일입니다. 자본주의 시장 경제관념이 중요한 가치로 자리 잡고 있는 현대의 사회는 심지어 가족 간에도, 부모와 자녀지간에도, 친형제지간에도 돈을 빌려주면 차용증서를 써야 하고 만일 빌려간 돈을 제때에 갚지 못하면 법적 조치를 불사하는 삭막한 일들이 자행되고 있습니다.

"혹은 말하기를 우리의 밭과 포도원과 집이라도 전당 잡히고 이 흉년을 위하여 곡식을 얻자 하고 혹은 말하기를 우리의 밭과 포도원으로 돈을 빚내어 세금을 바쳤도다 우리 육체도 우리 형제의 육체와 같고 우리 자녀도 저희 자녀 같거늘 이제 우리 자녀를 종으로 파는도다 우리 딸 중에 벌써 종 된 자가 있으나 우리의 밭과 포도원이 이미 남의 것이 되었으니 속량(贖良)할 힘이 없도다"(느 5:3~5, 계 18:11~20)

기업 무름의 법

"내 집이 하나님 앞에 이같지 아니하냐 하나님이 나로 더불어 영원한 언약을 세우사 만사에 구비하고 견고케 하셨으니 나의 모든 구원과 나의 모

든 소원을 어찌 이루지 아니하시랴"(삼하 23:5)

하나님과 사람이 언약을 맺고 유지하고 발전시켜 나가는데 있어서 유념해야할 것은 하나님께서는 완전하신 인격의 속성을 가지고 계시기 때문에 절대 실수나 실패가 없다는 것입니다. 사람은 인격의 속성이 하나님의 인격의 속성과 비교하면 너무 미약할 뿐이므로 실수를 잘하고 실패를 많이 하면서 그래도 모자라 결국은 하나님의 도와주시는 은총을 바라며 살아가는 부질없는 존재일 뿐입니다.

언약의 주체이신 하나님께서는 사람의 불완전성의 인격을 잘 알고 계시기 때문에 사람이 언약을 잘못 지켜 실수를 하고 잘못을 범하고 실패를 하더라도 만약 사람이 자기의 잘못을 뉘우치고 회개를 하면 자비와 긍휼하심이 많으신 하나님께서 사랑으로 용서해 주시면서 다음부터는 언약을 잘 지키며 살아가라고 다시 한 번 더 기회를 주시고 계십니다.

하나님께서 사람에게 언약을 잘 지키며 살아갈 수 있도록 특별한 기회를 많이 주시고 계시는데 '기업 무름의 법'이란 법으로 사람을 최종적으로 구원해 주십니다. 왜 하나님께서 사람에게 언약을 반드시 지켜 행하라고 수 없이 많은 기회를 베풀어 주시는 것인가 하면 하나님과 사람이 관계 안에서 언약을 맺고 유지하고 발전시켜 나간다는 것이 곧 영원한 존재자이신 하나님께서 받으시는 최고의 영광이기 때문입니다.

"나는 여호와니 이는 내 이름이라 나는 내 영광을 다른 자에게 내 찬송을 우상에게 주지 아니하리라"(사 42:8)

세계를 창조하시고 다스리시는 창조주 하나님의 말씀은 창조주와 피조물 관계 안에서 존재할 수 있는 약속이며 법이자 또한 진리입니다. 옛날 군주(君主)시대는 왕의 말과 행동은 곧 법이며 명령이기 때문에 그대로 문서로 기록해 놓음으로써 역사의 귀중한 자료(data)로 활용하게 합니다. 완전하신 인격의 하나님께서 하시는 말씀과 의지 곧, 행하심은 피조물과의 관계 안에서 만고불변의 진리요 법이며 약속입니다.

하나님께서 하신 약속은 절대 변개(變改)함이 없으며 특히 하나님께서 관계 안에서 사람에게 하신 약속도 절대 변경되지 않고 원본 그대로 이루어집니다. 사람이 하나님께 서원(Vows)하면 반드시 서원한 그대로 약속을 지켜 행해야 합니다.

"하나님이여 내가 주께 서원함이 있사온즉 내가 감사제를 주께 드리리니 주께서 내 생명을 사망에서 건지셨음이라 주께서 나로 하나님 앞 생명의 빛에 다니게 하시려고 실족지 않게 하지 아니하셨나이까"(시 56:12~13)

하나님께 사람이 존귀와 영광을 올려 드리며 기쁘시게 하여 드리려는 믿음의 생활을 하려고 최선을 다할 것입니다. 그러나 원치 않는 일이 많이 발생하는데 혹시 사업이 불황을 만나고 또는 실패를 거듭하고 사람에게 병고의 아픔 때문에 고생을 합니다.

이런 저런 생활의 처지와 형편 때문에 부득불 다른 사람의 돈을 빌려 쓰다가 제때에 갚지 못하는 채무자(債務者)는 저당물을 채권자(債權者)에게 원금 대신으로 넘겨(讓渡)주어야 합니다. 그러나 채무자가 다시 돈을 마련하여 채권자가 저당하고 있는 물건을 다시 찾으려 할 때 채권자가 이를 거부한다면 법리적으로 논란의 여지가 발생하게 됩니다. 채무자가 반드시 되돌려 받고자 하는 저당물의 가치에 따라 채무자와 채권자는 서로의 이해를 달리하게 될 수 있을 것입니다.

구약의 관심사는 바로 이런 일이 발생할 때 다시 말해서 기업(基業)으로 삼고 있는 저당물 곧 부모에게 물려받은 토지나 혹은 가족 중 누구를 채권자에게 넘겨주었을 때 채무자는 가능한 빠른 시일 안에 빚(채무) 갚을 재원을 마련하여 가족을 다시 찾아오려고 할 것이고 저당 잡힌 토지를 다시 찾고자 할 것입니다.

성경은 이런 경우를 대비하여 〈기업 무름의 법(율법)〉을 아주 세밀하게 만들어 놓았습니다(레 25장). 안식일은 엿새 동안 부지런히 노동하고 제 7일 되는 날은 휴식을 취함으로 다시 노동할 수 있는 저력의 힘을 재충전할 수 있습니다. 안식년(7년)은 6년간 토지를 경작하고 제7년째는 휴경(休耕)하여 토지를 쉬게 할 뿐만 아니라 다른 사람에게 넘어간 기업을 다시 찾아올 수 있는 법적 기회가 주어지는 해(年)입니다. 희년(50년)이란 안식년이 일곱 번째 돌아오는 다음 해 곧 50년 되는 해를 말합니다. 희년은 기업 무름의 법에 의하여 안식년이 일곱 번 반복되는 해로 그 동안 찾을 수 없었던 기업을 마지막으로 다시 찾을 수 있는 최후의 기회이기도 합니다.

"제 오십년을 거룩하게 하여 전국 거민에게 자유를 공포하라 이 해는 너희에게 희년(禧年)이니 너희는 각각 그 기업으로 돌아가며 각각 그 가족에게로 돌아갈지며 그 오십년은 너희의 희년이니 너희는 파종하지 말며 스스로 난 것을 거두지 말며 다스리지 아니한 포도를 거두지 말라 이는 희년이니 너희에게 거룩함이니라 너희가 밭의 소산을 먹으리라"(레 25:10~12)

성경은 아브라함 시대로부터 이스라엘이 열두 지파로 연합된 민족을 이루고 살아가는데도 여전하게 직계가족주의(lineal relations)를 선호하고 있습니다. 현대 의학에 의하면 유전학적으로 가까운 혈통 간의 결혼은 자손이 태어날 때 좋은 유전인자보다 좋지 않은 유전자를 많이 가지고 태어나기 때문에 장려할 것이 못된다고 말합니다. 특히 이스라엘민족은 생물학적으로(유전학적으로) 근친결혼에 의하여 자손들의 유전자가 열등(劣等)한 것이 전혀 나타나지 않고 도리어 세계의 민족들 중에서 가장 지능지수가 월등한 민족으로 꼽히고 있으며 지금까지 노벨상을 수상한 위인들이 가장 많이 나오고 있다는 사실입니다.

의학적이거나 생물학적이거나 그런 과학적 근거를 떠나서 왜 친족주의를 중요하게 여겼는가 하면 그 이유와 원인은 오로지 하나님과 맺은 언약(약속)을 자손만대까지 반드시 지켜 행하여야 한다는 의무와 책임감 때문일 것입니다.

"나는 여호와니 이는 내 이름이라 나는 내 영광을 다른 자에게 내 찬송을 우상에게 주지 아니하리라"(이사야 42:8)

누구보다 약속을 대물림할 적임자는 가장 가까운 사람, 즉 직계가족(直系家族)입니다.

대한민국 기독교는 아주 특별한 풍습이 생겨났습니다. 청춘남녀의 결혼에 있어서 할 수 있으면 같은 기독교인 가운데서 배우자를 찾으려 합니다. 옛날에는 같은 교인끼리만 결혼한다고 해서 생겨난 별명이 교회당을 연애당이라고 불렀던 일이 있습니다. 왜 교인들이 같은 신앙인끼리 결혼을 하려고 고집하는 것일까요? 많은 사람들이 실제로 겪은 경험에 의하면 교회에 다니는 사람이 신앙이 전혀 없는 사람과 결혼하였을 때 불신자를 전도하여 같이 교회를 다니면 금상첨화겠지요. 그런데 부부(夫婦)가 한 사람은 기독교인이고 한 사람은 비기독교인일 때 자칫 기독교인까지 신앙생활을 못하게 되는 경우가 발생한다는 것입니다.

이론적으로 생각하면 신앙인이 비신앙인과 결혼하여 전도해서 둘 다 기독교 신자가 된다면 얼마나 좋은 일이겠습니까. 그러나 실제로는 그렇지 못하다는 것입니다. 그래서 기독교 신앙생활을 계속하려면 반드시 신앙인은 신앙인과 결혼 하는 것이 좋다는 결론이 나온 것입니다.

가족개념 안에서 같은 가족 간에는 생명과 생명으로 이어진 혈연관계 때문인지 서로에게 지워진 약속의 의무와 책임에 대하여 어떤 어렵고 힘든 짐이라도 기꺼이 나누어 짊어질 수 있는 것입니다(창 44장). 가족을 위하여 때로는 자기를 희생하면서까지 돌보아 주려고 하는 진한 노력은 뭉클한 감동을 안겨 줍니다.

"아비의 생명과 아이의 생명이 서로 결탁되었거늘 이제 내가 주의 종 우리 아비에게 돌아갈 때에 아이가 우리와 함께하지 아니하면 아비가 아이의 없음을 보고 죽으리니 이같이 되면 종들이 주의 종 우리 아비의 흰머리로 슬피 음부로 내려가게 함이니이다 주의 종이 내 아비에게 아이를 담보하기를 내가 이를 아버지께로 데리고 돌아오지 아니하면 영영히 아버지께 죄를 지리이다 하였사오니 청컨대 주의 종으로 아이를 대신하여 있

어서 주의 종이 되게 하시고 아이는 형제와 함께 도로 올려 보내소서"(창 44:30~32)

세계의 문학가들은 창세기 44장을 가장 감동적인 문학 걸작품으로 꼽고 있습니다. 한 부모 밑에서 자라난 여러 형제는 각자 장성하여 결혼하기 전까지는 진짜 피를 나눈 형제지간의 우애가 남다릅니다. 같은 형제지간이라도 각자 장성하여 결혼하고 각자의 가정을 이루고 가족 수가 불어나 살아가게 되면 친형제지간의 정(情)도 결혼 전과 결혼 후에는 현격한 차이가 나게 됩니다. 최우선으로 나의 가족이 제일 중요하고 그 다음으로 형제지간을 생각하게 됩니다.

가족이 번성하여 씨족사회를 이루게 되면 집안의 큰 잔치나 제사나 기념할 행사 때는 모여 친족의 정을 나눌 수 있지만 그런 친족개념 안에서도 각자의 이해타산이 걸린 문제가 발생하면 절대 양보하는 일 없이 자기의 실속만 챙기려 합니다.

각기 다른 환경 곧 생활환경이 다른 지역에 살고 있는 먼 친척일 경우는 서로 만나도 단지 같은 성씨(姓氏)의 친족이라는 것뿐이므로 우호적이고 동정적인 말만 할 뿐이지 아무런 대가도 없이 아무런 공로도 없이 서로 도와주는 일은 희귀할 뿐입니다. 그런데 전혀 피붙이가 아닌 남남이라면 자기의 유익을 손해 봐 가면서 다른 사람을 기꺼이 도와 줄 수 있겠습니까?

그래서 성경은 하나님과 언약(약속)을 지켜 행하기 위하여 나아가서는 최소한 가족 간이라도 서로 정을 나누며 아무 대가없이 아무공로 없이 서로의 의무와 책임을 공감하고 무거운 짐을 나눠 짊어지도록 장려하고 있는 것입니다.

첫째, 기업 무름의 법은 친족 중에 대(generation)가 끊겨 상속자가 없으면 가장 가까운 혈연관계 안에 있는 친족이 대물림할 자녀를 낳아 법적 후사(後嗣:Heir)를 세워 주어야 합니다(창 38:1~30, 민 36:5~9, 신 25:5~10, 삿 21장, 룻 4:1~6, 마 22:24)

186

둘째, 기업 무름의 법은 종이나 노예로 팔려온 사람의 기본인권을 지키고 보호해 주어야 합니다. 가까운 가족 개념 안에서는 비록 종으로 팔려 왔더라도 촌수가 가까운 친족의 혈통이기 때문에 중노동이나 가혹행위 같은 일은 삼갈 것이지만 전혀 혈연관계가 아닌 사람일 경우에는 사정이 달라질 것입니다. 기업 무름의 법은 금전거래도 종이나 노예로 팔려가더라도 친족 개념 안에서 이루어져야 합니다.

기업 무름의 법은 종이나 노예로 팔려 왔더라도 주인은 일꾼에게 노동법상 노동행위를 정확하게 임금으로 계산해 줌으로 나중에 안식년이나 희년 때 채무관계와 채권관계를 청산할 때 증거가 됩니다(출 21:1~11, 레 25:10~22, 35:55, 신 15:12~15).

셋째, 기업 무름의 법은 가까운 친족의 재산권을 법적으로 인정해 주어야 합니다. 채무자가 안식년이나 희년 때 다시 자기의 기업을 다시 찾겠다고 하면 반드시 되돌려 주어야 할 의무와 책임이 있습니다(레 25:25~28, 룻 4:4).

"토지를 영영히 팔지 말 것은 토지는 다 내 것임이라 너희는 나그네요 우거하는 자로서 나와 함께 있느니라 너희 기업의 온 땅에서 토지 무르기를 허락할지니"(레 25:23~24)

기업(가족이나 토지나 재산이나)은 비록 부모에게서 물려받았다고 할지라도 원래는 하나님의 것이며 그것을 하나님께서 그 사람에게 은혜(선물)로 주신 것은 그 선물을 최대한 선용하여 하나님을 기쁘시게 하나님께 감사와 영광을 올려 드리는 약속을 지켜 행하게 하기 위한 것입니다(사 42:8).

각 사람은 기업(Inheritance)개념에 충실하여 선대로부터 물려받은 기업을 자기가 지키고 보존하고 다음 세대로 물려주어야 할 의무와 책임이 있습니다. 그러므로 부모로부터 물려받은 기업은 절대 포기할 수 없고 다른 사람에게 항구적으로 넘겨줄 수 없습니다. 기업을 잠시 동안 다른 사람에게 저당물로 넘겨주었을 경우 안식년이나 희년에 반드시 다시 찾아야할 법적 의무와 책임이 있습니다(왕하 8:1~6).

"기업 무를 권리가 네게 있느니라"(렘 32:7)

넷째, 기업 무름의 법은 가까운 친족의 복수(revenge)를 반드시 해 주어야 합니다(출 21:12~25, 민 35:12, 신 19:1~13, 수 20장). 친족 중 누가 다른 사람에게 억울하게 폭행을 당했다면 친족들이 그 사람을 찾아가 맞은 것 그 이상으로 되갚아 줍니다. 이스라엘 민족과 아랍 민족 간에 갈등이 계속 되고 전쟁도 불사하는 일이 일어나는데 그것은 형제를 위한 복수(復讐)를 감행하는데 그 것을 성전(聖戰)이라고 말합니다.

'눈은 눈으로 이는 이로 손은 손으로……'(출 21:24~25)라는 율법에 의하여 형제의 복수를 하는 것은 정당하지만 자칫 복수를 위한 복수극으로 더 이상의 참사를 자행하도록 내버려 두어서는 아니 될 일입니다. 전혀 고의성이 없는 부주의로 인하여 상대방에게 손해를 입혔을 경우에도 가해자에게 억울한 일이 발생하지 않게 하기 위하여 도피성(City of Refuge)을 만들어 놓고 제사장이 엄정 심사하여 가해자의 고의적인 사고가 아니면 우선 도피성에 보호하고 있다가 정식 재판을 받을 수 있게 하였습니다.

기업 무름의 원형(原形) 예수 그리스도

다섯째, 기업 무름의 법은 예수 그리스도에게 기업 무를 원형으로 돌리고 있습니다. 기독교는 하나님을 아버지(롬 8:14~15)라고 칭호(稱號)합니다(요 1:12).

"우리는 한 아버지를 가지지 아니하였느냐 한 하나님의 지으신 바가 아니냐 어찌하여 우리 각 사람이 자기 형제에게 궤사(詭詐)를 행하여 우리열조의 언약을 욕되게 하느냐"(말 2:10)

아버지(Father)는 일가족, 직계 존속을 뜻하고 아버지는 윗대 조상(창시자, 원형)을 지칭(designation)하며 아버지(夫親)는 최고 존칭어로 호칭하는 가장 존경스러운 언어입니다.

　기독교는 모든 믿음의 사람들이 하나님을 아버지라 부르며 가장 가까운 가족 개념 안에서 하나님을 존경하고 사랑하며 은혜를 받고 누립니다. 하나님과 사람이 관계 안에서 가족 개념의 뜻과 의미로 자비와 긍휼과 사랑으로 더불어 존재하고 있습니다. 하나님을 믿는 모든 사람을 가족개념 안에서 형제우애(兄弟友愛)로 서로 사랑하고 서로 도와주고 도움을 받으며 가장 친밀하게 가정이라는 공동체 안에서 더불어 존재하며 살아가고 있는 것입니다. 자녀가 죄를 지어 형벌을 받게 되면 부모가 대신하여 감옥살이를 하려 합니다. 자녀 중에 누가 다른 사람에게 매를 맞으면 형제가 모두 나서 복수를 해 주려고 나서 줍니다. 가족 중에 누가 재산상의 손해를 보면 형제가 나서서 위로하고 도와주어 다시 재기할 수 있는 기회를 만들어 줍니다. 부모와 형제는 서로 나서서 가족 구성원을 위하여 아무 조건 없이 아무 보상이나 대가없이 거저 나서서 이타주의(altruism)로 봉사하며 생명을 아까워하지 않는 희생(Sacrifice)을 자원할 수 있습니다.

　성경은 긍휼(Compassion, Mercy, Pity)이라는 개념을 아주 중요하게 여깁니다. 긍휼(矜恤)이라는 말은 부모가 자녀를 불쌍히 여기고 동정하고 돌보아 주는 부모의 사랑스러운 마음입니다(약 2:13, 벧전 2:10).

　하나님께서는 독생자(Only Begotten) 예수 그리스도를 하나님의 자녀 중에서 맏아들로 세우셨고(롬 8:12~39, 히 1:6), 하나님을 믿는 사람 곧 주 예수 그리스도를 믿는 사람에게는 하나님의 자녀가 되는 권세를 주시고 계십니다.

　"영접하는 자 곧 그 이름을 믿는 자들에게는 하나님의 자녀가 되는 권세를 주셨으니 이는 혈통으로나 육정으로나 사람의 뜻으로 나지 아니하고 오직 하나님께로서 난 자들이니라"(요 1:12~13)

　주 예수 그리스도를 진실로 믿는 성도(하나님의 사랑을 받는 사람)는 양자(養子)로 삼아 주십니다(롬 8:15~23, 롬 9:4). 기독교는 모든 신앙인들에게 하나님을 아버지라 부를 수 있는 가족 개념 안에서 하나님과 더불어 존재하는 구별된 인격자로 인정(recognition)해 주십니다.

기독교의 특징은 모든 믿음의 사람을 가족 개념 안에서 구원하기 위하여 기업 무름의 원형이신 하나님의 맏아들 주 예수 그리스도께서 양자로 정식 자녀의 권세를 가진 믿음의 사람을 구원하시려고 친히 십자가에서 희생을 당하시고 구원의 사역을 완성하여 주시고 계십니다.

구약의 구속(Redeem, Redeemer), 구원(Salvation savior), 구세주(Saviour) 개념은 기업 무름의 법에서 친족 중 도움을 요청한 사람을 위하여 유력자(有力者) 곧 친족의 채무를 다 갚아줄 수 있는 능력이 있는 자가 도움을 요청한 친족을 위하여 아무 조건 없이 아무 대가없이 그저 베풀어 주는 기업 무름의 법을 성취하는 사람을 뜻하고 의미합니다.

거듭 말하지만 사람은 다 공통적으로 자기의 소유물을 소중하게 간직하려는 본능이 있기 때문에 자기 재산의 일부를 팔아서 친족의 빚을 갚아 준다는 것은 결코 쉬운 일이 아닙니다. 하물며 친족의 채무를 대신 갚아 줄 경제적으로나 아무런 여력이 없는 사람이 자원하여 가까운 친족을 구원하려고 혹은 대신 채무를 갚아 주려고 자기의 몸을 희생 제물로 바칠 수 있는 사람이 유일하게 있는데 바로 주 예수 그리스도 뿐이십니다.

예수 그리스도는 하나님을 아버지로 모시고 살아가는 사람들의 기업 무름의 원형이십니다. 예수 그리스도는 하나님을 믿는 모든 사람의 약속의 기업을 다시 찾아 얻고 누릴 수 있도록 기업을 존속(continue)시켜 주는 문자 그대로 구세주이시요 구속주이시며 구원의 주이십니다.

친족의 기업을 대신 찾아주기 위하여 유력자가 나타나 자기의 재물이나 또는 몸으로 아무 조건이나 아무 대가없이 그저 대신 갚아 주는 것을 기업 개념 안에 있는 기업 무름의 법으로 대속(代贖), 또는 구속(救贖)이라고 말합니다.

그러면 주 예수 그리스도는 어떤 분이신가를 살펴보십시오. 예수 그리스도는 룻기의 주인공 보아스 같이 재력이 많은 유력자도 아닙니다.

이사야 53장을 읽어 보면 예수 그리스도께서 30세 성인이 되시기까지 나사렛동리에서 생활하셨지만 얼마나 가난하고 얼마나 병고의 고통을 받아보았으면 사람들이 다 예수 그리스도를 만나보지 않으려고 외면하기까지 하였던 것입니다. 사람들이 예수 그리스도께서 육신의 몸을 입고 살아가는 모습의 존재를 아예 무시하려고 했던 까닭은 사람들이 예수 그리스도를 바라보고 알아본 바로는 그렇게 가난하고 병약하게 살아온 사람에게 솔직하게 말해서 아무것도 기대할 것이 없었기 때문입니다.

사람은 매우 영리하여 자기에게 아무것이나 조금이라도 이용가치가 있거나 또는 유익이 될 것이라고 생각이 들면 금세 친하게 지내고, 분수에 넘치도록 파격적인 약속을 하고 신뢰를 보내 줍니다. 그러나 자기에게 아무런 도움이 되지 못할 뿐더러 자칫 자기가 덤 쓰듯이 그 사람의 존재를 책임져야 할 것 같으면 인정도 사정도 없이 자기와는 전혀 상관없는 사람이라며 몰인정하게 물리쳐 버립니다.

"참빛 곧 세상에 와서 각 사람에게 비취는 빛이 있었나니 그가 세상에 계셨으며 세상은 그로 말미암아 지은바 되었으되 세상이 그를 알지 못하였고 자기 땅에 오매 자기 백성이 영접지 아니하였으나"(요 1:9~11)

예수 그리스도께서 왜 그렇게 극한적으로 가난하게 살아주셨고 질병과 고통을 그렇게 많이 겪어 보셨으며 왜 그렇게 사람들에게 무시당하고 조롱받으며 따돌림을 당하셨는가? 어느 누구도 육신의 눈으로 볼 때 예수 그리스도께서 자기를 도와줄 수 있는 유력한 사람으로 기대거나 도움을 요청할 만큼 무엇 하나 가진 것이 없는 맨 밑바닥 사람이었습니다.

예수 그리스도께서 인간으로 가장 밑바닥 인생을 친히 살아 주신 것은 그런 환경으로 살았어도 그러한 역경 곧 극한 가난과 견딜 수 없는 질병의 고통을 받았어도 하나님과 사람이 관계 안에서 맺은 언약(약속)을 얼마든지 지켜 행할 수 있다는 사실을 친히 모범으로 보여 주시려는 것이었습니다.

인격의 속성은 자기가 무엇을 잘못하였을 때 자기의 탓으로 돌리지 않고 태연하게 남에게 책임을 뒤집어 씌워버립니다(창 3:1~14).

유대인(이스라엘 백성)들도 그들이 왜 구약의 율법을 전혀 지켜 행하지 못하였는가에 대한 변명이나 명분을 쌓으려고 하나님의 율법을 그들은 자꾸만 어렵게 만들고 어렵게 해석하고 어렵게 가르쳐서 율법이 너무 어려워 인간으로는 도저히 지킬 수 없게 하는 것이었습니다.

이스라엘 민족이 왜 전능하신 여호와 하나님을 믿지 않고 틈만 나면 우상을 숭배하였는가 하면, 우상은 생명도 없고 사람이 생각해서 만들어 놓은 것이기 때문에 우상이 사람에게 요구하는 아무런 조건의 약속을 할 수도 없기 때문입니다.

우상숭배의 특징은 인간이 아무리 잘못을 범하고 죄를 지어도 그런 것들에 대하여 따져 묻지도 못하고 심판도 못하기 때문에 인간은 우상 앞에서 죄책감도 회개도 하지 않는 것입니다. 오로지 인간은 스스로 만족을 얻고 누리기 위하여 자기가 주장하는 소위 인본주의 정의를 정당화시키려고 우상제단에 제물을 많이 바치고 인간이 만들어 놓은 주술을 많이 외우면 우상도 자기의 편이 되어 주고 또한 죄악에 찌든 강박한 마음이 조금이라도 위안이 되는 것입니다.

주 예수 그리스도께서는 사람들이 율법을 지켜 행하지 못하는 어렵고 힘든 율법을 아주 수월하게 실행하여 모범을 보여 주시고 계십니다.

"내가 율법이나 선지자나 폐하러 온 줄로 생각지 말라 폐하러 온 것이 아니요 완전케 하려 함이로라"(마 5:17)

기독교가 유물론에 치우치면

대한민국의 기독교도 겉으로는 개혁주의 보수적 신앙, 곧 하나님 중심주의라고 말은 하고 있지만 그 속을 들여다보면 생각보다 너무 심각하게 인본주의사상과 유물론주의에 깊숙하게 빠져들어 하나님과 물질을 겸하여 섬기는 이중적인 종교로 변질 되어 버렸습니다(마 6:19~34).

몇 년 전까지만 해도 칼빈주의니 알미니안주의니 하며 교리를 중요시하였고 예배드릴 때나 기도할 때면 제일 먼저 회개를 하였습니다. 그러나 지금의 교회와 성도들은 신앙의 노선도 없고 회개라는 개념도 없이 다만 자기 옳은 대로 신앙생활을 하고 있을 뿐입니다.

소위 대형교회들의 성도 수가 몇 백 명, 몇 천 명, 몇 만 명 그렇게 많은 교회에서 장로가 되고 안수집사가 되고 권사의 직분을 받으려면 그 교회가 요구하는 규정 특히 거액의 헌금을 납부해야 합니다. 학벌이 출중해야 하고 사회적으로 입신출세를 하여 유명인사가 되어야 하고 돈 잘 벌어들이는 기업가로 성공하여 교회에 헌금을 많이 해야 하는 요구와 조건이 기본적으로 갖추어져야 그 교회에서 직분을 받을 수 있습니다.

그래서 가난하고 학벌이 없고 출세도 못하고 그야말로 평범하게 신앙생활 하는 낮은 곳에서 살아가는 사람은 절대로 교회에서 지도자급의 중요한 직분을 받을 수 없게 되어 있습니다. 평신도 중에는 형편이 어려워 돈 몇 백 만원 기부하지 못하여 교회직분을 받지 못하는 웃지도 울지도 못할 일이 교회 안에서 버젓하게 자행되고 있습니다. 담임목사는 아예 드러내 놓고 광고하기를 장로, 안수집사, 권사는 몇 백 만원 혹은 그 이상의 공식적인 분담금을 납부해야 임직 받을 수 있다고 선을 그어 놓습니다. 이렇게 교회가 유물론주의에 중독되어 있는 것입니다.

A장로는 시골교회에서 장로 직임을 받고 시무장로로 봉사하다가 자녀교육문제로 대도시로 이사를 나와 건설현장에서 노동자로 일하며 생활하였습니다. 듣자하니 큰 교회에서 가난한 성도의 자녀에게 학비장학금을 준다기에 대형교회에 A장로네 온 가족이 등록하고 다녔습니다. A장로는 배운 것이라고는 초등학교 졸업이 전부이고 막노동하는 처지에 재산이라고는 전셋집 한 채가 전부였습니다. 그 교회 장로들의 면면을 알아보니까 대학교수에다 국회의원, 의사, 변호사, 도지사, 시장, 대기업사장, 유명 연

예인 등등 너무 유명한 사람들이 포진해 있는 것이었습니다. A장로는 3년 동안 자신의 학벌이나 재력이나 경력을 대형교회에 드러내 놓을 형편이 못되므로 시골교회에서 장로직분 받은 사실을 숨긴 채 조용히 교회에 나가 예배만 드렸습니다. 3년이 지나고 새해가 돌아오니 그 교회에서 임시직분(서리집사)자를 임명하는데 그 중에 A장로의 이름이 들어 있었습니다. A장로는 어쩔 수 없이 담임목사에게 말하기를 자기는 7년 전에 고향의 시골교회에서 장로직분을 받고 시무장로로 4년 동안 사역한 경력을 밝히고 이렇게 큰 교회에서는 자신의 처지가 너무 미약하여 차마 시골교회에서 장로임직을 받았다는 사실을 밝히는 것이 여러 사람 앞에서 덕이 되지 않을 것 같다는 개인 사정을 말하였습니다. A장로는 대한민국 기독교회 교회법상 차마 장로가 서리집사 직분을 받을 수 없으니 그냥 조용히 이 교회만 다닐 수 있게 해 달라고 담임목사에게 사정하였습니다. 대형교회 목사는 깜짝 놀라면서 3년 동안이나 본 교회를 다녔는데도 하나님의 기름 부으심을 받은 장로님을 몰라 뵈어 죄송스럽다며 다음 주일날 시골교회 출신의 A장로를 그 교회 시무장로로 선포해 주었습니다.

대형교회에서 후임 목사 청빙하는 광고가 기독교 언론지에 자주 등장합니다. 목사는 나이가 50세 미만이어야 하고 석사나 박사학위 받아야 하고 외국에 유학을 갔다 온 목사라면 특별 우대하고 당연히 설교는 세계에서 제일 잘하는 설교자이어야 한다는 그런 마치 대기업체 사원 모집광고 같은 것을 봅니다. 유능한 목사 훌륭한 목사는 많이 배운 것도 설교 잘 하는 것도 다 좋겠지만 뭐니 뭐니 해도 내가 어렵고 힘들 때 나의 사정을 알아 주면서 나를 위하여 기도해 주는 목사, 철야기도를 하고 때로는 금식기도를 해 주는 목사가 최고 좋은 목사입니다.

"내가 디모데를 속히 너희에게 보내기를 주 안에서 바람은 너희 사정(事情)을 앎으로 안위를 받으려 함이니 이는 뜻을 같이 하여 너희 사정(circumstance)을 진실히 생각할 자가 이 밖에 내게 없음이라(빌 2:19~20)

대한민국은 1998년도에 경제위기를 맞아 I M F로부터 외환을 빌리고 엄격한 지도를 받았습니다. 경제의 호황을 누리던 시절에 교회는 남부끄러운줄 모르고 보다 넓은 토지를 구입하고 보다 크게 예배당을 건축하고 별장 같은 초호화판의 수양관을 야외에 널찍하게 건축하여 기도원 겸용으로 소유하고 무엇이든지 최고급으로 치장하면서 승승장구하는 폭발적인 부흥의 기적을 일으켰습니다.

교회가 부흥되고 성도 수가 많아지고 재정이 넘쳐나고 무엇이든지 마음만 먹으면 다 할 수 있다는 자부심과 긍지가 대단하던 대한민국 기독교에 사실상 하나님의 공력심판이 IMF라는 국가 환란위기를 통하여 가시적으로 나타났습니다(고전 3:10~15).

대한민국이 환란위기를 맞으면서 제일 심각하게 직접 타격을 받은 곳이 기독교일 줄이야 누가 알았겠습니까. 교회마다 경쟁적으로 무리하게 예배당을 확장하거나 신축하다가 자금이 고갈돼 버리니 건축공사를 중단하고 부도가 나 압류당하고 경매 처분 당하였습니다. 그 보다 더 비극 같은 현실은 교인들이 줄줄이 해고를 당하고 교인들의 회사가 회생불능 상태로 망하고 교인들의 가정이 경제(돈) 때문에 파탄이 나고 이혼하고 헤어지는 불행한 일들이 얼마나 많이 일어났었는지 지금 생각하면 참으로 끔찍한 일들이었습니다. 대한민국 국가경제가 파탄 났을 때 기독교는 주로 대형교회들 목사들이 소위 목회성공 했다고 기고만장하던 그 알량한 교회와 목사들 그리고 재물로 평가받는 부자 교인들이 얼마나 부끄러운 수모를 당하였는가를 두고두고 잊을 수 없을 것입니다(학 1:1~11).

"이 전이 황무하였거늘 너희가 이때에 판벽(板壁)한 집에 거하는 것이 가(可)하냐 그러므로 이제 나 만군의 여호와가 말하노니 너희는 자기의 소위(所爲)를 살펴볼지니라"(학 1:4~5)

“……각각 공력(功力)이 나타날 터인데 그 날이 공력을 밝히리니 이는 불로 나타내고 그 불이 각 사람의 공력이 어떠한 것을 시험할 것임이니라” (고전 3:10~15)

대한민국의 대다수의 교회가 경제호황을 누리던 시절 필자는 작은 교회, 가난한 교회의 목사라고 피눈물 나는 차별과 불이익을 당하는 수모를 겪고 있었습니다. 노회에 바치는 회비를 미납했다는 이유로 회원 호명에서 제외되고 발언권도 박탈당하는 수모를 많이 받았습니다. 교회 사정이 너무 어려워 건축물의 지하공간을 사글세로 임대하여 교회로 사용하였지만 자존심 있는 부자 교인들은 절대로 건축물의 지하에 있는 교회에는 오지를 않습니다. 재정적으로 어려운 가운데서 2년 동안 철야기도를 하였더니 하나님께서 길을 열어 주셔서 지하실 30평의 사글세 교회에서 지상 2층 50평 교회로 확장이전하게 되었지만 그 때 준비하고 있었던 재정은 겨우 건물 임대계약금 뿐이었습니다. 서울에 살고 있는 절친한 강돈석 장로와 고추임 권사 부부의 도움으로 예배당 이전비용을 빌릴 수 있었습니다. 예배당을 이전하고는 독지가 성도 한 분(권희전 집사)이 좋은 일로 사용하라며 시골에 땅 500평을 사서 교회에 기증한 것이 있었는데 빚을 갚기 위하여 그 토지를 약간의 손해를 감수하고 팔았습니다. 지상 2층으로 교회를 이전하기 위하여 빌린 돈을 전부 갚고 난 후 한 달 만에 대한민국 경제가 파탄 나는 환란의 위기(IMF)가 닥쳐왔습니다.

경제위기의 직격탄을 맞은 대한민국의 교회들은 아우성이었고 당장 교인들이 헌금을 못하니 교회마다 재정에 위기가 옵니다. 무리하게 벌려놓은 예배당 신축공사가 중단되고, 기를 쓰고 무리하게 증축하고는 뒷감당 못하게 되고, 은행융자 갚지 못하니 차압당하고, 급기야는 교회가 채권자에 의하여 강제로 경매 처분되는 불미스런 사태가 발생하였습니다. 교인들이 정리해고를 당해도 강제 퇴직을 당해도 사업이 부도나고 망해도 교회는 아무런 위로도 못해주고 손도 못 쓰고 눈 뜨고 불행한 사태를 당하게 되었습니다.

이런 때에도 필자의 교회는 전혀 ＩＭＦ영향을 받지 않았습니다. 비록 가족과 어린 학생들 노약자 몇 분이 성도의 전부였지만 세 자녀들이 아주 잘 되어 교회를 위하여 물심양면으로 헌신하여 봉사하였습니다. 큰아들은 기계기술자로 일하였는데 기술이 좋다고 월급도 올려 받고 보너스도 두둑하게 받고 규모가 큰 회사로 자리를 옮겨갔습니다. 몇 년 후 큰 아들은 중소기업을 창업하여 재정상태가 든든한 유망 중소기업으로 번성하고 있습니다. 대한민국 경제가 가장 어려울 때 큰 딸은 사위와 함께 호주로 어학연수를 떠났지만 아르바이트로 유학생활을 하였는데도 전혀 고생하지 않고 도리어 귀국할 때는 넉넉하게 용돈을 벌어가지고 들어 왔습니다. 사위는 대재벌회사의 선망의 대상인 고속승진 하여 회사의 중견간부로 열심히 일하고 있습니다. 작은 아들은 ＩＭＦ때 대학교 휴학을 하고 육군에 입대하였지만 단기하사관을 지원하여 국가로부터 넉넉하게 월급을 받아 몽땅 다 교회에 헌금하고 군복무를 무사히 마쳤습니다. 작은 아들은 국가가 인정하는 일류고급 두뇌직의 발전소 기계설계사로 열심히 일하고 있습니다. ＩＭＦ 이전에 차별하던 목회자들이 ＩＭＦ에도 끄떡없이 도리어 진가를 발휘하는 것을 보고 그 제서야 나를 바라보는 시각을 달리하여 주었습니다.

ＩＭＦ기간 내내 교회로 많은 노숙자들이 찾아와서 도움을 요청합니다. 사실이지만 필자는 훨씬 그 이전부터 말할 수 없는 가난과 실패와 내우외환(內憂外患)을 직접 겪어 보았기 때문에 그런 역경을 당하여도 살아가는 지혜를 터득하고 있었으므로 새삼스럽게 환란위기란 것이 별로 어렵지 않았습니다(빌 4:10~13).

"내게 능력 주시는 자 안에서 내가 모든 것을 할 수 있느니라"(빌 4:13)

노숙자들이 매일 같이 여러 명씩 찾아와 도움을 바랐는데 그들에게 기도를 해 주고 상담해 주면서 작은 돈이지만 일용할 양식 비용으로 지원해 주었습니다. 지금도 여전하게 가난한 목회를 하고 있지만 하나님께 감사를 올려 드립니다. 신명기에 참으로 귀감이 가는 말씀이 기록되어 있습니다. 하나님을 누구보다 잘 믿는데도 왜 극한 고생과 환란을 당하게 되는 것인가에 대한 설명이 기록되어 있습니다(신 8:1~20).

"너를 낮추시며 너로 주리게 하시며 또 너도 알지 못하며 네 열조도 알지 못하던 만나를 네게 먹이신 것은 사람이 떡으로만 사는 것이 아니요 여호와의 입에서 나오는 모든 말씀으로 사는 줄을 너로 알게 하려 하심이니라"(신 8:3)

좋은 일이든지 나쁜 일이든지 기쁘거나 슬프거나 배부르거나 배고프거나 건강하거나 병약하거나 하나님 한 분으로 만족하면서 감사하고 살아가면 어떠한 처지와 형편에 처하는 육신의 몸을 입고 살아도 하나님의 나라를 실감하며 살아갈 수 있습니다.

"……하나님의 나라는 너희 안에 있느니라"(눅 17:21)

"하나님의 나라는 먹는 것과 마시는 것이 아니요 오직 성령 안에서 의와 평강과 희락이라"(롬 14:17)

시집간 딸이 귀한 생명(외손녀)을 출산하였습니다. 물질로 감사예물을 드리려고 생각하였는데 그 때 가진 것이라고는 몇 만원밖에 없었습니다. 생각하다가 몸으로 감사해야지 하며 일주일 동안 철야기도를 시작하였는데 끝날 때 쯤 하나님의 음성을 들었습니다. "일주일 가지고는 낯부끄럽지 않냐?" 하나님께 부끄럽고 죄송하고 송구스러운 마음으로 21일 동안 철야기도를 연장하였는데 마지막 날 또 다시 거룩하신 하나님의 음성을 들었습니다. "기왕이면 40일 채우라" "하나님 불초한 종의 생각이 짧았습니다" 하며 죄송스런 마음으로 철야기도를 계속하여 마침내 40일 기도를 마칠 수 있었습니다. 그런데 전혀 생각지도 않은 좋은 일이 생겨났습니다. 아내가 만성위염이 다 나은 것이 무엇보다 감사한 일이라 다시 120일 동안 철야기도를 계속하였습니다. 거의 끝날 때 즈음하여 아내의 신경통이 치유

되는 기적을 체험하고는 그 때부터 나의 체력이 허락하는 날 동안까지 계속 철야기도를 하기로 작정하였는데 300일 동안이나 계속하였습니다. 나와 내 가족에게 특히 사랑하는 딸에게 천하보다 더 귀한 생명을 주신 하나님께 감사하여 매일 밤마다 아내와 함께 교회에 나와 철야기도를 하였는데 기도하면서 무엇을 구한 일없이 다만 감사기도를 계속하였습니다.

나의 체력이 쇄약해진 것 같아 철야기도를 중단하고 두 달 동안 쉬었는데 며느리가 귀한 생명을 잉태하였다는 소식을 듣고 다시 철야기도를 시작하여 햇수로 2년 동안 계속하였습니다. 딸과 며느리를 위하여 그리고 손녀손자 새 생명을 주신 주님께 감사하려고 3년여 동안 철야기도를 하면서 '하나님께 무엇을 도와주십시오'하는 기도는 하지 않고 '오직 하나님께 감사기도'를 계속하였는데 그렇게 철야기도를 계속하는 동안 이루 말로 표현할 수 없을 만큼의 영적 체험을 많이 하고 기쁨과 즐거움을 얻고 누릴 수 있었습니다.

에녹(창 5:21~24)이 하나님과 동행하였다고 말씀에 기록되어 있는데 에녹의 신앙생활을 짐작할 수 있습니다.

베다니 사람들의 모범

예수님께서 예루살렘을 방문하시면 낮에는 예루살렘에서 계시다가 저녁이면 예루살렘 외곽의 베다니(가난하고 고통 받는 자들의 집)로 가셔서 그곳에서 그 동리 사람들과 함께 식사를 하시고 교제를 하시며 유숙하십니다. 특이한 사실은 주 예수 그리스도께서 초자연적인 기적을 일으키시며 사람의 무슨 문제든지 어떤 일이든지 기적으로 다 해결해 주시는데 베다니 사람들은 예수 그리스도께 아무런 기적을 바라지도 요구하지도 않고 다만 주 예수 그리스도께서 그들과 함께 하여 주시는 것만으로 감사하였던 것입니다(눅 19:29, 요 11:18, 마 26:6, 막 11:1~12, 요12:1, 눅 24:50).

전혀 자기의 욕심에 치우치지 아니하고 오로지 다른 사람을 내 몸같이 사랑하며 도와줄 수 있는 신앙생활은 물질의 유무 또는 어떤 조건이나 형편을 다 떠나서 다만 맨몸으로라도 이웃을 이롭게 해 주겠다는 순수한 믿음만 있으면 얼마든지 가능한 일입니다(마 11:28~30).

"아버지께서 내게 주시는 자는 다 내게로 올 것이요 내게 오는 자는 내가 결코 내어 쫓지 아니하리라 내가 하늘로서 내려온 것은 내 뜻을 행하려 함이 아니요 나를 보내신 이의 뜻을 행하려 함이니라 나를 보내신 이의 뜻은 내게 주신 자 중에 내가 하나도 잃어버리지 아니하고 마지막 날에 다시 살리는 이것이니라 내 아버지의 뜻은 아들을 보고 믿는 자마다 영생을 얻는 이것이니 마지막 날에 내가 이를 다시 살리리라 하시니라"(요 6:37~40)

앞에서도 누누이 설명하였지만 〈기업 무름의 법〉이 있고 가까운 친족이 잘 배려해 준다고 해도 사람의 생명이 죽고 사는 중요한 문제에 직면하게 되면 아무도 책임져 주지 못하는 육신의 몸을 입고 있는 인간의 한계를 실감합니다(겔 18장). 내가 어려움에 처하였을 때 내가 생명의 죽음에 대하여 심각하게 고민할 때 나를 구원하여 주기 위하여 나를 대신하여 희생과 제물(Sacrifices and Offerings)이 되어 하나님께 바쳐질 사람은 오직 예수 그리스도 한 분 뿐이십니다. 나의 생명을 살려 주시는 주 예수 그리스도를 믿고 신뢰하고 의지하는 사람은 복이 있는 사람입니다.

필자는 20세 되던 1965년 1월 1일부터 주 예수 그리스도를 믿기 시작하였지만 무슨 일만하면 성공을 바로 눈앞에 둔 시점에서 참담하게 일이 꼬여 실패하게 되고 그렇게 가난하게 살아오기를 수없이 반복하며 살아왔습니다. 의지력도 좋고 생활력도 강해 사회의 가장 밑바닥에서 안 해 본 일이 없을 만큼 닥치는 대로 일을 하다 보니 세상에 안 해 본 일 없을 만큼 직업도 수십 가지나 됩니다. 예수님을 잘 믿는다고 하면서 유독 가난하게 살다보니 주변에서 나를 아는 사람들은 슬금슬금 피하여 갈 만큼 귀찮은 존재가 되었습니다.

겨우 하루 세끼 밥 먹고 살 정도인데 거기다가 나이 들어 신학교에 가서 신학공부를 하게 되니 가정 형편이 말이 아니었습니다. 목사 임직을 받고 목회사역을 하는데 여전하게 가난을 못 면하였습니다. 이렇게 물질적 가난이라는 스트레스를 받으며 평생을 살아왔더니 이젠 그것이 생활습관이 되어 버려 가난하고 궁핍해도 일상 생활하는데 불편함이 없게 자유스럽게 살아갑니다.

"오늘날 우리에게 일용할 양식을 주옵시고"(마 6:11)

이렇듯 나의 삶은 가난이 전부지만 그런 가운데서 주 예수 그리스도의 자유와 사도들의 자유를 체험적으로 깨닫고 나의 삶에서 자유(Freedom)라는 개념을 만끽하며 살아가고 있는 것입니다. 육신의 몸을 입으며 살아도 하나님의 나라를 실감할 수 있게 되면 존재의 참 자유를 얻고 누릴 수 있습니다.

"……하나님의 나라는 너희 안에 있느니라"(눅 17:21)

하나님께서 나에게 재물 얻을 능력을 주시지 않으셨다는 사실을 알고부터는 재물에 대하여 초연하게 되었습니다. 물질이나 무엇이든지 있으면 있는 그대로 혹시 없으면 없는 그대로 맘 편하게 살아갈 수 있는 사람은 육신의 몸을 입고도 하나님의 나라에서 존재할 수 있으며 참 자유를 얻고 누릴 수 있는 것입니다(빌 4:10-13).

"하나님의 나라는 먹는 것과 마시는 것이 아니요 오직 성령 안에서 의와 평강과 희락이라"(롬 14:17)

10 공의

공의의 뜻과 의미

일반 사람들이 성경에서 정의(定意)하는 의(Righteousness)의 개념과 일반 사람들이 생각하는 정의(Justice)의 개념을 혼동(mixture)하여 사용하고 있습니다. 심지어는 기독교인들의 상당수가 일반 개념의 정의의 뜻과 의미를 성경의 정의, 곧 의(義)의 개념으로 알고 이해하고 있습니다.

앞서 의(Righteousness)의 개념에 대하여 자세하게 설명을 하였습니다만, 다시 말씀드리자면 '존재를 위하여 관계 안에서 서로 간에 요구하는 모든 조건들을 충족시켜 주는 약속(언약)'이 기독교 정의입니다.

기독교에서는 'Justice'를 정의(正義)라고 말하지 않고 '공의(公義)'라고 말합니다. 공의(Justice)란 관계 안에서 서로 간에 부과시켜 놓은 의(義) 곧 약속(언약)을 어떠한 사정에 의하여 약속한 것을 정직하고 성실하게 지켜 행하지 못하였을 때 자비와 긍휼한 마음으로 다시 한 번 더 기회를 주어 약속(의)을 지켜 행할 수 있게 하여주는 배려(consideration)입니다.

여호와 하나님과 관계 안에 있는 신앙생활을 하는 사람들도 일반의 사람들이 약속(언약)을 지켜 행하지 않는 것같이 '불의(Un-righteousness)'를 많이 자행하고 있습니다.

"기록한바 의인은 없나니 하나도 없으며 깨닫는 자도 없고 하나님을 찾는 자도 없고 다 치우쳐 한 가지로 무익하게 되고 선을 행하는 자는 없나니 하나도 없도다"(롬 3:10~12)

공의(公義)란 하나님께서 의(義)를 못 이룬 사람에게 사랑과 자비와 긍휼하심으로 용서하시며 다시 한 번 더 의를 충족시킬 수 있도록 충분한 기회를 주는 것을 말하고 이것은 전적으로 하나님의 주권에 의한 사랑과 자비와 긍휼의 특별한 은혜입니다.

대부분의 사람들은 다른 사람의 과실 곧 약속을 지키지 못한 사람을 좀처럼 용서하지 못합니다(마 6:14~15). 사람들은 다른 사람이 약속을 지키지 않았을 때 얼마나 관대한가 하면 고작 한두 번 많아야 세 번 정도 용서해 주며 다시 약속을 지켜 행할 수 있게 아량을 베풀어 주지 못합니다.

그러나 주 예수 그리스도께서는 상대가 기회를 달라고 하면 얼마든지 다시 약속을 지켜 행할 수 있도록 기회를 많이 주라고 말씀하셨습니다(눅 17:3~4).

"예수께서 가라사대 네게 이르노니 일곱 번 뿐 아니라 일흔 번씩 일곱 번이라도 할지니라"(마 18:22)

여호와 하나님께서 공의를 베풀어 주시는 것만큼 사람들도 관계 안에서 서로를 용서하고 관용하고 자비를 베풀어 주고 긍휼히 여겨 주며 진심으로 약속한 것을 다 이룰 수 있도록 충분한 기회를 주라고 말씀하십니다. 하나님의 지대한 관심은 사람이 약속(언약)을 온전히 지킬 수 있도록 어떻게 공의를 베풀며 서로 더불어 살아가는가를 지켜보시고 계신다는 사실입니다.

기득권(旣得權)을 이미 가지고 있는 사람과 기득권(vested rights)을 다

잃은 사람, 즉 어찌 됐든지 약속을 이미 지켜 놓은 사람과 아직도 약속을 지켜 놓지 못하고 있는 사람과 또는 부자와 가난한 자 건강한 사람과 병약한 사람, 권세가 있는 사람과 지배를 받는 사람 등등 양극화 현상(부익부 빈익빈)의 격차를 어떻게 줄여서 존재를 위하여 서로 간에 대등한 인격의 관계를 맺고 유지하고 발전시켜 나갈 것인가를 하나님께서 특별한 관심을 가지고 지켜보십니다.

"우리 주 예수 그리스도의 은혜를 너희가 알거니와 부요하신 자로서 너희를 위하여 가난하게 되심은 그의 가난함을 인하여 너희로 부요하게 하려 하심이니라"(고후 8:9)

사도 바울은 예루살렘 교회와 성도들이 경제적인 어려움에 처한 사실을 고린도 교회와 마케도니아 교회에 알려 주고 도울 수 있는 방법을 모색하도록 요청합니다. 고린도 교회는 고린도 지방의 특성상 경제적 부를 축적한 부유한 교회입니다(고후 9장). 마케도니아 교회는 내륙에 위치한 전형적인 농촌지역으로 경제적 여유가 빈약한 교회입니다(고후 8장). 마케도니아 교인들은 십시일반(十匙一飯)의 정신으로 적극적으로 모금운동을 하고 있는데 반하여 고린도교회는 유감스럽지만 구제모금운동에 소극적이었습니다(고후 9장).

"각각 그 마음에 정한 대로 할 것이요 인색함으로나 억지로 하지 말지니 하나님은 즐겨 내는 자를 사랑하시느니라"(고후 9:7)

성경은 사회적 약자 곧 신분이 낮고 가난하고 병들고 죄인인 도움이 필요한 사람에 대하여 사회적 강자, 계급이 높은 사람, 권세 있는 사람, 재물이 많은 사람, 건강한 사람, 죄 없는 사람들의 자비와 긍휼의 마음으로 배려해 주기를 요구하십니다.

"이는 다른 사람들은 평안하게 하고 너희는 곤고하게 하려는 것이 아니요 평균케 하려 함이니 이제 너희의 유여한 것으로 저희 부족한 것을 보충함은 후에 저희 유여한 것으로 너희 부족한 것을 보충하여 평균하게 하려

함이라"(고후 8:13~14)

기업의 뜻과 의미를 생각하라

안식일(Sabbath), 안식년(Sabbatical Year), 희년(Year of Jubilee)의 절기를 통하여 온전한 공의를 행할 기회를 율법으로 제정해 놓았습니다(레 23:3, 25장).

안식일은 엿새 동안 노동을 하고 제칠 일은 노동으로부터 자유 곧 휴식을 취하는 날입니다. 주인은 물론이고 종이나 노예도 휴식해야 하며 심지어 가축들도 편안하게 쉬게 합니다.

안식년은 논과 밭에 곡식재배를 금지함으로 휴경(休耕)을 통하여 지력(地力)이 보강되게 합니다. 매 7년 주기의 안식년은 아주 중요한 뜻과 의미가 있는데 사람이 부모로부터 물려받은 유형무형의 재산 곧 기업(Inheritance)을 혹시 가난으로 인하든지 사업실패로 인하든지 기업(토지, 사람)을 다른 사람에게 팔거나 빚으로 넘겼거나 했을 때 정확하게 안식년에는 다시 원상태로 회복시킬 수 있는 법적 권리와 의무가 있습니다. 다른 사람에게 넘어간 토지를 채무(債務)의 제값을 치르고 다시 찾아 올 수 있고 돈 때문에 가족이 종이나 노예로 팔려갔을 때 정가(定價)를 계산하여 지불하고 다시 가족 품으로 돌아오게 할 수 있습니다.

50년 주기(週期)의 희년도 안식년처럼 다시 토지를 물려 찾을 수 있고 종이나 노예로부터 해방될 수 있는데 채권자가 채무자에게 사실상으로 마지막으로 베풀어 주는 최후의 기회라 할 수 있습니다.

그러나 안식년이나 희년이 돌아왔다고 무조건 해방되고 아무 조건도 없이 원상복귀 되는 것은 절대 아니고 채권자(債權者)에게 채무자(債務者)가 갚아 주어야 할 빚의 원금과 이자를 계산하여 값을 다 치러줘야 원상회복 할 수 있습니다. 채무자에게 안타까운 사실은 다시 기업을 원상회복을 할 수 있는 기회가 왔는데 채무를 청산할 재력이 없을 때 불행하게도 기회

(chance)를 놓칠 위기를 맞는 것입니다.

율법에는 〈기업 무름의 법〉이 제정되어 있고 이를 아주 엄격하게 적용하고 있습니다. 기업 무름의 법이 집행가능하게 되려면 개인의 재력이나 노력으로는 불가능한 일이므로 반드시 가까운 친족 가운데 유력자가 있어 아무 대가나 조건도 없이 거저 채무를 대신 갚아 주고 원래의 기업을 다시 찾아 주는 구세주(救世主)가 있어야 가능합니다.

대단히 외람된 사실이지만 기독교는 구세주(Saviour), 구속자(Redeemer), 구원자(Savior)에 대한 개념이 어디서 유래하게 되었는지를 잘 알지 못하고 있으며 구원(Salvation)과 구속(Redeem)에 대한 성경적인 개념을 정확하게 알지 못하고 있습니다. 막연한 믿음으로 하나님의 자비하심과 긍휼하심에 호소하여 자기가 구원(구속) 받기를, 그리고 이 세상적인 각종 은혜(하나님께서 베풀어 주시는 선물)를 충만하도록 받고 누릴 수 있기를 갈망하고 있는 것입니다.

성경은 특별히 혈연관계가 가까운 친족(가족)이 합심하여 기업 무름의 법을 실행하도록 명령하고 있습니다(창 38:1~30, 레 25장, 민 36:5~9, 신 25:5~10, 삿 21장, 룻 4:1~6, 마 22:24, 딤전 5:8).

"누구든지 자기 친족 특히 자기 가족을 돌아보지 아니하면 믿음을 배반한 자요 불신자보다 더 악한 자니라"(딤전 5:8)

도움이 필요한 친족은 자기에게 진실로 도움을 줄 수 있는 유력자에게 구속(Redeem) 곧 기업 무름의 법적 태두리 안에서 안식년과 희년에 할 수 있는 도움을 구하고 또한 도움을 받을 수 있습니다. 도움을 줄 수 있는 유력한 친족은 구속자(Redeemer)의 자격으로 도움을 요청하는 친족에게 자신이 할 수 있는 재산상의 또는 신체상의 모든 편의를 제공함으로써 도움을 요청한 친족의 소원을 들어 주었습니다.

구약에서 구세주(Saviour), 구원(Salvation), 구원자(Savior)는 가까운 친족을 모든 재난에서 구(救)하여 주기 위하여 가지고 있는 재산에 불이익

206

을 당하면서 또는 생명의 위험을 감수(甘受)하면서 도움을 요청한 사람을 구하여 주기 위하여 희생(犧牲)을 달게 받아들이는 사람입니다.

성경66권의 총체적 제목은 언약(Old Testament, New Testament)입니다. 구약39권의 주제(main theme)는 기업(Inheritance)입니다. 신약27권의 제목(theme)과 내용(contents)은 기업 개념에 의한 기업 무름의 법에 의하여 언약의 원형이신 하나님을 아버지라고 믿는 모든 사람들(하나님을 아버지라 부르며 믿는 신앙이 있는 성도)을 구원시켜 주려는 법적 의무와 책임(기업 무름의 법적 원형이기 때문)을 전적으로 하나님의 아들이시고 구세주(Saviour)이신 주 예수 그리스도께서 구원(구속)을 성취시켜 주시고 계십니다.

"……내가 어떻게 하여야 구원을 얻으리이까 하거늘 가로되 주 예수를 믿으라 그리하면 너와 네 집이 구원을 얻으리라 하고"(행 16:30~31)

예수 그리스도의 제자(사도)와 모든 예수 그리스도를 믿는 사람들이 복음전파를 통하여 구원받기를 갈망하는 사람들에게 주 예수 그리스도를 믿고 하나님의 자녀가 되게 한 다음 아버지 하나님을 중심으로 하는 기업의 뜻과 의미에 부합되는 가족 개념 안에서 성경의 언약(약속)이 효과적으로 적용되게 함으로써 온전한 구원을 받게 합니다.

"다른 이로서는 구원을 얻을 수 없나니 천하 인간에 구원을 얻을 만한 다른 이름을 우리에게 주신 일이 없음이니라 하였더라"(행 4:12)

구약의 룻기는 아주 작은 책이지만 〈기업 무름의 법〉에 대한 교과서 같은 귀중한 책입니다. 주인공 나오미의 기업을 다시 찾아 주기 위하여 가까운 친족 중에서 유력한 사람 보아스가 〈기업 무름의 법〉을 온전케 하여 주고 있습니다.

그러나 일반적으로 구약시대의 사람들은 기업 무름의 법을 온전하게 지켜 행하지 못하였습니다. 그럼에도 불구하고 도움이 절실한 사람은 가까운 친족 중에 유력한 자(부자)를 찾아가 자기와 가족을 구원해 줄 구세주

(Salvation)로 나서 줄 것을 간절히 요청하면서 믿음과 신뢰를 가지고 구원의 손길을 바라고 있었습니다.

이러한 구약의 신앙적 사상이 역사의 흐름을 통하여 신약시대로 이르게 되었을 때 사람들은 자신의 죄와 허물의 사함을 받기 위하여 진심으로 구세주(救世主)를 갈망하게 되었습니다.

구약의 〈기업 무름의 법〉은 단순히 기업 곧 토지나 가족 중 종이나 노예로부터 해방되어 원상태로 돌아오게 하는 것을 바랐습니다.

신약의 〈기업 무름의 법〉은 가족의 육신의 몸이나 토지 등의 재물이 아니라 그것보다 더 값지고 중요한 이 세상에 단 하나 뿐인 자기의 생명을 죄악과 죽음으로부터 구원(구속)시켜 줄 구세주 예수 그리스도를 소망하며 믿음으로 구원받고 있습니다.

하나님의 사랑과 긍휼하심을 받고 죄로부터 완전하게 구원받기를 갈망하는 사람들을 위하여 독생자 예수 그리스도께서 동정녀 마리아에게 성령으로 잉태되시고 이 세상에 탄생하셨습니다(마 1:18~25, 눅 1:26~56, 눅 2:1~52).

"오늘날 다윗의 동네에 너희를 위하여 구주가 나셨으니 곧 그리스도 주시니라"(눅 2:11)

하나님의 아들 예수 그리스도는 모든 믿는 자의 구속의 주시며 구원의 주가 되시고 구세주이십니다(행 16:30~31). 예수 그리스도께서 공생애 사역을 시작하시며 의미심장한 메시지를 선포하셨습니다.

"내가 율법이나 선지자나 폐하러 온 줄로 생각지 말라 폐하러 온 것이 아니요 완전케 하려 함이로라"(마 5:17)

예수 그리스도께서는 구약의 율법을 폐지하러 오신 것이 아니라 도리어 완전하게 성취하러 오셨다는 말씀, 다시 말하자면 하나님께서 선포하신 말씀(언약)을 완전하게 이루어지게 하려고 오신 것입니다.

율법을 완전하게 지켜 행함

율법이 선포되고부터 줄곧 사람들에게 심히 부담을 준 것은 아무도 율법을 온전히 지켜 행할 수 없었다는 것입니다. 나름대로 율법을 지켜 행하려고 많은 노력을 하였으나 그럴수록 더욱 어렵게 느껴졌습니다. 영리한 사람들은 자기가 율법을 준수하고 있다는 것을 과시하기 위하여 많은 사람들 앞에서 율법을 암송하고 율법을 곡해(曲解)하고 안식일이나 절기를 맞이하면 형식에 치우친 의식을 과시하였습니다(마 23장). 그러나 율법을 대대로 지켜온 선민은 마침내 율법 무용론까지 주장하는 완전히 세속화되어 유일하신 하나님의 종교를 이방 사람들과 똑같은 우상종교로 탈바꿈시켜 놓기에 이르렀습니다(롬 1:17~32).

"그러므로 하나님께서 저희를 마음의 정욕대로 더러움에 내어 버려두사 저희 몸을 서로 욕되게 하였으니 이는 저희가 하나님의 진리를 거짓 것으로 바꾸어 피조물을 조물주보다 더 경배하고 섬김이라 주는 곧 영원히 찬송할이시로다 아멘"(롬 1:24~25)

하나님을 알고 있는 사람들-유대인들에게서 가장 불신앙의 극치를 이루고 있을 때 주 예수 그리스도께서 유대를 향하여 그리고 온 세상을 향하사 천국의 복음을 전파하셨습니다.

"이때부터 예수께서 비로소 전파하여 가라사대 회개하라 천국이 가까왔느니라 하시더라"(마 4:17)

선민 이스라엘 사람들이 아무도 완전하도록 지켜 행하지 못한 율법을 예수 그리스도는 완전하게 지켜 행하심으로 율법을 완성시켜 놓았을까요? 예수 그리스도의 사역(Employ) 이전에 알아야 할 사실은 예수 그리스도의 생애를 먼저 자세하게 알고 있어야 합니다.

이사야 53장은 주 예수 그리스도의 생애를 알게 해 주는 참으로 귀중한 자료를 제공해 주고 있습니다. 예수 그리스도께서 이 세상에 탄생하실 때부터 33년의 생애를 살아간 삶의 발자취를 확인해 보면 범상한 인생은

1,000분의 1도 못 따라갈 만큼 인생의 가장 낮은 곳에서 생애(Lifetime)를 살아 주셨습니다.

"그는 주 앞에서 자라나기를 연한 순 같고 마른 땅에서 나온 줄기 같아서 고운 모양도 없고 풍채도 없은즉 우리의 보기에 흠모할 만한 아름다운 것이 없도다 그는 멸시를 받아서 사람에게 싫어 버린바 되었으며 간고를 많이 겪었으며 질고를 아는 자라 마치 사람들에게 얼굴을 가리 우고 보지 않음을 받는 자 같아서 멸시를 당하였고 우리도 그를 귀히 여기지 아니하였도다"(사 53:2~3)

이사야 53장을 읽어 보면 예수 그리스도의 신체적 조건, 얼굴 모양, 건강상태, 일상생활의 수준 등이 사람들에게 가히 보여주기 민망할 만큼 열악하고 참담한 형편이었습니다. 예수 그리스도의 신체적 조건이나 얼굴 모양새나 볼품이 없어 멸시를 많이 받아 더 이상 안 봐줄려 했고 얼마나 가난하게 살았는지 고생스러움이 그대로 묻어나는 것이었습니다. 거기다가 온갖 질병은 다 겪어보아 항상 병치레를 하고 다녔나 봅니다. 그래서 그 당시 같이 살던 나사렛 마을 사람들이 예수를 만나기만 하면 멸시했고 귀히 여기지 아니하였다는 다시 말하자면 사람취급도 하지 않았습니다.

자존심이 있는 사람은 자기에게 유익하든지 도움이 될 수 있으면 유심히 관찰하고 귀히 여기며 가까이 다가가 친구가 되고 친숙해지려고 합니다. 상대방에게 아무런 도움 받을 일이 없을 만큼 빈약하면 멸시를 하고 도리어 상대방이 도와주어야 할 대상일 때는 애써 외면하려 멀리하는 성질이 다 있습니다.

예수 그리스도가 나사렛 동네 사람들로부터 왜 그렇게 사람대접을 못 받았는가 하면 극한 가난과 질고의 고통을 많이 겪은 예수 그리스도에게서 무슨 도움받기는 고사하고 도리어 도움을 주어야 할 만큼 불쌍하고 가련해 보였기 때문입니다.

하나님의 사람(선지자)은 하나님 앞에서 인간이 어떤 모습인가를 비유적

(比喻的)으로 혹은 풍자적(諷刺的)으로 나타내 보이고 있습니다. 이사야, 예레미야, 에스겔 그리고 호세아와 같은 선지자들의 차림새 또는 행동하는 모양은 하나님께서 선민 이스라엘을 바라보시는 모양이 어떠한가를 비유(比喻)하여 주었습니다.

예수 그리스도의 극한 가난과 질병으로 인한 투병생활의 모습은 하나님께서 인간을 바라보시는 인간의 너무 초라한 모습을 재현해 보여 주시는 것이었습니다. 그러나 인간은 죄악으로 눈이 어두워져 있고 귀가 막혀 있으며 마음이 둔하여져 있었기 때문에 하나님께서 인간을 바라보시고 생각하시는 하나님의 마음을 전혀 알 수 없었습니다(이사야 6:9~10).

"그는 실로 우리의 질고를 지고 우리의 슬픔을 당하였거늘 우리는 생각하기를 그는 징벌을 받아서 하나님에게 맞으며 고난을 당한다 하였노라"(사 53:4)

예수 그리스도의 육신의 몸을 겉모습만 바라보고는 그렇게 초라해 보이고 없어 보이고 약해 보였지만 그런 가장 열악한 육체적 삶의 조건임에도 불구하고 한 사람도 아닌 몇 사람도 아니고 온 인류를 영원하도록 구원하여 주시는 구세주(구속의 주)의 사역을 완전하게 감당하시고 계십니다.

"그가 찔림은 우리의 허물을 임함이요 그가 상함은 우리의 죄악을 인함이라 그가 징계를 받음으로 우리가 평화를 누리고 그가 채찍에 맞음으로 우리가 나음을 입었도다"(사 53:5)

많은 사람들과 기독교인 중에도 삶을 비관하다가 자살하는 사람이 많이 있는데 그런 사람에게 최후로 이사야 53장을 꼭 읽어 보라고 권하여 주고 싶습니다. 어려움을 겪고 있는 사람이 마음의 위로를 받기 위하여 욥기(Book of Job)를 읽는다고 합니다. 물론 성경말씀을 읽으면 마음의 위로가 되고 정화작용(catharsis)이 일어나고 감동(inspiration)이 됩니다(딤후 3:15~17). 하지만 신앙생활을 진실로 하고 있는 사람이라면 이사야 53장을 자주 읽어 보면서 예수 그리스도께서 인생을 살아오신 삶의 발자취를 생각해 보는 것이 많은 도움이 된다고 생각됩니다.

주 예수 그리스도는 세상에서 가장 가난한 사람—물질적으로나 신체적 조건으로나—자신도 책임지지 못할 만큼 가진 것이 없는 사람으로 생애를 살면서 모든 믿음의 사람들에게 구속의 주가 되시고 구원의 주님이 되어 주시고 계십니다. 예수 그리스도께서 공식적으로 사역을 시작하시면서 온 유다 땅을 두루 다니시며 도움이 필요한 사람들에게 그들이 요구하는 모든 것을 다 도와주셨습니다.

질병으로 투병하는 사람들에게는 치유해 주셨고 죄지은 사람에게는 죄를 사하여 주셨고 귀신들린 사람에게는 귀신을 내쫓아 보내 주셨고 죽은 사람을 다시 살아나게 해 주셨습니다. 예수 그리스도는 자기가 가지고 있는 재물이나 물건이나 아무 것도 없이 단지 몸만 가지고 계시면서 도움이 필요한 사람을 도와주시려고 부득불 자기의 몸을 드려 도움을 줄 만큼 가난하였다고 표현함이 맞을 것 같습니다.

어느 날 예수님 계신 곳으로 부자 청년이 찾아와서 하는 말이 자기는 율법 곧 언약(약속)을 잘 지켰는데 또 무엇을 더 지켜야 의인(Justification)이 될 수 있는가를 자신 있게 질문합니다. 예수님께서는 그 부자 청년에게 언약을 다 지켜 행하는 완전한 사람 곧 율법을 다 지키고 살아가는 사람으로 인정받고 싶다면 부자 청년의 모든 재산을 다 팔아 가난한 사람들에게 아무 조건이나 아무 보상도 없이 다 나눠주고 빈 몸으로 와서 예수 그리스도의 제자가 되라고 말씀하여 주셨습니다. 그러자 그 부자 청년은 재물이 많은 고로 심히 고민하면서 그냥 돌아가 버렸는데 이 사람 부자 청년은 오늘의 '나'가 아닌가 하고 곰곰이 생각해 보아야 할 것입니다.

비단 재물(property) 뿐만 아니라 각 사람에게는 아주 중요하게 여기는 가치관(ones sense of values)을 다 가지고 있습니다. 누구를 도와주려 할 때 가장 먼저 떠오르는 생각은 과연 저 사람을 도와줄 유형무형의 가치가 있는가를 따져 봅니다. 자기의 가치보다 상대방의 가치가 못할 때는 망 서려 지고 고민하다가 쉽게 단념해 버립니다.

구약시대에 친족 중 누군가가 찾아와서 도움을 요청할 때 간혹 도움을 주는 유력인사가 있었지만 유력자의 재산의 지극히 작은 일부분으로 도와 주었음에도 만약 그런 사람이 나타나면 구속자(Redeemer), 구원자(Savior), 구세주(Saviour)라는 가장 고귀한 언어로 칭찬해 주고 최고의 예우로 존경해 주었습니다.

우리 구주 예수 그리스도는 아무것도 가진 것이 없어 다만 당신의 몸으로 대신 값을 지불하시면서 십자가의 형틀에 매달려 죽어 주심으로 우리의 구속의 주, 구원의 주, 구세주가 되셨습니다. 분명히 알 것은 예수 그리스도께서 우리의 죄와 허물을 대신 갚아 주신 까닭은 우리로 하여금 하나님과 맺은 언약 곧 하나님께서 나에게 요구하시는 조건들을 다 충족시켜 의(Righteousness)를 충족시켜 드리라는 고귀한 뜻과 의미가 있습니다.

지금도 마찬가지지만 옛날에는 질병이 몸에 침투하여 발병하면 치명적이었습니다. 질병을 치유하고 다시 살아나는 일은 거의 없었습니다. 그래서 옛날에는 고칠 수 없는 치명적인 질병에 감염되면 그것으로 인생은 끝이 나는 것이나 다름이 없었습니다. 인생을 살 만큼 살고 병에 걸렸다면 그러려니와 아직 구만리장천 같이 살아갈 길이 많이 남아 있는 젊은 사람이 치명적인 질병에 걸려 죽을 날만 기다린다면 그 사람은 아직 해결하지 못한 하나님과의 관계에서 하나님께서 그 사람에게 부과시켜 놓은 의를 이룰 수 있는 기회가 더 이상 없으므로 가장 비참한 최후를 맞이해야 합니다. 때늦은 후회로 다시 질병을 치유할 수 있게 된다면 이제부터는 사람답게 정직하고 성실하게 그리고 믿음으로 하나님과의 언약(약속)을 잘 지켜 행하며 살아보겠다고 결심하지만 절망적인 질병 때문에 가망도 희망도 없습니다.

예수 그리스도의 공생애 사역은 순전히 공의(Justice)를 위하여 다시 말하자면 하나님과 사람이 관계를 맺고 존재를 위하여 약속(언약)한 것, 곧 하나님께서 바라시고 원하시는 모든 요구와 조건을 사람이 충족시켜 드려야 할 의(Righteousness)를 이룰 수 있는 기회를 놓친 사람에게 구세주 예수 그리스도께서 자비와 긍휼하심으로 공의(Justice)를 베풀어 주셔서 의를 이루지 못하고 있는 사람에게 다시 한 번 더 기회를 주시는 일을 하십니다.

"하나님이 세상을 이처럼 사랑하사 독생자를 주셨으니 이는 저를 믿는 자마다 멸망치 않고 영생을 얻게 하려 하심이니라"(요 3:16)

예수 그리스도의 공생애

예수 그리스도의 공생애(Common Life of Jesus Christ)라 함은 성령으로 은혜를 입으시고 아버지 하나님과 친밀한 교제를 계속하시면서 또 한편으로는 모든 믿음의 사람들을 하나님과 친밀하게 교제를 할 수 있도록 하나님과 인간 사이를 가장 가까운 사이로 회복시켜 주시는 중보자(Mediator)의 사역을 행하심을 뜻하고 의미합니다(갈 3:27~29).

예수 그리스도께서 공생애 사역을 하실 때 하나님을 믿는 신앙에서 떠나 인간중심주의 곧 세속주의자로 변질되어버린 유대인들은 형식적으로는 가장 잘 율법을 준수하는 것같이 자칭 유대인임을 과시하고 다니던 때였습니다. 유대종교 기득권층 인사들은 형식적 종교운동을 행함으로 사회적 지위를 얻고 부와 귀의 기득권을 행사할 수 있었기 때문입니다(마 23장).

사두개파는 구약의 사독 제사장 후손들로 구성된 명실상부한 제사장 가문의 자손들인데 이들이 세속화로 변질되어 하나님을 불인정하고 영혼 구원을 부정하면서도 유대종교에서 중요한 기득권을 잡고 계속 행사하며 종교적 특혜를 얻고 누리고 있었던 것입니다.

바리새파는 그들이 가장 구역성경에 능통하고 율법적 사람에 충실한 계층으로 자만심을 가지고 있었습니다. 바리새파도 사두개파도 서기관도 율법사도 제사장도 저마다 율법을 가장 많이 알고 있으며 또한 율법에 충실하여 지키며 살아가고 있다고 유대종교 옹호론자로 자처하며 자신의 종교적 신분을 유감없이 과시하는데 급급하던 시대였습니다. 그래서 사람마다 기회만 있으면 사람들 보는 앞에서 유대교에 충실한 율법을 읽고 해석하기를 좋아했습니다. 다시 말하자면 사두개파도 바리새파도 율법사도 서기관도 제사장도 각기 저마다 소위 율법적 정의(commandments Justice)를 부르짖고 있었던 것입니다.

그러면 율법을 가만히 들여다보십시다. 율법에 의하면 분명 가난한 자, 빚진 자들, 병든 자들, 사회적 약자를 지켜 주고 보호하고 돌보아 주라고 율법은 기록하고 있습니다. 현실적으로는 세속화되고 유물론에 깊숙이 빠져 누구나 재물을 보다 많이 벌고 부유하게 사용하면서 잘 먹고 잘 살아가려고 혈안이 되어 있는 것입니다.

"너희가 가난한 자를 밟고 저에게서 밀의 부당한 세를 취하였은즉 너희가 비록 다듬은 돌로 집을 건축하였으나 거기 거하지 못할 것이요 아름다운 포도원을 심었으나 그 포도주를 마시지 못하리라 너희의 허물이 많고 죄악이 중함을 내가 아노라 너희는 의인을 학대하며 뇌물을 받고 성문에서 궁핍한 자를 억울하게 하는 자로다"(암 5:11~12)

헬라는 철학의 본고장입니다. 자기가 알고 있는 철학적 지식을 거리나 회당에 나와 많은 사람들 앞에서 발표함으로써 자기의 유식함을 뽐내고 있었습니다(행 17:16~34). 사람이 지식이 많고 지혜가 많으면 겸손히 모범을 보이며 다른 사람을 이롭게 하여 주는 일에 보다 많은 정성과 시간을 내서 봉사해 주어야 합니다.

곡식이 익으면 익을수록 고개를 숙이지만 사람은 지식이 많으면 많을수록 교만하여 고개를 뻣뻣하게 들고 다니면서 사람들을 무시합니다. 지식에 있어서 아는 것이 많고 가진 것이 많다고 자기를 과시하고 자랑하면서 도리어 지식이 무지한 약한 사람을 못 살게 만들고 괴롭히며 착취하면서 자기는 가장 정의로운 사람이라고 자랑하는 것만큼 가증스러운 것은 이 세상에 없는 것입니다.

구주 예수 그리스도는 세상이 이런 때 하나님의 아들로 모든 믿음의 사람들을 구원하시려고 구세주 사역의 공식 활동을 시작하셨습니다. 예수 그리스도의 공생애는 가식(hypocrisy)적인 유대인들같이 헬라의 철학자들같이 의무감도 책임감도 없이 단지 사람들 앞에서 자기를 과시하는 따위는 전혀 관심도 없으셨습니다.

예수 그리스도는 유대인들같이 소위 민족주의를 앞세워 로마 식민지로부터 독립을 원하는 저항운동 같은 정치(政治)에 전혀 관심을 갖지 않으셨습니다. 예수 그리스도는 제자들과 함께 온 유다 땅을 두루 다니시면서 병든 사람들을 치유하여 주시고 귀신들린 사람을 온전케 하여 주시며 죄인들의 죄를 용서하여 주시는 오직 공의(Justice)를 친히 행하셨습니다.

기회를 선용하라

의를 이룰 수 있는 기회(opportunity)를 놓친 사람에게 '다시 한 번 더 기회를 준다'는 특별한 관용(tolerance)에 대하여 존경심과 감사함으로 변함없는 신뢰를 쌓아가는 것이 마지막 기회(last chance)를 주는 뜻과 의미에 부합되는 것이 공의(Justice)가 바라는 목적(purpose)입니다.

평소 신앙생활 잘하던 50대의 K집사가 어느 날 배가 아프고 몸이 무겁고 컨디션이 안 좋아 종합병원에 입원하여 정밀진찰을 받았는데 간암, 위암 대장암 세 가지 종류의 암이 온몸에 퍼져 도저히 수술도 할 수 없다는 절망적 진찰결과가 나왔습니다. 담당 의사가 조용히 하는 말은 앞으로 많이 살아야 3개월 정도 밖에 못 살 것 같으니 집에 가서 편안히 죽음을 맞이하라는 말을 해 주는 것입니다. K집사는 물론 온 가족에게는 청천벽력(complete surprise)가 같은 충격이었습니다. 성도 수가 500명이나 되는 Y교회 담임목사는 승합차로 교인을 데리고 심방 와서 K집사를 위로하여 주는 예배를 드리고 돌아갔습니다. 그런데 잠시 후 담임목사가 혼자 병원

216

을 찾아 와서는 여러 성도들 앞에서 차마 이런 말을 못하였지만 꼭 전해주고 싶은 말이 있다면서 K성도에게 죽음의 준비를 하고 가족이나 친족에게 유언을 해 주라는 말을 하고 돌아갔습니다. Y교회 담임목사의 단도직입적인 사형선고와 같은 이 마지막 말 한 마디가 K집사와 가족에게 그리고 친족들에게 돌이킬 수 없는 실망과 슬픔의 상처를 안겨준 것입니다.

필자는 K집사의 딱한 사연을 전해 듣고 지체 없이 K집사의 가정을 방문하여 상담(consultation)을 하고 위로(encourage)해 주었습니다. K집사가 왜 질병에서 완쾌되어야 하는지 왜 인생을 더 오래 살아야 하는 가에 대한 생명의 존재에 대한 명분을 하나님께 말씀드리고 위로와 응답을 받으라고 희망의 메시지를 전하였습니다. 육신의 몸이 죽어 하나님 앞으로 나아가기 전에 하나님 앞에서 이 세상에서 육체의 몸을 입고 살아가는 동안에 행한 하나님께 자랑스럽게 말씀드릴 수 있는 보다 뜻있고 의미 있는 일을 마지막으로 한 번 더 할 수 있도록 육체의 건강을 회복시켜 주시기를 위하여 간절하게 기도하라고 일러 주었습니다. K집사는 감동을 받고 아픈 몸으로 즉시 경기도 파주시 오산리에 있는 기도원으로 가서 금식기도를 하며 몸을 회복 받고 21일 만에 집으로 돌아왔습니다. K집사는 매일 성경말씀을 읽고 묵상기도를 하며 전도를 하고 정말이지 평소 하고 싶은 대로 기도생활 전도활동 구제를 하면서 경건하게 여생(餘生)을 믿음으로 살았습니다.

K집사가 다니는 Y교회의 전 성도들은 K집사가 곧 하늘나라로 갈 사람이라며 불쌍한 눈으로 바라보는 것이었지만 전혀 개의치 않고 K집사는 자기의 육체의 생명이 살아있는 동안에 가장 경건한 사람으로 살아가려고 최선을 다하였습니다. 하나님께서 K집사를 긍휼히 여기사 세 가지 말기암(위암, 간암, 대장암)에 걸렸음에도 전혀 통증을 느끼지 못하도록 하여 주셨고 세 끼니의 밥을 비록 작은 양이지만 매일같이 먹을 수 있게 하여 주셨습니다. 의사의 진단에 의하면 3개월 정도 살다가 육체의 죽음을 맞

이할 사람인데 6개월을 더 살고 1년을 더 살고 2년이 넘도록 긴 생명의 연장을 받고 그래도 건강하게 통증도 없이 투병생활 하다가 전 교인들이 경건한 마음으로 지켜보는 가운데 그의 영혼이 하나님의 나라로 올라갔습니다.

필자는 30대 후반에 하나님의 부르심을 받고 신학교에 들어갔습니다. 신학교 입학하기 직전에 큰 교회에서 4년 동안 신앙상담원으로 자원봉사하였고 남전도회 구역장으로 사역하였습니다. 구역장이 된 것은 전임 구역장이 장로였는데 갑자기 시골교회에 목회 사역할 길이 열려 급히 임지로 가는 바람에 구역 성도들의 만장일치 추천으로 구역장이 된 것입니다. 구역회원이 20여명이나 되는 큰 구역으로 공식적인 모임석상에서는 구역회원들이 나를 구역장으로 깍듯하게 예우를 해 주었지만 개인적으로 만나든지 구역장 자격으로 각 가정을 방문한다든지 하면 구역회원들은 나를 은근히 경계를 하고 별로 반가워하지 않는 눈치가 보였습니다. 그도 그럴 것이 명색이 구역장이지만 생활형편이 너무 극빈하니까 그리고 다들 공무원에다가 좋은 직장에 다니고 자영업을 하지만 사업을 잘하는지 사장직함을 가지고 있는 부유한 사람들이었는데 반하여 구역장은 실패를 하고 사회 밑바닥에서 하루 품삯으로 살아가는 극빈한 노동자였기 때문입니다.

몇 달 후 자진하여 구역장직을 반납하고 혼자서 따로 구역을 만들려고 하였습니다. 나같이 극빈한 사람들을 대상으로 중한 병으로 대형병원에서 치료를 하다가 의사가 더는 못 고친다는 현대의학으로 살려낼 수 없으니 집에 가서 조용히 죽음을 맞이하라는 그런 말을 듣고 집에 돌아와 죽음을 기다리고 있는 사람들을 공들여 전도하였습니다. 사람이 죽음이라는 사형선고를 받고나면 생명의 애착이 많아 '물에 빠진 사람이 지푸라기도 잡는다'는 속담처럼 한 가닥 살아날 희망이라도 있다 싶으면 애원하면서 살려달라고 매달립니다. 대형병원에서 치료 불가능한 중환자와 보호자를 데리고 금식기도원에 가서 금식기도를 하는데 평생을 살아오면서 식사도 거른적이 없는 사람이 병 고침을 받기 위하여 금식하며 기도만 한다는 것은 감당할 수 없는 위기이며 고통입니다. 자기는 병 낫기를 위하는 일이니 금식기도보다 더 한 일도 시키면 당연히 해야 할 일이지만 자기와는 전혀 상관없는 구역장이 자기를 위하여 같이 금식기도를 한다는 사실에 고마워하며 큰 감동을 받는 것입니다. 금식기도는 마음을 비우고 자기의 육체의 생명을 내어놓고 하나님의 긍휼하심을 바라는 기도입니다(사 58장).

"나의 기뻐하는 금식은 흉악의 결박을 풀어 주며 멍에의 줄을 끌러 주며 압제당하는 자를 자유케 하며 모든 멍에를 꺾는 것이 아니겠느냐 또 주린 자에게 네 식물을 나눠 주며 유리하는 빈민을 네 집에 들이며 벗은 자를 보면 입히며 또 네 골육을 피하여 스스로 숨지 아니하는 것이 아니겠느냐"(사 58:6~7)

금식기도원에서는 새벽예배 오전예배 오후예배 저녁예배 이렇게 하루에 네 번 예배를 드리는데 한 번 예배드리는 시간이 2시간입니다. 설교자는 각양병자들과 개인적으로 심각한 문제가 있는 사람들을 하나님 앞으로 인도하려고 그들이 알아들을 수 있게 설교를 하면서 하나님을 믿는 신앙을 교육합니다. 기도원에 여러 날 있으면 믿음에 관한 지식을 많이 배웁니다. 진심으로 금식기도를 하면 하나님의 기적을 체험하여 병이 나음을 받고 문제가 해결되는 하나님의 특별한 선물을 받게 됩니다. 절대절망에서 구원받은 사람들 실패와 좌절을 딛고 일어선 사람들과 그리고 죽음의 병마와 싸워 이긴 사람들은 자신들의 문제를 다 해결해 주신 하나님을 잘 믿겠다고 다짐합니다.

"누구든지 스스로 경건하다 생각하며 자기 혀를 재갈 먹이지 아니하고 자기 마음을 속이면 이 사람의 경건은 헛것이라 하나님 아버지 앞에서 정결하고 더러움이 없는 경건은 곧 고아와 과부를 그 환난 중에 돌아보고 또 자기를 지켜 세속에 물들지 아니하는 이것이니라"(약 1:26~27)

다시 기회가 주어진다면 어떻게 할 것인가?

하나님의 기적을 체험한 사람들을 신앙의 안목으로 살펴보면 놀랍게도 두 부류의 신앙 곧 자기 인생은 덤으로 살아가는 것으로 생각하고 하나님을 잘 믿는 사람과 얼마 동안 신앙생활을 계속 하다가 어느 시점에서 그만두는 세상적인 사람으로 분류됩니다.

자기의 인생이 끝나는 줄 알았는데 다시 새로운 삶의 기회를 받았다고 하나님께 존귀와 영광을 올려 드리며 자기의 남은 생애를 덤으로 살아간다고 셈 치고 오로지 하나님을 위하여 살아가는 사람이 있습니다. 비록 가난하여도 개의치 않고 오로지 하나님을 기쁘시게 해 드리겠다면서 신앙의 모범이 되려고 성경을 많이 읽고 기도를 하고 전도에 전심전력하며 도움이 필요한 사람들을 찾아다니며 아무 조건이나 대가없이 봉사하는 사람들이 있습니다. 이렇게 변화된 모습으로 살아가는 사람들은 하나님의 나라에서 살아간다는 믿음을 가지고 옥토에 심겨진 곡식같이 많은 열매를 맺으며 생활하고 있습니다(마 13:23).

또 한 부류는 하나님의 특별하신 은혜 곧 기적으로 다시 살아난 사람들이 처음에는 대단한 열심을 가지고 신앙생활을 잘하지만 그러다가 몇 달이 지나면 교회에서 예배드리는 일을 소홀히 여깁니다. 한 번 빠지고 두 번 빠지고 그렇게 하다가 계속 교회에 안 나오고 신앙생활도 하지 않고 전에 하나님을 믿지 않고 살던 때로 다시 돌아가서 세상과 짝하며 살게 됩니다. 하나님께서 자기의 불치의 질병을 고쳐 주심에 감사하는 성의 표시로 몇 개월 동안 교회 다녀 주었으면 그것으로 자기의 불치의 병을 고쳐 주신 하나님께 인사치레가 된다는 것입니다. 이제부터는 자기가 그동안 투병하며 축낸 재물을 다시 모으기 위하여 생활전선에 나가 열심히 장사하고 사업하는 것이 자기 여생에 가장 보람되게 살아가는 목적이라고 말합니다. 하나님의 특별하신 기적으로 구원받은 사람이 하나님께 영광을 올려 드리지 않고 신앙생활하지 않고 세상적으로 살아가는 사람들은 하나 같이 불치의 병이 다시 재발하여 예전보다 더 치명적인 상태로 병이 악화되어 버립니다. 다시 건강하게 오래 살아갈 줄로 생각했었는데 전에 투병하던 때보다 더 심각하게 재 발병의 문제가 생겨나는 생명이 죽음에 가까이 다다르게 되는 심각성을 뒤늦게 깨닫고 그때서야 다시 하나님을 찾으며 맹세하기를 이제부터는 죽는 한이 있더라도 하나님을 잘 믿겠다고 다짐하지만 병 고침의 기회는 다시 주어지지 않는 것입니다.

"스스로 속이지 말라 하나님은 만홀히 여김을 받지 아니하시나니 사람이 무엇으로 심든지 그대로 거두리라"(갈 6:7)

만홀히(mocked)라는 말은 조소하다, 흉내 내어 조롱하다, 무시하다, 등한히 하다, 소홀히 자기 편리할 대로 이용하다는 뜻입니다. 육체의 죽음이라는 마지막 단계에서 죄를 사함 받고 문제의 해결을 받고 죽을 수밖에 없는 질병에서 기적적으로 고침 받았으면 문제해결받기 위하여 하나님께 맹세한 약속들은 또는 죽음에서 살아나기 위하여 하나님께 애원하며 약속한 일들은 어떠한 일이 있어도 목숨을 다하여 지켜 행하는 것이 마땅한 도리입니다. 문제가 해결됐다고 질병에서 고침을 받았다고 하나님을 만홀(漫忽)히 여기고 하나님의 그 크신 특별한 은혜를 저버리고 배반하고 불신앙의 세상으로 다시 돌아가는 것은 다시 기회를 얻지 못하고 다시 살 소망을 박탈당하고 비참한 죽음을 맞이하여도 변명의 여지가 없는 배신행위입니다.

"한 번 비췸을 얻고 하늘의 은사(恩賜)를 맛보고 성령에 참여한바 되고 하나님의 선한 말씀과 내세의 능력을 맛보고 타락한 자들은 다시 새롭게 하여 회개케 할 수 없나니 이는 자기가 하나님의 아들을 다시 십자가에 못 박아 현저(顯著)히 욕을 보임이라"(히 6:5~6)

어머니 복중에서부터 기독교 신앙생활을 하면서 이 세상에 태어나고 어릴 때는 주일학교에 잘 다니고 청년시절에는 청년부에서 봉사활동을 많이 하고 결혼하고는 집사로 봉사하고 좀 나이 들어서는 권사로 책임 맡아 봉사하는 여자 성도가 있습니다. 여자 성도는 언제부터인가 소화가 잘 안되고 배가 은근하게 아픈 것을 처음에는 단순한 소화불량으로 생각하고 약국에 가서 소화제를 사 먹고 그랬는데 건강보험에서 무료 암 진료권이 나와 종합병원에 가서 종합검진을 받아 보았더니 이미 수술 받고 완치될 수 있는 기회를 놓친 '말기위암'이라는 판정을 받았습니다. 수술할 수도 없는 길게 살아야 3개월의 시한부 인생을 살 수밖에 없다는 담당의사의 소견에 더 이상 할 말도 없이 집으로 돌아와 자기의 육체의 죽음을 생각해 보았습니다. 의사의 말대로 얼마 후에는 죽게 될 것이고 육체가 죽어 영혼으로 하나님 나라에 올라간다는 생각을 합니다.

문득 예수님께서 너는 세상에 살면서 무엇을 하다가 왔느냐고 질문한다면 무슨일을 하다가 왔습니다하고 좀 특색 있는 대답을 하려고 마땅히 할 말을 찾아보았습니다. 어릴 때부터 신앙생활을 하였고 주일학교 모범생으로 다녔고 중·고등부·대학부에도 잘 다녔으며 성가대에서 봉사활동은 물론 집사로 권사로 교회봉사에 앞장 서 일하였습니다하고 자랑스럽게 답변할 준비를 하는데 "그런 일은 기독교인들이라면 다 하는 것 아니냐?"고 주님께서 다시 질문하신다면 또 어떻게 하나님을 기쁘시게 해 드릴 자랑꺼리가 도무지 생각나지 않는 것이었습니다.

하늘나라에 올라가서 주님을 만나 뵈옵고 주님께서 어떻게 인생을 살다가 하늘나라로 올라 왔느냐고 물으시면 그 때 주님께 칭찬들을 만한 자기만의 자랑스러운 신앙생활을 말씀드려야 하겠는데 아무리 생각해 보아도 남들보다 특별하게 신앙생활을 잘한 것이 없는 너무나 평범한 신앙생활을 한 것이 마음에 걸렸습니다.

'큰일 났구나!!' 혼자 중얼거리며 남은 시간을 선용할 방법을 찾아보았습니다. 지금 교회에 다니고 있는 예배당이 오래 된 건물인데 몇 년 전부터 목사님이 재건축하자고 제직회 때 안건으로 내 놓아도 집사들과 교인들은 별로 관심을 두지 않았습니다. 예배당을 재건축하려면 건축공사비가 엄청 많이 들 것인데 그 동안 재정을 달리 마련한 것도 없고 순전히 교인들이

빚을 내는 무리를 해서 예배당 건축비를 충당하는 수밖에 도리 없는 일이
니 누가 앞장서지 않았습니다.

'아! 바로 이거야!!' 여자 권사는 그 날부터 시장에 다니며 각종 반찬거리
가정생필품을 도매로 사다가 주일날 교회 마당에 내다 놓고 성도들에게
소매로 팔았습니다. 평일 날은 평소 알고 지내는 사람들에게 전화를 하여
생필품을 판매하였습니다. 그렇게 하여 이익금으로 남는 돈은 전부 교회
건축헌금으로 하나님께 바쳤습니다. 선하고 아름다운 뜻으로 하는 권사의
장사는 금세 전교인들에게 감동을 주었고 너도나도 할 것 없이 생활필수
품을 다 사가는 것이었습니다. 특히 권사가 손수 담가 팔고 있는 각종 김
치종류는 대단한 인기품목이었습니다. 이처럼 좋은 일을 하니까 여러 성
도들이 뜻을 같이하여 참여하였습니다.

한 달, 두 달, 그리고 석 달을 넘기고 다섯 달 동안을 계속하면서 모금한
건축헌금 액수가 상당하였습니다. 권사는 말기암 증세로부터 가해지는 견
딜 수 없는 통증도 자기는 단지 몇 개월밖에 살지 못하는 시한부 인생이란
것을 머리 속에 떠올리면서 참고 또 참으며 오로지 장사 잘하여 보다 많은
건축헌금을 하나님께 바치는 것을 상상하며 마지막 혼신의 힘을 다 쏟아
부었습니다.

말기암 환자는 병세가 짙어질수록 음식물을 먹지 못하고 심지어 물도 잘
못 마시는데 워낙 자기의 몸을 돌보지 않고 오로지 건축헌금을 위한 장사
하는 일에 몰두하다 보니 자기가 얼마나 심각한 중환자인 것도 잊어 버렸
습니다. 육체가 죽으면 영혼은 하나님의 나라로 올라가고 이 육신의 몸은
썩어 없어질 것인데 육체가 살아있는 동안만이라도 한 시라도 더 많이 일
해야 한다는 일념으로 자기의 몸이 어떻게 되는지도 돌보지도 않고 일만
하였습니다.

6개월이 지난 어느 주일날 장사를 다하고 교인들과 같이 점심을 먹는데
그 날은 권사가 마치 배고파 걸식 들린 사람처럼 식사를 엄청 많이 하는

것이었습니다. "권사님이 식사를 너무 무리해서 많이 드시는 것 같아요." 권사도 자신도 모르게 많은 식사를 한 것이 놀랍기만 한 일이지만 문제는 그렇게 많이 먹었는데도 뱃속이 전혀 부담스런 것이 없이 소화가 잘되는 것이었습니다. 그렇게 식사를 포식을 하고 나니까 어느 사이에 혈색이 전과 같이 돌아왔고 병색이라고는 간데없이 사라져 버렸습니다.

가족과 성도들의 권유로 병원에 가서 다시 종합검진을 받았더니 말기암 (cancer) 증세가 어느 사이에 다 치유되어져 건강한 몸으로 회복 되어 있었던 것이었습니다. 여자 권사의 눈물겨운 봉사와 헌신과 충성의 열매는 전교인을 감동시켰고 그럼으로 말미암아 교회의 성도들이 믿음으로 건축헌금을 하고 어떤 이들은 건축공사장에 나와 몸으로 노력봉사를 하면서 새 성전을 건축 하였습니다.

"저가 병들어 죽게 되었으나 하나님이 저를 긍휼히 여기셨고 저 뿐 아니라 또 나를 긍휼히 여기사 내 근심 위에 근심을 면하게 하셨느니라."(빌 2:27)

복음(福音)의 절정(絶頂)

복음(Gospel)은 하나님의 말씀, 하나님에 관한 이야기를 다른 사람에게 말 하여 주는 것입니다. 너무나 좋은 말(intelligence)이고 정말로 꼭 듣고 싶었던 이야기(knowledge)라고 해서 기쁨의 좋은 소식(good news)이라고도 합니다. 복음(福音)이라는 개념을 공의(Justice)를 논하면서 꼭 말하는 속뜻은 복음의 뜻과 의미가 공의의 맨 꼭대기(summit) 곧, 절정(climax)에 해당 된다고 확신하기 때문입니다.

성경말씀의 중요한 내용은 영원히 존재하시는 하나님과 육체의 생명으로는 육체가 살아있는 동안만 허용되는 유한존재(有限存在)일 수밖에 도리 없는 사람이 언약(약속)으로 영원하도록 스스로 존재하시고 계시는 하나님과 관계를 맺고 서로 간에 상대방의 요구와 조건을 충족시켜 주어야 하는 의무와 책임을 지켜 행하여 가는 이야기입니다.

　그러나 성경을 읽는 첫 시작부터 사람은 하나님과의 언약(창 2:17)을 지키지 못하게 됩니다(창 3장). 이일로 인하여 하나님께서는 관계 안에 있는 사람이 언약을 지키지 못하면 그 것이 죄(original sin)가 되므로 반드시 그에 상응하는 형벌을 받아야 한다는 법을 만들어 놓으셨습니다(창 3:14~24). 언약(약속)을 지켜 행하지 못한데 따르는 책임을 짊어져야 하는 법은 궁극적으로는 존재의 뜻과 의미를 곤란에 처하게 하며 죽음의 법으로 존재를 아예 없애버리는 심판으로 귀결됩니다.

　"네가 얼굴에 땀이 흘러야 식물을 먹고 필경은 흙으로 돌아가리니 그 속에서 네가 취함을 입었음이라 너는 흙이니 흙으로 돌아갈 것이라 하시니라"(창 3:19)

　당연한 귀결이지만 언약관계 안에서 하나님께서 사람에게 부과(imposition)시켜 놓은 하나님의 요구하심의 모든 조건들을 지켜 행하여 충족시켜 드리지 못하면 완전하신 인격의 하나님께서는 지체하지 않으시고 즉시 죄의 법, 곧 사망의 법으로 다스리시고 계십니다. 구약성경을 읽어보면 사람이 하나님 앞에서 의를 행하면, 다시 말하여 사람이 하나님께서 바라시고 원하시는 언약을 잘 지켜 행하면 상급으로 은혜를 주셔서 복되게 살아가도록 하여 주십니다. 만약 하나님 앞에서 사람이 죄를 지으면 반드시 그에 상응하는 징계를 내리시는데 천재지변이나 질병고통이거나 이방민족의 침략이거나 가혹하리만큼 형벌을 받도록 방치(leaving)시키며 유기(abandonment)켜 버리십니다(신명기). 구약성경의 역사 곧 이스라엘의 역사가 사실 그대로 보여 주는 교훈은 누구든지 하나님과의 약속(언약)을 지켜 행하지 못하면 반드시 하나님의 분노와 질투 그리고 보복과 심판을 면할 수 없습니다. 그러므로 구약성경의 이야기는 사람으로 하여금 하나님을 두려워(Fear)하고 감히 하나님 앞으로 가까이 나아갈 수 없었습니다(롬 7:21~25).

여호와 하나님께서 모세에게 사명을 주시고 애굽의 바로 왕을 만나 협상하게 하십니다. 이스라엘을 출애굽시키기 위한 협상인데 바로는 모세의 요구를 들어주어 이스라엘을 애굽에서 내보내 주겠다는 약속을 하지만 곧바로 바로는 약속을 무효화 시킵니다. 바로가 약속을 어길 때마다 여호와 하나님께서는 즉시 애굽에 천재지변의 대재앙으로 보복하십니다. 모세와 바로의 협상은 열번 있었고 바로가 약속을 열번 모두 지키지 않음으로 애굽은 열가지 재앙이 발생합니다. 출애굽하는 이스라엘을 추격하는 바로의 정예대군이 홍해 바다에 몰살 당합니다(출 7장~12장, 출 14장).

이스라엘백성이 출애굽하여 광야에서 40년 동안 머물러 있을 때 사막의 오아시시가 고갈되어 심각한 갈증을 겪게 될 때 여호와 하나님께서 모세에게 명하시기를 '지팡이를 가지고 반석에게 명하여 물을 내라'(민 20:8~9)고 지시하셨습니다. 모세와 아론이 백성을 모아놓고 '반석은 물을 내라 하며 지팡이로 두 번 치매 반석에서 물이 많이 쏟아져 흘러 나와'(민 20:10~11) 백성들이 갈증을 해소하였습니다. 여호와 하나님께서 즉시 모세와 아론에게 하나님의 말씀을 불순종한 책임을 짊어지게 하셨는데 그것은 지팡이로 반석을 향하여 가리킬 것을 지팡이로 반석을 두 번 친 것의 차이지만 하나님께서 진노하사 하나님의 말씀대로 순종하지 않은 모세와 아론에게 불순종에 대한 책임을 짊어지고 약속의 땅 가나안으로 들어가지 못하고 약속의 땅 가나안이 바라보이는 곳에서 죽음을 맞이하라고 심판하십니다(민 20:12, 민 20:22~29, 신 34:1~12).

다윗은 일반백성들과 구별되는 경건한 인격자입니다. 그러나 다윗의 일생에 단 한 가지 오점을 남기는 잘 못을 범하는 죄를 짓게 되는데 그 것은 다윗 왕이 그의 신하 우리아의 아내 밧세바를 취하여 불륜관계를 맺고 우리아를 전장터에서 장렬하게 전사하게 한 다음 밧세바를 버젓하게 왕후로 맞이합니다(삼하 11장). 여호와 하나님께서 선지자 나단을 다윗에게 보내 엄중하게 책망하였습니다. 다윗은 그 자리에서 무릎을 꿇고 진심으로 회개를 하였습니다(삼하 12장). 그 후 다윗과 밧세바 사이에 생명이 태어나지만 곧 아기는 급성질병에 걸려 사경을 헤매다가 죽었습니다. 다윗은 아기의 생명을 살려 보려고 식음을 전폐하고 하나님께 기도를 하였습니다. 다윗 왕은 자신의 죄에 대하여 통렬하게 참회를 하였고 하나님께서는 다윗의 회개를 받아 주셨습니다. 그럼에도 하나님께서 다윗의 죄에 대하여 다윗의 잘 못을 용서해 주셨지만 그러나 다윗이 지은 죄악에 대하여 상응하는 형벌을 내리셨습니다(삼하 12:7~15).

여호와 하나님께서 사람으로 하여금 지은 죄에 대하여 반드시 상응하는 보응을 하시고 계시다는 사실을 인식시켜 주셨으므로 사람들은 감당할 수 없는 질병이나 실패 가난 재앙 같은 일이 생기면 그런 일에 대하여 생각하기를 누구의 죄악 때문에 대개는 조상 중의 누구의 잘 못으로 인하여 하나님께서 징벌의 한 수단으로 이런 일이 생겨나게 하셨다고 생각고 판단하려 하였습니다(요 9:1~41).

"제자들이 물어 가로되 랍비여 이 사람이 소경으로 난 것이 뉘 죄로 인함이오리이까 자기이오니까 그 부모이오리이까"(요 9:2)

그러나 신약성경의 이야기는 공의(Justice)의 개념이 가장 중요한 내용으로 하나님과 사람이 관계 안에서 하나님과 맺은 언약을 지켜 행하지 못하였을지라도 주 예수 그리스도께서 사람에게 부과된 의(義)를 이룰 수 있도록 다시 한 번 더 기회를 주시고 계십니다. 신약성경이 누차 강조하는 바로는 공의(公義)의 뜻과 의미를 깨닫고 알며 실행에 옮길 경우 그 사람에게는 최후의 마지막 희망이 확실하게 있다는 진리입니다.

구세주 예수 그리스도께서 인류에게 공의의 개념 안에서 희망을 주시고 계심은 구약시대의 서슬 시퍼런 죄와 사망의 법을 폐지시켜 놓으시고 그 대신에 구원의 법과 영생의 법을 제정해 놓으셨다는 사실입니다(롬 8:1~11).

"이제는 우리 구주 그리스도의 나타나심으로 말미암아 나타났으니 저는

사망을 폐하시고 복음으로써 생명과 썩지 아니할 것을 드러내신지라"(딤후 1:10)

하나님의 아들 구주 예수 그리스도께서 친히 구원의 법과 영생의 법을 만드시고 제일 먼저 그 법대로 믿음의 사람들을 구원하기 위하여 십자가에서 고난을 당하셨다가 다시 죽음을 이기시고 다시 부활하시는 모범을 친히 보여 주셨습니다.

부활하신 주 예수 그리스도께서 제자들과 모든 믿음의 사람들에게 특별한 명령을 내려 주셨습니다. 지체하지 말고 온 천하에 다니면서 사람들에게 구원의 법과 생명의 법에 의하여 사람들이 구원받고 영생하는 존재가 되어 하나님의 나라에서 영원무궁토록 더불어 존재하는 인격자가 되라고 이렇게 기쁘고 좋은 소식을 온 천하 만민에게 전하여 주라는 특별한 사명을 주셨습니다(마 28:16~20).

주 예수 그리스도를 직접 만나보지 못한 사람에게도 이스라엘 사람이 아닌 다른 나라 사람이라도 누구든지 다 주 예수 그리스도를 진실로 믿으면 그런 믿음을 주 예수 그리스도께서 알고 계시고 인정해 주시고 받아 주시고 계시다는 뜻과 의미로 확실한 표적을 나타내 보여 주십니다.

"믿는 자들에게는 이런 표적이 따르리니 곧 저희가 내 이름으로 귀신을 쫓아내며 새 방언을 말하며 뱀을 집으며 무슨 독을 마실지라도 해를 받지 아니하며 병든 사람에게 손을 얹은즉 나으리라 하시더라"(막 16:17~18)

주 예수 그리스도께서 복음을 통하여 누구든지 구원받고 영생할 수 있는 최후의 공의를 베풀어 주시고 계시는데 참으로 안타깝고 불쌍한 일은 사람들이 자기에게 주어진 마지막 기회를 선용하지 못하고 있다는 사실입니다. 육신의 몸을 입고 육체의 생명이 다할 때까지 얼마 남지 않은 아주 고귀한 시간에 그 사람에게 주어진 마지막의 기회를 믿음이 없어 그냥 놓쳐 버린다면 이런 사람이야말로 세상에서 가장 불행한 사람입니다.

구세주 예수 그리스도께서 구원받을 사람들을 위하여 그런 사람들의 죄와 허물을 모두 뒤집어쓰시고 십자가에서 고난당하시는 바로 그 옆자리에 두 명의 죄수도 같이 죽음의 형벌을 받게 됩니다. 참으로 기이한 일이 벌어졌는데 예수님을 가운데 두시고 양쪽 가로 십자가에 매달린 두 명의 죄수가 자기들과 똑같이 예수 그리스도께서 십자가형을 받고 죽어가는 최후의 시간(기회)에 하나는 예수님을 향하여 조소하고 놀려대는 말투로 비웃고 있습니다(눅 23:39).

"믿고 세례를 받는 사람은 구원을 얻을 것이요 믿지 않는 사람은 정죄(crimes and circumstances)를 받으리라"(막 16:16)

다른 한 사람 죄수는 자기의 동료죄수를 향하여 꾸짖고는 예수님을 향하여 애원하듯이 자기를 구원하여 주시기를 애절하게 호소합니다(눅 23:40~42).

"예수께서 이르시되 내가 진실로 네게 이르노니 오늘 네가 나와 함께 낙원에 있으리라 하시니라"(눅 23:43)

복음의 진수(Gospel essence)는 누구든지 자기의 생명이 최후라고 하는 마지막 순간에도 진심으로 구세주시며 생명의 주님께 호소하면 구원하여 주시고 생명을 영원하도록 살려주시는 은총을 베풀어 주십니다.

"……내가 어떻게 하여야 구원을 얻으리이까 하거늘 가로되 주 예수를 믿으라 그리하면 너와 네 집이 구원을 얻으리라 하고"(행 16:30~31)

구약의 율법이라고 하는 절대 변개함이 없이 그대로 실행되는 준엄한 법, 죄와 사망의 법을 신약에서 구원과 생명의 법으로 대체(exchange)시켜 놓는 까닭에 대하여 범상한 인간이 어찌 깨달아 알 수가 있으랴.

하나님의 아들 주 예수 그리스도께서 마리아에게서 성령으로 잉태하시고 탄생하셔서 나사렛 동리에서 인간으로는 가장 낮고 비천하리만큼 가난하게 병약하게 생활하시고 공생애를 통하여 공의를 베풀어 주시면서 구세주로 사역을 완전하게 수행하신 하나님의 아들을 인하여 아버지 하나님께서 존귀와 영광을 받으시기 위함입니다.

“너희가 내 이름으로 무엇을 구하든지 내가 시행하리니 이는 아버지로
하여금 아들을 인하여 영광을 받으시게 하려 함이라 내 이름으로 무엇이
든지 내게 구하면 내가 시행하리라 너희가 나를 사랑하면 나의 계명을 지
키리라”(요 14:13~15)

11 언약의 피

언약의 표식

옛날 사람들은 관계 안에서 중요한 약속을 할 때는 사람의 피(blood)나 짐승의 피를 통해서 생명과 생명으로 결탁된 맹약(pledge)을 맺었습니다. 하나님과 이스라엘 백성도 양의 피를 뿌려 표식을 함으로써 하나님께서 애굽에 내리는 죽음의 재앙으로부터 안전을 보장받는다는 약속을 하셨습니다(출 12:1~14).

하나님께서 이스라엘과 시내산에서 언약을 맺으실 때 하나님과 이스라엘의 대표자 모세와 맺은 언약서를 백성에게 낭독한 다음 짐승의 피를 취하여 백성들에게 뿌림으로써 하나님과 이스라엘 민족은 피로 맺은 다시 말하자면 생명과 생명으로 결탁된 언약을 정식 체결한 것으로 공식화하였습니다(출 24:1~8).

주 예수 그리스도께서 사람의 죄를 대속(代贖)하시려고 희생제물이 되심은 모든 믿음의 사람에게 공평하게 적용될 것임을 약속하시면서 언약의 피로써 영원히 변하지 아니하는 주 예수 그리스도의 약속의 징표를 믿음으로 기념하도록 성만찬 예식을 제정하셨습니다(마 26:17~29).

"이것은 죄 사함을 얻게 하려고 많은 사람을 위하여 흘리는바 나의 피 곧 언약의 피니라"(마 26:28)

성경(The Bible)을 언약(covenant)이라고 정의(definition)하여 구주 예수 그리스도께서 성육신하시기 이전의 말씀을 구약(Old Testament)이라고 합니다. 예수 그리스도께서 탄생하신 이후에 기록된 말씀이 신약(New Testament)입니다. 성경66권의 책을 구약과 신약으로 확실하게 구분하여 놓은 까닭은 무엇일까요? 그것은 구약성경에 기록되어 있는 언약의 내용과 신약성경에 기록된 언약을 성취하는 전과정을 확실하게 기록해 놓으려는 것입니다.

신약성경 히브리서 1장~10장까지 읽어 보면 자세하게 알 수 있습니다.

구약의 특징은 소극적입니다. 구약은 사람의 죄를 용서받기 위하여 하나님께 드리는 제사의 제물이 사람의 생명을 대신하는 대용물로서 짐승을 바칩니다. 이 세상에 단 하나밖에 없는 사람의 생명을 제물로 직접 바칠 수 없었기 때문에 부득불 짐승의 생명을 사람의 생명으로 대신하게 하는 것입니다. 구약은 하나님께서 사람 가운데서 선택한 선지자를 보내 하나님의 말씀을 하나님을 대신하여 백성에게 선포하도록 하셨습니다.

수창자(首創者)와 수종자(隨從者)

"내가 말하노니 그리스도께서 하나님의 진실하심을 위하여 할례의 수종자(隨從者)가 되셨으니 이는 조상들에게 주신 약속들을 견고케 하시고 이방인으로 그 긍휼하심을 인하여 하나님께 영광을 돌리게 하려 하심이라 기록된바 이러므로 내가 열방 중에서 주께 감사하고 주의 이름을 찬송하리로다함과 같으니라"(롬 15:8-9).

영원무궁하도록 스스로 존재하시고 계시는 하나님께서 피조물을 창조하시고 모든 피조물과 거룩한 언약(약속)을 맺으셨습니다. 자기의 존재가 건재(健在)하고 있다는 사실을 또한 존재하는 상대방이나 다른 사물들로부터 인정을 받는 것이 존재론에서 가장 중요한 주제(thema)요 내용(contents)이며 문제(problem)입니다.

하나님께서 구약시대는 믿음의 조상 아브라함의 후손들(이스라엘)을 선택하시고 언약을 맺으시고 선택민족이 언약을 지켜 행하며 살아가는 법도(法道)를 제정하시고 실행하며 살아가라고 명령하신 것이 구약(Law in the Old Testament)입니다.

하나님께서 신약시대는 누구든지 주 예수 그리스도를 하나님의 아들이요 구세주로 믿고 그리스도 예수의 하나님 아버지에 대한 경외심과 말씀을 지켜 행하는 순종하는 믿음의 모범을 본받고 그렇게 살아가는 사람의 법도를 제정하신 것이 신약(Law in the New Testament)입니다.

예수 그리스도를 하나님의 아들로 구세주로 믿는 신약시대의 많은 사람들이 구약의 말씀(Old Testament)에 대하여 지켜 행할 아무런 의무나 책임이 없다는 듯이 구약을 소홀하게 여기는 경향(傾向)이 있습니다.

주 예수 그리스도를 할례의 수종자(Minister in the Old Testament)라 함은 예수 그리스도께서 구약의 말씀에 대하여 철저하게 지켜 행하심을 직접 보여 주심으로서 구약이나 신약이나 다 같이 거룩한 약속(Hallowed Testament)으로 하나님께서 진실하시고 성실하시게 약속을 성취시켜 주시고 계신다는 확인입니다. 아버지 하나님께서도 약속을 철두철미하게 지켜 행하심 같이 아들 예수 그리스도께서도 약속을 지켜 행하심으로 온전하게 성취시키고 있습니다.

그러나 사람들은 약속을 지켜 행함에 있어 자기의 유익을 먼저 구하고 절대로 손해가지 않으려고 약속을 지킬 의무와 책임을 회피(回避)하려고 입니다.

약속을 지켜 행할 의무와 책임

"네 하나님 여호와께서 원하시거든 갚기를 더디게 하지 말라 네 하나님 여호와께서 반드시 그것을 네게 요구하시리니 더디면 네게 죄라"(신 23:21)

신약의 특징은 매우 적극적입니다. 사람 가운데서 선택한 선지자가 아니라 성자 하나님을 직접 이 세상에 보내셔서 하나님을 믿는 사람들을 주 예수 그리스도께서 직접 구원하시고 계십니다. 구약의 속죄제사(Sin Offering)는 임시적인 제사에 불과하지만 신약의 속죄제사는 단번에 하나님의 아들이 자기의 생명을 십자가에서 희생과 제물(Sacrifices and Offerings)로 바치심으로 속죄제사를 온전케 하셨습니다.

예수 그리스도께서 고난 받으시고 죽음을 이기시고 부활하신 후 사십 일 지나 승천하시고 그 날로부터 열흘 후에 초대교회 사도와 및 성도들은 성령을 충만하게 받고부터 제자들이 주님께로부터 받은 사명(Mission)을 주도적으로 사역(employment)하기 시작하였습니다.

구약시대는 하나님의 생명 곧 성령을 백성에게 직접 부어 주시지 않았습니다(욜 2:28~32).

신약시대의 막이 오르는 시작부터 하나님께서는 사도와 및 믿음의 성도들에게 제일 먼저 하나님의 생명 곧 성령을 충만하게 부어 주시고 계십니다(행 2:1~47).

신약의 교회(기독교)는 구약을 대표하는 유대교의 역사와 전통을 계승하는 구약의 제사를 드리지 아니하고 주님께서 제정하신 성만찬(Communion-나눔)을 거룩하게 구별하여 기독교의 새로운 예배의식으로 개혁하여 놓았습니다(히 5장~10장).

"이런 것은 먹고 마시는 것과 여러 가지 씻는 것과 함께 육체의 예법만 되어 개혁(Reformed)할 때까지 맡겨 둔 것이니라"(히 9:10)

유대교의 역사와 전통 곧 율법을 존중하는 유대인들이 주 예수 그리스도를 진실로 믿고 싶은데 문제는 신약의 교회가 유대교의 가장 거룩한 제사를 드리지 않고 성만찬으로 대신하고 하나님의 말씀을 교육하는 것에 대하여 의문을 제기(bringing) 하게 됩니다.

히브리서는 주 예수 그리스도를 믿는 기독교는 왜 유대교의 전통적 예식인 구약의 제사를 드리지 않는 것인가, 왜 구약의 율법에 충실하지 않는 것인가 하는 질문에 대한 변증(demonstration)을 하고 있습니다.

구약의 속죄제사는 매년 드리는 절기가 정해져 있으며 특별한 경우 속죄의 제사를 드릴 필요가 있을 때 개인적으로 속죄의 제사를 드려야 합니다. 구약의 제사는 거룩하신 하나님과의 약속(언약)을 맺고 지켜 행하는 믿음으로 예식을 거행하였으므로 구약의 약속(언약) 개념을 알고 이해할 수 있다면 제사의 종류에 대하여도 정확하게 알 수 있습니다.

그 계약은 반드시 언제부터 언제까지라는 유효기간이 정해져 있는데 만약 유효기간이 경과되면 계약의 법적 효력이 끝나게 되므로 계약을 계속 맺고 유지하기를 원한다면 특성상 다시 재계약을 해야만 합니다. 구약의 속죄 제사는 불완전한 계약과 같은 것이므로 특성상 매년 정해진 절기에 맞추어 거룩한 제사의식을 거행함으로써 언약(약속)을 다시 연장하고 갱신하는 효과가 있게 됩니다.

하나님과 맺은 언약(약속)을 지켜 행하지 못한 사람의 죄와 허물의 사함을 받기 위하여 매년 짐승(수송아지, 양, 염소)으로 하나님께 인간의 죄를 사함 받는 속죄의 제사를 드려야 합니다. 그러나 구주 예수 그리스도께서 직접 십자가에서 죽음을 당하여 사람의 생명을 직접 하나님께 바치는 온전한 제사를 드림으로 구약의 속죄 제사는 의미가 없게 됩니다. 다시 말해 매년마다 계약을 갱신해야만 하는 번거로움이 항구적으로 효과가 있는 온전한 계약으로 말미암아 매년 갱신하던 법은 유명무실하게 되고 자동 폐기되는 것과 똑같습니다.

"제사장마다 매일 서서 섬기며 자주 같은 제사를 드리되 이 제사는 언제든지 죄를 없게 하지 못하거니와 오직 그리스도는 죄를 위하여 한 영원한 제사를 드리시고 하나님 우편에 앉으사 그 후에 자기 원수들로 자기 발등상이 되게 하실 때까지 기다리시나니 저가 한 제물로 거룩하게 된 자들을 영원히 온전케 하셨느니라"(히 10:11~14)

구약의 제사 특징은 하나님께 제사를 드린 후 제물을 나눔으로 언약을 맺고 지키는 똑같은 처지의 사람들이 모여 친교(Communion)하는 뜻과 의미를 나타냈습니다. 소제와 번제는 생명을 하나님께 거룩하게 구별하여 바침을 뜻하고 상징하기 때문에 제물을 태워 연기가 하늘로 올라가게 하였습니다(레 1장~ 2장). 화목제(레 3장), 속죄제(레 4장), 속건제(레 5장)의 제물은 제사장과 제사 드리는 사람이 나눔으로 친교를 하였습니다.

그러나 신약에서는 예수 그리스도의 몸을 상징하는 떡과 예수 그리스도의 피를 상징하는 포도주를 예배 참석자들이 나눔으로 하나님과 성도의 친교는 절정에 달하였습니다. 구주 예수 그리스도에 의하여 단번에 속죄를 받게 된 것이고 그로 인하여 영원한 구원에 들어갈 수 있게 된 사실을 기뻐하며 즐거워하며 성도 간에 친교를 하였습니다.

기독교는 성만찬 예식을 거룩하게 구별하여 드립니다. 구주 예수 그리스도께서 성도의 죄와 허물에 대하여 대신 죄의 값을 온전하게 치르시고 십자가에서 죽으신 후 사흘 만에 부활하셨습니다. 예수 그리스도의 단번에 드린 완전한 속죄제사로 말미암아 주 예수 그리스도를 믿는 성도의 죄와 허물이 영원히 속함을 받게 된 일과 죄 없는 거룩한 사람의 인격으로 다시 태어나 하나님의 나라에 들어가 영생복락을 얻고 누리게 되었습니다.

예수 그리스도로 말미암는 구속의 사실을 성도가 모여 다같이 기뻐하고 즐거워하며 더 가까운 사이의 성도로 친교를 하는 나눔의 행사가 곧 성만찬의 예식인 것입니다. 구약시대를 대표하는 유대교의 제사의 뜻과 의미와 신약시대를 대표하는 기독교의 성만찬의 뜻과 의미가 이해(understanding)될 것입니다.

언약의 피

그럼에도 이미 법적 효력이 무의미하게 되어버린 낡은 계약에 미련을 가지고 연연하는 것은 진리를 몰라도 한참 모르고 있는 것입니다(히 10:1~18).

"오직 그리스도는 죄를 위하여 한 영원한 제사를 드리시고 하나님 우편에 앉으사 그 후에 자기 원수들로 자기 발등상이 되게 하실 때까지 기다리시나니 저가 한 제물로 거룩하게 된 자들을 영원히 온전케 하셨느니라 또한 성령이 우리에게 증거하시되 주께서 가라사대 그날 후로는 저희와 세울 언약이 이것이라 하시고 내 법을 저희 마음에 두고 저희 생각에 기록하리라 하신 후에 또 저희 죄와 저희 불법을 내가 다시 기억지 아니하리라 하셨으니 이것을 사하셨은즉 다시 죄를 위하여 제사드릴 것이 없느니라"(히 10:12~18)

새 언약(New Covenant)은 거룩한 만찬(晚餐) 형식으로 거행되면서 중요한 뜻과 의미로 몸(떡)과 피(포도주)를 구체적으로 언급하는 것은 기독교 공동체가 주 예수 그리스도를 통하여 모든 믿음의 사람들이 예수 안에서 한 몸을 이루는 하나님과 성도의 새로운 관계의 본질을 뜻하고 의미하는 것입니다.

"우리가 축복하는바 축복의 잔은 그리스도의 피에 참예함이 아니며 우리가 떼는 떡은 그리스도의 몸에 참예함이 아니냐 떡이 하나요 많은 우리가 한 몸이니 이는 우리가 다 떡에 참예함이라"(고전 10:16~17)

주 예수 그리스도의 언약의 피를 기념하는 성도는 하나님께서 성도에게 언약한 것을 하나님께서 완전하게 충족시켜 주시고 계심을 믿게 됩니다. 또한 주 예수 그리스도로 말미암아 하나님과 성도가 맺은 언약을 성도가 주 예수 그리스도의 희생으로 인하여 성도가 하나님께 충족시켜 드려야할 언약을 지금까지 다 성취한 바로 간주(看做)받게 되며 앞으로도 계속하여 하나님과 맺은 언약을 잘 지켜 행하며 살아갈 것을 믿음으로 다짐하는 뜻과 의미가 있습니다.

"하나님이 죄를 알지도 못하신 자로 우리를 대신하여 죄를 삼으신 것은 우리로 하여금 저의 안에서 하나님의 의(Righteousness of God)가 되게 하려 하심이니라"(고후 5:21)

주 예수 그리스도께서 최후의 만찬에서 언약의 피를 기념하게 하신 뜻과 의미를 이해하는 성도라면 하나님과 맺은 언약(약)에 신명(神命)을 다하여 지켜 행하여야 합니다. 뿐만 아니라 사람과 사람의 대인관계도 누구보다 약속을 솔선수범하는 모범을 직접 보여주는 그리스도의 사람이 되어야 합니다.

"모세가 피를 취하여 반은 여러 양푼에 담고 반은 단에 뿌리고 언약서를 가져 백성에게 낭독하여 들리매 그들이 가로되 여호와의 모든 말씀을 우리가 준행하리이다 모세가 그 피를 취하여 백성에게 뿌려 가로되 이는 여호와께서 이 모든 말씀에 대하여 너희와 세우신 언약의 피니라"(출 24:6~8, 마 26:28, 막 14:24, 눅 22:20, 고전 11:25)

인류문명의 발전은 준법이 우선하는 세상으로 변하여 왕(지도자)과 백성(사람)이 서로 대등한 관계로 법이라는 약속을 서로 잘 지켜 행하여야 하는 의무와 책임이 주어집니다. 그리스도께서 제정하신 최후의 만찬을 통한 〈피의 언약〉은 하나님과 사람이 관계 안에서 맺은 언약(율법)의 성취된 마침이 됩니다.

"그리스도는 모든 믿는 자에게 의를 이루기 위하여 율법의 마침이 되시니라"(롬 10:4)

율법의 마침(end of law)은 하나님과 믿는 사람 사이에 서로 부과시켜 놓은 요구와 조건을 충족시켜 주어야 하는 의무와 책임의 약속이 다 이루어 졌음을 의미합니다.

성만찬(Communion)을 통하여 하나님과 믿음의 사람은 문자 그대로 친밀한 우호관계임을 나타내는 것입니다. 성만찬에 참예하는 사람은 구주 예수 그리스도를 통하여 죄를 다 사함 받았으며 죽음을 이기고 부활하신 그리스도와 함께 생명이 영원히 살아 하나님의 복락을 얻고 누리는 영생의 나라에 들어갈 자격을 얻었습니다.

이 세상에서의 삶에도 성령을 충만히 받고 한 차원 더 높은 삶의 질적 변화를 받을 수 있으며, 성령의 교통을 통하여 하나님과의 영적 교통이 얼마든지 가능하게 된 것입니다(고후 13:13). 그러므로 떡과 잔에 참예하는 그리스도인은 하나님과의 영적 결합을 더욱 공고히 할 필요가 있는데 그 것은 교회를 든든히 세우는 일입니다(엡 1:15-23). 성만찬에 참예하는 모든 그리스도인은 주 안에서 한 몸을 이루는 지체(the limbs and the body)가 서로 상합(相合)하는 긴밀한 관계 안에서 교제하며 교류하고 서로 돕고 도움을 받는 한몸과 같은 존재가 되어야 합니다.

그리스도인의 주 안에서 친교는 그리스도의 대속(代贖)의 죽으심을 만민에게 전파하여 누구든지 주 예수 그리스도를 영접하고 믿음으로 구원받게 하는 전도 및 선교의 사명을 완수해야 하며 동시에 그리스도께서 재림하실 때까지 변함없이 주 안에서 한 몸같이 서로 사랑하며 교제하는 것을 계속해야 합니다.

"너희가 이 떡을 먹으며 이 잔을 마실 때마다 주의 죽으심을 오실 때까지 전하는 것이니라"(고전 11:26)

12 회개

회개의 사전적인 뜻과 의미

"나 주 여호와가 말하노라 이스라엘 족속아 내가 너희 각 사람의 행한대로 국문할지라 너희는 돌이켜 회개하고 모든 죄에서 떠날지어다 그리한즉 죄악이 너희를 패망케 아니하리라"(겔 18:30)

하나님과 사람이 약속을 함으로써 이제부터는 그 약속을 지켜 행하는 법과 윤리와 도덕이라는 의무와 책임이 주어지게 됩니다. 크든지 작든지 중요하든지 대수롭지 않은 약속이라도 일단 지켜 행하지 않았다면 그것은 언필칭 잘못이며 죄라고 단정을 지어도 할 말이 없습니다.

사람은 일상생활 속에서 얼마나 약속을 많이 하고 또 그 약속을 얼마나 많이 지켜 행하지 않고도 전혀 죄의식을 갖지 않고 살아갑니다. 자비하시고 인자하시며 긍휼하신 사랑의 하나님과 사람이 믿음이라는 관계 안에서 약속을 하였으면 어떤 일이 있어도 약속을 지켜 행하여야 할 법적 윤리적 도덕적인 의무와 책임이 있습니다.

만일 하나님과의 약속을 어떤 사정이 있어 지켜 행하지 못하였다면 정직하고 솔직함으로 자신의 잘못을 시인하고 다시 한 번 더 약속을 지켜 행할 수 있는 기회를 주시기를 바라는 마음으로 회개(悔改)를 하면 인자하신 하나님(loving kindness of God))께서 부모의 긍휼하신 마음으로 회개(repentance)를 받아 주실 뿐만 아니라 다시 한 번 더 약속을 지킬 수 있는 기회(opportunity)를 주십니다.

조직신학(Essentials of Systematic Theology)의 구원론(Salvation)에서 구원의 몇 단계로 설명되는 회심(Conversion) 및 회개(Repentance)의 개념으로 뜻과 의미를 이해할 수 있습니다.

"하나님의 뜻대로 하는 근심은 후회할 것이 없는 구원에 이르게 하는 회개를 이루는 것이요 세상 근심은 사망을 이루는 것이니라"(고후 7:10)

죄(sin)는 목표지점을 향하여 반듯하게 가다가 궤도를 이탈하여 옆으로 빗나가 목표지점과 점점 멀어져 가는 것입니다. 회개(repentance)는 목표를 향하여 가는 궤도를 이탈해 빗나간 지점에서 다시 원위치로 되돌아가 본래의 목표를 향하여 가는 본래의 궤도로 다시 진입하여 본래 의도한 그대로 반듯하게 목표 지점을 향하여 진행하는 것입니다.

사람은 고등인격(高等人格)을 가진 존재이기 때문에 잘못을 스스로 뉘우치는 일에 대하여 자존심이라는 존재의 위상에 타격을 입기 때문에 자기의 잘못을 스스로 시인하는 것이 쉽지 않습니다. 다른 사람의 지적을 받고 잘못을 인정한 후 똑 바르게 살아간다는 것은 더욱더 곤혹스런 일입니다. 사람의 인격을 형성하는 속성 가운데서 잠재능력이 우수한 사람일수록 자기의 존재에 대하여 우월성을 뽐내기 때문에 다른 사람이 볼 때 교만(pride)이라고 빗대어 말합니다.

재능이 우수한 사람들 즉 음악적 소질이 우수하든지 그림을 잘 그린다든지 체육을 잘하고 공부를 잘하는 사람들은 자기는 잘 모르지만 제삼자가 볼 때 교만한 성품이 많이 나타나는 것입니다. 재능(才能)이 우수한 사람일수록 자신의 잘못을 지적해 주면 대단히 자존심 상하는 것이므로 재능이 우수한 사람이 잘못한 일에 대하여 반성하라든지 시정하라고 주의를 주면 대단히 곤혹스러워하고 치욕스러워합니다. 천재(天才)라고 우월감을 가지고 있는 1등만 하는 학생이 혹시 시험성적이 떨어져 2등 혹은 3등으로 떨어지면 그것을 치욕으로 받아들여 자살까지 하는 학생들이 있습니다.

하나님과 사람이 계약관계 안에서 약속을 어긴 사람에 대하여 하나님께서는 약속을 위반한 사람에게 잘못을 시인하게 하고 다시는 그런 실수나 잘 못을 범하지 않겠다는 엄중한 약속을 받아 놓으시려 합니다(겔 18장).

"나 주 여호와가 말하노라 이스라엘 족속아 내가 너희 각 사람의 행한 대로 국문할지라 너희는 돌이켜 회개하고 모든 죄에서 떠날지어다 그리한즉 죄악이 너희를 패망케 아니하리라 너희는 범한 모든 죄악을 버리고 마음과 영을 새롭게 할지어다 이스라엘 족속아 너희가 어찌하여 죽고자 하느냐 나 주 여호와가 말하노라 죽는 자의 죽는 것은 내가 기뻐하지 아니하노니 너희는 스스로 돌이키고 살지어다"(겔 18:30~32)

기독교는 회개하는 종교

우상(image)을 신(god)으로 섬기는 우상종교(paganism)는 회개라는 개념이 없습니다. 우상종교는 본질적으로 인간이 우상을 만들어 놓고 인간의 생각과 행동에 대하여 일방적으로 의롭다고 부추겨 주면서 인간이 바라는 그대로 복을 내려주는 역할만 하면 그만입니다. 우상종교는 처음부터 우상과 인간 사이에 약속(언약)이 존재할 필요가 없고 일방적으로 인간이 바라고 요구하는 복을 내려 주기만 하면 되고 사람의 생각과 말과 행동에 대하여 찬성(support)만 해주면 우상의 역할은 다 하는 것입니다.

이 세상에는 많은 종교가 있지만 유독 유일신 하나님을 믿는 기독교만 모든 신자에게 강요하기를 절대주권자이신 하나님 앞에 나아가 자신의 잘못과 죄와 허물을 진심으로 회개할 것을 가르치고 또 요구하고 있습니다.

242

우상종교는 사람이 도적질을 하든지 사기를 치든지 나쁜 일을 하든지 상관없이 그런 행위에 대한 자기의 변명, 즉 나름대로 변명할 수 있는 정의를 앞세워 우상(神)앞에 제물을 많이 차려 놓든지 아니면 재물을 많이 기부하든지 하면 우상은 그런 사람에게 아낌없이 축복을 해 준다고 믿는 것입니다.

세상의 많은 종교 가운데 유일신 하나님(Monotheism God)을 믿는 기독교만 하나님 앞에서 사람이 잘못(약속을 지키지 못한 일)을 진심으로 회개합니다.

"회개하라 천국이 가까왔느니라 하였으니"(마 3:2)

기독교 예배의식의 순서는 제일 먼저 하나님 앞에 회개를 먼저 해야 합니다. 왜냐하면 하나님(God)은 죄가 없으시고 거룩하신 존재이시기 때문에 사람이 하나님 앞으로 나가려면 제일 먼저 자신의 죄와 허물에 대하여 잘못을 고백하고 죄를 용서해 주시기를 바라는 회개의 기도를 해야만 합니다.

하나님께서는 죄와 허물이 있는 사람은 절대로 가까이 하지 않으십니다. 왜 그런가 하면 죄인과 하나님께서 같이 있게 되면 죄가 없으신 하나님께서도 싸잡아서 죄인 취급을 받게 되기 때문입니다.

회개는 주 예수 그리스도께서 가르쳐 주신 기도문 중에 들어 있습니다(마 6:9~13).

"우리가 우리에게 죄 지은 자를 사하여 준 것같이 우리 죄를 사하여 주옵시고 우리를 시험에 들게하지 마옵시고 다만 악에서 구하옵소서 나라와 권세와 영광이 아버지께 영원히 있사옵나이다 아멘"(마 6:12~13)

그리스도인은 기도할 때마다 맨 처음에 자기의 죄와 허물을 하나님께 자복하고 용서해 주시기를 간구하며 죄를 완전하게 사면하여 주시기를 반드시 기도합니다. 구약시대나 신약시대나 사람이 하나님께 예배(제사)를 드릴 때는 가장 먼저 속죄의식을 거행하였습니다(레 4장~5장).

기독교가 유독 인간의 죄와 허물에 대하여 속죄받기를 갈망하는 이유는 여호와 하나님께서 거룩(Summum bonum)하신 최고의 완전하신, 선하시기 때문입니다. 하나님께서 거룩하시니 사람도 마땅히 거룩해야 하는데 이 말씀은 곧 하나님의 성품을 닮는 인격자가 되라는 말씀입니다.

"기록하였으되 내가 거룩하니 너희도 거룩할지어다 하셨느니라"(벧전 1:16)

많은 그리스도인들을 살펴보면 하나님을 믿는 목적이 하나님의 인격을 닮아가는 데까지 나아가려는 사람이 있지만 극히 적은 사람들일 뿐이고 거의 대부분의 사람들은 단지 자기의 희망사항을 하나님께서 전적으로 응답해 주시기를 바라면서 신앙생활을 하는 사람들이 많이 있습니다.

회개의 뜻과 의미가 퇴색되어 감

옛날에는 예배의식을 통하여 하나님과 예배드리는 사람이 매일같이 약속을 지켜 행하며 살아가는 경건한 만남과 친교가 이루어졌습니다.

"그 입에는 진리의 법이 있었고 그 입술에는 불의함이 없었으며 그가 화평과 정직한 중에서 나와 동행하며 많은 사람을 돌이켜 죄악에서 떠나게 하였느니라"(말 2:6)

현대에 와서는 하나님과 함께하는 친교의 예배의식이 보다 인간중심적인 인간의 바라고 요구하는 조건을 충족시켜 주는 인간중심의 예배의식으로 변질되고 있습니다. 그리스도인들의 생활수준이 향상되어가고 물질의 소유를 많이 하는 소위 경제적 중산층이 많아지면서 기독교는 알게 모르게 인본주의와 유물론주의에 빠지면서 신앙의 가치관이 여호와 하나님 중심으로 살아가는 것보다 자기중심으로 살아가는 형태로 변질되어 가고 있습니다. 하나님과 사람이 예배를 통하여 거룩한 만남과 친교가 이루어지는 것이 아니라 단지 자기 자신의 만족이나 기쁨을 얻고 누리기 위하여 예배의식도 인간의 정의 곧 자기 좋을 대로 변질 되어 가고 있는 것입니다.

그러니까 한 마디로 말해서 일반적인 정의의 개념이 기독교인들에게 널리 인식되어 있어 인본주의 정의가 마치 성경의 정의인 것처럼 그렇게 알고 이해하고 또 가르치고 있게 때문에 기독교는 어느 사이에 다른 종교들과 유사한 종교형태로 변질 되어버린 것입니다(요 4:20~23).

다시 강조하지만 오늘날의 기독교가 사람이 바라보는 시각적 효과를 극대화 시켜주는 외형상으로는 초대형화 되어 있지만 반면에 영적으로는 우둔해져서 영이신 하나님을 바라볼 수도 만나볼 수도 없게 되어 있습니다.

"하나님은 영이시니 예배하는 자가 신령과 진정으로 예배할지니라"(요 4:24)

하나님께 예배를 드리며 친교(동거, 동행, 동업)하는 사람은 하나님의 거룩하신(완전하신) 인격을 닮아가려고 최선을 다하는 신앙생활을 해야 합니다. 기독교의 예배의식이 일반적 개념의 정의로 변질되어 오로지 자기에게만 기쁨이나 즐거움 만족이 충족되면 하나님의 은혜를 많이 받은바 되었다고 일방적으로 믿게 되지만 그렇지 못하고 예배를 통하여 그리고 설교를 들으면서 자기의 기쁨이나 즐거움이나 만족이 충족되지 못하고 잘못을 지적당하여 회개하라는 설교를 들으면 안색이 변하고 짜증내며 자기가 바라는 그런 은혜를 못 받았다며 불쾌해 하고 예배분위기를 탓하고 담임목사의 자질문제까지 거론합니다.

기독교는 처음부터 끝까지 어떤 일 있어도 절대 변하지 않고 약속(Testament)이라는 내용(contents)이 중심에 자리 잡고 있습니다. 기독교의 신앙생활은 하나님과 사람이 관계 안에서 맺은 언약을 서로 간에 지켜 행함으로써 약속을 충족시켜 주기 위하여 최선의 노력을 다하는 삶의 현장입니다. 항상 회개를 통하여 약속을 얼마나 지키고 있는 가를 확인하게 되는 것입니다. 회개는 인간이 하나님 앞에서 고백하는 의식인데 요즘의 인본주의교회는 하나님 앞에서 회개하지 않으며 오로지 축복만 빌어주는 예배를 드립니다.

목사가 분위기 파악을 못하고 교인들에게 하나님 앞에서 회개하라고 외치다가는 자기들이 무엇을 잘못한 것이 있냐며 거세게 항의를 합니다. 회개는 사람 앞에서 고백하는 것이 아니라 오직 하나님 앞에서 자기의 잘못과 지은 죄를 고백하고 사함 받아 하나님 안에 거하고 하나님과 동행하며 하나님과 동업하는 신앙생활의 근본입니다. 회개를 하지 못하는 아니 아예 회개라는 개념조차 생각하지 않는 교회는 외형상으로 거창하고 화려하고 성공한 것 같이 보여도 그런 현상은 단지 모래성에 불과한 것뿐이고 바벨탑 같은 참담한 종말을 맞이할 것이며 나아가서는 사사기시대 350년의 치욕스러운 역사의 전철을 더 참혹하게 밟아야 할 위기를 자청해서 당하게 될 것입니다.

"베드로가 가로되 너희가 회개하여 각각 예수 그리스도의 이름으로 세례를 받고 죄 사함을 얻으라 그리하면 성령을 선물로 받으리니"(행 2:38)

구약의 욥은 진실로 하나님께 회개를 하는 경건한 신앙인이었습니다(욥기). 어느 날 갑자기 찾아온 재난으로 인하여 가족이 다 죽고 재산을 다 빼앗기고 욥 자신도 질병으로 시달림을 당할 때 그의 친구들이 찾아와 욥을 위로한답시고 대화를 합니다. 친구들이 욥에게 추궁하기를 욥은 사람 앞에서는 죄 없이 경건하다고 변명할 수 있겠지만 하나님 앞에서는 여죄를 숨길 수 없는 노릇이므로 하나님 앞에서 욥이 지은 은밀한 죄까지 솔직하게 회개를 하고 용서를 받으라는 취지로 친구들이 집요하게 충언을 해 줍니다. 그러나 욥은 하나님 앞에서 징계를 받을 만큼 부끄러운 죄를 지은 사실이 없다고 자신을 변호합니다.

욥기의 말미에 여호와 하나님께서 폭풍 가운데서 나타나시어 욥을 심문하시기를 과연 욥은 하나님 앞에서 죄가 없느냐고 질타하십니다(욥 38장~42장). 욥은 하나님 앞에서 낮아지고 낮아진 자세로 진심으로 회개를 하였습니다.

"그러므로 내가 스스로 한하고 티끌과 재 가운데서 회개하나이다"(욥

42:6)

그리스도인이 하나님 앞에서 진심으로 회개하지 않고 그대로 자기는 의인인체 하며 신앙생활하고 있다면 자신도 모르는 사이에 죄악의 타락상이 점점 더하여 가는 것입니다(롬 1:18~32).

"내 지체 속에서 한 다른 법이 내 마음의 법과 싸워 내 지체 속에 있는 죄의 법 아래로 나를 사로잡아 오는 것을 보는도다 오호라 나는 곤고한 사람이로다 이 사망의 몸에서 누가 나를 건져내랴"(롬 7:23~24)

회개는 기독교 신앙의 재교육

"이는 그리스도 예수 안에 있는 생명의 성령의 법이 죄와 사망의 법에서 너를 해방하였음이라"(롬 8:2)

하나님과 사람이 친밀하게 만나 교제를 하다가 인간이 죄를 지으면 하나님께서는 그 죄인으로부터 멀리 떠나가 버리십니다(창 3장). 죄를 지은 사람이 하나님께로 다시 돌아가 친밀한 관계를 다시 복원하려면 반드시 자기의 죄를 자복하는 진심으로 회개를 해야 합니다.

사람이 회개하려면 새로운 마음을 가져야 합니다. 사람이 매일같이 헌옷만 입고 다니면 자기 몸에 때가 끼었는지 얼마나 구질구질하고 더럽고 냄새가 나는지 전혀 의식하지 못하지만 새옷을 입으려면 제일 먼저 자신의 몸에 더러운 때가 많이 끼어 있고 역겨운 냄새도 난다는 사실을 뒤늦게 알게 됩니다.

대부분의 사람들은 새옷을 입기 전에 반드시 목욕을 하고 그런 다음에야 깨끗한 몸과 마음에 꼭 맞는 새옷으로 갈아입는 것입니다. 새옷을 입은 사람은 새옷에 이물질이 묻을 까봐 몸조심을 하고 행동을 조심을 합니다. 사람이 죄악에서 떠나려면 겸손한 마음으로 자기의 잘못을 인식하고 회개를 한 후에 죄에서 멀리 떠나야 합니다.

매일같이 술을 좋아하여 주야장천 술로 살아가는 청년을 전도하였는데 예수님을 영접하니까 알코올 중독증세도 깨끗하게 나았습니다. 그 청년의 부모와 형제들, 이웃 사람들까지 다 하나님의 기적으로 금주하게 되었다며 좋아하였고 청년은 신앙생활에 전념하였습니다. 두 달쯤 후에 청년의 술친구가 찾아와 이제는 다시 만나 술 마실 기회가 없을 거라며 마지막 소원이니 자기와 헤어지는 이별주를 딱 한 잔만 마시자고 끈질기게 매달리며 사정합니다. 그 청년은 자신감 있게 전에 술로 사귄 친구를 따라가 선술집에 가서 막걸리로 고별주를 마셨습니다. 술친구는 한 잔은 인정이 없는 것이니 기왕에 마신 술이니 석 잔만 마시고 돌아가라고 술을 권하였고 술을 끊은 청년도 그 정도쯤이야 자신 있다며 냉큼 술을 받아 마셨습니다. 두 달 동안 술을 마시지 않다가 별안간에 막걸리 석 잔을 마시고 나니 알코올 성분이 온 몸에 퍼져 정신이 몽롱해지면서 얼굴이 벌겋게 달아오르고 취기가 맴돌아 연신 술을 부어 마셔댔습니다.

청년은 그 다음에 어떻게 되었냐하면 다시 옛날의 주정뱅이신세로 돌아가 매일같이 술에 취해 고주망태가 되어 정신을 가누지 못하다가 몇 달 후에 육신의 생명을 잃게 되었습니다. 부잣집의 외동아들이라 귀하게 키운 부모는 뒤늦게 아들에게 술버릇을 고쳐주지 못했다며 후회하였지만 이미 외동아들을 잃고 난 후에 후회한들 그게 무슨 소용이 있겠습니까. 사람이 하나님 앞에서 다시 죄를 짓지 않으려면 다부진 의지력이 있어 맺고 끊는 것을 정확하게 할 줄 알아야합니다.

예수 그리스도의 제자 베드로는 주님 앞에서 자기의 믿음을 과신(마 26:31~35)하였지만 어처구니없게도 참담한 자신의 의지력을 시험 당하고 통곡하며 후회하였습니다(마 26:69~75).

"이에 베드로가 예수의 말씀에 닭 울기 전에 네가 세 번 나를 부인하리라 하심이 생각나서 밖에 나가서 심히 통곡 하니라"(마 26:75)

회개는 마음으로뿐만 아니라 다부진 행동이 수반되어야 합니다(시 15장).

사람이 지금까지 죄를 짓던 버릇이나 습관을 그만 두려면 단호한 신앙심의 의지력으로 실행하는 모범을 보여주어야 합니다.

"오직 의롭게 행하는 자 정직히 말하는 자 토색한 재물을 가증히 여기는 자 손을 흔들어 뇌물을 받지 아니하는 자 귀를 막아 피 흘리려는 꾀를 듣지 아니하는 자 눈을 감아 악을 보지 아니하는 자 그는 높은 곳에 거하리니 견고한 바위가 그 보장이 되며 그 양식은 공급되고 그 물은 끊치지 아니하리라 하셨느니라"(사 33:15~16)

진정한 회개란 어떠한 이유라도 하나님과의 언약(약속)을 지켜 행하기 위하여 절대로 악행이나 죄를 두 번 다시 짓지 말아야 합니다.

"너희는 살기 위하여 선을 구하고 악을 구하지 말지어다 만군의 하나님 여호와께서 너희의 말과 같이 너희와 함께하시리라 너희는 악을 미워하고 선을 사랑하며 성문에서 공의를 세울지어다 만군의 하나님 여호와께서 혹시 요셉의 남은 자를 긍휼히 여기시리라"(암 5:14~15)

'성령으로 거듭나다'(요 3:1~15)라는 말씀은 사람의 영 곧 마음으로 하는 회개는 다시 재범할 수 있으므로 하나님의 성령의 도와주심으로 다시는 죄를 범하지 않는 것을 의미합니다. 사람이 좋은 친구와 항상 같이 지내면 좋은 친구의 영향을 받아 자기도 좋은 일만 하며 살아가지만 혹시 나쁜 친구 만나 같이 지내면 나쁜 친구의 영향 받아 매일같이 나쁜 일만 도모하면서 죄악 속으로 깊숙하게 빠져 들어가게 됩니다(갈 5:13~24). 사람이 진심으로 회개를 하고 성령을 충만하게 받으면 그 때로부터 거듭난 사람, 즉 중생(Reincarnation)한 사람이 됩니다(고후 5:17).

"베드로가 가로되 너희가 회개하여 각각 예수 그리스도의 이름으로 세례를 받고 죄 사함을 얻으라 그리하면 성령을 선물로 받으리니"(행 2:38)

하나님을 믿는 사람도 여전히 잘못을 범할 수 있고 죄를 지을 수 있지만 한 가지 특징이 나타나는 것은 믿음으로 근신하고 절제하는 속성의 능력이 나타나므로 고의적으로 죄를 범하는 어리석은 행동을 하지 않게 됩니다. 사람이 지은 죄를 예수 그리스도의 피의 공로로 사함을 받고 성령을 충만하게 받은 사람은 죄를 멀리하고 죄를 증오하고 슬퍼하면서 한편으로는 하나님과 그리고 사람들과 다른 개체의 사물들을 아끼고 존중하고 사랑하는 마음이 생겨나 실제로 행동에 옮기는 변화된 모습을 보여 줍니다.

실제로 예수 그리스도를 잘 믿는 사람들 가운데는 과거에 나쁜 일을 많이 하고 죄를 수없이 짓고 그러다가 예수님을 영접하고 진실하게 회개를 한 후 전혀 다른 모습의 사람 곧 성령으로 거듭난 사람으로 좋은 일에만 전념하며 살아가며 또는 복음을 전파하기 위하여 고난을 많이 받으면서도 하나님과의 약속을 철저하게 지켜 행하며 정직하고 꾸밈이 없는 사람으로 살아가는 모범을 보여줍니다(행 9:1~22).

사도 바울(사울)은 처음에는 그리스도인들을 가장 집요하게 그리고 가장 잔혹하게 핍박하던 사람이었으므로 그 당시의 그리스도인들은 바울을 만나고 싶지 않은 기피인물로 여겼습니다. 그러나 그런 바울도 주님을 만나고 진실로 회개를 하고나니까 주님께서 이방인을 전도하는 사도(Apostle)로 세우시고 사역시켰습니다.

"주께서 가라사대 가라 이 사람은 내 이름을 이방인과 임금들과 이스라엘 자손들 앞에 전하기 위하여 택한 나의 그릇이라 그가 내 이름을 위하여 해를 얼마나 받아야 할 것을 내가 그에게 보이리라 하시니"(행 9:15~16)

13 공의는 인생의 문제에 대하여 정답을 찾아 주는 것

인생의 앞길을 가로막는 장애물

"내가 돌이켜 전심으로 지혜와 명철을 살피고 궁구(窮究)하여 악한 것이 어리석은 것이요 어리석은 것이 미친 것인 줄을 알고자 하였더니"(전 7:25)

사람이 한평생을 살아가는데 무엇이든지 다 충족된 완전한 상태에서 인생의 앞길에 전혀 장애물(obstacle)을 만나지 않고 평탄대로만 있는 인생으로 살아간다면 얼마나 좋겠습니까. 그러나 사람이 각자 요구하는 조건들이 완전하게 충족된 상태의 이상향의 땅(paradise)은 세상에 어느 곳에도 존재하지 않으며 다만 하나님의 나라에서만 영원무궁토록 존재할 뿐입니다.

하나님의 나라는 의(Righteousness)가 충족되어 있는 곳으로 다시 말하자면 하나님과 사람이 영원한 존재를 위하여 언약을 맺은 모든 요구와 조건들이 완전하게 충족되어 있는 천국(天國)입니다. 태초에 인간이 존재하는데 필요한 모든 요구와 조건이 충족되어 있는 에덴동산에서 아담과 하와가 살았는데 최초의 인간이 죄(original sin)를 지음으로 말미암아 지상낙원(an earthly paradise)에서 쫓겨났습니다(창 3장).

원죄(original sin)라는 죄의 흔적을 가지고 살아가는 인생은 원죄로 말미암는 형벌을 항상 의식하고 살아가야 하는데 그것이 바로 인생살이에서 끊임없이 생겨나 앞을 가로막는 장애물이라는 삶의 문제입니다(창 3:15~19). 인생의 앞길을 가로막는 장애물(obstacle)은 그 것을 반드시 제거(除去)해야만 인생살이에서 앞으로 나아갈 수 있는 길이 열려지는 것입니다. 사람이 문제를 해결하지 않으면 정지된 상태가 되고 그것에 신경이 집중되어 다른 일을 추진해 나가지 못하게 됩니다.

"땅이 네게 가시덤불과 엉겅퀴를 낼 것이라 너의 먹을 것은 밭의 채소인즉 네가 얼굴에 땀이 흘러야 식물을 먹고 필경은 흙으로 돌아가리니 그 속에서 취함을 입었음이라 너는 흙이니 흙으로 돌아갈 것이니라 하시니라"(창 3:18~19)

혹시 자기의 인생문제를 해결하려니 비용이 많이 들고 시간이 허비되고 골치 아프고 귀찮고 그래서 그것을 그냥 내 팽개치고 다른 일에 매진하면 될 것 같다고 생각하지만 얼마 못가서 그렇게 방치해 놓은 문제가 또 다른 재앙을 불러 일으켜 더 큰 문제를 만들어 버린다는 사실입니다. 마치 육체에 한 가지 질병을 제때에 고치지 않고 그냥 방치해 두면 다른 질병과 합병증세가 나타나 더 난감한 불치병으로 비약되어 백약이 무효가 되는 경우와 똑 같습니다.

그래서 인생의 앞길을 가로막는 작은 문제든지 큰 문제든지 어떤 종류의 문제는 반드시 그 때마다 깔끔하게 해결하고 앞으로 나아가는 것이 현명한 일입니다. 심각한 사실은 많은 사람들이 자신의 인생길 앞을 가로막고 있는 심각한 문제를 잘 모르고 있는 사람이 있고 혹시 문제를 알아도 그냥 방치해 놓고 지낸다든지 문제가 어렵고 복잡하다고 고칠 엄두를 못 내는 사람들이 많이 있습니다.

"내가 해 아래서 나의 수고한 모든 수고를 한하였노니 이는 내 뒤를 이을 자에게 끼치게 됨이라"(전 2:18)

해석자(interpreter)

자신의 문제를 스스로 해결하지 못할 때 얼마나 답답하고 초조하며 불안하고 절망감이 생겨나는지 직접 경험해 보지 않고는 이해하지 못할 것입니다. 오죽하면 자신의 문제에 대한 정답을 스스로 찾아보려고 고민하고 걱정하다가 불면증에 걸려 또 다른 문제로 고생하고 우울증세로 시달림을 당하다가 모든 것을 포기한 상태로 자기 목숨을 스스로 끊어 버리는 일이 생겨날 수 있습니다. 이럴 때 나의 문제에 대하여 해답(answer)을 찾아 줄 수 있는 사람이 나타난다면 바로 그 사람은 구세주(Saviour)입니다(욥 33:23~28).

"그럴 때에 만일 일천 천사 가운데 하나가 그 사람의 해석자로 함께 있어서 그 정당히 행할 것을 보일진대"(욥 33:23)

지혜로운 사람이라면 자신의 문제를 스스로 해결하지 못할 때, 자기보다 유식하고 경험이 풍부한 상담자(counselor)를 만나 정직하고 솔직하게 자신의 문제를 다 알려 준 다음 그 문제에 대한 해답을 제시해 줄 상담(counseling)을 받는 것이 좋습니다.

1981년 10월 중순쯤 한 밤중에 전화벨이 계속 울렸습니다. YS교회부설 신앙상담소에서 자원봉사를 할 때인데 매 주일 저녁 6시부터 다음날 아침 6시까지 혼자서 날 밤을 새 가며 신앙상담을 하였습니다. 앳된 목소리의 주인공은 남녀공학 야간고등학교 3학년에 다니는 여학생이었습니다. 여름방학이 끝나고 학교에 갔더니 같은 반의 친구들이 아무도 상대해 주지 않아 마음이 아프고 괴롭다는 것입니다. 여름방학 전까지는 같은 반 친구들이랑 사이가 너무 좋았는데 방학 끝나고 학교에 갔더니 무슨 일인지 아무도 말을 해 주지 않고 자기만 왕따 시켜놓고 친구들끼리만 상대하여 말하고 놀고 그러는 것이 너무 속이 상하다고 울먹이며 호소합니다.

고3 여학생을 향하여 여학생의 신상에 관하여 몇 가지 알아맞히어 볼 것이니 맞으면 '네'라고 대답하라며 말을 이어 갔습니다. 여학생은 공부 잘하지요?(네), 반에서 1등하지요?(네), 교과서 중에서 영어를 제일 잘하지요?(네), 대학진학을 할 것이지요?(네), 대학교에 진학하면 영어영문학과를 지망할 것이지요?(네), 대학을 졸업하면 제1희망이 외교관이고 제2희망이 영어선생님이지요?(네!!!!)

여학생은 자기 이름도 아직 안 밝혔고 자신의 신상정보도 아직 말 안하였는데 상담원이 자기에 관하여 너무 잘 알고 있는데 대하여 흥분될 만큼 신뢰를 보내 주었습니다. 남녀공학야간학교 졸업반하면 우선 떠오르는 것이 이들이 졸업하면 다들 사회에 나가 취직을 하든지 장사를 하든지 그렇게 직업전선에 뛰어들 것인데, 여름방학 전까지는 학생이라는 신분으로 장래에 대하여 고민하지 않고 있었다가 졸업이 점점 다가오는 것을 실감하면서 반의 친구들은 모여 앉기만 하면 고등학교를 졸업하는 그 후의 일들을 미리 걱정하고 있었습니다.

고등학교 3학년 마지막 여름방학을 마치고 나면서 그들은 다들 이제 몇달 후면 졸업하게 되고 졸업하면 어디 마땅한 직장을 구해야 하고 그런 장래문제가 그들의 앞을 가로막고 스트레스(stress)를 많이 주고 있었습니다. 그런데 유일하게 공부 잘하는 여학생은 대학교를 진학한다니 개인적으로는 부럽지만 친구들이 여럿이 모이면 분위기에 따라 은근히 질투도 나고 그래서 친구들은 공부 잘하는 여학생과 같이 어울리지 않았던 것입니다. 상담을 하면서 여학생에게 분명하게 말하기를 이런 분위기는 졸업할 때까지 이어져 갈 것이니 여학생을 일시적으로나마 멀리하는 친구들의 마음을 이해를 해 주고 일단은 지금 상담에 임하고 있는 여학생은 대학입시준비에 만전을 기하라고 일러 주었습니다. 고등학교 졸업 후 여학생은 원하는 대학교에 진학하고 친구들은 사회에 진출하여 나름대로 직장에 다니는데 그 때 길거리에서 친구들을 만나면 언제 우리가 그런 일이 있었냐는 듯이 아주 반갑게 만나 그 동안의 회포를 다 풀어 버릴 것이라고 말하여 주었습니다. 여학생은 너무 감격해 하며 지금의 일들을 꾹 참고 입시준비 잘해 꼭 대학교에 들어가겠다며 기분 좋은 밝은 표정으로 자신감을 보여 주었습니다.

만약 그 때 여학생에게 왜 그런 일이 일어나는 것인지 그럴 때는 어떻게 하는 것이 보다 현명한 일인가를 이해할 수 있도록 설명을 못해 주었다면 아마 여학생은 마음고생을 많이 했을 것이고 자칫 시험(temptation)에 들어 자신의 인생 진로에도 상당히 나쁜 영향을 주었을 것입니다.

생명의 존재를 존중하고 사랑하는 상담자

"의인의 입술은 여러 사람을 교육하나 미련한 자는 지식이 없으므로 죽느니라"(잠 10:21)

사람이 어떤 문제 때문에 고민을 많이 하고 어려움을 당하고 있으면 의지(will)가 약해지고 사리(事理)를 분별하는 지식과 지혜가 제기능을 발휘하지 못하고 우유부단(優柔不斷)하게 망설이고 시간을 끌다가 아예 문제의 정답을 찾을 기회를 놓치는 안타까운 사람들이 있습니다. 문제가 생기면 반드시 서둘러 해답을 찾아야 하고 스스로 정답을 찾지 못할 때는 보다 유식하고 현명하고 경험이 많고 중요한 것은 정직하고 성실한 신뢰가 있는 상담자를 찾아야 합니다.

"이는 그리스도 예수 안에 있는 생명의 성령의 법이 죄와 사망의 법에서 너를 해방하였음이라"(롬 8:2)

오늘날의 인류는 문명이 최고조로 발달하여 사람들의 지식수준(知識水準)이 상당히 높습니다. 세계의 명문대학교에서 한해 배출되는 지성인이 몇 만 명 이상이 될 것입니다. 소위 유식한 사람들에 의하여 세계는 지식정보로 다스려지고 있습니다. 지식의 평준화 곧 대학교를 졸업한 우수한 지성인들이 사회에 넘쳐나고 있습니다. 회사에 취직하려면 어느 수준의 지식을 겸비하고 있는가를 보기 위하여 최종학교 졸업증명서를 제출해야 합니다. 회사마다 최고의 두뇌를 선발하여 사원으로 뽑습니다. 이렇듯이 세상은 지식(정보) 우선주의시대로 변하였지만 그런데 왜 인류는 갈수록 더 심각한 문제들로 골머리를 앓고 있는 것입니까?

휴머니즘을 대표할 만큼 저명한 정치철학교수가 정의란 무엇인가 하는 책을 출판했을 때 세계의 지성인들은 마치 세뇌되듯이 그 책을 사서 읽고 그랬으면서 새삼스럽지도 않지만 정의를 새로운 가치인양 다시 떠올려지게 하였습니다. 세계가 인본주의적인 정의라는 가치를 그렇게 중요하게 생각하고 있다면 이 세상은 한 결 더 나은 세상으로 변하여 모두가 더불어 잘 살아가야 할 것입니다. 역설적으로 정의라는 이름으로 사람들은 논쟁하고 다투고 죽이고 그렇게 만행을 자행하고 있다는 사실입니다.

세계의 지성인들이 인류의 문제들을 해결할 마음만 먹으면 그리고 실행에 옮긴다면 인류는 더 나은 행복을 찾고 누릴 수 있습니다. 그렇지만 인간 중심의 정의는 '다른 사람의 불행이 나에게는 행복을 가져다준다.' '나만 잘되면 돼.' 오로지 자기만의 정의감에 사로잡혀있는 극단적인 이기주의가 인류의 문제를 더 심각하게 만들고 있는 것입니다. 인생에 대하여 많은 지식과 지혜 그리고 경험을 가지고 있는 사람들은 그렇지 못한 사람들의 문제를 적극적으로 해결해 주려는 이타주의적인 성의를 보여 주어야 합니다.

기독교는 인생의 문제를 해결해 줌

하나님의 아들 구세주 예수 그리스도는 인생의 문제에 대하여 해답을 찾아주려고 오셨습니다. 예수 그리스도의 공생애의 사역을 살펴보면 각 사람이 자신이 스스로 해결하지 못하는 어렵고 난감한 문제를 가지고 절망하고 좌절하고 소외받고 있는 사람들을 직접 찾아다니시면서 그 사람의 문제에 대하여 정답을 찾아 주시고 계십니다. 그러므로 많은 사람들이 예수님께 찾아와 문제를 상담하고 있습니다.

안식일을 어떻게 보내야 하는가의 문제(막 2:23~28), 무슨 선한 일을 하여야 영생을 얻을 수 있습니까(마 19:16~21, 눅 10:25~37), 간음한 여인은 모세의 율법에 의하면 돌로 치라 하였는데 선생은 어떻게 말하겠나이까(요 8:1~11), 로마에 세금을 바치는 것이 가한지 불가한지 알려 주시오(마 22:15~22)하고 유대인들이 스스로 생각하고 실행에 옮기기 매우 난감한 문제들을 가지고 나와 예수님을 시험해 보았지만 주 예수 그리스도께서는 지혜롭게 정답을 다 알려 주셨습니다.

예수님께서 제자들에게 먼저 질문도 하시고 때로는 제자들의 질문을 받으시고 답변을 해 주셨습니다.

"……네 생각은 어떠하뇨……"(마 17:25, 마 18:12, 마 26:66, 눅 7:43)

"나 여호와가 말하노라 너희를 향한 나의 생각은 내가 아나니 재앙이 아니라 곧 평안이요 너희 장래에 소망을 주려하는 생각이라"(렘 29:11)

부끄러운 사실이지만 이 글을 집필하고 있는 저자는 지금까지 살아오면서 무지하게 많은 문제를 만나고 그 문제의 해답을 찾지 못하여 고생도 많이 하고 실패를 너무 여러 번 해서 그동안 쌓아 올린 공력을 다 잃게 된 일이 너무 많았습니다. 내가 사업을 잘하여 돈을 잘 벌 때는 친척도 많이 찾아 주었고 이웃도 많이 생겨났고 친구들과 동업자들도 많이 모여 있었습니다. 그러다가 사업이 잘 안되고 불황을 만나 고전하고 결국 실패를 하니까 그 많던 친절한 사람들이 어디로 다 가버리고 나의 주변에는 아무도 없었습니다. 더욱 참담하고 실망스러운 일은 내가 사업이 잘되어 돈을 잘 벌고 있다는 소문이 날 때는 교회의 목사님 전도사님 그리고 장로 집사들이 심방도 자주하고 마치 속에 있는 것까지 다 빼줄 것같이 친절하였습니다. 그러다가 사업이 불황을 만나고 빚을 많이 짊어지고 고전하다가 결국 망해 버리니까 목사님도 성도님들도 부담스러워하면서 모두가 다 외면합니다.

그 때 나는 내가 왜 실패했는가를 알고 싶었고 이런 어려운 난관을 어떻게 헤쳐 나가야할 바를 알지 못하고 방황하며 고민하고 있었습니다. 지금 하고 있는 사업이 적성에 안 맞고 다른 사업으로 업종을 전환해야 하는지 심히 고민하였습니다. 오죽 답답하였으면 혹시 하나님께서 나를 목사로 부르시고 쓰시려고 하시는지 고민하게 되었는데 수년 전에 나에게 예언기도 해 준 대전의 기도원장이 나에게 "세례 요한의 사명을 받았으니 주님께 순종하라"는 말이 생각나는 것이었습니다. 그러나 현실적으로 나는 배운 학문이 없으니 목회자가 될 각오가 서지 않는 것입니다. 아무도 나에게 내 인생의 앞날에 대한 정답을 제시하여 주는 사람이 없을 때 가난하고 실패하고 버림받고 차별받고 온갖 고생 다 해가며 피눈물 흘리고 괴로워하였던 일을 절대로 잊을 수 없습니다.

만약 내 앞길을 가로막는 장애물(문제) 때문에 인생을 심히 고전(苦戰)하고 있을 때 누군가가 정확한 해답을 알려 주었더라면 고생하고 방황하던 시간을 훨씬 단축 시켰을 것이고 사서 고생하던 일이 수월하게 끝이 날 수 있었을 것입니다. 내 앞에 놓인 장애물들을 내 스스로 문제의 해답을 찾기까지 얼마나 많은 시행착오와 실패와 좌절 그리고 고통과 서러움, 차별과 멸시를 당했는지 나를 가까이서 지켜보던 사람들은 다 알고 있습니다.

물론 아무도 가르쳐 주지 않았던 문제의 해답을 스스로 경험하면서 찾기까지 많은 시간과 고생이 있었지만 그 덕분에 인생을 경험으로 터득한 지식과 지혜를 얻게 되었고 그리고 몸소 체험한 인생의 많은 경험들이 인생의 상담자로 사역할 수 있게 만들어 주었습니다.

마치 철학자 같이 인생은 왜 고생을 하는가, 나는 왜 이렇게 살아야 하는가에 대하여 정답을 찾다보니 하나님께서 성경 말씀을 통하여 깨달음을 주셨습니다(히 12:5~13). 기독교 성직자(목사)는 예수 그리스도께서 모범을 보여 주신 보다 적극적인 인생의 상담자로 사역을 감당할 줄 알아야 한다고 봅니다.

　저자는 신앙상담기관에서 몇 년 동안 자원봉사하며 상담(consultation)을 한 경력(career)이 있습니다. 상담의 원리는 피상담자에게 상담자가 결코 해답을 먼저 제시하거나 문제의 정답이라고 강요해서는 안 됩니다. 상담자가 할 일은 피상담자(被相談者)가 스스로 자기의 문제에 대하여 정답을 찾을 수 있도록 필요한 자료를 제공해 주고 위로(慰勞)를 하며 다시 한 번 기회를 선용할 수 있도록 희망의 메시지를 전해 주어야 합니다.

　저자(著者)는 지난날 겪었던 파란만장한 문제들의 정답을 스스로 찾지 못하여 많은 세월 동안 방황하며 고생한 일이 떠올라 비록 생면부지의 모르는 사람이라도 인생의 문제에 정답을 찾아주기 위하여 그 사람의 문제가 곧 나의 문제인 것같이 보다 적극적으로 나서 줍니다. 때로는 같이 기도원에 가서 금식하며 기도를 하고 교회에서 날마다 작정기도를 하며 문제의 정답을 찾으려고 위로와 격려를 해 주며 최선을 다해 줍니다.

　사도행전시대에 예루살렘 교회에 포진하고 있던 열두 사도들은 대단한 존경을 사람들에게서 받고 누렸습니다. 그런데 놀라운 사실은 사도들은 전혀 의외의 인물 바나바(행 4:36~37)를 권위자(Encourage)라며 존경하고 있습니다. 바나바는 소외받고 있는 불우한 사람들을 찾아다니며 그들을 주 예수 그리스도의 말씀으로 위로를 해 주고 기도를 해 주었습니다. 사도행전을 읽어 보면 놀라운 사실은 사도들이 해결하지 못하는 문제를 바나바가 전면에 나서서 다 해결하고 심지어 사도 바울의 그리스도인으로 인격의 변화를 일으키는데 도움을 주고 있습니다.

　"수고하고 무거운 짐 진 자들아 다 내게로 오라 내가 너희를 쉬게 하리라 나는 마음이 온유하고 겸손하니 나의 멍에를 메고 내게 배우라 그리면 너희 마음이 쉼을 얻으리니 이는 내 멍에는 쉽고 내 짐은 가벼움이라 하시니라"(마 11:28~30)

"지혜 있는 자의 교훈은 생명의 샘이라 사람으로 사망의 그물을 벗어나게 하느니라"(잠 13:14)

상담자의 철칙(鐵則)은 절대로 피상담자의 문제를 절대 비밀에 붙여 주는 것인데 혹시 상담사례로 활용할 때는 반드시 피상담자의 허락을 받아야 합니다. 피상담자 대부분은 자존심을 소중히 여겨 자신의 문제가 여러 사람에게 노출되는 것을 심히 꺼리며 다만 자신의 문제가 아무도 모르게 조용히 해결되기를 바라고 있는 것입니다. 많은 목사들이 자기가 상담해 준 사람들의 사연을 설교시간에 예화로 사용하는 사례가 많이 있는데 상담학에서는 절대 있을 수 없는 일입니다.

저자(著者)는 지금까지 상담 목회를 하면서 고충(predicament)이 많았음을 밝혀 드립니다. 어느 날 새벽예배 시간에 알코올 중독으로 고통 받는 한 중년의 남성이 찾아와서 하소연하기를 자신의 술 중독을 치유시켜 달라는 것입니다. 이런 사람은 생활환경에서 멀리 벗어나 격리된 상태에서 치유를 받아야 하기 때문에 도시에서 멀리 떨어져 있는 기도원에 가서 장기간 수련을 받으면 고침을 받을 수 있습니다. 문제는 보호자가 반드시 대동해야 하는데 그 중년의 남자가족들은 다들 직장에 다녀야 한다며 아무도 보호자 역할을 해 줄 사람이 없었습니다. 만약 그 때 가족 중한 하나가 그 사람의 보호자로 나서 준다면 나도 그 사람의 알코올 중독 치유를 돕기 위하여 같이 기도원에 올라가려고 마음먹었었습니다.

중매결혼하고 10년이 지난 30대 중반의 여성에게 신앙상담을 해 주었습니다. 남편이 일류대학교를 졸업하고 대기업에서 중책을 맡고 있는 장래가 보장 되어 있는 대단한 사람이었습니다. 자매는 이렇게 훌륭한 남편과 결혼하여 같이 살아간다는 것만으로 행복하였습니다. 자매는 남편을 존경하여 남편이 하라는 그대로 따라만 하면 되겠지 하며 남편에게 절대 순종하며 그동안 살아왔습니다.

기혼여성의 나이 30대로 접어들면서 그 동안 못 만났던 동창생들을 자주 만나게 되었는데 다들 자유 분망하게 외출도 마음대로 하고 친구 만나는 일도 마음대로 하고 백화점에서 쇼핑하며 생필품을 구입하는 일도 마음대로 하는 것이 그렇게 행복해 보였고 부러웠습니다.

절대군주 같은 남편의 말 한 마디에 죽는 시늉, 사는 시늉하며 살아가는 자신의 처지는 마치 집안이라는 감옥에 갇혀 살아가는 자유도 없고 권리도 없는 종이나 노예 같은 삶이었음을 비관하다가 그만 우울증에다가 불면증이 걸리고 거기다가 위장병이라는 합병증세까지 나타나 종합병원에 한 달 이상 입원치료를 받았어도 전혀 차도가 없으니 무거운 마음으로 퇴원하고 집으로 돌아왔습니다. 일단 퇴원하고 집으로 돌아왔을 때 이웃집 아주머니로부터 전도를 받고 교회의 예배에 참석해 보았는데 얼마나 평안하고 행복했었는지 그 감동은 잊을 수 없어 자매는 굳게 결심을 하고 이제부터 주 예수 그리스도를 믿으려고 교회에 열심히 다니며 신앙생활하려고 마음을 먹었습니다.

이웃집 성도를 따라 두 번 교회 갔다가 세 번째 교회에 가려는데 그만 남편에게 발각되어 심한 질책을 받고 남편의 허락 없이는 집 밖으로 나갈 수 없게 되었습니다. 자매는 남편의 인격적인 무시와 사사건건 간섭하는 속박으로부터 벗어나고 싶어 주 예수 그리스도를 믿고 자유롭게 살아가기 위하여 교회 다니기를 결심하였는데 문제는 남편이 자기의 아내가 그리스도인 되는 것을 극구 반대한다는 사실입니다. 자매는 만약 남편이 교회 다니는 일마저 못하게 막아 버리면 이혼을 하겠다는 결심까지 단단히 하고 상담을 하려 찾아왔습니다. 자매는 이미 마음으로 결정을 한 상태지만 상담자가 그대로 실행하라고 말할 수는 없는 일인지라 잠시 동안 골똘히 생각하고 그리고 다시 기도를 한 후에 자매에게 남편과 마지막 협상을 시도해 보라고 권고해 주었습니다.

저자(著者)는 주 예수 그리스도께 간절하게 기도하는 가운데 떠오르는 주도면밀한 계획을 각본으로 짜서 자매에게 다 일러 주면서 그대로 실행해 보라고 격려하여 준 다음 그 시간에 맞추어 교회에 나와 철야하며 기도를 하였습니다. 자매의 남편은 회사에서 밤늦도록 일하고 야심한 밤 11시쯤 집에 돌아왔는데 아내는 시집올 때 입었던 비단 한복을 입고 대문까지 사뿐히 걸어 나가 대문을 열어주고 미소 지으며 상냥하게 인사를 하였습니다. 집안 현관에 들어오자 아내는 친절하게 남편의 구두를 벗기고 양말도 벗긴 다음 세면대야에 물을 떠다가 손수 발을 씻기고 닦아 주었습니다. 남편은 아내가 지금까지 이런 일을 한 번도 해본 일이 없었던 터라 얼떨떨하게 두리번거리며 안방에 들어갔는데 이번에는 진수성찬의 밥상이 기다리고 있었습니다. 남편이 저녁식사를 끝낸 후 아내는 남편에게 최후의 협상에 임하였지만 남편은 일언지하에 아내의 말을 무시해 버리며 "당신 같이 아무것도 할 수 없는 사람이 무엇? 교회를 다닌다고?? 안 그러면 이혼하겠다고??"하며 조롱하듯이 가소롭게 일축합니다.

아내는 결심이 이미 서 있는 확고한 표정으로 이혼서류를 내 놓으며 합의이혼하자고 최후의 승부수를 띄웠습니다. 남편은 "흥, 네가 이혼하자고. 그래 어디 이혼 해 보라지" 하며 아내가 이혼조건으로 내건 모든 요구와 조건을 다 수용해 주겠다며 이혼서류에 보라는 듯이 도장을 찍고 사인까지 다해 줍니다. 결혼생활 10년 동안 남편을 위하여 헌신적으로 살아왔고 시부모를 모시고 살아왔으며 그리고 두 자녀를 낳고 양육한 공로를 감안하여 지금 살고 있는 60평짜리 단독주택을 아내 몫의 위자료로 챙기는 것이었습니다.

합의이혼 절차를 다 마친 다음 남편은 마지막으로 안방에서 잠자고 아내는 거실 건너 작은 방으로 자리를 옮겨갔습니다. 남존여비의 전형인 남편의 그 알량한 자존심 다 접어놓고 정확하게 30분 지난 후에 작은방 문을 노크하며 아내와 이야기 좀 하자는 것이었지만 아내는 일언지하에 거절하였습니다. 처음에는 그렇게도 자신감에 넘치고 기세등등하던 남편의 말과 행동이 시간이 지나갈수록 풀이 죽고 수그러들기 시작합니다. 한 시간쯤 지나서 다시 남편이 찾아와 애걸복걸하며 자기가 잘못 했으니 한 번만 봐 달라며 이혼을 취소하자고 통사정하기 시작합니다. 그래도 아내는 꿈쩍도 않고 버티다가 약 2시간 동안 애원하며 매달리는 남편의 진정성을 확인한 후 마지못해 딱 한 번 기회를 주는 것처럼 아량을 베풀어 주는 것같이 남편을 작은 방으로 들어오게 하였습니다. 남편은 아내 앞에 무릎을 꿇고 앉아 눈물을 흘리며 애원하면서 지금까지 자기가 아내의 인격을 무시한 것을 잘못했노라고 용서해 달라며 진심으로 빌면서 이 시간 이후부터 아내는 남편의 부당한 간섭과 속박으로부터 완전한 자유가 보장되고 교회도 얼마든지 다녀도 된다는 확약을 받았습니다.

며칠 후 주일날 아침에 남편은 회사에 일이 있어 출근한다며 집을 나서다가 다시 돌아와 한 마디 말을 하는 것이었습니다. "여보, 당신 교회 갈 때 당신혼자만 가지 말고 어머니 모시고 두 자녀 데리고 교회가요. 나도 얼마 후에 교회 꼭 나갈 것이니 그리 알고 있으시오." 그런 일이 있고 몇 주일 후에 자매는 밝은 표정으로 상담실을 찾아와 자기의 문제를 이렇게 적극적으로 돌봐줘서 해결할 수 있게 되어 고맙다며 인사를 하였습니다. 후일담이지만 그 때 나는 자매의 일이 곧 나의 일인 것 같은 심정으로 철야기도를 하였고 자매는 내가 일러준 말(각본)을 토씨하나 안 틀리게 그대로 실행에 옮겼던 것이었습니다.

거저 받았으니 거저 주어라

"나는 너희를 위하여 기도하기를 쉬는 죄를 여호와 앞에 결단코 범치 아니하고 선하고 의로운 도로 너희를 가르칠 것인즉"(삼상 12:23, 행 6:4)

1978년부터 상담원으로 봉사하고 1983년에 목회사역을 시작하여 오늘에 이르고 있습니다. 저자(著者)의 목회사역은 보통의 성직자들과 조금 구별되는 것같습니다. 목사가 교회를 담임하면 교인들이 많이 불어나도록 교회를 부흥시켜야 하는데 아무리 기도하고 전도를 하여도 내가 사역하는 교회는 처음부터 지금까지 몇 사람의 성도만 모여 신앙생활을 하고 있습니다.

양문교회에 나오는 성도는 하나같이 개성이 너무 강하여 다른 사람들과 화목하지 못하는 독선적이고 인생의 문제들이 많고 복잡하여 문제해결의 가능성도 바랄 수 없을 만큼 희망이 잘 보이지 않는 사람들이 많았습니다.

그리스도인들이 모이는 교회라는 공동체는 문자 그대로 천국 같이 사랑이 넘쳐나고 친절한 곳이며 긍휼히 여기며 위로하고 격려하는 모두가 이웃이 되어야 하는 곳입니다.

주 예수 그리스도(이사야 53:1~3)께서 어릴 때부터 성인이 되실 때까지 동리사람들로부터 멸시와 차별과 따돌림 당하셨던 일들 같이 교회 안에서도 유사한 일들이 일어나고 있다는 것입니다. 아무 근심걱정 없는 중산층의 성도들이 교회에 들어오다가도 이미 교회에 들어와 자리 잡고 앉아 있는 개성 강한 성도를 발견하고는 질겁하고 뒤돌아 가버리는 경우도 허다하였습니다. 좀처럼 다루기 힘든 개성이 강한 성도들이지만 하나님께서 보내 주신 치료가 필요한 성도들이라 전심전력 하여 기도하며 말씀을 가르치고 알아들을 수 있게 위로와 상담을 하여 주었습니다. 전혀 가망이 없어 보이던 성도들이 시간이 지날수록 순한 양같이 교육받아 다른 사람을 배려해 줄 만큼 많이 변하여 온순하고 교제도 할 줄 알고 봉사하며 전도하는 기대가 촉망될 만큼 훌륭한 인격자들이 됩니다.

이제부터는 양문교회에서 자리 잡고 헌신 봉사 충성하는 일꾼이 되겠지 하고 생각하면 그런 생각하기 무섭게 인성교육으로 인격을 치유받는 성도는 이유 없이 한바탕 교회에 분란을 일으켜 놓고는 멀리도 안 가고 가까이 있는 이웃교회로 자리를 옮겨가 거기서는 참으로 모범적인 신앙생활을 하고 있습니다. 교회를 그렇게 떠나가 놓고 얼마쯤 있으면 찾아와 인사하기를 내가 사역하고 있는 양문교회에서 은혜를 많이 받아 다른 곳의 교회에서 신앙생활을 잘하고 있다고 말합니다.

대한민국 기독교가 최근에 이르러 교파(기독교총회)가 많이 생겨나고 개 교회 중심의 교회부흥 및 확장에서 무한 경쟁체제가 되고 보니 교인이 다른 교회로 무단 옮겨가도 아무 교회도 그 것을 문제 삼을 수 있는 통제시스템(control system)이 없습니다. 그러니 개척(미자립)교회 목사로서 그 동안 공을 들여 양육해 놓은 교인이 다른 교회로 이적해 가도 어찌할 도리가 없으니 가슴 아픈 일입니다. 다른 교회에서 받아주지 못하고 내 쫓아버릴 만큼 어디에도 적응 못하고 사람노릇 못할 만큼 인격적으로 문제가 많았던 사람을 양문교회가 그런 사람 받아주어 온 정성을 다해가며 사람답게 살아갈 인격자로 변화를 시켜 놓았으면 양문교회에서 신앙생활을 더 열심히 하는 것이 도리 아니겠습니까?

그 동안 최선을 다하여 정성을 쏟아 부어 주었으니 인간적으로라도 고마운 마음으로 양문교회에서 주님께 영광 올려 드리며 하나님을 위하여 죽도록 헌신 봉사 충성할 줄 알았는데 하는 아쉬움과 섭섭한 마음을 이루 말로 표현할 수 없이 몰려옵니다. 그 때 하나님의 인자하신 음성이 들려옵니다(마 10:5~8).

"너희가 거저 받았으니 거저 주어라"(마 10:8)

지금도 매일같이 양문교회에 일찍 나와 기도하며 성경을 읽고 글을 쓰고 그렇게 시간을 보내고 있는데 가끔 얼굴이 창백한 근심과 걱정이 많은 성도가 찾아와 상담을 받고 갑니다. 욕심 같아서는 인생의 문제를 가지고 해답을 찾지 못하는 성도들에게 해답을 찾아주는 대가로 양문교회에 교적을 두고 신앙생활을 하라며 수단과 방법 가리지 않고 강권하고 싶지만 차마 그렇게 못하고 아주 쉽게 정답을 찾아주면서 성도가 지금 다니고 있는 교회에서 신앙생활을 더 잘하라며 위로해 주고 격려해주면서 그냥 돌려보내 줍니다.

"비록 무화과나무가 무성치 못하며 포도나무에 열매가 없으며 감람나무에 소출이 없으며 밭에 식물이 없으며 우리에 양이 없으며 외양간에 소가 없을지라도 나는 여호와를 인하여 즐거워하며 나의 구원의 하나님을 인하여 기뻐하리로다 주 여호와는 나의 힘이시라 나의 발을 사슴과 같게 하사 나로 높은 곳에 다니게 하시리로다……"(합 3:17-19)

권위자(Encourager)

누군가가 '나'를 가리켜 바나바(One who Encourages) 같은 목회사역자라고 불러 준다면 더 이상 바랄 것 없을 만큼 만족할 것 같습니다(행 4:36~37). 사도행전을 읽어 보면 바나바는 소외받는 사람들을 찾아다니며 그들에게 위로를 하여 주었습니다. 뿐만 아니라 감히 사도들이 직접 나서 행하기 어려운 사역을 바나바(Barnabas)가 도맡아 묵묵히 해결하고 있습니다.

사울(바울)이 회개한 후 혼자서 선교사역을 하고는 다시 예루살렘으로 돌아왔을 때 예루살렘의 그리스도인들(사도들 포함)이 일제히 일어나 바울이 예루살렘으로 돌아오는 것을 완고하게 반대합니다. 물론 유대인들은 살기등등하게 감정이 악화되어 사울(바울)에게 위해하려고 벼르고 있었습니다(행 9:23~31). 아무도 선 뜻 나서 사울(바울)에게 위로와 권면을 하고 지금 예루살렘교회의 사정을 이해시켜 사울(바울)의 협조를 구할 수 있는 인물이 나타나지 않고 있을 때 사도들은 바나바를 내세워 이 일을 잘 해결하였습니다.

그리고 몇 년 후에 바나바는 바울(사울)을 찾아가 선교사역의 동역자로 나서 안디옥교회에서부터 바울의 선교사역 시대의 길을 열어 주었습니다(행 11:19~30, 행 13장). 주님께서 바나바를 사울(바울)과 선교사로 동역자 역할을 하도록 하시면서 한편으로는 바나바의 신앙 인격을 모범으로 보여 주며 바울의 인격을 변화시키는 아주 중요한 사역을 담당시켜 주셨습니다.

"내가 그리스도를 본받는 자 된 것같이 너희는 나를 본받는 자 되라"(고

린도전서 11:1)

사울(바울)은 부모로부터 물려받은 유산(Inheritance)이 보통 사람들 보다 월등하게 우수하였습니다. 학식과 재물과 사회적 배경과 친구들 그리고 유대교에 얼마나 열심이 있었는지 어디 한군데 나무랄 데 없을 만큼 완전한 조건을 갖춘 인물이었습니다(빌 3:5~6). 남들보다 뛰어난 인격의 조건과 생활환경의 우수한 조건은 스스로 교만하게 만듭니다.

사람의 성격은 절대 변하지 않습니다. 하나님께서도 사람을 불러 쓰실 때는 사람의 성격부터 변화시켜 놓으신 후 사역을 시키셨습니다. 주 예수 그리스도께서 사람의 성격을 변화시키는 것은 곧 사람의 교만을 변화시켜 겸손하게 만듭니다(히 12:5~13). 사람이 교만한 성격을 변화시켜 겸손하게 되는 것을 성경에서는 온유(Meekness)라고 말합니다. 주 예수 그리스도께서는 바울이 교만하지 못하게 하려고 바울에게 가시(thorn)를 두어 스스로 교만하지 못하도록 억제(抑制)하십니다(고후12:1~10). 선교여행에 바나바와 바울이 같이 동행하면서 바나바의 일거수일투족을 바울이 보고 따라 배우게 하였습니다. 사도 바울의 선교사역 초기와 후기를 비교하여 보면 바울의 온유한 성품이 노년에 빛을 발하고 있음을 알 수 있습니다.

"무릇 징계가 당시에는 즐거워 보이지 않고 슬퍼 보이나 후에 그로 말미암아 연달한 자에게는 의의 평강한 열매를 맺나니"(히 12:11)

자고로 사람이란 관계를 맺고 교제하고 같이 일(사업)을 해 보고 대화를 하고 동행하며 상대방의 인간성을 경험해 보아야 알 수 있습니다. 특히 하나님의 사역자로 부름을 받은 사람은 폐일언하고 겸손해야 하고 온유해야만 합니다. 하나님의 특별한 연단훈련을 교육받은 사람은 성직자로 사역을 잘할 수 있습니다.

기독교 목회자는 사도들과 같은 권위(Charisma)를 갖는 것보다는 바나바와 같은 권위자(Encourager)가 되는 것이 훨씬 더 좋다고 사료(思料)됩니다.

다니엘의 기도

"나는 너희를 위하여 기도하기를 쉬는 죄를 여호와 앞에 결단코 범치 아니하고 선하고 의로운 도로 너희를 가르칠 것인즉"(삼상 12:23)

사무엘은 선지자와 대제사장과 사사라는 직임을 동시에 받고 사역하였으므로 인간적으로 볼 때는 잠잘 시간도 잠시 쉴 시간도 없을 만큼 많은 사무를 직접 관장(管掌)해야만 하였습니다. 그러다 보니 백성을 옳은 길 곧 여호와 하나님 앞으로 인도하는 일은 정작 소홀하였습니다. 사무엘 선지자는 백성들을 여호와 하나님 앞으로 인도하여 주려고 다른 잡다한 사무를 대폭 줄이고 그 대신 백성을 위하여 기도하고 말씀을 가르치는 일에 전념하려고 결심하였습니다.

하나님의 사람(선지자, 제사장, 사사)의 제일의 의무와 책임은 하나님과 백성을 위하여 수고하는 사역자입니다. 특히 하나님의 사람에게 부여된 주된 임무는 백성을 잘 가르치고 지도하고 인도하여 하나님과 친밀한 화목을 하도록 하는 일입니다.

신약시대의 초대 예루살렘교회에 포진하고 있던 열두 사도들도 주 예수 그리스도를 믿고 구원받기를 갈망하는 사람들을 위하여 말씀을 가르치는 일과 그들을 위하여 기도해 주는 일에 전념하고 있습니다(행 6:4).

다니엘 선지자는 바벨론 포로로 잡혀온 유대 민족(이스라엘)을 위하여 특별하게 기도한 일(단 9장)은 아마도 성경66권의 책 가운데서 가장 돋보이는 유명한 기도문으로 기념될 일입니다.

아브라함은 이스라엘(유대)민족의 아버지(창 17:1~8) 곧 조상의 자격으로 여호와 하나님과 언약(창 12:1-3)을 맺었는데 언약의 가장 핵심적으로 주요한 사항은 가나안(팔레스타인) 땅에서 언약을 맺고(원인) 바로 그 땅에서 언약을 위한 신앙의 (과정)이 이루어지고 있으며 가나안 땅에서 언약의 완성(결과)이 이룩된다는 것입니다.

그런데 문제는 이스라엘이 도중에 하나님을 믿지 않고 우상을 숭배하고 하나님 중심으로 살아가는 것을 포기하고 인간중심주의와 유물론주의에 빠져 하나님의 진노를 받아 나라와 민족이 멸망당하고 다른 나라로 포로로 끌려가는 수모를 겪게 됩니다.

이스라엘 민족과 국가의 멸망은 하나님과 이스라엘 즉 아브라함과 맺은 언약의 중단은 물론 언약의 파기(破棄)를 뜻하고 의미할 수 있습니다.

성경을 읽어 보면 이스라엘의 멸망에도 불구하고 한 가닥 실낱같은 희망이 남아 있는데 그것은 선지자 예레미야를 통하여 약속된 사실입니다. 이스라엘이 바벨론 포로생활을 70년 동안 하고 나면 그 때 이스라엘 민족을 고국 팔레스타인(가나안)으로 다시 귀환시켜 주시겠다는 말씀입니다(렘 25:11, 29:10). 선지자 다니엘은 하나님의 말씀을 읽다가 예레미야가 기록한 서책을 읽고 감동(inspiration)이 되었습니다.

"곧 그 통치 원년에 나 다니엘이 서책으로 말미암아 여호와의 말씀이 선지자 예레미야에게 임하여 고하신 그 년 수를 깨달았나니 곧 예루살렘의 황무함이 칠십 년 만에 마치리라 하신 것이니라"(단 9:2)

다니엘은 간절한 믿음으로 여호와 하나님께 강청하는 기도를 하고 있습니다. 다니엘의 기도문을 읽어 보면 유대 민족의 귀환의 때가 하나님께서 약속하신 날수 곧 70년이 다 찼으니 이제는 꿈에도 그리던 고국으로 돌아가게 허락하여 주시기를 위하는 기도문 같습니다.

그러나 다니엘의 기도의 심오함은 이스라엘의 단순한 귀환을 위함 보다 여호와 하나님과 아브라함과 맺은 언약의 성취(결과, 결론)를 위한 기도였습니다.

세상적인 안목으로 보면 유대 민족은 비록 바벨론 땅으로 포로의 몸으로 끌려 왔지만 불과 70년이라는 짧은 기간 동안에 바벨론과 페르시아 두 제국을 거치면서 성공하고 있습니다. 맨몸으로 시작한 일들이 잘되어 왕후로 성공한 사람, 대제국의 최고위 관리로 성공하는 사람들, 금융업으로 재벌이 된 사람들, 해운업으로 대성공한 사람들 등등 각계각층에서 다 잘되고 성공하고 부와 명예와 권세를 얻고 누리고 있습니다. 지금 한창 잘되고 있는 사람들을 명하여 사업을 다 정리하고 고위관리직을 포기하고 성공하는 일을 접어 두고 그 동안 방치되어 황무지로 버려진 고향 땅에 가서 정착하여 살아가라고 한다면 아무도 순순히 따라갈 사람이 없을 것입니다.

다니엘은 여호와 하나님께 간절한 믿음으로 간구하기를 비록 이스라엘 사람들이 죄와 허물이 있다 해도, 하나님 보시기에 유대인들이 하나님을 믿는 신앙에 부족함이 많을 지라도 자비와 긍휼의 사랑으로 용서하시고 은총을 베풀어 주시어 이스라엘로 하여금 고국으로 돌아갈 수 있게 허락하여 주시기를 간청합니다.

다니엘의 기도는 만약 믿음 없는 사람이 들으면 오해받을 수 있습니다. 지금 이곳에서 성공하고 있으며 재물과 명예와 모든 기득권을 얻고 누리고 있는데 그것을 다 버리고 황무지의 땅으로 떠나가라면 아마도 크게 화를 내든지 아니면 완고하게 저항할 것입니다.

다니엘의 기도는 여호와 하나님의 말씀 곧 이스라엘과 맺은 언약이 처음 약속한 곳에서 온전하게 이루어지기를 바라는 믿음이며 또한 선택받은 이스라엘은 하나님의 언약이 성취되는 현장에서 하나님의 영광을 위하여 요긴하게 쓰임받기를 원하는 충정어린 기도입니다.

"지혜 있는 자는 궁창의 빛과 같이 빛날 것이요 많은 사람을 옳은데로 돌아오게 한 자는 별과 같이 영원토록 비취리라"(단 12:3)

다니엘의 기도는 여호와 하나님을 감동시켜 드렸습니다. 마침내 유대 민족의 대부분은 고국으로의 귀환행렬에 동참하였습니다. 유대인들의 귀환으로 말미암아 여호와의 성전이 재건축되었고 이스라엘은 그들이 여호와 하나님을 믿는 신앙생활을 다시 시작하게 되었습니다. 여호와 하나님을 믿는 유대교는 새로운 신앙운동이 일어났고 이렇게 하나님을 믿는 신앙이 약속의 땅에서 무르익어갈 때 성자 하나님께서 동정녀에게서 성령으로 잉태하시고 메시아로 구세주로 이 세상에 탄생하셨습니다. 주 예수 그리스도께서 유대 땅을 두루 다니시며 복음을 전파하시고 누구든지 주 예수 그리스도를 영접하면 하나님의 공의로 다 구원받아서 하나님의 나라에 들어갈 수 있게 십자가에서 희생당하시고 죽으셨습니다. 죽은 지 사흘 만에 다시 부활하시고 승천하셨습니다. 언젠가 주님께서 다시 이 세상에 재림하실 때 바로 약속의 땅으로 오실 것을 약속하셨습니다(눅 24:50~53, 행 1:9~11).

만약 다니엘의 기도가 없었더라면 혹시 유대민족이 고국으로 귀환되지 않았더라면 하나님께서 믿음의 조상 아브라함과 언약한 땅 이스라엘의 땅에서 언약의 마침이 되시는 주 예수 그리스도께서 성령으로 잉태하시고 탄생하신 일 그리고 공생애사역을 담당하신 일도 십자가에서 희생당하시는 일도 부활하시는 일도 약속의 땅에서 성취되신다는 보장이 어려웠을 수 있었을 것입니다.

"그리스도는 모든 믿는 자에게 의를 이루기 위하여 율법의 마침이 되시니라"(롬 10:4)

다니엘의 믿음의 기도는 기독교의 성직자들이 성도들을 옳은 데로 인도하는 가장 모범적인 기도이고 본받아야할 모범입니다.

14 의인

영원히 존재하는 생명

"내가 알기에는 나의 구속자가 살아 계시니 후일에 그가 땅 위에 서실 것이라 나의 이 가죽 이것이 썩은 후에 내가 육체 밖에서 하나님을 보리라 내가 친히 그를 보리니 내 눈으로 그를 보기를 외인처럼 하지 않을 것이라 내 마음이 초급하구나"(욥 19:25~27)

몇 해 전에 TV에서 대한민국 기독교기도원의 실태를 조사하여 기도원의 실상을 기획보도한 일이 있었습니다. 하나님을 믿지 않는 일반사람들이 생각하는 부정적인 측면만 부각시켜 방영하였습니다.

전국에 산재하고 있는 기독교기도원에서 주로 질병으로 투병하고 있는 환자들을 상대로 '주 예수 그리스도의 이름으로'투병환자들의 질병을 치유케 하여 준다는 믿음의 사명감으로 기도원이 운영되고 있습니다. 기독교기도원에서 병자들에게 안수기도를 해 주는데도 병이 낫지 않았고 헌금을 많이 하면 병이 낫는다 해서 헌금을 무리하게 기부하였음에도 도리어 병세가 악화되어 죽어가는 사람 또는 응급환자로 병원에 입원하는 사람들의 하소연을 취재한 기사를 시청자가 부정적으로 받아들이도록 혹은 나쁜 인상을 가지도록 기사화시켰습니다.

TV기자는 의도적으로 질병으로 인한 투병환자가 기도원에 와서 기도하고 특히 원장의 안수기도를 받으면 치유되는 기적이 일어난다고 과대 선전을 하지만 TV화면에는 전혀 그런 일이 일어나지 않는다는 점을 중점 보도합니다. 심지어 중환자에게 기도원 측에서는 환자에게 특별헌금을 많이 하면 하나님께서 기적적으로 치유시켜 주신다고 물질을 강요하는 사례도 은밀하게 촬영한 TV화면을 일방적으로 방영하는 것이었습니다. 기도원의 실태를 조사하고 방영한 TV의 보도로 일반시청자들이 기독교기도원을 나쁜 곳으로 오해하는 계기가 되었습니다.

바로 그 때 가족과 함께 똑같이 TV를 시청한 지방에 살고 있는 할머니가 나이도 60세가 넘었지만 지병인 당뇨병에다 만성관절염으로 고생하고 있었는데 전국의 기독교기도원 실태를 보도하는 TV를 보는 그 순간 바로 저 곳(기도원)에 가서 기도원장에게 주 예수 그리스도의 이름으로 안수기도 받으면 당뇨병을 나음을 받고, 관절염도 완쾌될 수 있겠다는 믿음이 불같이 생겨났습니다(마가복음 16:15~18).

할머니는 즉시 가족에게 기도원에 가서 안수기도 받으면 할머니의 질병이 다 낫겠다는 믿음을 말했지만 온 가족은 한사코 만류합니다. 방금 전에 TV를 봤으면 기도원이라는 곳이 얼마나 거짓말투성이에다가 거짓으로 사기 치는 것같은 부정적으로 요주의 할 곳인가를 한눈에 봐도 알만한 그런 곳인데 왜 그런 곳에 할머니는 찾아가려고 그러냐고 온 가족은 완강하게 반대를 하고 만류하였습니다.

할머니는 완고하리 만큼 일관되게 자기의 이미 결심이 서있는 확고한 믿음을 가족에게 말하고 기도원에 꼭 가고 싶다고 말하였습니다. 아들과 며느리는 노부모의 소원이니 내키지 않았지만 효도하는 마음으로 어머니를 기도원에 보내 드렸습니다.

아들과 며느리는 노모(老母)께 여비를 마련해 드리면서 신신 당부하는 말을 해 주었습니다. 절대로 기도원에 헌금하지 말 것과 기도원 원장에게 안수기도를 받지 말고 다만 며칠 동안 그곳에 가서 바람도 쐴 겸 편안히 쉬시면서 구경만 하고 오시라고 신신당부를 하였습니다.

2주 후 할머니는 아주 건강하고 기분 좋은 표정으로 집으로 돌아왔습니다. 기도원에서 믿음으로 예배를 드리고 하나님께 기도하면서 기도원 원장에게 안수기도를 받았더니 당뇨병은 물론 관절염까지 말끔하게 치유됐다고 하였습니다.

물론 온 가족은 할머니의 말을 믿어 주지 않았습니다. 늙으신 어머니가 단지 2주 동안 여행하고 돌아와 기분이 전환되어 듣기 좋은 말을 하는 것으로 받아들입니다.

현대의학으로도 절대 고칠 수 없다는 당뇨병을 기도원에 가서 2주일 동안 집회 참석한 것으로 불치의 질병을 고침 받았다면 누가 믿어 주겠습니까? 만성관절염을 수술하지 않고 기도하여 다 낫게 되었다면 누가 믿을 수 있겠습니까?

그런 일이 있고 며칠 후 단골로 다니는 읍내병원에 가서 종합검진을 받은 할머니와 보호자(아들)를 번갈아 바라보며 담당 의사는 고개를 갸우뚱거리며 믿기지 않은 말을 합니다. 당뇨증세가 호전되어 건강한 사람처럼 됐고 관절염증도 완치됐다는 것입니다. 읍내병원 의사는 혹시 모를 일이니 일주일 후 어머니를 모시고 와서 다시 와서 진료를 받아 보라고 보호자(아들)에게 일러줍니다. 물론 며칠 후에 어머니와 아들은 의사로부터 진찰 결과를 통보받았는데 당뇨병과 만성관절염을 깨끗이 고침 받은 것으로 판정받았습니다.

〈오직 믿음으로〉 하나님의 구원을 받을 수 있다는 엄연한 사실을 신앙심이 전혀 없는 범상한 사람들이 어찌 알 수 있겠습니까(요한복음 9:1-41).

"예수께서 가라사대 내가 심판하러 이 세상에 왔으니 보지 못하는 자들은 보게 하고 보는 자들은 소경되게 하려 함이라 하시니"(요 9:39)

하나님의 존재를 믿는 사람은 믿음의 확신으로 복음을 널리 전파하지만 이와는 대조적으로 하나님의 존재를 부정하는 사람은 마음이 둔하고 귀가 막히고 눈이 감겨서 하나님의 초자연적 기적을 직접 보면서도 하나님의 존재를 믿지 못하고 있습니다(이사야 6:9~10).

"십자가의 도가 멸망하는 자들에게는 미련한 것이요 구원을 얻는 우리에게는 하나님의 능력이라"(고전 1:18)

사람이 생명과 죽음의 기로(crossroad)에 서있게 되면 하나님을 믿을 수 있는 선택의 기회는 최후에 딱 한 번 주어지며 이때 그 사람의 지식수준은 어린아이 같이 아주 단순해집니다. 생명이 살기 위하여 창조주시며 섭리하시는 하나님을 자기의 알량한 인간중심의 고집스런 마음을 다 비우고 어린아이 같은 심정으로 (마 18:2~3) 주 예수 그리스도를 영접해야 합니다(신 30:19~20).

"영접하는 자 곧 그 이름을 믿는 자들에게는 하나님의 자녀가 되는 권세를 주셨으니"(요 1:12)

대한민국은 1950년에 동족상잔의 비극이 있었는데 북한의 공산주의자들이 중무장하여 남한을 침략하는 6,25 동란을 일으켰습니다. 처음에는 아무런 준비도 없이 일방적으로 수세에 몰려 후퇴만 거듭하던 대한민국 국군과 U N연합군이 전열을 정비하여 전세를 역전시키고 물밀듯이 북진하기 시작하였습니다. 지레 겁을 먹고 후퇴하던 공산주의 군인들이 연합군에게 대거 포로로 잡힙니다. 전쟁 중에 그것도 한 치의 땅이라도 더 탈환하려고 대한민국의 국군이 북진을 거듭하던 도중에 공산당 적군을 격퇴시키고 남북통일을 이룩해야 하는데 문제는 너무 많은 공산군 포로를 어떻게 처리할 수 없었습니다. 적군포로를 감시하는 국군이 너무 많이 투입되면 당장 적과의 싸움에서 필요한 병사가 모자라는 난감한 형편입니다.

국군 야전군수뇌부에서 내린 결정은 전투 중 사로잡은 공산 적군포로를 현장에서 사살시키라는 것입니다. 수십 수백 명의 적군포로는 전장 터에서 총살당할 당장의 위험에 처하였습니다. 그 때 국군 군종목사가 포로들 중에 예수님을 믿는 기독교인이 있으면 살려 주려고 야전군 부대장에게 허락을 받았습니다.

포로 가운데 그리스도인은 따로 분리시켜 놨습니다. 적군포로들은 예수 믿는 사람을 따로 분리시켜 놓는 것은 곧 저들은 살려주고 예수 안 믿는 사람은 모두 총살시킬 것이라는 낌새를 알고는 전부가 다 예수 믿는 사람이라고 자청합니다. 군종목사는 적군포로를 일일이 다 심문하였는데 어떤 사람은 정말로 성경66권을 알고 있어 그를 살려 줍니다. 또 어떤 사람은 성경구절을 암송하고 어떤 사람은 기도를 유창하게 하고 어떤 사람은 찬송가를 잘 부릅니다. 대부분의 공산군 포로들이 그리스도인 심사에서 예수 안 믿는 사람으로 판명이 났고 소수의 사람만이 살아날 가망이 있었습니다.

포로 가운데 한 사람이 나서서 나도 예수 믿는 사람이라며 살려달라고 애원합니다. 그는 공산군에 강제징집되기 전에 집에서 아내와 함께 살았는데 아내가 예수 믿는 여자였습니다. 그는 아내가 교회 다니는 것이 아주 싫어 교회 갔다 오는 아내를 구박하고 심지어 폭력을 행사하고 그랬습니다.

아내는 남편의 폭력에 시달림을 당할 때마다 흐느끼며 부르는 찬송가가 있었는데 '하늘가는 밝은 길이 내 앞에 있으니 슬픈 일을 많이 보고 늘 고생하여도 하늘영광 밝음이 어둔 그늘 헤치니 예수 공로 의지하여 항상 빛을 보도다……' 사람의 육신의 몸이 죽었을 때 영혼구원을 받고 천국으로 향하여 올라가는 믿음의 사람을 위하여 송별하여 주는 의미로 불러주는 찬송가를 남편은 너무 많이 들어 귀에 익어 있었습니다.

그 사람은 군종목사 앞에서 '하늘가는 밝은 길이 내 앞에 있으니……'하고는 더 이상 가사를 알지 못하여 노래를 멈추고 '아, 이제는 죽겠구나'하고 절망한 나머지 눈물을 뚝뚝 흘리며 자기의 죽음을 눈앞에 두고 통곡하며 울었습니다.

이 광경을 바라 본 군종목사가 그 사람을 예수 믿는 사람으로 간주(re-gard)하고 살려 주었던 것입니다. 얼마 후에 남과 북의 전쟁은 휴전되고 그 사람은 국군포로수용소에서 석방되어 자유의 몸이 되었습니다. 그 사람은 그의 아내가 믿던 예수님 때문에 자기는 총살당하지 않고 구사일생으로 이렇게 살아있게 됐다면서 예수님께서 자기 생명을 살려주신 고마움을 잊지 않고 남은 생애를 예수님께 보답하려고 결심하고는 신학교에 입학하여 신학공부를 하고 자유 대한민국에서 기독교목사로 평생사역을 하였습니다.

영원히 존재하려면 하나님과 화목 하라

심판(judgement)이란 관계 안에서 서로 간에 약속(언약)한 것을 지켜 행하는 충분한 시간과 공간 개념 하에서 어떻게 약속을 지키려고 노력하였는가의 과정을 거쳐 마침내 결과(결론)에 이르러 최종 확인하고 선언하는 것입니다. 관계 안에서 자기는 약속을 다 잘 지켰는데 상대방이 약속을 잘 지키지 못하였다면 '약속을 안 지킨 사람'이라고 선언하고는 약속 불이행에 따른 의무와 책임을 형벌로 부과시키려 할 것입니다.

하나님과 나와의 관계 안에서 하나님께서 심판하시는 일을 상상해 보십시오. 완전하신 인격의 하나님께서는 의(Righteousness)를 완전하게 충족시켜 놓으신 상태에서 나의 미약한 의(義)보다 더 이상 저장할 곳이 없을 만큼 많기만 한 불의(un-righteousness)를 심판하시려 하실 것입니다.

양심적으로 말해서 〈나의 의〉는 〈하나님의 의〉와 비교하면 턱없이 모자랄 것입니다. 그럼에도 겁 없이 하나님과 겨뤄 누가 더 의로운가 하고 심판에 임할 자신 있습니까(롬 7:19~25)? 하나님의 심판이 두렵지 않다면야 더 이상 거론할 말이 없습니다(눅 14:25~33). 다만 솔직히 말해서 하나님의 심판대 앞에 나가기를 두렵게 생각한다면 지금이라도 늦지 않았으니 하나님과 화목(Reconciliation)할 수 있는 최후의 기회와 방법을 찾아야 합니다(고후 5:18~21).

화목(和睦)이란 서로 뜻이 맞고 정다운 관계를 맺고 유지하고 발전시켜 나가는 단란(harmony)하게 모여 사는 가족 개념을 말합니다. 각자의 인격과 개성이라는 독특한 성질 및 성격을 가지고 있는 여러 사람이 각자가 지향하는 목적도 다 다른데 이런 사람들이 서로 이해하며 도움을 주고 도움을 받으며 살아간다는 것은 생각만큼 쉬운 일이 아닙니다(시 133:1~3).

각자의 생각이 다르고 행동이 다른 사람들이 어떻게 원만(harmony)하게 살아가는 삶의 방법론은 온 가족구성원이 모여 약속한 것을 각자가 역할분담을 하여 잘 지켜 행하는 아름다운 미덕을 보여 주는 화목한 가정 안에서만 가능한 일입니다.

하나님을 믿는 기독교는 주님의 몸을 이루는 인격체입니다(엡 1:15~23). 주 예수 그리스도를 영접하고 신앙생활을 하는 사람들을 보면 천차만별의 차이가 많이 나는 각자의 독특한 개성을 가진 인격체들의 집합체입니다(고전 1:26~31). 심지어 사회에 적응을 잘 못하는 사람도 있고 다른 사람에게 피해를 입힌 죄와 허물이 있는 사람도 있으며 가난한 사람, 못 배운 사람, 병든 사람들이 모여 주님의 몸을 이루고 있습니다(고전 12장).

참으로 신기하고 놀라운 사실은 주 예수 그리스도를 중심에 모시고 다들 나름대로 겸손하고 봉사하며 희생을 각오하고 오직 예수 그리스도를 믿으며 성경말씀의 약속을 지켜 행하며 서로 사랑하며 살아간다는 사실입니다(고전 13장).

믿음의 조상(아버지) 아브라함(BC 2160-BC 1985)을 부르시고 선택하신 여호와 하나님께서는 아브라함의 후손에게 기업으로 줄 땅(팔레스타인)을 약속합니다. 단만 지금 가나안 땅에 살고 있는 토박이 사람들(아모

리인들)의 죄악이 관영(貫盈)할 때까지 기다리라는 말씀을 하셨습니다(창 15:12~17). 이스라엘이 민족을 이루고 약속의 땅 가나안을 정복할 때(BC 1440)까지 대략 500년 후에 하나님과 아브라함 간에 약속한 일이 역사적으로 성취됩니다. 가나안에 터를 잡고 살고 있는 원주민(7족속 31왕)은 그들의 죄악이 가득 참으로 인하여 하나님의 심판을 피할 수 없게 되었습니다.

하나님의 심판이 임박한 상황에서 가나안에 살고 있는 거민(居民)들은 삶과 죽음을 맞이하게 되었습니다. 하나님의 심판이 임박한 사실을 그 때의 그곳에 살던 가나안 사람들의 입장에서 생각하고 판단해 보십시오. 이럴 경우 어떻게 하는 것이 최선의 방책(方策)인가를 세워놓아야 합니다.

가나안의 토착민들(7족속 31왕)은 운명론적으로 그들을 심판하러 침략해 오는 이스라엘을 맞아 최후의 일전을 벌이려 합니다. 그런 와중에서 특이한 사람들이 나타납니다. 가나안의 최대도시 여리고성에 살고 있던 기생 라합(Rahab)은 이미 이스라엘 민족이 가나안을 향하여 오고 있다는 소문을 듣고 이스라엘의 하나님을 믿기로 결심하였던 것입니다(수 2장).

팔레스타인 민족들 중에는 기브온(Gibeon) 족속이 있는데 그들은 나름대로 지혜를 총동원하여 이스라엘과 언약을 맺음으로서 기브온 족속의 생존을 보장받게 되었습니다.

많은 사람들이 〈여호와의 전쟁기〉(Book of Wars of the Lord-민 21:14)에 대하여 할 말이 많은가 봅니다. 그러나 온 세계를 창조하시고 섭리하시는 하나님께서는 절대 주권으로 천하 만물을 심판하십니다.

"기록하였으되 내가 거룩하니 너희도 거룩할지어다 하셨느니라"(벧전 1:16)

여호와 하나님께서 이스라엘을 약속의 땅 가나안으로 인도하시면서 왜 가나안의 본토인들(7족속 31왕)을 전부 다 멸망시켰습니다. 더욱 이해가 안 되는것은 출애굽한 이스라엘 제일세대가 전부 다 광야40년 동안에 죽음을 맞이하고 있습니다. 여호와 하나님께서 이스라엘백성들을 많이 죽게 하시고 가나안본토인들 다 멸망시켰을까요?

여호와 하나님의 거룩하심을 알고 이해하면 알 수 있습니다. 거룩 (Holiness)은 구별되는 것, 분리되는 것입니다. 여호와 하나님께서는 죄가 없으시고 지고의 선(Summum bonum)이십니다. 하나님께서는 가나안 땅을 거룩하게 구별하시려 하십니다. 가나안 땅에서 거룩하신 하나님께서 왕이 되시고 선민 이스라엘은 성민이 되는 신정국가(Theocracy)를 세우 려고 하십니다.

여호와 하나님께서 오래 전부터 구별해 놓으신 땅(창 15:12~21)에 죄가 있는 사람들이 거주할 수 없습니다. 약속의 땅으로 향하여 가는 도중에 죄 를 짓는 사람은 다 광야에서 죽게 되었고 약속의 땅에서 토박이로 살던 사 람일지라도 죄가 있음으로 그대로 살려 둘 수 없습니다.

누구든지 무엇이든지 하나님과의 약속을 위반하고 그런 사실을 다시 회 개하지 아니하고 그대로 계속 언약위반으로 살아가려고 하면 그런 것들이 다 죄악으로 간주(看做)되어 하나님의 진노와 심판을 반드시 받게 됩니다.

하나님의 언약(약속)의 원리원칙 대로 심판하시는 심판대에서 살아날 수 있는 유일한 방법은 오직 하나님께로 돌아와서 긍휼을 바라고 회개하면 자비와 긍휼하심으로 사랑하시는 하나님의 공의로우심으로 다시 한 번 더 구원받을 수 있는 마지막 기회를 주십니다.

무지하고 허약한 피조물의 인생이 창조주 하나님과 누가 더 의로운가를 놓고 갈등하고 시비(是非)를 가린다면 그래서 결국 심판대에 서게 된다면 그런 일이야말로 사람에게 가장 부질없는 일입니다. 하나님 앞에서 사람 의 죄악은 이미 더 이상 조사하거나 자료를 수집할 필요가 없을 만큼 저장 된 상태입니다.

"에브라임의 불의(不義)가 봉함(封緘)되었고 그 죄가 저장(貯藏)되었나 니 해산(解産)하는 여인의 어려움이 저에게 임(臨)하리라 저는 어리석은 자식이로다 때가 임하였나니 산문(産門)에서 지체할 것이 아니니라"(호

13:12~13)

인생은 하나님 앞에서 심판받을 임박한 시간이 시시각각 다가오고 있는 다급한 상황에 처해 있습니다. 생명이 살아남아 존재하기 위한 마지막 선택과 절호의 기회는 오직 나를 구원해 줄 구속자 주 예수 그리스도를 만나 호소하는 일뿐입니다(욥 19:25~27).

인본주의 사고(humanism thought)를 가지고 있는 사람들은 하나님을 믿지 아니하고도 자기의 의로움으로 혹은 다른 종교를 통하여 영혼을 구원받을 수 있고 복을 많이 받고 살아갈 수 있다고 말합니다. 무신론(atheism)이나 범신론(pantheism)이나 개인의 자유와 권리가 보장 되어 있는 사람들에게 종교의 선택은 어디까지나 개인의 자유 권한입니다. 하등종교를 신봉하든지 고등종교를 믿든지 종교의 자유가 주어진 사람에게 아무도 간섭할 수 없고 그 사람을 탓할 수 없습니다.

그러나 한 가지 분명히 알 것은 창조주 하나님의 피조물에 불과한 사람은 누구든지 하나님(창조주)과 피조물의 관계 안에 존재의 뜻과 의미가 부여된 언약(약속)이 맺어져 있으며 그 언약을 지켜 행하여야 할 의무와 책임이 있는 것입니다. 그러므로 누구든지 창조하시고 섭리하시는 하나님과의 언약을 원본 그대로 지켜 행하며 살고 있는 사람이라면 정당하게 의로움의 유무를 판결 받아 행한 대로 상급이나 형벌을 받으면 됩니다(롬 2:13~16).

현대 인류는 인본주의를 대변하는 최고의 지식과 지혜를 가지고 존재하고 있습니다. 인간이 인간중심주의(인본주의)에 치중하는 것만큼 하나님과의 친밀한 관계는 점점 더 소원(疏遠)해져갑니다.

"내 백성이 지식이 없으므로 망하는도다 네가 지식을 버렸으니 나도 너를 버려 내 제사장이 되지 못하게 할 것이요 네가 네 하나님의 율법을 잊었으니 나도 네 자녀들을 잊어버리리라"(호 4:6)

분명한 사실은 하나님을 사람이 알지 못하면 하나님께서는 그런 사람을 더 무지하게 만들어 하나님을 지식적으로 알 수 있는 기회를 제한시켜 버리십니다(사 6:9~10, 롬 1:18~32). 하나님을 사람이 알고 믿으면 하나님께서는 하나님에 관한 모든 지식정보를 더욱 풍성하게 제공해 주십니다(호 6:3). 뿐만 아니라 하나님을 열심히 믿는 사람에게는 하나님의 성령을 통하여 하나님의 지식을 선물(은사)로 더하여 주심으로 하나님을 더욱 잘 믿게 해 주십니다.

"사람이 마음으로 믿어 의에 이르고 입으로 시인하여 구원에 이르느니라"(롬 10:10)

기독교 신앙과 신학의 입장에서 의인(義認), 혹은 칭의는 최종 심판에서 하나님의 절대주권에 의한 공정한 재판의 판결문으로 의롭다(Justification)는 선언입니다

죄(sin)를 지었다고 법률적으로 고소당한 사람이 재판을 받을 때 반드시 법관은 그 사람의 죄에 해당하는 원인과 과정 그리고 결과를 조사하여 따져 보고 최종 판결합니다. 죄가 있으면 유죄(有罪)라고 판결 받음과 동시에 죄의 값을 반드시 치러야 하고, 만약 죄가 없으면 무죄판결을 받음으로 자유롭게 됩니다.

마지막 기회

오늘날 민주주의 국가의 사법제도는 재판장이 피고인에게 변론할 기회를 충분하게 배려해 줍니다. 하나님께서는 사람이 의(Righteousness)를 충족시켜 놓지 못하였을지라도 공의(Justice)를 베풀어 주시면서 사람으로 하여금 다시 의를 이룰 수 있도록 자비와 긍휼하심으로 기회를 충분하게 주십니다. 하나님께서는 사람을 구원하여 주시려고 누구든지 주 예수 그리스도를 진심으로 영접하면서 참회를 하면 최후의 심판에서 극적으로 구원하여 주십니다. 그러므로 사람은 최후라는 마지막 때를 만나도 그 사람의 생명의 존재를 포기하지 말고 자기의 생명이 영원히 존재할 수 있는

최후의 기회를 지혜롭게 선용할 줄 알아야 합니다.

성경을 읽어 보면 하나님 앞에서 사람이 죄를 지어 하나님의 진노를 사고 심판을 받고 죽게 될 때 마지막으로 때가 이미 늦은 것 같지만 그럼에도 생명이 살기 위하여 자기의 죄를 자복하는 사람들이 있습니다(마 23:39-43).

예수 그리스도께서 십자가에 희생(犧牲)당하실 때 두 명의 죄수도 나무 십자가에 매달려 하나는 우편에 하나는 좌편에 나란히 매달려 있었습니다(눅 23:39-43). 예수님께서 십자가에 매달려 고난당하실 때 많은 사람들이 몰려와 비웃고 조롱하고 아무런 죄책감 없이 욕하고 침 뱉으며 예수 그리스도게 형벌(lynch) 곧 사람들이 사사로이 가하는 형벌인 사적 제재(私的 制裁)를 가하고 있었습니다. 그 때 십자가에 매달린 행악자 중 하나가 예수님을 조롱하는 것입니다. 그러나 다른 한 편에 매달린 죄수는 자기 동료를 꾸짖으면서 예수 그리스도게 긍휼하심과 자비를 베풀어 달라며 애원하고 있습니다. 육신의 몸이 죽어가는 바로 죽음 직전이라도 진심으로 자기의 죄를 자복하고 회개하면서 주 예수 그리스도의 구속(구원)에 호소하는 사람은 누구든지 구원해 주십니다.

"가로되 예수여 당신의 나라에 임하실 때에 나를 생각하소서 하니 예수께서 이르시되 내가 진실로 네게 이르노니 오늘 네가 나와 함께 낙원에 있으리라 하시니라"(눅 23:42~43)

성경 말씀을 많이 읽고 깨달아 알 수 있는 진리는 하나님께서 하시고자 원하시는 일은 미리 사랑하시는 사람(성도)에게 알려 주시고 그런 다음에 실행에 옮기시고 계십니다.

"주 여호와께서는 자기의 비밀을 그 종 선지자들에게 보이지 아니하시고는 결코 행하심이 없으시리라"(암 3:7)

믿음이 좋은 사람은 꿈을 통하여 하나님께서 하실 일을 알 수 있기도 하고 특별한 경우에는 환상을 통하여 하나님께서 실행하시는 일을 알 수 있는 것입니다. 믿음의 경지가 차원 높은 성도는 하나님의 말씀을 읽고 이해하며 깨달아 인식하고 있습니다.

"이 일 후에 내가 보니 하늘에 열린 문이 있는데 내가 들은바 처음에 내게 말하던 나팔소리 같은 그 음성이 가로되 이리로 올라오라 이 후에 마땅히 될 일을 내가 네게 보이리라 하시더라"(계 4:1)

하나님의 최후심판에 나아갈 준비를 하며 살아가는 사람은 육신의 생명이 마지막 순간에도 당황하거나 절망하지 않고 믿음으로 담담하게 혹은 기쁨으로 그 날을 맞이하려 합니다(행 7:54-60).

인공심장을 달고 살아가는 중년의 목사가 있는데 그는 항상 자기의 죽음의 때를 맞이할 만반의 준비를 하고 있다며 주머니 속에 간직하고 있는 유언장까지 내보여 주었습니다. 사람의 젊은 시절은 인생의 마지막 날이 구만리장천같이 길게 남아있는 시간 개념이겠지만 인생의 연륜(年輪)이 노년에 접어들게 되면 자기의 삶이 언제 마감될는지 죽음이라는 그림자가 점점 자기에게로 다가오고 있음을 의식(意識)하며 살아갑니다.

"관제와 같이 벌써 내가 부음이 되고 나의 떠날 기약이 가까왔도다 내가 선한 싸움을 싸우고 나의 달려갈 길을 마치고 믿음을 지켰으니 이제 후로는 나를 위하여 의의 면류관이 예비되었으므로 주 곧 의로우신 재판장이 그 날에 내게 주실 것이니 내게만 아니라 주의 나타나심을 사모하는 모든 자에게니라"(딤후 4:6~8)

평소에 주 예수 그리스도를 잘 믿어서 자기의 인생 미래를 희망적으로 바라본다면 얼마나 행복한 일일가요!

저자(著者)의 여동생(52세)이 폐암으로 투병하다가 육체의 죽음을 맞이하기 바로 직전에 병상에 누워 두 손을 치켜들고 감격스러움으로 찬양과 감사의 기도를 합니다. 여동생을 구원해 주시려고 주 예수 그리스도께서 하늘 문을 열어 주시고 하나님 나라를 보여 주시며 천사를 보내 자기를 인도해 주시는 생시(生時)의 모습을 바라보면서 억제하지 못할 만큼 충만한 기쁨으로 마지막 육체의 죽음을 맞이하는 모습을 바라보는데 그 모습이 얼마나 행복해 보이며 평안해 보였는지 지금도 생생하게 기억합니다.

자기 인생의 최후를 희망으로 바라봄은 물론이고 한걸음 더 나아가서 자기의 자녀들의 장래가 하나님의 예비하신 은혜로 말미암아 복을 받고 누리며 살아가는 것을 생생하게 바라볼 수 있다면 특히 손자손녀들의 희망에 가득 찬 미래를 아낌없이 축복할 수 있다면 얼마나 가슴 뿌듯한 영광이겠습니까(창 48장~49장, 신 32장~33장).

초대기독교시대 때나 어느 나라 어느 민족에게 기독교의 복음 곧 하나님의 말씀을 전파할 초기에는 많은 기독교인들이 핍박을 받고 순교를 당하였습니다. 그러나 주 예수 그리스도를 위하여 핍박을 받고 순교를 당한 훌륭한 그리스도인들의 특징은 최후의 순간에도 하나님께 영광 올려 드리며 천사와 같은 모습으로 육신의 고난과 죽음을 맞이하였습니다(고후 11:23~33).

"저희가 돌로 스데반을 치니 스데반이 부르짖어 가로되 주 예수여 내 영혼을 받으시옵소서 하고 무릎을 꿇고 크게 불러 가로되 주여 이 죄를 저들에게 돌리지 마옵소서 이 말을 하고 자니라"(행 7:59~60)

최후의 선언

신약성경에서 가장 난해한 말씀(벧전 3:19~22)이 있습니다. 많은 신학자들은 주 예수 그리스도께서 십자가에 죽으신 후 사흘 동안 예수님의 영혼은 어느곳에 머물러 계셨었는가 하는 의문을 가지고 있습니다. 예수 그리스도께서 십자가에서 죽음을 맞이하셨을 때 일반 사람들처럼 예수님도 육체와 영혼이 함께 잠자는 모습으로 무덤에 장사 지낸 바 그대로 있었을까요? 아니면 사흘 동안이지만 예수 그리스도의 영이 하나님 나라에 올라가 계셨는가?라는 의문을 가지는 사람들에게 더욱 어렵게 하는 말씀은 '저가 또한 영으로 옥에 있는 영들에게 전파하시니라'(벧 전 3:19)의 말씀의 뜻과 의미가 무엇인가를 더욱 궁금하게 합니다.

　참으로 이해하기 어려운 사실은 〈예수 그리스도의 영〉이 '지옥에 있는 영들'에게 말씀을 전하셨다는 문자적인 뜻과 의미의 말씀인데 '옥에 있는 영들'이 바로 노아시대에 살았던 사람들이라는 사실입니다. 노아시대(BC 3100년~ BC 2150년)의 사람들은 평균수명이 900년 이상을 장수하였으므로 특별하게 영혼을 구원받을 수 있는 기회를 그만큼 많이 가지고 있었습니다. 하나님께서 의인(義人) 노아에게 약속하시기를 이 세상 사람들이 악하여 물로 심판하시겠다고 하나님의 심판의 계획을 말씀하신 후 대홍수 전 120년의 시간과 공간이 아주 특별하게 주어집니다.

　"여호와께서 가라사대 나의 신이 영원히 사람과 함께하지 아니하리니 이는 그들이 육체가 됨이라 그러나 그들의 날은 일백 이십 년이 되리라 하시니라"(창 6:3)

　하나님의 심판의 약속에 대한 말씀을 들은 노아는 장장 120년 동안 오직 자기와 그의 가족 여덟 명이 물의 심판에서 구원받기 위하여 방주 만드는 일에만 전심전력하며 살았습니다. 그러나 노아와 같은 시대에 살아가던 사람들은 풍요롭게 살아가기 좋은 세상을 만났다며 매일같이 먹고 마시며 장가가고 시집가며 일락을 즐기는데 그 좋은 세월을 다 허비하였던 것입니다(창 6:1~7). 만일 노아가 방주 만들 때 잠시 잠깐이라도 노아의 방주 만드는 사업에 동참했더라면, 그보다는 노아의 말을 경청하고 생각을 바꾸고 삶의 방식을 조금이라도 바꾸었더라면 혹시 노아의 전도를 받고 그들도 노아와 같이 하나님을 믿었더라면 어찌 되었을까요? 참으로 후회 막급한 사실은 아무도 노아의 말을 듣지 않았으며 노아의 방주(方舟) 만드는 일을 유의하지 않았다는 사실입니다. 노아와 그의 가족 여덟 명 외에는 아무 사람도 방주에 올라갈 만큼 구원받을 자격조건이 없었으므로 하나님께서는 동물들만 방주에 가득 올라가게 한 다음 무서운 대홍수의 심판을 내리셨던 것입니다.

사람이 지독하게 악하게 굴면 짐승만도 못한 사람이라고 빗대어 말합니다. 만물의 영장이라는 사람이 가히 짐승만도 못하다는 인격의 평가를 깎아내리게 되면 그런 지독한 사람의 인격이 어떠하리란 것을 짐작하고도 남음이 있습니다. 다시 말하자면 노아시대의 사람들은 가히 짐승만도 못하게 처신하며 살았을 만큼 이성(理性)을 잃고 죄악을 많이 지었다는 것 아니겠습니까? 하나님을 멀리하고 죄를 계속 짓고 살아가는 사람에게는 이성(reason)의 기능을 퇴화(退化)시켜 버립니다(사 6:9~10, 마 13:14~15). 그러나 하나님을 잘 믿는 사람에게는 지식과 지혜를 스스로 진보, 곧 발전(발달)시켜 나갈 수 있도록 특별한 은사를 부어 주십니다.

"그러나 너희 눈은 봄으로 너희 귀는 들음으로 복이 있도다"(마 13:16)

대홍수에 빠져 허우적거리며 죽어가고 있는 사람들이 방주 안에 보호받고 있는 짐승들을 바라보면서 무슨 생각이 떠올랐을 까하는 것은 아마도 때늦은 후회였을 것입니다. 그럼에도 노아시대 사람들이 얼마나 악행하면서도 도무지 뉘우칠 줄 모르는 사람들이었으면 예수님께서 육체의 죽음을 맞이하신 사흘 동안에 옥에 있는 영들에게 나타나셔서 그들의 죄악이 무엇인지 또 얼마나 가증한 것인가를 확실하게 밝혀 알려 주셨습니다.

사람들의 속성은 궁지에 몰리면 만인 앞에 평등한 법을 내세우며 법의 보호를 받으려 합니다. 사람이 재판관 앞에 나가면 순순히 자기의 죄와 허물을 고백하는 사람이 없고 그런 위기를 모면하려고 전심으로 자기가 의롭다고 항변하고 자기를 스스로 변호하려고 온갖 궁리를 하면서 변명을 늘어놓는데 급급하는 것도 모자라 남에게 자기의 죄와 허물을 뒤집어씌우려고 모함까지 합니다(롬 2:1~12).

만약 이럴 때 법관이 명백한 죄의 증거를 제시하지 못하면 무고한 사람에게 죄를 뒤집어씌우는 격이 됩니다. '옥에 있는 영들에게 전파하시니라'의 말씀의 뜻과 의미는 공의로우신 주 예수 그리스도께서 공생애 사역을 하실 때 이후의 사람들에게만 생명이 다시 살아갈 기회를 주시고 계신 것이 아니라 아주 옛날 과거의 사람들 곧 노아의 시대 사람들에게도 변명의 여지없이 구원받을 수 있는 충분한 기회를 주시고 계신다는 사실을 다시 강조하시는 말씀입니다.

성경에서 정의(definition)하는 공의(Justice)의 개념 곧 의를 이룰 수 있게 다시 한 번 더 기회를 주는 특별한 하나님의 배려에 대하여 그 중요성을 실감하지 못하는 사람들이 너무 많이 있습니다. 지혜로운 믿음의 사람은 자기가 구원받기 위하여 전심전력하여 하나님의 공의에 호소하는 믿음을 보여야 합니다(눅 18:35~43).

"예수께서 저에게 이르시되 보아라. 네 믿음이 너를 구원하였느니라 하시매"(눅 18:42)

전가의 법

하나님의 공의 곧 예수 그리스도의 3년 동안 공생애(Common Life)는 구원받을 수 있는 기회를 놓친 사람들을 찾아다니시면서 다시 한 번 더 구원받을 수 있는 기회를 베풀어 주신 특별한 은혜는, 쉽게 말해서 주 예수 그리스도께서 사람의 생명을 다시 살려주시는 언약(약속)입니다(롬 5:15~21). 누구든지 주 예수 그리스도를 믿고 구세주의 공의에 호소하면 하나님의 아들 예수 그리스도는 반드시 진리의 말씀으로 말미암아 공의에 관한 지식과 지혜를 다 적용시켜 주셔서 믿음의 사람을 구원받게 하여 주십니다.

"누구든지 주의 이름을 부르는 자는 구원을 얻으리라"(롬 10:13)

그러므로 누구든지 하나님의 심판을 받게 될 때 마지막으로 주어지는 기회요 유일한 희망은 생명을 살려주시는 〈마지막 아담〉(고전 15:45)이 할 수 있는 전가(轉嫁)의 법(法)에 호소하는 일입니다.

전가(Imputation)란 자기의 죄와 허물을 다른 사람에게 뒤집어씌워 법적 윤리적 도덕적 의무와 책임을 뒤집어쓰게 된 사람이 꼼짝없이 짊어지게 만드는 것입니다.

"여호와 하나님이 여자에게 이르시되 네가 어찌하여 이렇게 하였느냐 여자가 가로되 뱀이 나를 꾀므로 내가 먹었나이다"(창 3:13)

여호와 하나님과 아담과 하와는 에덴동산 안에 있는 선악을 알게 하는 나무의 실과를 절대로 따 먹어서는 안 된다는 언약(약속)을 하였습니다. 어느 날 뱀(사단)이 나타나 꾀므로 아담과 하와는 동산 중앙의 선악을 알게 하는 나무의 실과를 따 먹어버렸습니다. 잠시 후 하나님께서 아담과 하와에게 나타나셔서 에덴동산 중앙의 선악을 알게 하는 나무의 실과를 왜 따 먹느냐?고 추궁하시니 아담과 하와가 변명하기를 뱀이 따 먹으라고 해서 그렇게 됐습니다하며 모든 법적 윤리적 도덕적 의무와 책임을 몽땅 뱀에게 전가 곧 뒤집어 씌워버렸습니다.

하나님께서 아담과 하와에게 엄중히 경고하시기를 절대로 에덴동산 중앙에 있는 선악을 알게 하는 나무의 실과를 따 먹지 말라고 명령하심을 정면으로 위반한 것은 하나님과 인류의 조상이 최초로 맺은 언약(약속)을 지켜 행하지 못하게 된 것 그러므로 그 것이 아담과 하와에게 원죄를 범한 것임을 선언하셨습니다.(창 3장).

아담과 하와가 지은 원죄(original sin)로 말미암는 모든 징계나 불이익에 대하여 아담과 하와뿐만 아니라 후손들(인류)에게 고스란히 전가(Imputation) 되고 있다는 사실입니다.

"이러므로 한 사람으로 말미암아 죄가 세상에 들어오고 죄로 말미암아 사망이 왔나니 이와 같이 모든 사람이 죄를 지었으므로 사망이 모든 사람에게 이르렀느니라"(롬 5:12)

아무리 인류가 하나님의 피조물이라도 하나님과 언약관계 안에 있는가 아니면 언약관계 밖에 있는가에 따라 보는 관점이 다르게 되는 것입니다. 존재의 특성상 관계 밖(Relation out)에서는 아무도 탓할 수 없게 되므로 관계밖에서 일어나는 일은 어찌 되어도 상관할 수 없습니다.

관계안((Relation in)에서는 서로 밀접한 상관이 있으므로 법적 윤리적 도덕적 의무와 책임을 함께 짊어져야 합니다. 관계 안에서 한 사람이 불행하게 되면 같은 관계 안에 있는 사람들도 그 불행의 여파에 대하여 영향을 받는 의무와 책임을 짊어져야 합니다.

하나님과 사람(아담)이 언약관계 안에서 아담과 하와가 변명의 여지없는 원죄를 범하므로 죄의 형벌에 대하여 아담과 하와는 물론 아담의 후손들에게 그대로 죄와 형벌의 영향이 뒤집어씌움이 돼 버린 것입니다.

진퇴양난이 해결 됨

아담과 하와가 원죄를 범함으로써 그 죄와 허물에 대한 법적 윤리적 도덕적 의무와 책임을 아담의 후손들에게 전가(Imputation)시켜 버리게 됨으로써 전혀 또 다른 문제가 발생하게 된 것입니다.

하나님과 관계 안에 있는 오늘날의 인류(사람)도 예외 없이 〈전가의 법〉에 의하여 죄와 허물에 대한 형벌이 부과 되는 것인데 문제는 하나님과 오늘날의 인류(사람)가 하나님을 믿으며 살아가는 신앙관계 안으로 들어와 살아가고 있는데도 원본 전가의 법을 적용시켜 믿는 사람에게도 아담의 원죄와 그에 따르는 형벌을 부과시켜야 하는가의 종교 본질적인 문제가 발생합니다.

"가로되 주 예수를 믿으라 그리하면 너와 네 집이 구원을 얻으리라 하고"(행 16:31)

사람에게서 의로움을 살펴보시고 의인인지 불의한 사람인가를 하나님께서 마지막으로 심판하시는데 참 곤란한 일이 있습니다. 그것은 바로 '나'라는 인격자를 심판하시려는데 일평생 쌓아놓은 의로움을 보니 보통 사람들의 수준일 뿐이라 영락없이 불의한 자로 심판받게 될 대상인데 그런데 하나님을 곤혹스럽게 하는 일은 '나'라는 인격자가 주 예수 그리스도를 믿고 있다는 사실입니다. 불의함 만으로는 죄인이라고 심판할 수 있는데 주 예

290

수 그리스도를 믿고 있는 하나님의 사랑을 받고 있는 성도(Saint)란 사실 때문에 하나님을 진퇴양난(dilemma)에 빠뜨리는 것입니다. 하나님의 말씀 곧 언약은 만고불변의 진리이므로 누구든지 임의로 변개(變改)할 수 없는 것입니다.

"이스라엘의 지존자(至尊者)는 거짓이나 변개함이 없으시니 그는 사람이 아니시므로 결코 변개치 않으심이니이다"(삼상 15:29)

〈전가의 법〉을 보다 선용하면 참으로 놀라운 특별한 은혜로 전가의 법의 혜택을 받고 누릴 수 있습니다.

하나님과 신앙관계 안에 있는 사람들 곧 하나님의 사랑을 받는 사람들에게 첫 사람 아담이 불의함으로 지은 원죄의 전가(轉嫁)를 마지막 아담(주 예수 그리스도)이 의를 행함으로서 다시 〈의의 전가 법〉으로 인류가 대대손손 원죄의 형벌을 유전(遺傳)받아 오던 것을 마지막 아담으로 말미암아 누구든지 주 예수 그리스도를 믿으면 구세주 예수 그리스도의 의로움을 전가 받아 구원받을 수 있게 하는 일입니다(창 3:15, 롬 5:15~21).

하나님의 아들 주 예수 그리스도께서 하나님을 사랑하는 사람들을 구원하기 위하여 의로우신 사역을 감당하신 그 공력으로 말미암아 하나님을 믿는 모든 사람에게 예수 그리스도의 의로우심을 전가 받게 하여 구원받게 하십니다.

"한 사람의 범죄를 인하여 사망이 그 한 사람으로 말미암아 왕노릇 하였은즉 더욱 은혜와 의의 선물을 넘치게 받는 자들이 한 분 예수 그리스도로 말미암아 생명 안에서 왕 노릇 하리로다 그런즉 한 범죄로 많은 사람이 정죄에 이른 것같이 의의 한 행동으로 말미암아 많은 사람이 의롭다 하심을 받아 생명에 이르느니라"(롬 5:17~18)

전가의 법(Law of Imputation)은 첫 사람 아담과 마지막 아담에게만 특별히 적용되는 〈하나님의 특별법(Special Law)〉이지만 모든 죄악의 영향은 모든 인류에게 다 적용되고 다만 구원받는 특별한 은혜의 혜택은 오직 주 예수 그리스도를 믿는 사람에게만 국한하여 적용이 됩니다(고전 15:22).

"아담 안에서 모든 사람이 죽은 것같이 그리스도 안에서 모든 사람이 삶을 얻으리라"(고전 15:22)

"기록된바 첫 사람 아담은 산 영이 되었다 함과 같이 마지막 아담은 살려 주는 영이 되었나니"(고전 15:45)

전가의 법(轉嫁 法)은 하나님의 심판대 앞에서 사람이 의롭다고 하나님께로부터 인정받아도 어디까지나 자기의 의로움으로 인하여 자기 자신만 구원받을 수 있을 뿐이지 결단코 자기의 의로움으로 다른 사람을 구원할 수는 절대 없는 것입니다(겔 14:12~23).

"비록 노아 다니엘 욥이 거기 있을 지라도 나의 삶을 두고 맹세하노니 그들은 자녀도 건지지 못하고 자기의 의로 자기의 생명만 건지리라 나 주 여호와의 말이니라 하시니라"(겔 14:20)

공의로운 하나님의 심판

"네가 말하기를 나는 그것을 알지 못하였노라 할지라도 마음을 저울질 하시는 이가 어찌 통찰하지 못 하시겠으며 네 영혼을 지키시는 이가 어찌 알지 못하시겠느냐 그가 각 사람의 행위대로 보응하시리라"(잠 24:12)

〈공의〉의 뜻과 의미는 관계 안에서 서로 간에 부과시켜 놓은 요구와 조건을 충족시켜 주는 약속을 정직하고 성실하게 지켜 행하면 좋을 일이지만 혹시 그렇지 못하여 약속을 지켜 행하지 못하였을 때 다시 한 번 더 의를 이룰 수 있도록 기회를 주는 것이라고 자세하게 설명하였습니다. 그러나 공의의 궁극적인 목적은 하나님께서 의로우신 심판을 하시는 일입니다.

"내가 너희에게 이르노니 사람이 무슨 무익한 말을 하든지 심판 날에 이에 대하여 심문을 받으리니 네 말로 의롭다 함을 받고 네 말로 정죄함을 받으리라"(마 12:36~37)

(1) 공의로운 심판은 서로 간에 의를 공정하게 비교하는 것

이제부터는 피할 수 없는 더 이상 머뭇거릴 시간이 없는 심판의 시간을 맞이하고 있습니다. 심판의 주께서 하나님과 언약한 사람의 의(義:Righteousness)를 동시에 대비(對比)시켜 놓습니다. 예를 들어보면 하나님의 정의 곧 의(창 2:1~25)와 태초의 아담의 정의 곧 사람의 의(창 3:1~24)를 비교합니다. 하나님의 의는 예를 들어 저울에 달아 보았더니 1,000그램의 무게가 나갔다고 가정해 봅시다. 그렇다면 사람(아담)의 의의 무게는 과연 몇 그램이나 나갈 것 같습니까?

"심히 교만한 말을 다시 하지 말 것이며 오만한 말을 너희 입에서 내지 말지어다 여호와는 지식의 하나님이시라 행동을 달아 보시느니라"(삼상 2:3)

"진실로 천한 자도 헛되고 높은 자도 거짓되니 저울에 달면 들려 입김보다 경하리로다"(시 62:9)

사람의 의로움이 최소한 혹은 최대한 몇 그램의 무게가 나간다고 쳐도 어찌 완전하게 성취시켜 놓으신 하나님의 충만하신 의와 비교할 수 있겠습니까.

(2) 공의로운 심판은 생명책이 증거(證據)

사람의 재판도 증인이 필요하고 확실한 물증을 제시해야만 무죄나 유죄를 판단할 수 있습니다. 하나님의 심판은 확실한 증거에 의하여 판단하시는데 그것은 하나님께서 생명책에 하나님과 관계 안에서 언약을 맺은 모든 대상이 개별적으로 하나님과 약속을 어떻게 맺었으며 그 약속을 어떻게 지켜 행하는 과정이 빠짐없이 다 기록 돼 있고 약속의 결과는 어떻게 되었는가에 대하여도 자세하게 기록 되어 있습니다(계 20:12~15).

"또 내가 보니 죽은 자들이 무론대소하고 그 보좌 앞에 섰는데 책들이 펴 있고 또 다른 책이 펴졌으니 곧 생명책이라 죽은 자들이 자기 행위를 따라

책들에 기록된 대로 심판을 받으니”(계 20:12)

평생 동안 하나님을 잘 믿은 사람이 스스로 자만심에 빠져 다른 사람은 몰라도 자기는 반드시 하나님의 나라에 들어가서 영생복락을 얻고 누릴 것이라고 호언장담 하였습니다. 그 사람이 어느 날 잠을 자다가 영혼이 육체를 벗어나 영의 세계로 이끌림을 받아 천국으로 올라갔습니다. 흔한 일은 아니지만 혹시 기독교인들 중에는 입신상태(入神狀態) 곧 육체가 살아 있는 사람이 불가항력적인 신비한 체험을 하게 되는데 그것은 바로 영혼이 육체로부터 분리되면서 육체는 잠자는 상태로 있고 영혼은 영적 존재(천사)에 이끌림을 받아 하나님의 나라를 여행하는 일이 있습니다. 그 사람의 영혼이 천사의 이끌림을 받아 전혀 낯선 나라를 여행 온 것인데 사방을 둘러보니 의심의 여지없는 천국임을 깨달았습니다. 잠시 후에 빛난 광체의 모습으로 나타나신 주 예수님을 만나 뵈었습니다. 빛 가운데 거하시는 하나님을 아는 체하며 존귀와 영광을 올려 드리는 인사를 하려는데 주 예수 그리스도께서는 거룩하신 심판의 주(The Lord) 되시는 위엄으로 서 계십니다. 입신하여 천국에 올라가 주님 앞에 서 있는 그 사람은 자신의 신분 곧 교회에서 임명받고 봉사한 직분이 무엇이고 신앙생활을 몇 년 동안 하였고 자기 딴에는 하나님 말씀대로 살아왔다며 자랑스럽게 자기인생을 삶아온 이력(履歷)을 말씀드렸습니다.

주님께서는 천둥과 벼락 치는 소리 같은 지엄하신 두려운 음성으로 네가 과연 하나님 앞에서 그렇게 의롭게 살았는가를 다시 보라시면서 생명책을 펼쳐 보여 주십니다. 주님께서 생명책을 펼쳐보시는 순간에 그 사람의 일생 동안의 모든 삶의 행위가 하나도 빠짐없이 다 보여 지는데 마치 영화필름이 돌아가면서 커다란 화면에 자기가 지금까지 살아오면서 겪은 생생한 모습 그대로 보여 지는 것입니다. 그 화면을 보는 순간 부끄러운 일들 잘못한 일들 죄를 짓는 모습이 그대로 생생하게 보여 지는데 그 사람은 차마 얼굴을 들지 못할 만큼 많은 죄를 짓고 살아온 것이 그대로 드러나는 것 곧 불의함으로 가득 차 있는 자기의 모습을 볼 수 있었습니다.

주 예수 그리스도께서 그 사람의 생명책을 다시 덮으시면서 생명의 구원은 하나님의 절대 주권에 의한 것이지 네 맘대로 신앙생활 잘했다고 구원받는 것 아니니라 말씀하시며 자리를 떠나가십니다. 천사의 이끌림을 받고 천국문밖으로 사정없이 내동댕이쳐지듯이 쫓겨나는데 그 순간 정신을 바짝 차리며 죽을힘을 다하여 소리쳐 호소하기를 주님께서 한 번만 더 기회를 주시면 지금부터는 정말로 죄를 짓지 않고 정직하게 살면서 오직 하나님께 영광만 올려드리며 살겠습니다하고 애원하였습니다. 얼마나 시간이 지나갔는지 겨우 정신을 차리고 보니 잠을 자다가 입신상태를 경험한 것이었습니다. 그런 일이 있고부터 이 사람은 하나님의 절대주권에 의한 구원을 믿으면서 하나님께 구원받는 길은 오직 하나님의 인정(recognition of God)을 받는 일 뿐임을 깨닫고 스스로 자만하지 않고 겸손하게 살면서 하나님을 위하여 죽도록 충성하면서 한편으로는 다른 사람을 누구보다 배려하는 이타주의의 신앙생활을 하였습니다(롬 7:21~24).

"그러므로 이제 그리스도 예수 안에 있는 자에게는 결코 정죄함이 없나니 이는 그리스도 예수 안에 있는 생명의 성령의 법이 죄와 사망의 법에서 너를 해방하였음이라"(롬 8:1~2)

(3) 공의로운 심판은 공의에 호소할 기회가 주어짐

하나님의 심판대 앞으로 나가기 직전에 나를 구원(구속)해 줄 수 있는 유일한 희망은 주 예수 그리스도 한 분 뿐입니다.

"우리가 그리스도 안에서 그의 은혜의 풍성함을 따라 그의 피로 말미암아 구속 곧 죄 사함을 받았으니"(엡 1:7)

하나님의 정식 재판 곧, 최후의 심판에 임하기 전에 주 예수 그리스도 외에 아무도 나를 구원해 줄 사람이 없다는 사실을 알고 오직 주 예수 그리스도를 통한 구원(구속)을 간절하게 믿고 의지해야 합니다(호 13:4, 사

43:1~13).

　기업(基業)을 자세하게 설명하기를 지금까지 아무도 밝히지 못한 구원(구속)개념이 어디서부터 유래(由來)하여 왔는가를 밝혔습니다.

　"……만일 누가 죄를 범하면 아버지 앞에서 우리에게 대언자가 있으니 곧 의로우신 예수 그리스도시라 저는 우리 죄를 위한 화목제물이니 우리만 위할 뿐 아니요 온 세상의 죄를 위하심이라"(요일 2:1~2)

　구원(Salvation)과 구속(Atonement)은 같은 뜻과 의미가 있습니다. 스스로의 의지(意志)로 절대 나올 수 없는 그런 곳에서 빠져 있는 사람이나 자유를 잃어버리고 남의 밑에 들어가 평생을 노예처럼 살아가는 사람들이 많습니다. 그렇게 인간 이하의 취급을 받고 살아가야만 하는 사람에게 다시 자유를 찾아 주거나 재물을 잃어버린 사람에게 다시 재물을 찾아주어 본래의 원상태로 회복시켜 주기 위하여 어떠한 대가도 받지 아니하고 어떤 보상도 받지 아니하고 도리어 그런 일을 하는 것이 의무와 책임이 있는 것 같이 전심전력을 다하여 도와주어 구원(구속)을 온전하게 이루는 인격자가 곧 구세주(救世主)요 구원자(Saviour)입니다.

　현대의 세계는 인류가 자유와 권리가 보장돼 있으므로 신앙의 자유가 있고 다른 신을 믿을 종교를 선택할 권리가 있는 세상입니다. 그러나 기독교회의 정의는 오직 주 예수 그리스도를 통해서만 하나님 아버지 앞으로 나갈 수 있다는 언약(약속)을 반드시 지켜 행하여야만 구원받을 수 있다는 사실을 명심해야 합니다.

　"예수께서 가라사대 내가 곧 길이요 진리요 생명이니 나로 말미암지 않고는 아버지께로 올 자가 없느니라"(요 14:6)

(4) 공의로운 심판은 전가의 법(轉嫁 法)이 중요함

　옛날의 임금님은 지고의 인격자입니다. 절대적 존재로 군림하는 임금님을 혹시 신분이 낮은 사람이 알현(謁見)하려면 국법이 정한 신분을 취득해

296

야 하고 엄격하고 까다로운 의전절차(儀典節次)를 두렵고 떨리는 마음으로 조심하여 밝아야 합니다.

평민이나 천민이 특별하게 부름을 받고 임금을 만나 뵈려면 의복이 남루하면 아니 됩니다. 문제는 의복도 신분에 따라 입는 옷이 달랐으므로 임금님 앞에서 입는 최소한의 예의범절을 지키는 품위가 있는 옷을 입기 위하여 국가는 그 사람에게 가장 낮은 등급의 벼슬을 내려 줍니다. 가장 낮은 벼슬자리를 얻게 됨으로 격식 있는 의복을 갈아입고 임금님을 만나기 위하여 궁궐에 들어갈 수 있는 것입니다.

하나님의 심판대 앞으로 나가기 전에 주 예수 그리스도를 만나면 주 예수 그리스도께서 주님을 만난 사람을 구원하여 주시기 위하여 주 예수 그리스도의 완전하신 의로운 옷(고전 15:52~54, 고후 5:1~7)을 벗어서 그 사람에게 입혀 주십니다.

"내가 여호와로 인하여 크게 기뻐하여 내 영혼이 나의 하나님으로 인하여 즐거워하리니 이는 그가 구원의 옷으로 내게 입히시며 의의 겉옷으로 내게 더하심이 신랑이 사모를 쓰며 신부가 자기 보물로 단장함 같게 하셨음이라"(사 61:10)

"누구든지 그리스도와 합하여 세례를 받는 자는 그리스도로 옷입혔었느니라"(갈 3:27)

예수 그리스도의 의의 옷으로 갈아입고 대신 예수 그리스도는 나의 죄의 옷으로 바꾸어 입게 됩니다. 나의 죄악의 옷으로 갈아입으신 주 예수 그리스도께서는 내가 받아야 할 죄 값으로 십자가의 형벌을 받으시고 죽으셨습니다.

주 예수 그리스도의 의의 옷으로 갈아입은 〈나〉는 의로운 사람의 자격으로 하나님 앞으로 나가 심판대 앞에서 하나님의 의로우심과 예수 그리스도의 의의 옷으로 갈아입은 나의 의로움과 하나님의 의로우심과 비교되면서 하나님께서 나를 의로운 사람으로 칭호(Justification)해 주십니다. 주 예수 그리스도의 의로우심을 사람에게 넘겨주시는 주 예수 그리스도의 거룩한 공의로우심을 〈의의 전가(Imputation of Righteousness)〉라고 말합니다.

전가의 법을 곡해(曲解)하는 악한 무리 곧 사단이 있습니다(계 12:10). 사단(satan)은 어찌 됐든지 하나님의 아들 예수 그리스도께서 사람의 더러운 죄악의 옷을 입고 형벌을 받았으니 마땅히 하나님의 심판을 받아 마땅한 것 아닌가 하고 항의합니다.

분명히 알 것은 사람을 죄악에서 구원하려고 주 예수 그리스도께서 인간의 육신의 몸을 입고 자청하여 희생제물이 되신 것 그 자체로 예수 그리스도는 가장 의로운 일을 행하심이 되시는 것입니다. 하나님께서는 누가 무어라 말해도 의로운 사람(성령으로 잉태하사 동정녀에게서 탄생하시고 33년의 생애 동안 공의를 행하여 주신 나사렛 예수(사 53장)은 반드시 확실하게 구원하여 주시고 계십니다.

죄인의 옷을 입고 하나님 앞에 서 계시는 예수 그리스도를 참소하는 사단에 대하여 하나님께서 의로우신 재판을 하여 주시는 장면의 환상이 구약 스카랴(BC 520-BC 518) 선지자에 의하여 실감나게 기록되고 있습니다. 심판의 주 이신 하나님께서 참소(讒訴)하는 자 사단을 엄히 책망하십니다(슥 3:2). 구세주 예수 그리스도를 여호수아로 묘사 하였지만 구약적인 환상을 통하여 예수 그리스도께서 죄인의 옷을 입은 상태에서 어찌 되셨을까하는 의문에 대한 믿음의 확실한 해답을 찾아 볼 수 있게 됩니다.

"여호수아가 더러운 옷을 입고 천사 앞에 섰는지라 여호와께서 자기 앞에 선 자들에게 명하사 그 더러운 옷을 벗기라 하시고 또 여호수아에게 이르시되 내가 네 죄과를 제하여 버렸으니 네게 아름다운 옷을 입히리라 하시기로 내가 말하되 정한 관을 그 머리에 씌우소서 하매 곧 정한 관을 그 머리에 씌우며 옷을 입히고 여호와의 사자는 곁에 섰더라"(슥 3:3~5)

(5) 공의로운 심판의 절정은 의인(義認: Justification)

예수 그리스도의 의로우신 옷으로 갈아입은 사람은 의로움으로 충족된 인격자이므로 죄가 없기 때문에 하나님 앞에 나아갈 자격이 있습니다. 다시 말하자면 그리스도의 의의 옷으로 갈아입은 사람은 하나님과의 언약을 온전하게 충족시켜 놓은 사람이란 뜻과 의미가 있습니다(갈 3:27). 하나님 앞에서 의가 충족 된 사람을 〈의롭다(Justification)〉는 선언을 해 주십니다(계 16:5~7, 계 15:3~4, 계 19:2).

"그리스도 예수 안에 있는 구속으로 말미암아 하나님의 은혜로 값없이 의롭다 하심을 얻은 자 되었느니라."(롬 3:24)

하나님의 심판에 의하여 〈의롭다〉 또는 〈의인이다〉라고 판결 받은 사람은 이후부터 어느 누구로부터 심판받지 않습니다(롬 8:33~35). 사실상 하나님과 관계 안에서 맺은 언약(약속)을 충족시켜 드린 사람으로 대우받고 존재론적 신분에 변화가 있습니다. 다시 말하자면 의를 충족시켜 준 보상으로 하나님 나라를 상속(Inheritance)받게 됩니다.

"그 때에 임금이 그 오른편에 있는 자들에게 이르시되 내 아버지께 복 받을 자들이여 나아와 창세로부터 너희를 위하여 예비된 나라를 상속하라"(마 25:34)

하나님과 언약 관계 안에서 하나님께서 바라시고 원하시는 모든 요구와 조건을 충족시켜 놓은 사람은 하나님의 자녀요 하나님 나라의 백성으로 영원한 존재를 얻고 누리게 됩니다(계 21장~22장).

(6) 주 예수 그리스도는 공의로운 심판장

창조하시고 섭리하시는 하나님과 모든 피조물이 조물주와 피조물의 관계 안에서 존재에 관계된 일체의 언약(약속)을 맺고 서로 간에 부과된 의에 대하여 충족시켜 주는 최고 최선의 의지(will)를 보여 결론(결과)에 도달하고 거기서 서로 간에 의를 비교하고 저울에 달아 보고 확인한 다음 의

(Righteousness)인인가 불의(un-righteousness)인가를 최종 심판해야 합니다.

성자 하나님께서 사람으로 이 세상에 오셔서 가장 낮고 비천한 인간으로 33년을 직접 삶의 체험을 해 보신 까닭도 인간의 입장에서 하나님과의 언약을 지켜 행하기에 어려운 일인가 혹은 하나님과의 약속은 부당하게 많고 힘든 일인가를 직접 체험해 보심으로서 보다 더 인간을 알고 이해 할 수 있으셨던 것입니다.

성자 하나님께서 사람으로 탄생하셔서 인간으로서는 누구도 살아볼 수 없는 가장 낮고 비천한 삶도 살아 보셨습니다. 예수 그리스도는 모든 사람과 동등한 인격으로 대면해 보셨고 여러 계층의 각양각색의 사람들과 대등한 인격으로 만나 교제를 하여 주셨습니다. 하나님의 아들 예수 그리스도의 생애33년은 인간에게 있어서 여러 가지 뜻과 의미를 포함(comprehension)하고 있습니다.

선택받은 이스라엘이 최상의 요구와 조건에서도 감히 율법을 온전히 지켜 행하지 못한 일을 주님은 가장 열악한 요구와 조건으로도 능히 율법을 완성하여 놓으셨습니다. 누구든지 주 예수 그리스도에게 나아가면 지은 죄를 다 사하여 주셨고 어떠한 중한 질병도 다 고쳐 건강을 회복시켜 주셨으며 심지어는 죽은 사람들까지 살려 주셨습니다.

예수 그리스도는 자신의 육체의 생명을 다른 사람의 죄를 사하여 주시는 일에 의무와 책임을 짊어지고 희생제물(犧牲祭物)로 바쳐주셨습니다. 인간의 죄와 허물을 사하여 주시려고 십자가에서 희생당하심으로써 하나님과 사람 사이에 막힌 담을 헐어 버리시고 하나님과 믿음의 사람이 다시 화목할 수 있게 구원사역을 완성하셨습니다. 아버지 하나님께서는 아들 하나님께 영광의 보좌에 앉히시고 이 세상을 심판할 수 있도록 심판의 주가 되게 하셨습니다(마 19:28, 계 1장~22장).

"아버지께서 아무도 심판하지 아니하시고 심판을 다 아들에게 맡기셨으

니”(요 5:22, 마 25:32, 행 10:42, 롬 2:16)

인류가 더 더욱 주 예수 그리스도를 믿어야 할 당위성은 주 예수 그리스도께서 친히 모든 사람을 심판하시는 판결이 가장 공정하고 의로우시다는 사실을 재확인 시켜 주기 위하여 영광의 주님으로 재림하신다는 분명한 사실입니다(히 9:27~28).

“저가 임하시되 땅을 판단하려 임하실 것임이라 저가 의로 세계를 판단하시며 그의 진실하심으로 백성을 판단하시리로다”(시 96:13)

“인자가 아버지 영광으로 그 천사들과 함께 오리니 그 때에 각 사람의 행한 대로 갚으시리라”(마 16:27)

공의로운 하나님의 심판의 여러 단계를 순서별로 적어 놓았지만 실제로는 사람이 하나님의 심판대 앞에 서는 그 순간 모든 것이 순식간에 판결이 나는 것입니다. 요즘 컴퓨터가 성능이 너무 좋아 컴퓨터에 입력만 해 놓으면 모든 자료가 자세하게 다 기록되어 판별할 수 있게 되는 것보다 더 빠르게 결론이 난다는 점을 알아야 합니다.

그러므로 사람이 하나님의 심판대 앞으로 나가기 전 아직 육신의 몸이 건강하게 살아 있을 동안에 회개할 것이 있으면 철저하게 회개하여 죄를 사함 받고 깨끗하고 정결하게 무흠한 삶을 살아가도록 최선을 다하는 것이 좋습니다.

변명의 여지없는 진리는 누구든지 자기의 생명의 존재가 영원하도록 살아서 보존되기를 바란다면 생명의 주 예수 그리스도를 진실로 믿어야 합니다.

“다른 이로서는 구원을 얻을 수 없나니 천하 인간에 구원을 얻을만한 다른 이름을 우리에게 주신 일이 없음이니라 하였더라”(행 4:12)

심판의 주 예수 그리스도를 두려워(敬畏)하라

"몸은 죽여도 영혼은 능히 죽이지 못하는 자들을 두려워하지 말고 오직

몸과 영혼을 능히 지옥에 멸하시는 자를 두려워하라"(마 10:28)

≪약속과 정의≫를 집필하면서 처음부터 끝까지 심혈을 기울여 변증법적 신학(Dialectical Theology- 인간중심적인 자유주의신학에 대하여 정면으로 반박하고 하나님 중심주의 참 믿음을 교의(Doctrine) 혹은 교리(Dogma)의 관점에서 교육하여 그리스도인에게 올바른 믿음을 가지게 하려는 신학)으로 존재(existence, ontology)에 대하여 가장 비중 있게 설명하였습니다.

만세전부터 스스로 존재하시는 하나님께서 우주만물을 창조하신 까닭은 하나님의 존재를 피조물을 통하여 인정받으시기 위함이며 특히 하나님의 형상과 모양을 닮은 사람(Adam)을 창조하신 까닭은 하나님과 사람이 관계 안에서 서로의 존재를 인정하며 영원무궁하도록 더불어 존재하기 위함입니다.

그런데 성경의 역사(History of Bible)는 시작부터 하나님과 사람은 존재(存在) 때문에 의견차이가 나고 갈등하고 멀어지고 무시하고 보복(복수, 심판)하는 일들이 사이클 히스토리(cycle history)로 계속 인간이 하나님과의 언약을 위반하고 그러면 하나님께서 진노하시고 보복하십니다. 사람은 하나님의 징계라는 극한 상황에 내몰려 고난을 겪어보고는 잘 못을 뉘우치고 하나님 앞에서 회개를 하고 다시 하나님을 찾고 그러면 하나님께서 용서하시고 다시 인간이 살아갈 길을 열어 주십니다.

하나님을 중심으로 사람이 존재하기를 바라시는 하나님이십니다. 그러나 사람은 하나님 없이도 인간중심으로도 능히 존재할 수 있다며 하나님을 부정하고 도리어 하나님의 자존심을 완전 무시하는 뜻과 의미로 우상을 숭배 하면서 언약(Testament)을 지키지 않고 인간중심으로 살아가려고 합니다. 하나님께서는 사람으로부터 무시와 굴욕을 당하시면서 그럼에도 인내하시면서 언약을 지켜 행하시면서 사람을 구원하여 주시려고 하나님의 아들 독생자를 구세주로 보내 주셨습니다.

독자(reader)는 혹시 하나님의 무시와 굴욕에 대하여 조금이라도 생각해 보았습니까? 무시(ignorance)는 상대방으로부터 자기의 존재를 인정받지 못하는 것입니다. 굴욕(humiliation)은 다른 존재로부터 자기의 존재를 무시당하고 억눌림 당하고 업신여김을 당하는 다시 말하자면 존재를 부정당하는 수치스러움입니다. 비유적(simile)이지만 사람도 관계 안에서 상대방으로부터 무시를 당하고 멸시당하고 차별당하고 이용당하고 괴롭힘 당하고 결국은 죽임을 당하는 일들이 비일비재하게 일어나고 있습니다. 자기의 생각이나 말이나 행동이 상대방으로부터 무시당하면 기분 나쁘고 존재감을 박탈당하고 있는 느낌을 받을 때가 많습니다.

하나님과 사람이 관계 안에서 언약을 맺고 서로 간에 지켜 행함으로써 의(Righteousness)를 이룸이 되는데 하나님께서 사람에게 바라시고 요구하시는 언약(약속)을 무시나 굴욕을 당하셨을 때 하나님께서는 노여움을 사시고 보복하시고 심판하시는 존재의 극단까지 다다르게 됩니다. 심판(Judgement)이란 상대방으로부터 자기의 존재를 무시당하고 굴욕 당한 만큼 되갚아 주는 것입니다(출 21:24~27, 레 24:15~23, 신 19:15~21).

"네 눈이 긍휼히 보지 말라 생명은 생명으로 눈은 눈으로 이는 이로 손은 손으로 발은 발로니라"(신 19:21)

참으로 놀라운 사실은 구약성경은 전체적으로 하나님 아버지께서 선택받은 사람들로부터 무시당하시는 굴욕의 장면이 역사적으로 사실 그대로 자세하게 기록되어 있습니다. 하나님께서 믿었던 사람들로부터 무시와 굴욕을 당하실 때마다 하나님의 진노와 보복이 반드시 있었습니다.

내가 분노하므로 네게 왕을 주었고 진노하므로 폐하였노라"(호 13:11)

신약성경은 하나님의 아들 예수 그리스도께서 사람들로부터 하나님 아버지의 존재와 아들 하나님의 존재를 철저하게 무시를 당하는 이야기입니다. 아버지 하나님을 무시한 죄악이 더 이상 저장할 곳이 없을 만큼 가득 저장되어 있는 상태(호 13:12)로 살아가는 사람들에게 마지막으로 주어지는 기회 곧 구원받을 기회인데 오히려 그런 사람들로부터 구세주는 멸시와 차별과 불이익과 무시를 당하고 마침내 십자가에서 죽게 되는 굴욕의 이야기가 신약성경의 내용입니다.

하나님의 자비와 긍휼하심은 구세주 예수 그리스도를 시인하면 누구든지 그가 지은 죄악을 다 사면해 주시고 구원하여 주시려는데 사람들은 오히려 구세주 예수 그리스도를 갖은 핑계로 차별하고 멸시하고 핍박하고 굴욕을 주고 있습니다.

참으로 하늘이 놀라고 땅이 다 놀랄 의외의 일이 현실로 다가왔습니다. 사람들이 그렇게 무시하고 굴욕을 안겨 주었던 나사렛 예수를 아버지 하나님께서 이 세상을 심판하는 전권을 위임시켜 주신 일입니다.

"아버지께서 아무도 심판하지 아니하시고 심판을 다 아들에게 맡기셨으니"(요 5:22)

평소에 하나님을 믿지 않던 사람들 주 예수 그리스도를 멸시하고 핍박하고 무시하고 굴욕을 주던 사람들에게는 청천벽력 같은 절망, 곧 다시는 기회가 주어지지 못하는 기구한 운명이 현실로 다가오는 것입니다.

"또 왼편에 있는 자들에게 이르시되 저주를 받은 자들아 나를 떠나 마귀와 그 사자들을 위하여 예비된 영영한 불에 들어가라"(마 25:41)

15 존재와 비존재

부활(Resurrection)의 뜻과 의미

왜 하나님을 믿는가? 왜 기독교를 열심히 다니는가?

하나님께서는 영원무궁하도록 존재하시는 생명의 완전하신 인격자이십니다.

하나님께서 태초에 사람을 만드실 때 흙으로 빚어 사람의 육체를 만드시고 거기에다가 하나님의 생명을 불어넣어 주심으로 살아있는 생명체(a living soul)가 된 것으로 모든 피조물과 동등한 입장에서 보면 사람도 유기체(organism)에 불과한 존재일 뿐입니다(고전 15:38~41).

하나님께서는 사람에게 특별한 뜻과 의미를 부여하여 주셨는데 하나님의 형상과 모양을 닮은 생명의 인격자로 삼으셨습니다(창 1:26~28). 하나님께서는 사람과 인격적으로 동거하며 동행하며 동업하는 생명의 존재로 삼으시고 계신다는 사실입니다(창 2:1~25).

하나님께서는 존재의 본질상 완전하신 인격자로 죄가 없으시기 때문에 사람이 하나님 앞에서 죄를 지으면 하나님께서는 죄지은 사람을 구원하여 주시려고 성자 하나님을 구세주로 보내사 인간의 죄와 허물을 전가 받게 하시고 구원의 법을 성취하게 하심으로 하나님과 사람은 다시 화목한 관계 안에서 더불어 존재할 수 있게 되었습니다(고후 5:17~21).

"하나님이 죄를 알지도 못하신 자로 우리를 대신하여 죄를 삼으신 것은 우리로 하여금 저의 안에서 하나님의 의가 되게 하려 하심이니라"(고후 5:21)

하나님 앞에서 사람이 진실로 회개를 하면 하나님께서는 다시 사람을 가까이서 대면해 주십니다. 육신의 몸을 입고 생명활동을 하는 사람은 육체(body)가 죽음(death)이라는 생명활동이 정지되는 상태를 맞이함으로서 사실상 존재의 뜻과 의미는 거기서 끝나게 됩니다. 만약 사람이 하나님을 믿으며 살아가면서 죄를 짓지 아니하고 하나님과 동거하고 동행하며 동업하면서 육체의 삶을 살아가면 그 사람이 육체의 죽음을 맞이하여도 그의 영혼(생명의 본질)은 다시 죽음을 이기고 살아나게 한 다음 그 영혼이 하나님의 나라에서 영생복락을 얻고 누리며 존재하게 하여 주십니다.

인간이 육신의 죽음을 당하고 다시 살아난다는 것은 진리의 이치를 모르는 사람에게는 전혀 이해할 수 없는 신비(mystery)에 속합니다(요 3:1~15). 물론 인류의 역사를 보면 옛날 사람들도 사람이 죽으면 어떤 모양으로 다시 살아날까, 혹은 육체의 죽음을 당한 사람은 어떤 모양으로 존재하고 있을까에 대하여 연구를 계속하였습니다.

부활(復活)이라는 개념 자체를 태초부터 지금까지 인류는 사람이 육체의 죽음을 맞이한 생명이 다시 살아나 영혼과 육체가 더불어 존재하는 실재하는 모습을 목도(目睹)한 전례(前例)가 없으므로 인간의 상상(想像) 속에서나 가능할 허무맹랑한 이야기로 전혀 신뢰하지 않습니다.

하나님의 아들 주 예수 그리스도께서 성령으로 인간의 육신의 몸을 입고 이 세상에 탄생하신 일과 십자가에서 완전하게 죽음을 당하시고 제 삼일

306

만에 다시 살아나신 부활(Resurrection)에 대하여 인간의 상식(相識)으로는 받아들일 수 없는 존재의 비밀이며 신비에 속할 일입니다.

기독교는 하나님께서 영원무궁하도록 존재하시는 인격자이시며 동시에 하나님을 믿는 사람도 생명이 영원히 존재할 수 있도록 특별은총을 베풀어 주심으로서 누구든지 주 예수 그리스도를 믿으면 영생하는 사람이 된다는 엄연한 사실을 직접 눈으로 확인하고 믿을 수 있도록 보여주고 확신시켜 줍니다(고전 15:1~58).

"그리스도께서 만일 다시 살지 못하셨으면 우리의 전파하는 것도 헛것이요 또 너희 믿음도 헛것이며 또 우리가 하나님의 거짓 증인으로 발견되리니 우리가 하나님이 그리스도를 다시 살리셨다고 증거하였음이라 만일 죽은 자가 다시 사는 것이 없으면 하나님이 그리스도를 다시 살리시지 아니하셨으리라"(고전 15:14~15)

만일 부활이 실제로 불가능한 일이라면 죽은 사람이 다시 살아나 존재할 수 없다면 부활이라는 개념의 진리로 영원한 존재자가 되는 것을 믿음의 가장 중요한 가치로 믿고 살아가는 그리스도인은 성경말씀 그대로 이 세상에서 가장 불쌍한 사람입니다(고전 15:19).

나의 육체는 본래 흙으로 빚어 만든 것이니 육체가 죽으면 다시 흙으로 돌아가는 것이 정상이고, 나의 생명의 본질은 영원하게 존재하는 하나님의 나라에서 영생복락을 얻고 누리며 살아가기 가장 적합한 하나님의 나라에서 존재할 수 있는 영적인 옷(spiritual body)을 입게 됩니다.

"이 썩을 것이 불가불(不可不) 썩지 아니할 것을 입겠고 이 죽을 것이 죽지 아니함을 입으리로다 이 썩을 것이 썩지 아니함을 입고 이 죽을 것이 죽지 아니함을 입을 때에는 사망이 이김의 삼킨바 되리라고 기록된 말씀이 응하리라"(고전 15:53~54)

하나님의 나라는 영원히 존재하는 곳

"예수께서 대답하여 가라사대 진실로 진실로 네게 이르노니 사람이 거듭 나지 아니하면 하나님 나라를 볼 수 없느니라"(요 3:3)

《약속과 정의》 이 책을 읽는 사람들이 얼마나 관심을 가져 주고 있는지 모르지만 저자는 존재(being, exist, ontology)에 대하여 지대한 관심을 가지고 설명을 하고 있습니다. 가장 간단명료하게 〈기독교의 정의〉를 논하면서 창조하시고 섭리하시는 하나님께서 있다(existence)는 사실을 가장 무게감 있게 시인(approval)하고 입증(proof)하면서 하나님과 사람이 관계 안에서 더불어 존재를 하기 위하여 약속(언약)한 모든 것에 대하여 정직하고 성실하게 지켜 행하는 것이라고 정의(定意)하였습니다.

하나님의 존재를 사람이나 어떤 피조물이라도 부정(denial)하는 것은 변명의 여지없이 죄(sin)가 됩니다. 천하 만물을 창조(지으시고)하시고 섭리(다스리심)하시는 하나님의 존재를 피조물이 인정해 주면 하나님은 그 피조물의 존재를 변함없이 사랑하시고 은총을 베풀어 주시며 영원무궁하도록 지켜 주시고 보존해 주십니다(시 19:1~6). 사람이 하나님과 관계 안에서 맺은 언약을 가장 잘 지켜 행하는 것은 하나님의 말씀을 사람의 일상생활 속에서 지켜 행하는 것인데 바로 이런 신앙적인 삶이 곧 하나님의 존재를 높여 드리며 빛나게 하는 것이 됩니다(시 19:7~14).

"여호와의 율법은 완전하여 영혼을 소성케 하고 여호와의 증거는 확실하여 우둔한 자로 지혜롭게 하며 여호와의 교훈은 정직하여 마음을 기쁘게 하고 여호와의 계명은 순결하여 눈을 밝게 하도다. 여호와를 경외하는 도는 정결하여 영원까지 이르고 여호와의 규례는 확실하여 다 의로우니"(시 19:7~9)

존재하는 사물을 인정(認定)하고 표현(表現)하는 것은 단지 말(언어)과 행동의 차이일 뿐이지만 그것의 결과로 얻고 누리는 분복(分福)은 하늘과 땅의 차이만큼 비교가 됩니다. 하나님의 존재를 인정하는 사람은 하나님께서 그 사람의 존재를 인정하시면서 사랑과 긍휼과 은혜를 베풀어 주시고 영혼을 구원하여 주시고 천국에서 하나님과 같이 영생복락을 누리며 살아갈 수 있도록 특별한 배려를 베풀어 주십니다.

"누구든지 사람 앞에서 나를 시인하면 나도 하늘에 계신 내 아버지 앞에서 저를 시인할 것이요 누구든지 사람 앞에서 나를 부인하면 나도 하늘에 계신 내 아버지 앞에서 저를 부인 하리라"(마 6:32~33)

예수 그리스도께서 하나님의 아들로 이 세상에 성육신하셔서 사람들을 구원하시려고 공의(Justice)를 행하시며 병든 사람을 치유시켜 주시고 귀신들린 사람을 온전케 하여 주시고 죄인들의 죄를 다 사면해 주십니다.

인간의 관점에서 보면 예수 그리스도는 초자연적인 기적을 많이 행하시고 계셨습니다. 예수 그리스도께서 기적을 행하시며 사람들의 주목을 받으실 때 '하나님의 아들이라고 인간을 구원하러 왔노라'고 공식적으로 말씀하셨습니다. 그러나 사람들은 예수를 단지 유대인 중에서 좀 특별한 사람 정도 더 좋게 보아 유대인의 선지자 같은 존재로만 보아 줍니다.

그 당시 로마제국의 식민지로 유대인들이 속해 있었으니 당연히 독립운동을 하였을 것인데 사람들은 기이한 행동을 하고 다니는 예수를 혹시 유대인의 독립을 위하여 하나님께서 보내 주신 지도자가 아닌 가 그렇게까지 보아 주고 있었습니다.

예수께서는 정말로 꼭 듣고 싶은 말이 있었는데 유감스럽게도 아무도 그 말을 하지 않는 것입니다(마 16:13~20). 오죽하였으면 주 예수 그리스도께서 제자들에게 질문하셨겠습니까?

"가라사대 너희는 나를 누구라 하느냐?"(마 16:15)

"시몬 베드로가 대답하여 가로되 주는 그리스도시요 살아 계신 하나님의 아들이시니이다."(마 16:16)

베드로의 대답을 들으신 예수께서 베드로에게 모든 믿음의 사람들에게 모범이란 뜻과 의미로 "이 반석 위에 내 교회를 세우리니 음부의 권세가 이기지 못하리라"고 말씀해 주셨습니다. 사람이 주 예수 그리스도와 같이 동거하고 동행하고 동업하고 그렇게 한다면 그 사람은 이 세상에서 가장 행복한 사람이요 가장 성공한 사람입니다. 예수 그리스도와 동거(remain) 동행(practising together) 동업(same trade)하는 사람은 이 세상에서 아무 것도 부러울 것이 없는 인간의 한계를 뛰어 넘는 성자(sage) 혹은 성인 군자(sage and a true gentleman)의 칭호를 받으며 존귀한 존재로 존경받을 사람입니다.

"누구든지 예수를 하나님의 아들이라 시인하면 하나님이 저 안에 거하시고 저도 하나님 안에 거하느니라"(요일 4:15)

천국은 하나님과 성도가 영원하도록 더불어 존재하는 곳

관계 안에서 서로 간에 요구하는 모든 조건을 충족시켜 주기로 한 약속을 체결(締結–계약이나 조약을 맺음)함과 동시에 법적으로 윤리와 도덕적으로 지켜 행하여야할 의무와 책임이 부과(賦課)됩니다.

존재를 위하여 서로 간에 관계를 맺고 약속(언약)을 하고(원인) 그 약속을 지켜 행하는 과정을 거치고 그리고 약속에 대한 결과(결론)을 최종적으로 판단(Judgement)한 후에는 약속을 완전하게 지켜 행한 자가 다 같이 약속을 잘 지켜 행한 자에게 반드시 상(prize)과 벌(punishment)이 주어지게 됩니다. 하나님과 사람이 동업하여 일을 잘 했을 때 하나님께서는 영광을 받으시고 사람은 수고의 분복을 얻고 누리게 됩니다. 다시 말하자면 서로 간에 약속을 잘 지켰다고 '의롭다'(Justification)는 선언을 하고 하나님께서는 영광(Glory)이라는 최고의 명예를 받으시고 사람에게는 많은 수고의 분복을 받고 누리게 되는 은혜(선물)를 베풀어 주십니다.

"주를 두려워하는 자를 위하여 쌓아 두신 은혜 곧 인생 앞에서 주께 피하는 자를 위하여 베푸신 은혜가 어찌 그리 큰지요"(시 31:19)

인간세상에서도 관계 안에서 약속을 부과시킨 것에 대하여 다른 사람보다 탁월한 업적을 달성하면 그 사람에게 본보기로 많은 포상이 주어지고 승진하게 되며 각종 혜택을 받게 합니다. 하나님과 사람이 관계 안에서 약속한 것을 온전하게 충족시켜 놓은 의로운 사람(Justification)에게 특별한 상급을 주십니다. 하나님께서 관계를 맺고 언약(약속)을 하고 그 약속을 잘 지켜 행한 사람에게는 육신의 몸이 살아 있을 동안에는 많은 은혜(선물)를 주셔서 넉넉하게 풍성하게 복되게 존재하며 살아가도록 특별한 배려를 하여 주십니다(신명기).

기독교 신앙에서 하나님과 사람이 관계 안에서 맺은 언약을 잘 지켜 행한 사람(믿음이 좋은 사람)에게는 그 영혼이 하늘나라로 올라가서 천국에서 영원한 생명으로 변화하여 하나님과 더불어 영생복락을 얻고 누리며 살아가게 됩니다.

존재론(Ontology)에 대하여 특별한 뜻과 의미로 논증(demonstration)을 많이 하였지만 존재(existence)를 위하여 필연적으로 발생하는 여러 요소들에 대하여 약속을 하고 정직하고 성실하게 그 약속을 다 충족시켰을 때 주어지는 특별한 보상(special compensation)은 역시 존재를 극대화(極大化)시켜 주는 천국을 기업으로 받고 누리게 하는 것으로 귀결 됩니다.

"그 때에 임금이 그 오른편에 있는 자들에게 이르시되 내 아버지께 복받을 자들이여 나아와 창세로부터 너희를 위하여 예비된 나라를 상속(相續)하라"(마 25:34)

많은 사람이 참가하여 실력을 겨루는 대회에서 챔피온(우승자)이 되면 상(트로피)을 받고 그 방면에 세계 제일이라는 명예와 영광이 주어지고 많은 물질적 보상이 수여 되는데 따지고 보면 존재감의 극대화인 것입니다(에 6:1~9).

사도 바울은 그의 죽음을 가슴 설레도록 기다리는 보통 사람으로는 이해할 수 없는 하루 빨리 죽음을 기다리고 있다는 말을 하였습니다(딤후 4:6~8).

"이제 후로는 나를 위하여 의의 면류관이 예비되었으므로 주 곧 의로우신 재판장이 그 날에 내게 주실 것이니 내게만 아니라 주의 나타나심을 사모하는 모든 자에게 니라"(딤후 4:8)

사도 바울은 육신의 죽음을 맞이할 때 로마의 법대로 나무십자가에 매달려 죽는 비참한 죽음을 당하였지만 그런 죽음은 안중에도 없었습니다. 바울이 육신의 죽임을 당하면 그의 영혼이 하나님의 나라로 올라가는데 그때 하나님의 나라에 갈 때 주 예수 그리스도께서 의의 면류관을 머리에 씌워 만인 앞에서 사도 바울의 존재감을 돋보이게 하여 줄 것이라는 것입니다.

천지만물을 지으시고 다스리시는 창조주 하나님과 피조물 간에 이루어지는 약속은 창조주 하나님께서 만들어 놓은 피조물에 대한 존재를 원본 그대로 보존하는 것입니다. 하나님께서 인간에게 베풀어 주시는 궁극적인 상급은 영원히 스스로 존재하시는 하나님의 나라로 피조물(지구상에서 육체의 몸을 입고 유한의 생명활동을 하는 사람)을 하나님의 나라로 이끌어 올려서 그곳에서 하나님과 더불어 영생복락을 얻고 누리게 하는 것입니다.

하나님의 나라(Kingdom of God)는 존재하는 모든 것이 더 이상 바랄 수 없을 만큼 충족 돼 있는 모든 존재하는 것이 궁극적으로 추구하는 가장 이상적인 곳(paradise)입니다(계 21장~22장).

"그 넓이와 길이와 높이와 깊이가 어떠함을 깨달아 하나님의 모든 충만하신 것으로 너희에게 충만하게 하시기를 구하노라"(엡 3:19)

삶의 습관이 부지런한 사람은 한시도 쉬지 않고 무엇인가를 열심히 일하며 살아갑니다. 부지런한 사람을 향하여 이제 나이도 많이 먹고 늙었으니 그리고 어지간히 재물도 모아 놓았으니 이제부터는 편안하게 쉬면서 살아가라면 무슨 말로 대답하는지 아세요? '죽으면 썩는 몸인데 살아있는 동안에 육신의 몸을 놀리면 뭣하냐'며 오히려 쉬고 있는 사람을 탓하듯이 나무랍니다. 육신의 몸이 살아있는 동안에 하나님과의 약속을 잘 지켜 행하고 있는지 아니면 사람들과 약속한 것을 어떻게 지켜 행하고 있는지 나아가서는 다른 사물과의 약속은 소홀하지 않았는지 다시 생각해 보고 아직 육신의 생명이 살아있는 동안에 약속을 잘 지켜 행할 수 있는 절호의 기회로 삼고 의(Righteousness)를 충만하도록 충족시켜 놓으시기를 간곡하게 부탁합니다.

"주께서 나를 모든 악한 일에서 건져내시고 또 그의 천국에 들어가도록 구원하시리니 그에게 영광이 세세 무궁토록 있을지어다 아멘"(딤후 4:18)

천국(하나님의 나라)은 사람이 육신의 몸이 죽은 후에 구원받은 사람의 영혼이 올라가는 곳으로 생각합니다. 그러나 주 예수 그리스도께서는 사람이 육신의 몸을 입고 살면서도 천국을 실제로 경험하며 살아갈 수 있다고 말씀하셨습니다.

"……하나님의 나라는 너희 안에 있느니라"(눅 17:21)

사람이 육신의 몸을 입고 살아가면서 어떻게 하면 천국을 실감하면서 또는 직접 체험하면서 살아갈 수 있을까요? 기도(Prayer)를 정의하면서 하나님과의 영적 교제 및 하나님의 뜻과 행동에 있어서 하나님과 하나가 되는데까지 나아가는 신앙 안에서 인격적인 수양(cult)을 쌓아나가는 것이라고 하였습니다. 다시 말하자면 기도(祈禱)란 그 사람이 어떻게 하면 어떻게 생각하고 행동하며 삶을 살아가면 하나님의 본성을 알고 이해하며 하나님께서 생각하시고 실행하시는 일에 동참할 수 있을 가를 염두에 두고 최고 최선을 다하여 신앙생활을 하는 것입니다. 외람되게 많은 사람들은 본래 기도의 뜻과 의미와는 너무 거리가 먼 단지 자기의 요구와 조건들을 하나님께 도움을 요청하여 그런 욕망들을 충족시켜 놓으려는 목적으로 기도를 하고 있는 것입니다(마 6:5~34).

"그러므로 너희는 이렇게 기도하라 하늘에 계신 우리 아버지여 이름이 거룩히 여김을 받으시오며 나라이 임하옵시며 뜻이 하늘에서 이룬 것같이 땅에서도 이루어지이다 오늘날 우리에게 일용할 양식을 주옵시고 우리가 우리에게 죄 지은 자를 사하여 준 것같이 우리 죄를 사하여 주옵시고 우리를 시험에 들게 하지 마옵시고 다만 악에서 구하옵소서 나라와 권세와 영광이 아버지께 영원히 있사옵나이다 아멘"(마 6:9~13)

사도 바울은 좋은 가문에서 태어나고 최고의 학문을 공부한 사람이며 태어나면서부터 로마의 시민권을 가진 사람이고 상류계층에 친구가 많은 사람이며 또한 유대교에 열심 있는 사람으로 많은 사람들로부터 부러움을 한 몸에 받고 살아가는 한 마디로 말해서 어느 누구도 부럽지 않을 만큼 모든 것이 갖추어진 풍족한 사람이었습니다. 그러나 바울이 주 예수 그리스도를 믿고 주님을 위하여 일하는 사도의 직분으로 사역을 감당하면서부터 자기가 가지고 있는 모든 것들을 다 버리고 오직 한 분 예수 그리스도만 믿으며 복음을 전파하는 일만 하겠다고 선언하였습니다(빌 3:5~16). 바울은 주님을 위한 일꾼으로 사역하면서 많은 고생과 핍박을 받고 어려움을 당하였는데 그럼에도 그는 항상 기쁨과 즐거움이 충만하였고 인간의 경지(境地)를 넘어서 생활하는 비법을 통달하였습니다(빌 4:10~13). 바울은 육신의 몸을 입고도 하나님의 나라를 체험하며 살아가는 생활의 지혜를 깨달았는데 육신의 욕심들을 다 내 버리고 깨끗한 마음에 성령으로 말미암는 의와 평강과 희락을 얻고 누리면 그 시로부터 천국을 경험하며 살아갈 수 있다고 말하였습니다.

"하나님의 나라는 먹는 것과 마시는 것이 아니요 오직 성령 안에서 의와 평강과 희락이라"(롬 14:17)

바울이 깨달은 진리는 사람이 육신의 몸을 입고 살면서 하나님의 나라를 직접 체험하며 살아가는 비법은 다름이 아니라 마음속으로 생각하는 것이 아니고 다만 믿음으로 하나님과 맺은 언약을 실행함으로서 터득할 수 있다고 가르치고 있습니다.

"하나님의 나라는 말에 있지 아니하고 오직 능력에 있음이라"(고전 4:20)

이 세상 사람들 가운데 재물이 많은 부자이면서도 상대적 빈곤감으로 실제로는 극빈자처럼 살아가는 사람이 있습니다. 부와 명예와 모든 필요한 것 다 얻고 누리면서 고민하고 우울증으로 시달림 받다가 자살하는 사람이 있습니다. 부정과 부패하는 사람들을 보면 꼭 부자들 권세 잡은 고위공직자들이 그렇게 합니다. 그런데 아무것도 가진 것 없는 극빈한 가난한 사람인데도 항상 웃음이 있고 행복하게 건강하게 살아가는 사람이 있습니다.

주 예수 그리스도께서 가르쳐 주신 기도문 중에 참으로 귀감이 되는 말씀이 있습니다(마 6:9~13).

"나라가 임하옵시며 뜻이 하늘에서 이룬 것같이 땅에서도 이루어지이다 오늘날 우리에게 일용할 양식을 주옵시고"(마 6:10~11)

매일같이 하루 분의 양식을 구하라는 뜻인데 이 말씀은 이스라엘이 출애굽할 때 광야에서 40년 동안 머물러 생존할 때 실제로 겼었던 사실입니다(신 8:1~10). 사람이 매일 하루분의 양식만 구하면서 살아가는 사람이 있으면 흔히 그 사람을 보고 바보 같은 사람이라고 비아냥할 것입니다. 이 세상을 살아가는 사람이 욕심 다 버리고 하루 먹을 양식으로도 만족하고 행복할 수 있는 삶의 비결을 터득하고 살아가는 사람은 하나님의 나라가 그 사람에게 이미 임하여 있는 것입니다(롬 4:17).

창세기 1장~2장의 에덴동산의 풍경은 세상에 있어야 할 만물이 충족된 상태에서 사람이 실재하는 모습은 마치 사람이 천하의 풍요롭고 아름다운 대자연을 생전 처음 바라보는 것 같은 마음의 정서가 만족하는 아름다운 삶의 모습입니다.

저자(著者)는 매년 두 세 차래씩 나의 고향 전라북도 무주군 무주구천동 일대를 잠시 동안 여행합니다. 현대문명과 거리가 먼 산골짜기 깊숙한 오지(奧地)에서 태어나고 자라났으니 고향의 경치는 더 이상 가보고 싶지 않을 만큼 실증도 날 법하지만 그런데 놀라운 사실은 고향산천을 둘러보면 볼수록 아름답다는 것입니다. 도회지에서 찌뿌듯하게 쌓이는 스트레스 같은 것도 고향을 한 번 다녀오고 나면 심신에 찌끼 같은 것들이 다 없어지고 깨끗이 정화(purification)되는 것이니 얼마나 좋은 일입니까. 대한민국 전 국토가 아름다운 시선으로 바라보면 그렇게 아름답게 보여 지는 것입니다.

가끔은 집안에서 키우는 화분(花盆)을 바라보면서 그 비좁은 공간에서 파릇하게 살아가는 화초를 바라보면서 작디작은 또 하나의 자연환경을 바라보는 것 같은 착각에 빠진다면 철인(哲人)이 아니고야 이해하겠습니까. 작은 그릇에 담겨있는 흙에 뿌리 내리고 자라는 화초를 보고 작은 세상이니 하며 그런 존재까지 귀하고 아름답게 봐 줄 수 있는 것은 참 좋은 하나님의 선물입니다.

요한계시록 21장~22장을 읽어 보면 새 하늘과 새 땅 곧, 하나님의 나라의 실재하는 장엄하고 거룩한 모습을 바라볼 수 있습니다.

"또 내가 새 하늘과 새 땅을 보니 처음 하늘과 처음 땅이 없어졌고 바다도 다시 있지 않더라 또 내가 보매 거룩한 성 새 예루살렘이 하나님께로부터 하늘에서 내려오니 그 예비한 것이 신부가 남편을 위하여 단장한 것 같더라"(계 21:1~2)

성경66권의 책을 읽으면서 하나님의 존재하심을 위하여 천지만물이 만들어졌고 하나님의 존재하심을 피조물 가운데서 가장 하나님의 전인격을 닮은 사람이 하나님과 관계를 맺고 존재를 위한 언약(계약)을 맺게 된 사실(fact)을 확실하게 믿게 됩니다. 하나님의 존재를 위하여 그리고 하나님과 사람이 더불어 존재하기 위하여 거룩한 약속(언약)을 맺고 지키며 존재하는 원인과 과정 그리고 결과에 이르기까지 역사의 시간과 공간개념을 통하여 많은 일들을 경험하게 됩니다.

그리고 성경의 결론이자 요한계시록의 거룩한 피날레는 영원히 존재하는 하나님의 나라가 인간세상으로 도래(到來)하는 장엄한 광경입니다. 애석하게도 하나님의 존재를 알지 못하고 부정하고 죄를 많이 짓는 사람에게는 영적 하나님의 나라가 현실적으로 사람의 눈으로 생생하게 바라

볼 수 있게 이 세상에 임하는 장면을 전혀 바라 볼 수 없다는 것입니다(사 6:9~10).

하나님과 더불어 영원히 존재하게 될 특별히 구원받은 사람에게만 생생한 모습으로 보여 지는 하나님의 나라를 속히 그곳에 가서 영생복락을 얻고 누리며 존재하였으면 좋겠다는 얼른 그곳으로 가고 싶은 믿음을 가지는 사람은 복 있는 사람입니다(딤후 4:6-8).

육신의 몸을 입고 육체의 생명으로 살아가는 사람들은 단지 이 세상의 아름다운 경치에 매료됩니다. 세계의 가장 아름다운 경치를 찾아다니며 구경하는 사람들이 새 하늘과 새 땅을 바라 볼 수 있다면 뭐라고 탄성을 지르며 무슨 말로 그 아름다움을 표현할 수 있을지 좀 궁금합니다. 만약 한 곳의 아름다움으로 만족할 만큼 충족함의 정서를 얻고 누리는 곳이 있다면 또 다시 갈증을 느끼며 아름다움을 찾아다니지 않을 것입니다(막 9:5).

천국은 하나님께서 바라시고 원하시는 모든 것을 다 충족시켜 놓으신 세계이므로 피조물인 사람이 하나님의 나라에 간다면 더 이상 바랄 것 없을 만큼 모든 요구하는 조건들이 충족된 상태의 천국에서 영생복락을 얻고 누리며 영원한 존재자로 살아갑니다.

지옥은 하나님의 존재를 부정하는 죄인들만 들어가는 곳

"또 왼편에 있는 자들에게 이르시되 저주(詛呪)를 받은 자들아 나를 떠나 마귀와 그 사자(the devil and his angels)들을 위하여 예비 된 영영한 불에 들어가라"(마 25:41)

엄연하게 존재하면서도 그 존재를 부정하는 곳이 있는데 바로 그곳을 지옥이라고 말합니다. 지옥(Hell) 혹은 게헨나(Gehenna)라고 말하는 곳은 형벌의 큰불과 불타는 불 못이라는 개념입니다. 지옥은 사단(satan)이라고 하는 더러운 악령(evil)이 존재하고 있는 곳인데 사단(악령)이 하는 일은 수단과 방법을 가리지 않고 하나님의 존재를 부정할 뿐만 아니라 하나님의 형상과 모양을 닮은 사람을 집요하게 모든 수단과 방법을 가리지 않고 사람이 하나님의 존재를 부정하게 만들고 그리고 사람도 부정당하게 하려는 목적으로 미혹하고 죄를 짓게 만들어 결국 지옥으로 보내지게 만들어 버립니다. 사단은 사람에게 접근하여 감언이설(甘言利說)로 사람의 마음을 미혹한 다음 하나님을 부정하고 불순종하도록 압력을 가하고 사단의 마음대로 다루어 꼭두각시처럼 나쁜 일만 골라 일 시킵니다(창 3장). 악령은 사람에게 온갖 질병을 다 퍼뜨려 병고의 아픔으로 사람의 혼이 음부로 내려가게 만듭니다(욥 2:7). 사단은 사람의 인격을 무시하고 조롱하며 사람이 정상적으로 살아가지 못하도록 끊임없이 인격에 흠집을 내고 상처를 안겨 주며(벧전 5:8), 거짓으로 사람의 인격을 무력화시키고(요 8:44), 결국 사람의 인격을 파멸로 치닫게 만들며(눅 9:42), 그렇다고 절대로 사람의 불행을 동정하지 않고 오히려 사람의 불행을 보고 즐기는 아주 고약하고 나쁜 존재(악귀, 마귀, 귀신, 사탄)일 뿐입니다. 귀신은 사람에게 욕심을 무한정으로 가지게 만들며 수단과 방법을 가리지 않고 사람이 욕망의 덫에 걸려 헤어나지 못하도록 나쁜 마음을 가지게 충동질하여 범죄를 짓게 만들어 버립니다(요 13:2). 마귀는 사람이 잘못 되더라도 절대로 책임지지 않고 모든 일의 결국은 그 사람에게 덮어 씌워 죄인으로 형벌을 받게 만들고 결국은 사람이 지옥으로 가서 죽을 레야 죽을 수 없는 영원한 형벌 곧 형벌의 큰 불 구덩이에 던져 버림을 당하게 되어 영원하도록 사람의 존재가 무시당하게 됩니다.

"또 저희를 미혹하는 마귀가 불과 유황 못에 던지우니 거기는 그 짐승과 거짓 선지자들도 있어 세세토록 밤낮 괴로움을 받으리라"(계 20:10)

지옥은 죄인의 존재를 영원히 박탈시키는 곳
자유민주주의 대한민국을 군인들이 쿠데타를 일으켜 강제로 정권을 행사하고 군부독재체제로 나라를 다스릴 때 이에 반발하는 국민의 민심이 흉흉함을 보고 민심의 지지를 얻어낼 목적으로 부정부패 폭력사범 사기 절도 등 죄질이 나쁜 사람들을 일제히 검문검색 하여 잡아들인 다음 사회 정화운동 차원에서 그런 사람들을 격리시켜 특별한 조치를 하였습니다. 독재군부세력은 죄질이 나쁜 사람들을 다시 새사람으로 만들어 주겠다며 무시무시한 〈삼청교육대〉로 끌고 가서 인간개조교육을 실시하였습니다. 삼청교육대는 한 마디로 말해서 인간으로서의 존재감을 박탈시켜 모진 고 문과 폭행 구타 인간의 한계를 벗어나는 극한훈련을 강제로 받게 만들었 습니다. 삼청교육대에서 그런 사람들을 훈련시키는 교관은 특수군인들이 었는데 마치 적군 포로를 인정사정없이 심문하고 죽이는 무자비한 고문기 술로 전장 터에서 사로잡은 적군을 심문하듯이 사람의 존재감 따위를 아 랑곳하지 않고 마구 다루어 철저하게 무시해 버렸습니다. 삼청교육대로 끌려가서 죽을 고비를 여러 차례 넘기며 용케 살아온 사람들은 평생을 두 려움의 공포에 치를 떨며 사람 기피증의 치유불가능한 정신병을 앓으며 불행하게 살아가야만 하였습니다.

어느 현역장교가 현행범으로 체포되어 군법에 회부되고 중벌을 받아 군 인교도소에 수감 되었습니다. 군인장교가 군복을 입고 계급장을 달고 군 인교도소에 입소할 때 계급이 가장 낮은 사병이 나와 호령합니다. 군인교 도소에 근무하는 계급이 낮은 사병은 먼저 장교계급장을 떼게 한 다음 장 교군복을 벗기고 죄수복으로 갈아 입혔습니다. 그리고 나서부터 군인교 도소에 근무하는 말단사병은 죄수장교에게 심한욕설과 굵은 막대기로 구 타를 하며 장교라는 존재감을 비웃으며 깡그리 무시하는 죄수취급을 하는 군인교도소의 관례대로 소위 신고식을 하였습니다.

군인은 계급장이 군인으로서 최고 자랑스러운 존재감이며 명예이므로 이를 위하여 목숨까지 바칠 수 있는 것입니다. 그 때 죄를 짓고 형벌을 받 게 된 장교는 군인장교라는 생명만큼 소중한 존재감을 여지없이 박탈당하고 인간으로의 인격도 동시에 완전 무시당하는 수모를 겪으면서 죽음보다 더 무서운 감옥에서 형기를 다 마쳐야만 하였습니다. 사람이 국법을 어겨서 죄를 짓고 재판을 받아 감옥에 가는 것은 사람으로서의 존재감을 주어진 형기 동안 박탈시켜 버리는 것입니다.

죄지은 영혼이 마지막으로 가서 형벌 받는 곳을 지옥(Hell)이라고 말합니다(계 20:12~15). 어떤 사람이 지옥(地獄)을 보고 왔다며 간증을 합니다. 무지하게 큰 뱀이 온 몸을 칭칭 감고 조이면서 큰 입을 벌려 금방이라도 집어 삼킬 듯이 위협하고 있고, 어떤 사람은 바늘이 빼곡하게 박혀있는 길 위를 계속 걸어 다니는데 발바닥이 바늘에 찔려 상상할 수 없는 아픔의 고통을 절규하며 계속 흐르기만 하는 피가 낭자하더랍니다. 어떤 사람은 자기 체력으로 도저히 감당하지 못할 만큼 무거운 짐을 짊어지고 쉬지도 못하고 계속 걸어가는 사람, 엎드린 상태로 태장의 형벌을 계속 맞기만 하는 사람, 극렬하게 타는 불기둥 가운데 던져진 화상상태로 고통을 절규하는 사람, 기름이 뜨겁게 끓어오르는 가마에 빠져 죽을 레야 죽지 못하고 그 고통을 처참하게 느끼기만 하는 사람, 온 몸에 치료 불가능할 만큼 악창이 나서 고침 받지도 못하고 괴로워하며 아픔을 호소하는 사람 등등 각양각색의 형벌을 받고 있지만 아무도 도와주거나 위로하는 사람이 없고 다만 그런 극렬한 고통의 형벌을 집행하고 있는 마귀들은 즐기듯이 바라보고 죄인들에게 더 가혹한 형벌을 부과시켜주고 있더라고 지옥을 구경한 사람이 말합니다. 지옥은 인간이라는 인격의 존재가 완전하게 박탈당하는 곳이며 상상하는바 그대로 존재감을 완전 박탈당한 채로 극렬한 형벌을 계속 받는 곳으로 생각합니다.

"무릇 네 손이 일을 당하는대로 힘을 다하여 할지어다 네가 장차 들어갈 음부(陰府)에는 일도 없고 계획도 없고 지식도 없고 지혜도 없음이니라"(전 9:10)

옛날 사람들은 귀신(spirit of dead)이나 마귀(devil)라는 소리만 들어도 두려움을 가지고 떨었습니다. 꿈에 귀신이 나타나는 악몽을 꾸면 당장 무슨 나쁜 일이 일어나지 않을까하고 여간 조심하였습니다. 무섭고 흉물스럽게 생긴 사물을 보면 혹시 귀신의 형상이 아닌가 하고 소름끼치듯이 놀라고 경계하였습니다.

그런데 오늘날의 사람들은 별의 별 형상의 귀신을 다 만들어 놓고 그것이 외계에서 온 생명체라고 하면서 친구처럼 가깝게 지냅니다. 소설이나 영화에 등장하는 악한 사람들이 오히려 부러움을 사는 그런 사람들의 폭력행위를 모방하고 도적질하는 것을 따라서 배우고 그런 사람들을 우상처럼 섬기는 사람들이 있습니다. 도무지 지옥이라는 개념을 호기심을 가지고 너무나 친근하게 생각하고 봐 주는 것 같습니다.

인간중심주의는 사람이 각자 자기 소견에 옳을 대로 생각하고 말하고 행동 하는 것을 고집스럽게 주장하기 때문에 인간의 정의로는 존재감을 박탈당하는 지옥이라는 개념이 없는 것입니다.

분명한 사실은 지옥은 죄 지은 사람이 존재감을 완전하게 박탈당하고 최종적으로 가서 다시는 그곳을 나오지 못하고 계속하여 형벌을 받는 데 그 형벌이 얼마나 무시무시한 것인가 하면 마치 활활 타오르는 불길 속에 내던져진 것 같은 생각만 해도 몸서리 쳐지는 그런 무서운 곳 입니다.

"사망과 음부도 불못에 던지우니 이것은 둘째 사망 곧 불못이라 누구든지 생명책에 기록되지 못한 자는 불못에 던지우더라"(계 20:14~15)

부자와 나사로의 비유(눅 16:19~31)는 부자가 일락을 즐기며 살다가 육체의 생명이 죽어 음부에 내려가니 견딜 수 없을 만큼 고통스러운 일만 있습니다. 부자가 생전에 자기 집 대문 밖에서 내다 버린 음식물을 대문 밖에서 겨우 얻어먹던 거지 나사로는 하나님의 나라에서 너무나 행복하게 살아가고 있는데 바로 이런 나사로의 존재하는 모습을 부자는 멀리서 바라봅니다. 부자는 음부에서 벗어나 천국으로 가고 싶지만 아무도 그를 옮겨주지 않는 것입니다. 부자는 육신의 몸이 살아있을 때 부자로 떵떵거리며 잘 먹고 잘 살던 자신의 존재를 음부에서 완전 무시당한 채로 견딜 수 없는 고통을 받고 또 받으며 계속 그렇게 무시만 당하고 있습니다.

육신의 몸이 살아있는 동안에 얼마나 구두쇠로 얼마나 악착같이 얼마나 인정머리 없이 오로지 자기만 잘 살고 보자는 듯이 지독하게 살던 사람이 병들어 죽게 되었습니다. 그 사람이 점점 죽음의 시간이 다가오는 것을 의식하였는지 죽음이 임박할수록 불안과 공포 두려움으로 치를 떨며 발작을 합니다. 가족들이 왜 그러냐고 물으면 공포에 질린 모습으로 죽음이 무섭다고 질겁하면서 무시무시한 귀신의 형상을 하고 나타난 저승사자가 자기를 자꾸 저승으로 끌고 가려든다며 두려움에 떨며 저승사자에게 안 끌려가려는 듯이 허우적거리며 발작 증세를 보이는 것입니다.

평생을 무신론주의로 살면서 오직 자기만을 위하여 살던 사람이 막상 죽음 직전에 죽음이 두려워 때늦게 기독교 목사를 찾는 사람들을 볼 때 조금만 더 일찍 예수님을 영접하였더라면 얼마나 좋았을까하고 아쉬움이 생길 때가 많습니다.

성경의 맨 마지막 책(요한계시록)은 미래에 있을 하나님의 심판을 예언 형식으로 기록하여 놓았습니다. 그러나 요한계시록(Book of Revelation)에 기록된 인류의 재앙들이 지금 현재 부분적으로 인간 세상에 나타나고 있는 것입니다.

민족 간의 전쟁, 동족간의 피비린내 나는 싸움, 극심한 가뭄, 홍수, 지진,해일, 화산폭발 같은 것들 자연을 파괴하는 사람이 만든 재앙들 특히 원자력발전소 사고로 인체에 해로운 방사능이 지구 전체에 퍼지면 인류는 꼼짝 못하고 회복불능의 재앙을 당해야만 하는 새로운 위험요소로 이런 자연재난들을 직접 혹은 간접적으로 당해 본 사람들은 지구 종말의 때가 얼마나 무서운 재앙이 될 것인지 짐작할 것입니다.

하나님의 심판에 대하여 두려움을 가지고 자기의 생명이 구원받아 심판에서 살아남아 하나님의 나라로 올라 갈 최후의 희망은 오직 주 예수 그리스도를 믿음으로 성 삼위 하나님의 존재를 시인하는 다시 말하여 성부와 성자와 성령 하나님의 존재를 찬양하고 감사하며 모든 영광을 올려 드리는 기독교회의 오직 믿음의 삶으로 살아가는 길밖에 도리 없습니다.

제2장

사랑이란 더불어 존재하는 것

사랑이란
더불어
존재하는 것

1 사랑의 속성

사랑을 논하면서

철학(philosophy)은 지식을 우선하며 살아가는 현대인에게는 가장 필수적인 기초학문입니다. 사람이 철학적인 지식과 지혜가 없으면 지구라는 한정된 자연환경 안에서 육척적 삶의 존재에 대한 명분이 없게 되니다. 사람은 품격있는 지식과 지혜가 있기 때문에 만물의 영장으로 존재의 위상을 갖고 있는 것입니다. 생명체가 본능 즉, 최소한의 지식과 지혜로는 존재를 위한 고등한 문명을 발달시킬수 없습니다.

사람이 지식(知識)을 습득함에 있어 전혀 생각하는 것없이 다만 주입교육(cramming education)에 의존하는 지식은 그 지식을 필요에 따라 응용하여 사용하는 지혜를 발휘하지 못합니다. 지식(knowledge을 가지고 있는 것만큼 그것을 슬기롭게 응용하는 지혜(wisdom)를 가지고 있어야 생존경쟁에서 이기고 승리할 수 있으며 또한 살아가는데 있어 만족과 편리를 얻고 누리며 존재의 뜻과 의미를 극대화시킬 수 있는 것입니다.

철학적 사고력으로 이런 질문을 해보고 그것에 대하여 합당한 답변을 하여 보십시오. 정의란 무엇인가? 관계란 무엇인가? 약속은 왜 하는가? 생명이란 무엇인가? 왜 내가 존재하는가? 사랑이라는 개념과 존재라는 개념이 무슨 상관관계가 있는가? 등등 의문(疑問)이 생겨나는 것에 대하여 쉽게 남에게 물어보지 말고 내 스스로 그 것에 대한 정답을 생각하여 보십시오.

〈기독교 정의(Christianity Justice)〉에 대하여 다시 말하자면 성경의 의와 공의 그리고 의인에 대하여 진실로 사명감을 가지고 장문의 글을 쓰면서 특히 존재하는 인격자에게 약속(언약)이 얼마나 중요한 신앙적인 진리의 개념인가를 알고 이해할 수 있도록 변증법(Dialectics)의 형식으로 설명하였습니다.

여기에 대하여 또 다시 의문을 가지고 생각하여 보십시오.

왜 존재하는데 밀접한 관계를 맺어야 하고 왜 약속을 하고 지켜 행하여야 하는가? 왜 상대방이 나에게 여러 가지를 주문하고 그것을 다 충족시켜 달라고 하는 것일까? 왜 나는 상대방에게 내가 바라는 모든 요구와 조건을 충족시켜 달라고 바라고 있는가? 가장 본질적으로 중요한 것은 왜 내가 저 사람하고 같이 결혼하여 평생을 살아가야 하는가?

유일신 하나님께서 수 십 억 명의 그 많은 인류 가운데서 왜 나를 선택하시고 왜 나를 죄악에서 구원하여 주시려고 하나님의 아들 예수 그리스도를 이 세상에 보내시고 십자가에서 고난당하게 하시고 육신의 몸이 죽은 후 사흘 만에 다시 부활하시고 승천하셨는데 언제인가 다시 재림을 하시겠다고 약속하셨는가?

사람의 육체의 생명(body life)이 죽으면 영혼이라는 생명(spirit life)의 본질은 하나님의 나라로 옮겨져서 하나님의 의(피조물 특히 인간이 하나님께 바라고 원하는 모든 요구와 조건이 충족된 상태)가 충족돼 있는 천국에서 하나님과 더불어 나의 생명이 영원하도록 존재하며 하나님의 완전하신 은혜의 복락을 얻고 누리게 하시는 것일까?

위에 언급한 간략한 질문에 대하여 답변할 수 있는 말은 사랑(Love)에서 찾아보아야 그 정답을 알 수 있습니다. 인간이 이 세상을 살아가면서 가장 보편적으로 많이 사용하는 언어가 〈사랑〉입니다. 그리고 성경에서도 사랑에 관한 말씀이 중요한 내용으로 가득 차 있습니다.

사람들이 생각하는 사랑은 사람과 사람이 관계 안에서 특별한 감정(感情)을 느끼거나 주는 것이라고 생각합니다. 가족 간의 사랑 친구지간의 사랑 연인끼리의 사랑 육체의 쾌락을 추구하는 성욕적인 사랑 이웃지간의 친밀한 교제를 통하여 이루어지는 도움을 주고받는 사랑 사물을 애지중지하는 친자연적인 사랑이 있습니다.

사람은 사랑에 대하여 사전적인 개념을 설명하지는 못해도 이미 태어나면서부터 사랑이란 무엇인가를 본능적으로 알고 행동하고 있는 것입니다.

기독교에서는 사랑(Love)-히브리어로 헤세드(hesed) 헬라어로 아가페(agape)를 사용하고 있는데 두 가지 다 선택과 계약의 뜻과 의미를 가지고 있습니다.

성경적인 사랑의 뜻과 의미가 선택(choice)하고 계약(contract)하는 것이라면 여기서 다시, 왜 사랑이란 선택하고 계약하는가? 하고 스스로 질문을 한 다음 그 해답을 찾고 다른 사람에게 기탄없이 설명하여 보십시오.

"하나님이 세상을 이처럼 사랑하사 독생자를 주셨으니 이는 저를 믿는 자마다 멸망치 않고 영생을 얻게 하려 하심이니라"(요 3:16)

저자(著者)는 성경66권의 책을 수 없이 정독(精讀)하면서 성경적인 사랑의 개념이 무엇이고 그 뜻과 의미는 무엇인가를 알기 위하여 고심(苦心)하여 읽고 또 읽으면서 마침내 그 정답을 찾았습니다. 이 세상에 존재하는 유형무형의 존재는 그것이 형이상학적(形而上學的)이든지 형이하학적(形而下學的)이든지 속성(an attribute)을 가지고 있습니다.

사랑이라는 개념의 존재도 엄연하게 속성(屬性)이 있습니다.

사랑의 속성을 알아보려고 무진 애를 많이 써 가며 살펴보았지만 성서사전(聖經事典)에는 〈선택〉과 〈계약〉만 설명해 놓았습니다.

사랑의 하나님께서 왜 나를 선택하시고 계약하시고 계실까요? 여기에 대한 답변을 찾으려고 66권의 성경을 읽는 가운데 신약성경 요한복음에서 유독 '안(in)'이라는 전치사가 많다는 것을 유심히 보았습니다. 요한복음, 요한1서, 2서, 3서, 요한계시록의 기록자(John the Apostle)가 하나님의 성령에 감동되어 기록해 놓은 요한1서 4:7~21을 읽으면서 사랑에 대한 정의(定意)가 무엇인가에 대하여 마침내 확실한 해답을 찾을 수 있었습니다.

"사랑하는 자들아 우리가 서로 사랑하자 사랑은 하나님께 속한 것이니 사랑하는 자마다 하나님께로 나서 하나님을 알고 사랑하지 아니하는 자는 하나님을 알지 못하나니 이는 하나님은 사랑이심이라"(요일 4:7~8)

'하나님은 사랑이심이라'는 하나님은 사랑이시며 사랑은 곧 하나님이라는 뜻과 의미입니다. 사랑을 생각하면서 특별히 살펴볼 단어는 안에 거(居)하고(abide in)입니다. 거(abide, remain)하다는 뜻과 의미는 한 인격체 안에 다른 인격체가 같이 관계를 맺고 머물러 살아간다는 다시 말하여 더불어 존재하는 말입니다.

"그 날에는 내가 아버지 안에 너희가 내 안에 내가 너희 안에 있는 것을 너희가 알리라 나의 계명을 가지고 지키는 자라야 나를 사랑하는 자니 나를 사랑하는 자는 내 아버지께 사랑을 받을 것이요 나도 그를 사랑하여 그에게 나를 나타내리라"(요 14:20~21)

인간의 사랑의 특징 곧, 남자와 여자의 결혼은 어디까지나 육체의 몸이 살아 있을 동안까지 서로 간의 인격체 안으로 들어가 머물러 같이 살아갈 수 있습니다. 남편의 인격(존재) 안에 아내의 존재(인격)가 들어와 같이 머물러 살고 아내의 인격(존재) 안에 남편의 존재(인격)가 들어와 머물러 같이 살고 하는 것이 바로 '안에 거하다' 존재의 사실적 표현입니다.

하나님의 사랑의 특징은 하나님의 생명의 본질 안에 인간 영혼(생명)이

들어가 영원하도록 같이 머물러 살아가면서 존재하는 것입니다. 하나님과 사람, 사람과 사람, 사람과 다른 생명체가 서로 사랑함에 있어서 사랑의 속성(屬性)이 충족되지 않으면 언제든지 문제가 발생한다는 사실입니다.

그러면 사랑의 속성은 무엇일까? 속성(an attribute)이란 여러 가지 지체가 모여 하나의 인격체를 완성하는 것인데 여러 지체 중에서 단 하나라도 빠지면 완전한 인격체가 구성되지 못하는 것입니다(고전 12:12~31).

"몸은 하나인데 많은 지체가 있고 몸의 지체가 많으나 한 몸임과 같이 그리스도도 그러하니라"(고전 12:12)

성경사전(Encyclopaedia of the Bible)에서 사랑의 속성은 선택과 계약이라고 장문의 글로 설명을 해 놓았습니다. 사랑의 속성은 선택과 계약 두 가지라는 장황한 설명만으로는 사랑의 뜻과 의미가 이해되지 않는 것입니다. 피조물이 조물주를 안다는 것은 지극히 결례되는 말이고 감히 피조물이 창조주 하나님을 알고 있다는 말을 하다가 도리어 무지(無知)가 드러날까 두렵습니다.

성경에서 정의(定意)하는 사랑의 개념을 알아보려고 성경을 계속 읽다가 한 가지 기발한 방법을 찾았는데 성자 하나님께서 육신의 몸을 입으시고 이 세상에서 33년의 생애를 살아 주신 주 예수 그리스도를 깊이 생각하는 것이었습니다(히 3:1). 성부(聖父) 하나님과 동등의 인격을 가지고 계신 성자(聖子) 예수 그리스도(빌 2:5~11)를 특별히 신약성경 4복음서를 읽어보면 자세하게 알 수 있습니다. 하나님의 아들 예수 그리스도께서 이 세상에 육신의 몸을 입고 33년을 공생애로 사역하시면서 말씀하시고 실행에 옮겨주신 일들을 생각하여 보십시오(사53장). 예수 그리스도께서 사람으로의 육체의 몸을 입고 인생의 모범적 삶을 보여주신 33년의 생애는 확실하게 드러나는 특징(characteristic) 다섯 가지 곧, 겸손과 봉사와 희생 그리고 선택과 계약이라는 사람의 눈에 확 띌 만큼 확실하게 구별되는 속성을 발견할 수 있습니다.

(1) 겸손

그리스도 예수의 마음

기독교는 아버지 하나님과 아들 하나님 그리고 성령 하나님 이 세분의 위격(位格)을 삼위일체(Trinity)으로 칭호(稱號)하여 드립니다(마 28:19). 삼위일체 교리에 관하여 기독교 조직신학(Essentials of Systematic Theology)을 부분적으로나마 인용하여 설명을 할 필요가 있어 간략하게 피력하고자 합니다. 성경말씀에 의지하여 삼위일체(Trinity)란 영원적으로 삼 인격(三 人格)으로 실재(Subsisting)하는 동일본질의 신(God)을 말합니다. 신위(神位)에는 삼 인격(三 人格)이 동일(同一)의 본질(本質)또는 본체(本體)로 존재(existence)합니다. 그러나 실체(實體) 혹은 실재(實在)란 본체(本體)와 구별되어져야 합니다. 실체란 존재의 형식으로써 일개(一個)의 인격 혹은 사물을 다른 존재와 구별되게 하는 요건이 되는 각 개체성입니다. 삼위의 교리에 사용될 때에 그것은 신격(神格)의 존재의 형식으로서 각 신위(神位)의 신격(神格)의 특유한 존재성을 말하며 이로써 각 존재는 구별된 인격을 구성하게 하는 것입니다. 유일(唯一)의 본질을 가진 삼위의 하나님이 삼개의 인격 또는 개별적 실재로서 아버지(聖父)와 아들(聖子)과 성령(聖靈)의 계수 적(計數 的) 형식(形式)으로 상호(相互) 인격적 관계(人格的 關係)에 있어서 존재합니다(조직신학강요 최인원 저).

성부 하나님은 만물의 창조주와 근본으로 부르는 경우입니다. 아버지는 시조, 근원, 조상 그리고 가족구성원을 보호하고 부양하는 의무와 책임을 짊어지고 있다는 뜻과 의미가 있으므로 가족 구성원으로부터 존귀와 명예 그리고 모든 영광을 홀로 받게 됩니다.

성자 하나님은 본질상 아버지 하나님과 같이 계시면서 만물을 창조하셨으나 신성(Divinity)에 있어서 하나님의 아들로서 인간의 혈육을 입으셨을 뿐 하나님과 더불어 위엄과 능력과 지위에 있어서 동등하신 하나님이십니다.

성령 하나님은 심오한 진리를 통달하시고 계시면서 하나님께서 하시고자 원하시는 사업(事業)을 완성하시고 계십니다.

성자 하나님께서 하나님 나라의 보좌에서 내려 오셔서 성령으로 잉태하시고 사람으로 탄생하신 예수 그리스도는 〈하나님의 아들〉로 33년의 생애를 인간과 아무 차별 없이 어쩌면 가장 인간답게 나아가서는 인간의 한계를 넘어서까지 가장 비천한 자리에서 생생하게 생활하셨습니다.

"너희 안에 이 마음을 품으라 곧 그리스도 예수의 마음이니 그는 근본 하나님의 본체시나 하나님과 동등 됨을 취할 것으로 여기지 아니하시고 오히려 자기를 비워 종의 형체를 가져 사람들과 같이 되었고 사람의 모양으로 나타나셨으매 자기를 낮추시고 죽기까지 복종하셨으니 곧 십자가에 죽으심이라"(빌 2:5~8)

예수 그리스도의 인격(Personality)에서 가장 주목해 봐야할 특징은 곧, 하나님 앞에서 온전하게 겸손한 사람으로 헌신하고 봉사하며 충성하는 온전한 순종의 생애를 살아주셨습니다.

사람은 자기를 잘 대면해 주는 사람에게는 겸손한 인격으로 보답해 주지만 행여 조금이라도 자기의 인격이 무시를 당한다 싶으면 자기의 존재가 상대방으로부터 무시당하고 있다고 생각이 들면 즉각 반응하기를 화를 내고 언성을 높이고 대들고 반항하고 심지어는 자기가 당한 것 그 이상으로 되갚아 줄 만큼 고약한 성질을 부려 상대방에게 자기의 존재감을 과시합니다.

하나님과 동거하고 동행하고 동업하는 사람의 특징은 분명히 하나님께로부터 인격을 무시당하고 나아가서는 하나님의 말씀에 순종하다가 손해를 보고 불이익을 당하고 심지어는 죽음까지 당하게 되는데도 오히려 하나님의 곁을 떠나지 않고 꼭 붙어 있으면서 하나님을 향하여 영광을 올려드리고 감사를 하며 기뻐하면서 하나님께서 바라시고 원하시는 대로 순종합니다.

기독교 교육에서 고도의 지식을 요구하는 어려운 책을 보거나 잘 이해되지 않는 설명을 들을 필요 없이 일자 무식꾼이라도 얼마든지 보고 배울 수 있는 제일 쉬운 교육은 전인교육(education for the whole man)입니다. 모범을 보여 주는 사람의 말이나 행동을 그대로 보고 따라서 배우면 되는 교육이 곧 인격을 닮는 교육입니다. 그럼에도 성직자는 물론 기독교를 평생 동안 다니는 사람도 겸손한 인격으로 변하지 않고 여전하게 교만하고 화를 내고 상대방에게 보복하고 그러는 사람들이 많이 있습니다.

겸손의 뜻과 의미

겸손(Humility)은 관계 안에서 상대방의 존재보다 자기존재의 인격(품격)을 낮추어 주는 것입니다. 예를 들면 상대방이 자기보다 인격적으로 더 훌륭하다며 높여 주고 자기는 상대방 보다 낮은 자세를 취하는 것입니다. 주인 앞에서 종은 낮고 비천한 인격자이기 때문에 주인은 항상 높은 자리에서 종을 향하여 말씀(명령)하면 종은 낮은 자세에서 절대복종하겠다는 의사표시를 취하는 것입니다. 사람이 모여 사는 공동체 안에서는 자기를 내세우고 과시하며 자기가 잘나고 똑똑하고 자기만이 모든 일을 잘 할 수 있다는 의사표시는 교만(haughtiness)입니다.

"예수께서 이르시되 너희는 사람 앞에서 스스로 옳다 하는 자이나 너희 마음을 하나님께서 아시나니 사람 중에 높임을 받는 그것은 하나님 앞에 미움을 받는 것이니라"(눅 16:15)

자기보다 남을 배려할 줄 아는 예의범절이 곧 겸손한 사람만이 할 수 있는 매너(manner)입니다. 상식적으로 생각해 보아도 자기와 약속(언약)하는 사람이 유식하고 잘나고 똑똑하고 무엇이든지 잘하고 그렇게 우월하다고 뽐내는 사람이라면 과연 저 사람이 자기의 약속을 잘 들어 줄 수 있겠는가 하고 의심하게 될 것입니다.

언약(약속)은 어디까지나 자기가 바라고 원하는 모든 요구와 조건을 관계 안에서 상대방이 정직하고 성실하고 근면하고 노력하는 마음과 자세로 충족시켜 줄 사람이 필요합니다.

사회라는 넓은 뜻과 의미의 관계 안에서 자기라는 개인의 요구와 조건을 충족시켜 줄 사람은 그리 많지 않을 것입니다. 왜냐하면, 사람마다 자존심이 있고 자기의 요구와 조건이 우선적으로 충족되기를 바라는 마음을 다 가지고 있기 때문입니다. 공동체 안에서는 다들 자기를 최고 우선시하는 전제조건을 가지고 있으므로 만약 자기가 조금이라도 무시당하고 손해 가는 약속이라면 소극적이고 태만할 것이며 어떻게든지 약속을 전혀 지키지 않으려고 온갖 꾀를 다 짜 내려 할 것입니다. 자기에게 유익이 많이 돌아오는 약속이라면 앞장서 적극적으로 약속을 지켜줄 것을 요구합니다.

하나님께서 사람을 선택하는 제일의 기준은 인격이 겸손한 사람입니다. 그러나 유감스런 사실이지만 사람은 자존심(pride)을 다 가지고 있기 때문에 사람의 인격속성 안에 자유의지(自由意志)가 있기 때문에 자기 마음대로 일 하고 싶은 본능을 가지고 있어 자기가 하고 싶은 일은 다른 사람의 말을 좀처럼 듣지 않는 자존심(self importance)이 있습니다.

하나님께서는 무엇을 생각하시고 계획하신 일을 실행하시려고 사람을 불러 일(사역) 시키실 때 어떤 일이 있어도 어떠한 형편에 처하더라도 오직 하나님의 명령에 온전하도록 복종할 수 있는 문자 그대로 겸손한 사람을 찾고 계시지만 사람의 중심을 살펴보시고 사람의 인격을 판단하시는 하나님께서 보시기에 인간으로 하나님 말씀에 완전하게 순종할 적임자가 없는 것입니다. 그래서 하나님께서 사람을 불러 무슨 일(mission)을 시킬 적임자를 선택하실 때는 하나님의 특수교육(히 12:5~11)을 받고 나면 겸손해 질 수 있는 사람을 선택하십니다.

사람이 더불어 살아가는 공동체 안에서는 서로 간에 상대방의 존재를 인정하고 존중해 주는 겸손의 예절이 참으로 중요합니다. 규모가 작든지 크든지 공동체 구성원들이 친밀한 교제를 하고 상부상조하고 화목하게 관계

334

를 맺고 유지하고 발전시켜 나가는 비결은 모두가 다 겸손할 때만 가능합니다(고후 5:17~21).

"모든 것이 하나님께로 났나니 저가 그리스도로 말미암아 우리를 자기와 화복하게 하시고 또 우리에게 화복하게 하는 식책을 주셨으니 이는 하나님께서 그리스도 안에 계시사 세상을 자기와 화목하게 하시며 저희의 죄를 저희에게 돌리지 아니하시고 화목하게 하는 말씀을 우리에게 부탁하셨느니라"(고후 5:18~19)

그러나 공동체가 구성원들 간에 친교가 잘 안 되고 의사소통도 안 될뿐더러 서로 비방하고 견제하고 갈등하고 결국은 편 갈라 헤어지고 결말이 안 좋게 되는 까닭은 구성원들이 교만하든지 아니면 몇 사람이 유독 교만한 성격으로 분위기를 흐트러뜨릴 때 불화하게 되는 것입니다.

"무례하고 교만한 자를 이름하여 망령된 자라 하나니 이는 넘치는 교만으로 행함이니라"(잠 21:24)

온유한 사람이 되라

"이 사람 모세는 온유함이 지면의 모든 사람보다 승하더라"(민 12:3)

온유(meekness)는 하나님의 특수교육을 받고 겸손해진 사람을 말합니다. 본래 사람의 성격(품격)은 절대 변하지 않습니다.

인문학적으로는 인성학(Ethology)을 통하여 품격(성품)을 성숙하게 할 수 있다고 하지만 사람의 인격의 변화는 사람의 생각대로 잘되지 않는 것입니다. 사람이 교육을 많이 받고 겸손해 졌다가도 자기에게 큰 손해가 나거나 인격을 무시당할 그런 중요한 일이 발생하면 버럭 화를 내면서 본래의 성질이 표출됩니다.

그러나 하나님의 특수교육을 받은 사람은 하나님 앞에서는 두려움을 가지고 절대 화를 내지 못하고 겸손한 인성의 사람이 되는 것을 온유(溫柔)한 사람으로 인정해 줍니다(히 12:5~13).

"……내 아들아 주의 징계하심을 경히 여기지 말며 그에게 꾸지람을 받을 때에 낙심하지 말라 주께서 그 사랑하시는 자를 징계하시고 그의 받으시는 아들마다 채찍질하심이니라 하였으니 너희가 참음은 징계를 받기 위함이라 하나님이 아들과 같이 너희를 대우하시나니 어찌 아비가 징계하지 않는 아들이 있으리요"(히 12:5~7)

하나님의 특수교육(연단훈련)을 받고 온유(겸손)해진 사람은 만약 하나님 앞에서 자기의 본래 성질을 드러냈다가는 또 무슨 연단을 받을 것 같은 두려움이 생겨나기 때문에 절대 하나님 앞에서는 자기의 본래 성질을 두 번 다시 못 나타냅니다. 성경을 읽어 보면 하나님의 부르심을 받고 사역하는 사람들이 의외로 고생을 많이 합니다. 오늘날 기독교 성직자들 거의 대부분은 하나님의 특수교육을 먼저 받은 후 성직자로 사역하고 있는 사람들이 많이 있습니다.

아직도 많은 그리스도인들이 자기는 하나님을 진실로 잘 믿으려고 결심을 하고 신앙생활을 잘하고 있는데 그런데 왜 문제가 생겨나고 사업을 실패하고 어려운 일이 생겨나는 것인가를 몰라 고민하고 낙심하고 심하면 시험 들어 신앙생활을 아예 접어 버리는 사람들이 있습니다. 기독교인 중에 신앙생활을 잘하려고 최선의 노력을 하고 있음에도 심각한 문제가 발생하였다면 반드시 히 12:5~11의 말씀을 읽어 보면 해답을 찾을 것입니다.

"무릇 징계가 당시에는 즐거워 보이지 않고 슬퍼 보이나 후에 그로 말미암아 연달한 자에게는 의의 평강한 열매를 맺나니"(히 12:11)

(2) 봉사

긍휼

그리스도인으로서 다른 사람을 도와주겠다고 기왕에 마음먹고 봉사를 하려면 긍휼(Compassion, Mercy, Pity)한 마음으로 실행하십시오.

긍휼(矜恤)의 뜻과 의미는 다른 사람을 도와주는 동정심이 깃든 사랑이며 또한 부모가 자녀에게 대하는 천하보다 더 귀한 사랑을 가지고 특별히 배려하는 정(情)이기 때문에 가엽고 불쌍히 여기는 마음이 끊어 오르는 것을 억제하지 못하고 그대로 무조건적으로 관심을 가지고 보살펴 주는 것을 말합니다.

혹시 자녀가 부모의 명령을 거역하고 나쁜 짓을 했을 때 화가 난 부모는 자녀를 호되게 꾸짖어 주고 심지어 회초리로 종아리를 피가 나도록 때려 줍니다. 그 때 자녀는 눈에 닭똥 같은 눈물을 흘리며 잘못을 뉘우치고 용서를 구하면 부모는 와락 자녀를 끌어 앉고 같이 눈물을 흘리며 쓰다듬어 주며 위로해 주는데 바로 이런 장면이 긍휼입니다.

예수 그리스도께서 산상보훈의 말씀을 하시면서 팔복에 관한 말씀을 하실 때 긍휼에 대한 말씀을 하셨습니다(마 5:1~12).

"긍휼히 여기는 자는 복이 있나니 저희가 긍휼히 여김을 받을 것임이요"(마 5:7)

예수 그리스도께서 수많은 병자들을 치유시켜 주실 때 병든 사람들이 예수님 앞으로 나와 치유받기를 간절히 바라는 의사표시로 긍휼에 호소하였습니다(눅 17:13).

사도들이 초대기독교회의 교인들에게 교육을 시켜 줄 때 대단히 관심을 가진 개념이 긍휼이었습니다(골 3:12). 다윗이 사울왕의 살해 위협을 받고 도망 다니면서 위급함을 당하면 여호와 하나님의 긍휼하심을 바라며 간절히 기도하였습니다(시 57:1).

마태복음 25:31~46의 말씀에 오른 편에 있는 사람들과 왼 편에 있는 사람들의 비교되는 선행이 기록돼 있습니다. 오른 편의 사람들은 비록 가난하고 무명한 사람들이지만 다른 사람을 도와 줄 때 동병상련(同病相憐)의 마음으로 다시 말하자면 긍휼한 마음으로 비록 작은 정성이지만 아낌없이 도와주었습니다.

그러나 왼편에 있는 사람들은 사회적 지위도 좋고 재물도 많고 형편이 넉넉한 사람들이지만 다른 사람을 도와 줄 때 딱 한 가지 빠진 것은 긍휼한 마음으로 선행을 행하지 않고 단지 과시하듯이 아무런 감정도 없이 그렇게 자선을 많이 베풀었지만 결과는 예수 그리스도께서 그런 사람들은 모르신다는 관심 밖의 사람들이 되어 버렸습니다.

하나님 앞에서 심판을 받지 아니하고 구원받을 수 있는 특별한 선택권이 있는데 바로 긍휼을 많이 행하면 하나님의 긍휼하심을 받고 구원받을 수 있게 됩니다.

"긍휼을 행하지 아니하는 자에게는 긍휼 없는 심판이 있으리라 긍휼은 심판을 이기고 자랑 하느니라"(약 2:13)

자비

자비(Kindness)는 친절한 성품이므로 자연히 친절한 감정과 친절한 의지(意志) 및 행동을 뜻하고 의미합니다. 사람들 중에 참으로 답답한 자선을 행하는 사람들이 있는데 그것은 좋은 일을 많이 해 주고도 욕을 먹고 인사도 못 받는 안타까운 사람들이 있습니다. 힘겨울 만큼 이웃을 위하여 고되게 일 많이 하고 칭찬이나 인사를 못 받는 까닭은 좋은 일을 하면서 교만하고 상대방을 무시하고 진정성으로 우러나오는 친절함이 없기 때문입니다.

하나님의 인격의 속성 안에 자비(慈悲)가 있습니다.

"우리 구주 하나님의 자비와 사람 사랑하심을 나타내실 때에 우리를 구원하시되 우리의 행한바 의로운 행위로 말미암지 아니하고 오직 그의 긍휼하심을 쫓아 중생의 씻음과 성령의 새롭게 하심으로 하셨나니"(딛 3:4~5)

성경에서 자비(慈悲)를 베풀며 인생을 살아 준 아름답고 향기로운 선행의 사람의 모범은 현숙한 여인(잠 31:10~31)입니다. 우아한 용모의 소유자요 경건한 인품의 사람이며 매사에 능숙하게 일하는 생활습관과 가정에서 남편을 존경하며 내조하며 자녀에게는 훌륭한 어머니로 자녀를 잘 돌보았으며 다른 사람들에게 동정심이 많고 그리고 사업이나 삶의 현장에서 지식과 지혜와 재능이 많은 그야말로 인격의 조건이 두루 갖추어 진 칭찬 받는 사람입니다.

요즘 대기업체 마케팅전략으로 친절봉사를 회사의 운명을 걸어놓고 고객들에게 특별히 배려하는 장사 잘하는 사업가들이 많이 있습니다. 가전제품을 구입하여 사용하다가 어디 고장이 났거나 성능에 이상이 발생하면 제품을 만든 제조회사에 애프터서비스(after service)를 받는데 수리하는 종사자들이 친절하게 미소 지으며 숙련된 기술로 만족할 만큼 잘 고쳐 줍니다.

대형 마트에서 제품을 판매 하는 예쁜 얼굴의 여성들이 용모 단정하게 서서 만면에 미소를 머금은 친절한 봉사를 하는 것이 참으로 보기도 좋고 소비자의 한 사람으로 흔쾌히 물건을 사 주고 싶은 구매 욕구를 충족시켜 줍니다. 고객을 위하여 친절하게 봉사하는 여성들이 의외로 심한 스트레스에 시달리고 있다는 우울한 사연을 듣고 고객 가운데는 교양에 문제가 있는 사람들이 간혹 있지만 장사를 잘하려면 그런 문제는 능히 감수할 수 있어야 합니다. 마트의 매장에서 소비제품을 판매하는 장사꾼의 좌우명은 '고객은 왕이다'는 생각을 잊어서는 아니 될 것입니다.

친절한 마음이나 긍휼한 마음을 가지고 나 보다 못한 인격자들을 상대하려면 사실은 마음속에 들어있는 자존심의 속성들을 모두 다 내 버리고 그야말로 '나는 종이다'는 마음을 비우지 않으면 진실로 친절도 긍휼도 행할 수 없는 것입니다.

특히 기독교회 목사는 성도들을 위하여 알량한 자존심 같은 것 다 내 버려야 합니다. 옛날에는 기독교 성직자 곧 목사가 되겠다고 신학교에 들어가면 가장 중요한 인성교육을 시켰습니다. 특히 나 보다 못생기고 학벌도

형편없고 가난하고 병들고 죄를 지은 사람들을 인격적으로 존중해 주면서 봉사를 하고 위로해 주려면 그런 사람들 보다 낮아지지 않으면 불가능합니다.

동병상련(同病相憐)은 처지와 형편이 서로 같거나 비슷한 사람들 간에 서로의 처지와 형편을 동정하면서 도와주려는 마음을 가지는 것을 말합니다. 특히 목사가 되려면 각계각층의 사람들을 대면하게 되므로 인간의 가장 낮은 처지에서 몸소 체험을 해 보면 목사의 사명을 감당하는데 많은 유익이 될 것입니다. 한 때는 목사가 죽어야 교회가 부흥되고 목사의 사모가 죽어야 교회가 화목하게 된다는 표어가 유행한 때도 있었습니다. 부끄러운 현실이지만 사람은 직접 겪어보면 그 사람의 됨됨이를 파악할 수 있습니다.

"그러므로 너희는 하나님의 택하신 거룩하고 사랑하신 자처럼 긍휼과 자비와 겸손과 온유와 오래 참음을 옷 입고 누가 뉘게 혐의가 있거든 서로 용납하여 피차 용서하되 주께서 너희를 용서하신 것과 같이 너희도 그리하고 모든 것 위에 사랑을 더하라 이는 온전하게 매는 띠니라"(골 3:12~14)

이타주의

예수 그리스도께서 고난당하시기 전에 최후의 만찬 자리에서 제자들의 발을 씻겨 주십니다(요 13:1~20). 예수 그리스도께서 제자들에게 특별히 당부하시는 말씀은 예수님께서 모범을 보여 주신 것같이 제자들도 반드시 이렇게 행하라고 당부하셨습니다.

"내가 주와 또는 선생이 되어 너희 발을 씻겼으니 너희도 서로 발을 씻기는 것이 옳으니라 내가 너희에게 행한 것같이 너희도 행하게 하려 하여 본을 보였노라 내가 진실로 진실로 너희에게 이르노니 종이 상전보다 크지 못하고 보냄을 받은 자가 보낸 자보다 크지 못하니 너희가 이것을 알고 행

하면 복이 있으리라"(요 13:14~17)

　주 예수 그리스도께서 제자들에게 신신당부하신 교훈은 하나님을 위하여 그리고 구원받을 사람들을 위하여 낮은 자세로 아무 조건 없이 아무 공로 없이 친절하게 봉사해 주라는 말씀을 하셨습니다.

　다른 사람을 이롭게 하여 주는 것을 이타주의(altruism)라고 말 합니다. 자기 혼자 있어도 스스로 자기를 위하여 이롭게 하여 주는 일을 본능적으로 합니다. 사람이 둘 이상이 모여 공동체를 이루면 친교하며 상부상조(相扶相助)하며 지내야 오래 도록 공동체를 유지하고 발전시켜 나갈 수 있습니다.

　대한민국 최고 지성의 요람 S대학교를 다닌 청년이 여자대학교의 최고 명문Y대학을 졸업한 숙녀와 같은 교회에서 만나 사귀면서 연애를 하고 마침내 결혼하였습니다. 최고의 지성미 넘치는 이상적인 커플이라며 사람들은 부러워하였습니다. 그런데 이들 두 부부는 가정에서 단 둘이 있을 때 지극히 사소한 대화에서부터 부부지간의 애정과 배려란 찾아 볼 수 없고 서로 최고 명문대출신이라는 자존심 때문에 절대 양보하지 않고 유식한 변증으로 일관하다가 결국은 서로 간에 심각한 상처만 안겨 주고 끝장을 냈습니다. 'S대학교에서 그런 식으로 배웠냐?' 'Y대학 수준이 고작 그 정도냐?' 무슨 큰일 가지고 다투는 것도 아니고 단지 그냥 스치고 지나갈 그런 사소한 대화로 시작하는 말다툼에 감정의 골이 깊게 파여진 아내가 몇 날을 두고 고민하다가 교회를 옮기기로 마음먹었습니다. 새로 옮긴 교회는 상당히 적극적이었는데 구역성도들이 모여 서로를 위하여 같이 기도해 주고 힘든 일 어려운 일에는 상부상조하는 봉사를 많이 하였습니다. 물론 자신의 부부지간의 양보할 줄 모르는 자존심문제에 대하여 구역성도들과 합심기도를 많이 하였지만 전혀 변하지 않았습니다. 부인이 교회를 옮기고부터 그들의 언쟁은 더 심각해져만 갔습니다. 남편의 입장에서는 남편과 같이 다니던 교회를 아내가 일방적으로 옮겨 다른 교회에 다니는 것에 대하여 여간 불쾌해 하였습니다. 부부지간의 양보를 모르는 자존심을 걸고 하는 최고지성인부부의 언쟁은 일반 서민이 들으면 뭐가 뭔지 모를 만큼 어려운 학술용어를 구사하면서 자기의 유식함을 뽐내고 상대방을 굴복시키고야 말겠다는 언어소통은 결국 한 가지 더 추가된 상처를 안겨 주는 것이었습니다. '그 교회에서 그렇게 배웠냐?' '그 교회 수준이 고작 그 정도냐?' 여자성도는 자신의 부부지간의 대화의 문제의 심각성을 가지고 남편과 이혼을 결심하고 교구 목사님과 상담을 하였습니다. 교구목사님은 여자성도에게 40일 작정기도를 시켰고 만약 기도가 끝난 후에도 여전하게 다툼이 계속된다면 그것을 하나님의 뜻으로 알고 이혼하라고 재판장의 판결문 같은 말을 하여 주었습니다. 40일 동안 하루 한 끼니만 먹고 두 끼니는 금식하면서 남편과의 원만한 대화의 소통을 위하여 그리고 부부지간의 이해와 배려 그리고 사랑을 위하여 눈물겹도록 작정기도를 하였습니다. 물론 구역성도들도 이 여자성도를 위하여 같이 합심하여 기도를 하여 주었습니다. 꼭 37일째 날에 이들 부부는 최후나 마찬가지의 대판 싸움을 하였습니다. 이렇게 살아간다는 것이 지겹고 역겹다면서 남편과 아내가 같은 생각과 똑같은 말로 차라리 이혼하자고 말하였습니다. 다음날 법원에서 만나 합의이혼하자며 남편은 그 길로 집을 박차고 나갔습니다. 아내는 다음날 아침에 법원으로 향하여 가다가 자기 집 근처의 교회에 들러 기도를 하고 그 교회 담임목사님께 "이런 경우에는 이혼하는 것이 하나님의 뜻이 아닌가요?"하고 자신들의 결심에 대한 동의를 구하듯이 상담을 하였습니다. 부부지간의 사소한 대화의 문제로부터 시작되는 불협화음(不協和音)에 대하여 목사님은 여자성도에게 아주 중요한 미션(mission)을 안겨 주었습니다.

우리말 속담에 '곡식은 익을수록 고개를 숙이고 사람은 배울수록 고개를 숙인다'는 의미 있는 격언을 인용하면서 배울 만큼 배운 지성인이라면, 교회에서 중요한 직분까지 받아 봉사하는 일꾼이라면 교만이 뭣이고 겸손이 무엇인가를 알 것인즉 알량한 자존심 접어 두고 겸손해 지는 노력을 하라며 당장 남편을 찾아가 낮아지고 겸손해지고 남편을 위하여 봉사하는 배려를 실행라고 일러 주었습니다. 남을 배려해 주는 이타주의를 실천하는 일을 거창하게 소문내 가며 할 필요까지는 없습니다. 가정에서 부부지간에 서로를 위하여 내가 먼저 낮아지고 내가 먼저 상대를 위하여 봉사를 하고 그런 일을 능동적으로 수행할 때 집밖에 나가서도 항상 행하는 생활의 습관처럼 이웃에게 이타주의(利他主義)를 실행할 수 있는 것입니다.

기독교는 봉사를 왜 장려하는가

《약속과 정의》를 집필하면서 가장 심사숙고한 부분이면서 가장 장황하게 설명하고 있는 부분이 존재론(ontology)입니다.

내가 이 세상에 존재하는 목적과 이유 즉, 까닭은 무엇인가? 하나님께서는 왜 나를 이 시대에 이런 환경에서 태어나게 하시고 자라게 하셨으며 여전하게 열악한 조건하에서 살아가게 하시는가? 지금 나의 형편도 넉넉하지 않은데 왜 내가 가난하고 질병으로 투병하는 사람을 도와주어야 하는가? 나 보다 비교도 안 되는 무지(無知)하고 못 생기고 가난하고 병들고 많은 실패를 하면서 힘들고 어렵게 살아가는 사람을 〈네 몸 같이 사랑하라〉하셨을까?

솔직한 말이지만 다른 사람, 특히 내가 봐도 별로 관심 가질만한 요구와 조건을 두루 갖추지 못하고 있는 사람, 어딜 봐도 친교 할 엄두가 나지 않고 도와주고 싶은 마음이 없는데 다만 어떻게든지 도와주자니 아까운 마음이 들고 부담스럽기만 한 별로 볼일도 없는 그런 사람들이 나의 주변에 많이 살고 있습니다. 내가 도움 받을 일도 없는 그런 불우한 이웃을 도와준다는 것 그것도 기쁜 마음으로 친절하게 더 나아가서 긍휼한 마음으로 그 사람을 위하여 봉사한다는 것은 어쩌면 끔찍한 일이기도 한데 주 예수 그리스도께서 하필이면 그런 사람들을 내 몸 같이 사랑하고 도와주라고 명령하십니다.

대한민국 사람들은 오랜 풍습과 전통이 있는데 이웃집에 무슨 큰 일이 있으면 물질적으로 십시일반(十匙一飯)으로 도와주지만 사실은 정확하게 기억하고 있다가 받은 만큼 다시 보답 해 주는 것입니다. 세상에 어느 존재도 유아독존(唯我獨存)으로 자기 혼자만 잘 먹고 잘 살고 그렇게 존재할 수가 없습니다.

하나님께서 천하의 모든 만물을 창조하실 때 피조물은 홀로 존재할 수 없고 다른 존재와 유기적 관계 즉 서로 도움을 주고 도움을 받으며 존재할 수 있도록 만들어 놓으셨습니다. 나의 존재를 가능하게 하려면 혹은 나의 존재가 돋보이게 하려면 지혜롭게 다른 존재를 도와주는 봉사(service)를 보다 적극적으로 행함으로 보다 가치 있게 보다 의미 있게 친분을 쌓아가며 존재할 수 있습니다. 나만 홀로 존재하고 나만 오로지 잘 먹고 잘 살면 그만이지 하는 막연한 생각도 다 부질 없는 것은 이 세상에 나만 홀로 있으면 존재 그 자체가 아무 뜻도 없고 무의미하기 때문입니다. 다른 사람이나 다른 존재를 도와줄 수 있다는 것은 따지고 보면 조물주께서 주신 최고의 선물입니다.

"흩어 구제하여도 더욱 부하게 되는 일이 있나니 과도히 아껴도 가난하게 될 뿐이니라 구제를 좋아하는 자는 풍족하여 질 것이요 남을 윤택하게 하는 자는 윤택하여지리라"(잠 11:24~25)

5년 동안 연애를 하고 결혼을 하였는데 결혼하고 같이 가정을 이루고 살아가면서 깨닫게 된 사실은 부부지간이 너무 성격이 안 맞고 서로 불평하고 불만 하는 것은 왜 그렇게도 서로가 보기에 결점이 많고 잘못하는 일이 그리도 많은지 후회 막급한 것이었습니다. 지난 5년 동안 연애할 때는 무엇이든지 좋게 보이고 무슨 말이든지 무슨 행동이든지 다 멋지고 잘하는 것같이 보였는데 신혼살림을 시작하고부터 부딪치는 것은 매사에 성격의 차이로 오해와 불신의 골이 점점 깊게 파여져 가는데 문득 생각해보니 이런 남자하고 결혼한 것이 그렇게 후회 막급한 것이었습니다. 신혼부부가 아주 사소한 일로부터 갈등하다가 마침내 별거생활로 이어지더니 극단적으로 이혼을 하고 각자의 길을 가자는 말이 나오고 감정이 격화된 상태에서 앞뒤 가릴 것도 없이 이혼하려고 결심하게 됩니다. 그런데 막상 이혼하려니까 이들 부부사이에서 태어난 자녀가 둘이나 있고 그 외에 다른 여러 가지 생명으로 연결된 문제들이 줄줄이 나타나는데 수습 불가능 할 만큼 일이 커지고 복잡하게 되었습니다. 집안의 경제부담은 남편이 다 하고 있었고 부인은 나가서 돈 벌어올 만큼 생활력이 강하지 못하였으므로 자기 자신에게 실망도 하고 원망도 하였습니다. 자매는 그럴수록 화병이 생겨나고 우울증에다 불면증이 심각한 상태가 되어 수면제도 안 듣고 매일 병원에 가서 수면제주사를 맞고 와야 겨우 자는 둥 마는 둥 밤을 지새웠는데 하루는 병원이 휴진안내문을 내다 걸어 놓고는 문을 닫아 버렸습니다. 그때 자매는 절망감에 빠져 오늘 밤에 잠을 자지 못하면 당장 죽을 것 같다는 위기의식에 사로잡혀 불안에 떨고 있습니다. 자정이 지나서 겨우 용기 내어 교회의 목사에게 전화로 상담을 하였습니다. 자매는 왜 이 세상에 살고 있으며 왜 결혼했고 왜 고민하고 있는가를 존재론적 가치를 가지고 솔직하게 대답해 보라고 말하여 주었습니다. 더 중요한 것은 왜 남편이 그렇게도 결점이 많아 보이고 잘못하는 일이 그렇게 많은가를 아내 된 사람이 왜 그렇게 민감하게 반응하는가도 물어 보았습니다. 아내가 볼 때 남편이 그렇게 부족함이 많아 보인다면 남편이 볼 때 아내도 똑같이 잘못하는 일이 많아 보인다는 점을 이해 못해 봤냐고 물어봅니다. 부부지간이란 '돕는 배필'(help a partner for life)입니다(창 2:18~25). 부부지간은 가장 가까운 사이로 더불어 같이 살아가는 공동운명체인데 서로 부족한 것을 보충해 주는 좋은 일에 서로 도와주고 도움을 받는 존재입니다(고후 8:9~15).

"이는 다른 사람들은 평안하게 하고 너희는 곤고하게 하려는 것이 아니요 평균케 하려 함이니"(고후 8:13)

남자와 여자가 각기 따로 독립하여 별개의 개성으로 존재하면 어디까지나 불완전한 존재일 수밖에 도리 없는 것입니다. 남자와 여자가 결혼하여 서로 부족한 것을 보충해 주며 도와주고 도움을 받고 그렇게 존재하다보면 완전한 사람으로 성숙해 질 가능성이 있다는 사실입니다.

사람이 일평생을 살아가면서 지식과 지혜를 얻고 누리는 것으로 다른 사람을 위하여 도와주는 선행의 삶을 살아가다보면 하나님 앞에서 자기 자신이 깨끗해지는 거룩함의 경지에 도달하게 됩니다. 거룩(Summum Bonum, 至高의 善)의 경지에 도달하는 사람의 변화된 인격을 신학적으로 성화(Sanctification)라고 말합니다. 하나님을 믿고 살아가면서 이웃을 배려하여 도움을 주는 사람은 자기도 모르는 사이에 온전한 인격자의 경지(境地)곧 성화(聖化)의 단계에 다다르게 된다는 사실입니다.

"형제 사랑하기를 계속하고 손님 대접하기를 잊지 말라 이로써 부지중에 천사들을 대접한 이들이 있었느니라"(히 13:1~2, 창 18:1~15, 마 25:31~40)

봉사(奉事)의 참 뜻은 믿음과 행함을 통하여 예수 그리스도께서 참 봉사하신 뜻과 의미를 내가 몸소 체험하여 봄으로써 하나님의 부요(Rich of God)를 깨달음은 물론 하나님의 부요(富饒)를 얻고 누리는 고차원의 삶을 살아가게 하는 것입니다.

"우리 주 예수 그리스도의 은혜를 너희가 알거니와 부요하신 자로서 너희를 위하여 가난하게 되심은 그의 가난함을 인하여 너희로 부요케 하려 하심이니라"(고후 8:9)

(3) 희생

하나님을 위하여 희생하는 사람

저자(著者)는 30대가 훌쩍 넘어 늦은 나이에 다섯 식구의 호구지책을 해결해 가면서 신학교(1981~1984)를 다니고 어렵사리 기독교 목사임직

(1985) 받고 사역을 계속하고 있습니다. 1985년에 양문교회를 설립하고 목회사역을 하는데 당장 기존의 성도가 없으니 교회재정 형편이 참 어려웠습니다. 교회 임대료 교회 유지관리비 교인들 주일날 점심식사를 해결해 주어야 하고 그리고 생활비와 자녀 교육비를 어떻게 마련할 길이 없어 말 못할 고민을 많이 하였습니다. 겨울에 영하 15도 이하로 내려가는 매서운 추위에도 교회당에 무릎 꿇고 앉아 철야기도를 하면 온 몸이 저체온 증세에 여간 시달림을 당하였는데 어느 날 새벽에 주님의 음성을 들었습니다. 비몽사몽간에 나의 몸이 공중으로 올라가더니 붉은색 네온사인의 십자가 위에 멈춰 서 있는데 뇌성 같은 음성으로 주님께서 말씀 하시기를 "이 자리는 희생하는 자리다"라고 말씀하셨습니다. 주님의 음성을 들을 때에 구푸려 엎드린 자세로 온 몸이 굳어져 전혀 움직이지 못한 상태로 얼마나 오래 동안 죽은 듯이 있었다가 간신히 정신이 들어 깨어날 수 있었습니다.

성경적인 희생(Sacrifice)의 뜻과 의미는 이론적으로 배운다고 알 수 있는 것이 아닙니다. 희생(犧牲)은 하나님께 바치는 제물(Sacrifices and Offerings)이기도 합니다. 일반적으로 희생이란 어떠한 목적을 이루기 위하여 자기의 몸을 돌아보지 않고 과감하게 바쳐 그 목적에 합당한 쓰임을 받는 것입니다.

진정한 뜻과 의미에서 희생(Sacrifice)은 내가 직접 남의 도움이 필요할 만큼 가난에 처해 보고, 질병으로 사경(死境)을 넘나드는 투병생활도 경험해 보고, 사업하다가 실패를 당해보고, 사람들에게 배신이나 차별 그리고 멸시를 당해보고, 인생의 파란만장(波瀾萬丈)한 맨 밑바닥인생을 실제로 살아보는 그런 인생의 소중한 경험을 겪어 본 후에야 희생(犧牲)의 뜻과 의미를 터득하여 알 수 있고 겸손한 마음가짐으로 희생하는 사역을 수 있는 것입니다(사 53장).

"여호와께서 그로 상함을 받게 하시기를 원하사 질고(疾苦)를 당케 하셨

은즉 그 영혼을 속건제물(贖愆祭物)로 드리기에 이르면 그가 그 씨를 보게
되며 그 날은 길 것이요 또 그의 손으로 여호와의 뜻을 성취하리로다"(사
53:10)

동병상련

몇 가구 안 되는 농촌마을에 교회를 설립하고 목회사역하고 있는 30대
의 목사는 미자립 상태에서 외부의 도움도 받지 못하니 얼마나 가난했는
지 젖먹이 아기가 몸이 아파도 돈이 없어 병원에 가지 못하였습니다. 병
명도 알 수 없는 질병으로 시름시름 며칠 앓던 아기가 숨을 멈추면서 육체
의 죽음을 맞이하였습니다. 젊은 목사부부는 생명만큼이나 사랑하던 천하
보다 더 귀한 아기가 육체의 죽음을 맞이한 것을 바라보며 부모로서 병원
치료를 받아보지 못한 죄책감으로 통분히 여기면서 슬퍼하였습니다. 이때
하늘에서 음성이 들려옵니다.

"너희는 사람들에게 복음을 전파하다가 너희 아기의 죽음을 놓고 그렇게
슬프게 통곡하고 있는데 이 세상의 죄인들을 구원하려고 독생자(獨生子)
가 십자가에서 죽는 모습을 바라보는 아버지 하나님의 심정을 너희가 얼
마나 이해하고 있느냐?"

시골교회 목사와 사모는 자기들의 생명의 분신인 아기의 죽음을 통하여
하나님 아버지께서 독생자를 희생시키시는 하나님의 마음을 알고 이해하
게 되었습니다.

경기도 포천에서 사역하고 있는 여자기도원장은 매일처럼 행하는 일과
가 대형 병원에서 현대의학으로 고칠 수 없다며 사실상 사형선고를 당한
각 종 중병환자를 주님의 이름으로 치유 받게 하려고 그렇게 진심으로 간
절하게 몸부림치며 통곡하며 안수기도를 해줍니다. 마치 자기의 가족이
병들어 고통 받고 있는 병자를 부모의 심정으로 지극정성으로 돌보아주는
헌신적이고 희생적인 봉사하는 사역에 보호자들도 모두가 감동되어 눈물

을 흘리며 여자기도원장과 함께 기도를 합니다. 많은 불치병 환자들이 주님의 이름으로 병 고침의 은사(주님의 특별하신 선물)를 받고 있습니다.

여자기도원장은 몇 년 전까지만 해도 평범한 가정주부였습니다. 남편은 회사사장으로 일하고 여자원장은 평범한 가정주부로 집안에서 남편 뒷바라지 해주고 자녀들을 양육하며 부요하고 넉넉한 살림을 하면서 그렇게 행복하게 살았습니다. 어느 날 갑자기 이제 겨우 일곱 살 먹은 어린 아들이 원인모를 질병을 앓는 것을 얼른 큰 병원으로 데리고 가서 치료 받아 보았으나 고침 받지 못합니다. 서울의 대형병원을 전부 다 돌아다니며 오로지 아들의 병을 치유 받으려 몸부림 쳤습니다. 한편으로는 하나님께 간절히 기도를 하였지만 치유 받지 못하고 사랑하는 자녀를 하나님의 나라로 떠나보내야 했습니다. 여자기도원장은 그 때 온 세상을 다 잃은 것 보다 더한 슬픔에 잠겨 있었는데 하나님의 음성을 들었습니다.

"너는 셋이나 있는 아들 중에 한 아들이 병들어 죽었는데 그렇게 슬프냐? 나는 나의 하나 밖에 없는 독생자가 너희 인생들의 죄와 허물을 사하여 주려고 십자가에서 죽음을 맞이하였을 때 그 심정이 어떠했을 가를 네가 조금이라도 생각해 보아라."

하나님의 외아들 독생자 예수 그리스도께서 공생애의 사역을 행하시는 장면을 실감나게 이해할 수 있는 동병상련(同病相憐)의 사람은 가히 성자(聖者)혹은 성현(聖賢)의 경지에 올라가 있는 사람이며 진실로 하나님의 일꾼으로 쓰임 받는 사역자입니다.

예수 그리스도의 공생애 사역은 병든 사람을 찾아다니시며 치유(治癒)시켜 주시는 일입니다. 죄인들에게 죄를 용서해 주시고 다시 새로운 삶을 살아갈 수 있도록 해 주셨습니다. 가난한 사람들 소외받은 사람들을 따뜻하게 대화하시며 위로해 주셨습니다. 주 예수 그리스도께서는 모든 믿음의 사람들의 죄와 허물을 용서하시고 깨끗하게 해 주시며 완전하게 구원하여 주시려고 십자가에서 희생을 당하셨습니다. 예수 그리스도께서 공생애의 희생사역을 모범적으로 행하시는 저력의 의지(근원적인 힘)가 어디서 오는 것일까요? 하고 생각해 보십시오.

이사야 53장은 주 예수 그리스도께서 33년의 생애를 어떻게 살아 오셨는가를 알고 이해하는데 가장 많은 신앙적인 지식정보를 제공해 줍니다. 이사야 53장은 그리스도 예수님의 33년 삶의 전 과정을 밝히 알면서 감동(Inspiration)하는데 전적인 도움이 됩니다. 감동(感動)이란 같이 호흡하는 것을 뜻하고 의미합니다(딤후 3:15~17).

"그는 주 앞에서 자라나기를 연한 순 같고 마른 땅에서 나온 줄기 같아서 고운 모양도 없고 풍채도 없은즉 우리의 보기에 흠모할만한 아름다운 것도 없도다 그는 멸시를 받아서 사람에게 싫어 버린바 되었으며 간고를 많이 겪었으며 질고를 아는 자라 마치 사람들에게 얼굴을 가리우고 보지 않음을 받는 자 같아서 멸시를 당하였고 우리도 그를 귀히 여기지 아니하였도다"(사 53:2~3)

간고(艱苦)는 가난하여 겪는 고생이고 질고(疾苦)는 질병으로 인한 투병생활이므로 예수 그리스도의 어린 시절부터 장성한 청년시절까지의 33년 생애는 극한 가난을 겪으며 살았고 거기다가 오만가지 더될 온갖 질병으로 투병생활을 경험하는 비참하고 가련한 삶을 살았습니다. 그 당시 사람들은 모두가 극한가난과 질병고통을 당하는 예수 그리스도를 일부러 바라보지 않으려고 만나지 않으려고 피해 다녔다는 그런 뜻과 의미입니다.

성자 하나님께서 인간의 맨 밑바닥 생활을 친히 살아보시고는 그런 딱한 처지와 형편에 놓여있는 사람들을 특별히 자비와 긍휼한 사랑으로 온전하게 하여 주시고, 은혜를 베풀어 주시고, 구원하여 주시려고 십자가에서 고난과 죽음을 당하는 희생제물(Sacrifices and Offerings)이 되셨습니다(사 53장).

"그가 찔림은 우리의 허물을 인함이요 그가 상함은 우리의 죄악을 임함이라 그가 징계를 받음으로 우리가 평화를 누리고 그가 채찍에 맞음으로

350

우리가 나음을 입었도다”(사 53:5)

주 예수 그리스도께서 하나님을 진실로 믿는 모든 사람들을 구원하여 주시려고 속죄의 제물이 되셨습니다.

“그리스도께서 너희를 사랑하신 것같이 너희도 사랑 가운데서 행하라 그는 우리를 위하여 자신을 버리사 향기로운 제물과 생축으로 하나님께 드리셨느니라”(엡 5:2)

구약의 율법에 명시되어 있는 하나님께 제사할 때 바쳐지는 제물은 흠이 없는 정결한 가축(송아지, 양, 염소)이어야 합니다(레 4:32). 구약시대 사람들은 하나님께 바치는 선택된 제물은 자기 집에서 기르는 가축 중에서 따로 구별하였는데 건강하고 흠 없이 태어난 새끼짐승 때부터 따로 구별하여 깨끗한 외양간에서 좋은 사료를 먹여주고 양육하였습니다.

그런데 주 예수 그리스도께서 스스로 하나님께 바쳐지는 희생제물이 되심에는 생각해 봐야할 중대한 문제가 있습니다. 예수 그리스도의 공생애 이 전의 삶 곧 탄생에서부터 청년(30세)의 때까지 말로 형용할 수 없는 극한 가난과 질병의 고통을 많이 당하셨습니다(사 53:1~3).

구약의 율법대로라면 하나님께 바쳐지는 희생 제물로 예수 그리스도의 육신의 몸은 어린시절의 극한 가난과 온갖 질병의 아픔을 당해 보신 일 때문에 성별된 인격자의 조건에 맞지 않는다고 지적하는 사람이 있는데 이는 하나만 알고 그 다음은 모르는 사람의 무식한 말입니다. 예수 그리스도의 어릴 때부터 성인이 될 때까지의 파란만장한 육체적 삶의 과정은 어디까지나 성자 하나님께서 인간의 가장 낮고 비천한 삶까지 직접 체험해 보시는 뜻과 의미입니다. 율법에 의하면 제사장의 신체 조건에 전혀 육체적으로나 정신적으로 건강에 이상이 없는 사람으로 사제(司祭)의 직분을 받도록 자세하게 기록하여 놓았습니다(레 21장). 성경이 확실하게 증거 하는 바로는 예수 그리스도는 정신적으로나 육체적으로 전혀 결함이 없으셨을 뿐만 아니라 죄가 없으셨습니다(고후 5:21). 예수 그리스도께서 희생 제물이 되신 것보다 더 중요한 사실은 제사장의 직임을 스스로 가지셨다는 것입니다. 제사장 직임의 요구와 조건은 레위지파자손으로 아론의 후손 중에서 제사장 직분을 받는데 합당한 사람에게만 사제(司祭)의 직임을 세습적으로 받을 수 있습니다(레 8장).

"또한 이와 같이 그리스도께서 대제사장 되심도 스스로 영광을 취하심이 아니요 오직 말씀하신 이가 저더러 이르시되 너는 내 아들이니 내가 오늘날 너를 낳았다 하셨고 또한 이와 같이 다른데 말씀하시되 네가 영원히 멜기세덱의 반차(班次)를 좇는 제사장이라 하셨으니"(히 5:5~6)

유대인(이스라엘 사람)들은 주 예수 그리스도께서 육신의 족보상으로 레위지파후손이 아닌 유다지파의 후손으로 모든 하나님을 믿는 사람들을 구원하시려고 스스로 제물이 되시고 제사장이 되시는 이 중요한 사실에 대하여 끊임없이 이의(異議)를 제기하였습니다.

신약의 히브리서(Epistle to the Hebrews)는 구세주 예수 그리스도의 희생과 제물이 되심과 대제사장 직임의 정당성에 대하여 나아가서 그리스도와 기독교의 우월성에 대하여 변증법적(dialectical)으로 변호(Justification)하고 있습니다(히 5장-10장).

"이러한 대제사장은 우리에게 합당하니 거룩하고 악이 없고 더러움이 없고 죄인에게서 떠나 계시고 하늘보다 높이 되신 자라"(히 7:26)

하나님의 아들 주 예수 그리스도께서 스스로 제물이 되시고 제사장이 되심은 인간이 거부할 수 없는 절대자이신 하나님의 주권(Sovereignty of God)에 의한 거룩함의 성별에 합당한 진리입니다. 특히 믿음이 있다며 자랑하고 다니면서 외식(外飾)하는 인간중심주의 이스라엘(유대)인들은 조상대대로 이어져 내려오며 얼마나 죄를 많이 지었는가를 특히 제사장 직임을 맡은 자들의 죄악을 돌이켜 보면 구차하게 변명할 말이 없을 것입니다.

"하물며 하나님의 아들을 밟고 자기를 거룩하게 한 언약의 피를 부정(不

淨)한 것으로 여기고 은혜의 성령을 욕되게 하는 자의 당연히 받을 형벌이 얼마나 더 중하겠느냐 너희는 생각하라"(히 10:29)

　부모를 잘 만나 어릴 때부터 손에 흙 한 번 안 만져보고 곱디곱게 자라면서 오로지 공부만 열심히 한 부자 집의 장래가 촉망되는 사람이 있습니다. 공부를 잘하니 상급학교도 우수한 성적으로 입학하고 마침내 신학교도 장학생으로 합격하여 다녔습니다. 신학교 다닐 때도 여전하게 공부를 잘하여 우수한 성적으로 졸업하고 목사가 되었습니다. 준비된 목사라는 주변 사람들의 칭찬에 걸맞게 목사임직과 동시에 교회 담임목사로 제일순위로 청빙을 받아 목회사역하게 됐습니다. 그런데 그는 두 달을 못 넘기고 교회를 옮겨야만 합니다. 목사가 될 때까지 가장 좋은 환경에서 자라나면서 고생이나 실패나 병고의 아픔이나 그런 것들은 한 번도 경험해 보지 않고 오로지 공부만 열심히 한 젊은 목사는 그가 사역하고 있는 교회의 성도들이 하나같이 다들 믿음이 없는 사람들로 보였습니다. 믿음이 없으니 가난한 것이고, 믿음이 없으니 질병이 생겨나는 것이고, 신앙에 이상이 있으니 문제가 발생하는 것이고, 신앙생활을 잘 못하니 사업에 실패하는 것이라고 직설적으로 꼬집어 말합니다. 온실에서 곱게 자란 연한 순 같은 성장과정으로 사회생활의 만고풍상의 경험이 전혀 없는 젊은 목사의 설교는 성도들이 하나님을 잘못 믿고 있으며 성경말씀대로 살지 않아서 그렇다며 회개하고 하나님 잘 믿고 성경말씀대로 잘 살아가라고 교회에서 힘주어 설교하였습니다.

　'믿음이 없어서 그렇다'는 목사의 설교를 교인들은 처음에는 뼈아픈 교훈으로 받아들였지만 똑같은 말을 두 번 세 번 반복 들으면서 반감을 사기 시작하였습니다. 성도들은 자기들은 나름대로 하나님을 보다 잘 믿으려고 얼마나 애쓰고 노력하고 있는데 그럼에도 목사가 '믿음이 없어 그렇다'라고 한말 또 하고 또 그렇게 말할 때 참으로 곤혹스러웠던 것입니다. 목사의 그런 말을 계속 듣게 되니 은근히 짜증나고 화가 날 만큼 성도들의 자존심에 상처를 입게 된 것입니다.

결국 목사 스스로 이렇게 믿음이 없는 사람들에게 하나님의 진리를 어떻게 선포하고 가르칠 수 있으랴 하면서 교회를 자진하여 사임하였습니다. 그 교회의 교인들도 목사의 설교와 가르침에 심히 곤혹스러웠던 차에 목사가 교회를 스스로 떠나주시겠다니 반가운 일이었습니다. 부유한 가정에서 고생을 모르고 자라난 목사는 그 후 10년이 넘도록 이 교회 저 교회로 자리를 옮겨 다니며 가난이 뭔지, 고생이 뭔지 그리고 질병고통이 무엇인지, 실패가 무엇인가를 나아가서는 사람들의 삶의 문제가 왜 생겨나는 것인가를 자기가 직접 경험해 가면서 인생의 뜻과 의미를 하나씩 터득하게 되었습니다.

"내가 궁핍하므로 말하는 것이 아니라 어떠한 형편에든지 내가 자족하기를 배웠노니 내가 비천에 처할 줄도 알고 풍부에 처할 줄도 알아 모든 일에 배부르며 배고픔과 풍부와 궁핍에도 일체의 비결을 배웠노라 내게 능력 주시는 자 안에서 내가 모든 것을 할 수 있느니라"(빌 4:11~13)

(4) 선택

선택은 왜 하는가?

기독교가 가장 존중하게 여기는 〈칼빈주의 5대 교리(敎理)〉가 있는데 1.인간의 전적 타락(Total Depravity), 2.무조건 선택(Unconditional Election), 3.제한 속죄(Limited Atonement), 4.불가항력적 은혜(Irresistible Grace), 5.성도의 견인(Perseverance of the Saints)입니다.

그 중에 〈무조건 선택(Unconditional Election)〉이란 항목(item)을 고찰할 필요가 있습니다. 하나님께서 어떤 사람을 구원하기 위하여 선택한 것으로 이 세상을 창조하기 전에 이미 선택한 것입니다. 하나님의 이 선택은 하나님의 절대 주권에 의하여 하나님께서 바라시고 원하시는 목적과 사랑에 의한 것입니다(엡 1:4~6:11, 딤후 1:9).

하나님의 선택을 받은 사람의 현재나 미래의 어떤 성품이나 행위 때문에 선택받은 것은 절대 아닙니다. 다시 말하자면 하나님의 선택을 받은 사람은 혹시 자기가 잘나고 똑똑하고 재능이 많고 어디에 내 놓아도 쓸모가 있는 그런 인격의 소유자이기 때문에 선택받게 된 것이 절대 아니라는 것입니다.

사람은 사람의 곁으로 드러난 인격의 면면을 보고 판단하고 선택합니다. 그러나 완전하신 속성의 인격을 가지고 계신 하나님께서는 사람의 마음 즉 인격의 속성들을 다 알고 계시기 때문에 하나님께서 바라시고 원하시는 모든 요구와 조건을 충족시켜 줄 수 있는 인격의 잠재능력을 가진 사람을 선택하십니다.

"너희가 나를 택한 것이 아니요 내가 너희를 택하여 세웠나니 이는 너희로 가서 과실을 맺게 하고 또 너희 과실이 항상 있게 하여 내 이름으로 아버지께 무엇을 구하든지 다 받게 하려 함이니라"(요 15:16, 렘 1:4~12)

사람도 관계를 맺고 유지하고 발전시켜 나가려면 상대방을 나름대로 엄격하게 선택합니다. 친구를 사귀든지 결혼을 염두에 두고 이성 간에 교제를 하려고 파트너를 선택할 때 규모가 큰 사업을 하려고 동업자를 구할 때 자기가 바라고 원하는 조건에 알맞은 사람을 최우선적으로 선택할 것입니다.

성경66권의 책 안에 이름이 기록돼 있는 사람으로 특히 하나님께 영광을 올려 드리고 있는 위인들 예를 들어 아브라함, 이삭, 야곱, 요셉, 다윗, 베드로, 요한, 바울 같은 사람들을 놓고 보면서 하나님께서 왜 이런 사람을 선택 하셨을까? 하고 의문을 가지고 그 사람들에 관한 일체의 기록을 살펴보면 이해할 수 있게 됩니다. 하나님과 아브라함이 맺은 언약의 계승자로 이삭의 쌍둥이 아들 중에서 에서가 아닌 야곱이 장자의 명분을 물려받게 되었을 가를 창세기 25장~50장까지 있는 그대로 기록해 놓음으로서 하나님께서 야곱을 선택하신 까닭을 충분히 설명하고 있습니다.

신약성경에서 열 두 사도들 보다 아주 뒤늦게 합류한 바울이 어느 누구보다 더 많은 복음전파사역을 하고 있습니다. 바울(사울)은 유대교에 열심 있는 자로 예수 그리스도의 제자들은 물론 초대그리스도인들을 잔혹하게 핍박하던 경력 때문에 바울은 그리스도인들에게는 절대 비호감의 인물인데 주 예수 그리스도께서는 하필이면 그런 요주의 인물을 선택하셔서 이방인을 위한 사도로 사역시키시려 하시는 것일까요? 바울이 할 수 있는 일을 다른 사도들도 능히 다할 수 있을 것입니다. 바울의 인격 속에 내재(內在)돼 있는 약속에 대한 신념과 의무와 책임감이 어느 누구보다 호감이 가는 것입니다.

"주께서 가라사대 가라 이 사람은 내 이름을 이방인과 임금들과 이스라엘 자손들 앞에 전하기 위하여 택한 나의 그릇이라 그가 내 이름을 위하여 해를 얼마나 받아야 할 것을 내가 그에게 보이리라 하시니"(행 9:15~16)

결혼은 한 몸이 되어 같이 존재할 동반자를 선택하는 것

어떤 사람이 결혼을 하려고 마음에 드는 이상형의 배필(spouse)을 선택하는데 상당히 신경 써 가며 배필(配匹)을 구하여 보았지만 한 눈에 반하여 연애를 할 만큼 자기가 바라고 요구하는 모든 조건을 갖추고 있는 배우자 깜이 나타나지 않는 것입니다.

남자든지 여자든지 결혼할 나이가 꽉 찼어도 아무런 요구하는 조건도 없이 아무나 하고 결혼하는 사람은 없습니다. 왜 그렇게 결혼 상대자를 고르는데 신중한가 하면 한 평생을 그 사람과 한 몸으로 가정을 이루고 같이 살아가야 하기 때문입니다.

사람이 결혼하여 한 몸을 이루는 부부지간이 되면 그 시간부터는 서로를 위하여 겸손하고 봉사하고 희생할 수 있는 요구와 조건을 갖춘 준비되어 있는 사람이어야 합니다. 부부지간으로 살아가면서 무엇보다 중요한 것은 둘 사이에 한 약속을 정직하고 성실하게 지켜 주는 것 나아가서는 서로 간에 약속을 반드시 지켜주려고 최선의 노력을 다해 주는 그런 사람이 되어야 합니다.

우리나라 옛날 사람들은 결혼 전에 한 약속은 결혼과 동시에 완전 무효화되어 버리는 것이었습니다. 결혼하기 위하여 온갖 수단과 방법을 다 동원하여 배우자를 속이고 결혼을 성사시킵니다. 결혼식이 끝나고 보면 속았다는 사실을 알지만 그런 것을 팔자로 운명으로 여기며 속아서 또는 일부러 속아주며 그렇게 살았습니다.

며칠 전에 신문에 난 가십(gossip)난을 읽어 보니까 독실한 기독교인 여성과 유교를 중히 여기며 불교를 믿는 남성이 대학교를 같이 다니며 서로 좋아 사랑하며 연애를 하다가 결혼하고 6세 된 딸까지 낳고 살았지만 결국 이혼하고 말았다고 합니다. 종교가 각기 다른 이들 두 사람은 몇 년 동안 서로 사랑하여 연애하고 결혼한 사인데 단 한 가지 해결하지 못하고 극복하지 못한 것은 사랑하는 아내가 기독교인이기 때문에 남편가문의 전통과 내력인 불교와 유교를 숭상하는 종교문제와 조상에게 드리는 제사문제로 번번이 부부지간에 갈등하고 며느리와 시부모와 다투다가 결국은 이혼하였다고 합니다.

남편과 그의 부모는 독실한 그리스도인인 아내에게 결혼 전까지만 해도 기독교를 자유롭게 다니도록 배려해 주겠다며 신앙의 자유를 존중하겠다며 단지 시집오는 여자가 그리스도인이라는 종교문제로 결혼 못하게 할 수 없다는 입장을 분명히 약속하였으므로 이 여성은 안심하고 결혼을 하였던 것입니다. 그런데 결혼을 하고는 계속하여 기독교를 다니는 아내에게 그리고 시부모는 교회 다니는 며느리에게 그들의 가풍과 전통을 존중하고 따르라며 유교를 숭상하고 시부모를 따라 불교에 다니라고 압력을 가하였던 것입니다.

유일신 하나님을 믿는 기독교인은 십계명(Ten Commandments)에 충실합니다. 다른 종교들 같이 범신론(汎神論)으로 모든 우상은 숭배의 대상이라는 인간중심의 종교관을 가지고 살아가는 범신론적 사고방식을 기독교는 절대로 용납하지 않습니다.

남편의 가족과 남편의 말은 아내가 대가족이 모여 살아가는 시가집에 있을 때는 시보모와 같이 유교와 불교를 따르고, 핵가족으로 며느리의 집에서는 기독교의 하나님을 믿으면 될 일 아니냐고 말합니다. 이중적 종교를 가지라는 그런 무책임한 변명은 약속이라는 개념조차 없는 사람들이 하는 속이 들여다보이는 거짓말입니다.

선택의 궁극적 목적은 관계 안에서 자기와의 약속을 잘 지켜 행할 수 있는 가장 신뢰할 수 있고 약속에 대한 의무감 책임감이 투철한 상대방을 정하는 것입니다.

창세기에서 아브라함과 이삭 그리고 야곱에 이르는 삼대(三代)에 걸친 신앙생활을 그대로 기록하고 있는데 중심내용은 하나님의 선택을 받은 그들이 이 세상을 살아가면서 철두철미하게 하나님과의 약속을 대물림하면서까지 잘 지켜 행하고 있다는 사실입니다.

하나님께서 아브라함을 모든 믿는 사람의 아버지(조상)로 선택하셨습니다(창 17:1~14). 아브라함이 75세 때 하나님의 선택을 받았지만 수 차례에 걸쳐 아브라함의 믿음을 하나님께서 직접 검증하시고 계십니다. 아브라함이 115세 전후하여 외아들 이삭을 제물로 바치라는 마지막 시험을 하셨습니다. 아브라함은 조금도 주저하지 않고 하나님께서 요구하신 대로 이삭을 제물로 바치려 하였습니다(창 22:1~19).

"아브라함이 시험을 받을 때에 믿음으로 이삭을 드렸으니 저는 약속을 받은 자로되 그 독생자를 드렸느니라 저에게 이미 말씀하시기를 네 자손이라 칭(稱)할 자는 이삭으로 말미암으리라 하셨으니 저가 하나님이 능히 죽은 자 가운데서 다시 살리실 줄로 생각한지라 비유컨대 죽은 자 가운데서 도로 받은 것이니라"(히 11:17~19)

여호와 하나님께서는 아브라함의 믿음, 곧 하나님께서 바라시고 원하시는 요구와 조건을 충족시켜 드리는 의(Righteousness)를 최종적으로 확인하신 후 하나님께서 아브라함을 선택하신 정당성을 선언하시고 계십니다. "사자가 가라사대 그 아이에게 네 손을 대지 말라 아무 일도 그에게 하지 말라 네가 네 아들 네 독자라도 내게 아끼지 아니하였으니 내가 이제야 네가 하나님을 경외하는 줄을 아노라"(창 22:12)

하나님께서는 아브라함의 의(義)가 충만한 믿음을 보신 후에 제물로 바쳐질 뻔한 이삭을 살려 주시고 약속의 징표인 이삭으로 말미암는 아브라함의 후손이 번성할 것을 하나님께서 약속하여 주셨습니다(창 22:15~19).

예수 그리스도를 믿는 사람들은 순전히 자기의 생각과 판단 그리고 의지(will)로 예수 그리스도를 믿고 있다고 그렇게 생각하는 인본주의적 신앙관을 가지고 있는 사람들이 있습니다. 대부분의 사람들은 자기 생각에 의하여 자기의 말과 행동을 수반하는 의지적 노력에 의하여 교회를 다니고 기도를 하고 봉사활동을 하고 모든 것을 자기위주로 생각하는 일반정의의 개념하고 어쩌면 그렇게 똑같이 빼닮은 신앙관을 가지고 남들 보라는 듯이 그리스도인으로 살아가는 사람들이 많이 있습니다. 종교를 선택하는 것도 절대자 신(神)을 선택함에도 자기의 생각과 판단 즉 자기의 정의감에 의하여 결정된다고 생각합니다.

유일신 하나님께서 창조하여 이 세상에 존재하고 있는 유한의 육체적 생명을 가지고 있는 피조물이 감히 조물주를 자기 맘대로 선택한다는 것이 말이나 될 일입니까?

선택의 신비는 둘 이상이 모여 관계를 맺는 일에 주도권을 가지고 행사하는 인격자가 주권(主權)을 가지고 선택권을 행사하는 것입니다. 하나님과 사람의 관계 안에서 하나님께서 사람을 선택하실 주권적 권리가 있습니다. 주 예수 그리스도를 믿는 모든 사람은 하나님의 절대주권에 의하여 선택 받았음을 믿어야 합니다(렘 1:4~10). 주 예수 그리스도를 믿는 모든 기독교인은 하나님과의 약속을 지킬 수 있는 가장 신뢰할 수 있는 적임자들인데 왜 그러냐하면 하나님의 절대주권에 의하여 선택받은 사람이기 때문입니다.

"내가 너를 복중(腹中)에 짓기 전에 너를 알았고 네가 태(胎)에서 나오기 전에 너를 구별하였고 너를 열방(列邦)의 선지자로 세웠노라 하시기로"(렘 1:5)

(5) 계약

법류과제도

모든 피조물이 이 세상에 존재함에는 특히 생명체가 존재를 위하여 생존함에는 원리(principal, theory)와 원칙(principal rule)이 있습니다.

창조론(creation)의 확실하고 분명한 사실은 피조물 각각의 개체가 존재할 수 있는 것은 조물주 하나님께서 피조물 각각의 존재물에게 정해 놓은 약속 곧 존재를 가능하게 하는 원리와 원칙, 다시 말하자면 무생물(無生物)이든지 유생물(有生物)이든지 그 것의 존재를 가능하게 하는 동위원소(isotopes)나 생명체의 속성을 구성하는 요소(factor)가 창조주에 의하여 만들어질 때부터 유구한 시간과 공간 개념이 지난 현재도 전혀 변함이 없이 그대로 존재한다는 창조주의 절대주권에 의한 성질 권리 등의 약속이 내재(inherece)되어 있습니다.

진화론(evolution)은 단지 인간의 과학적 연구와 분석에 의존하여 세상의 만물이 우연(accident)으로부터 생겨나 사물의 개체가 끊임없이 변화되는 진화의 과정을 거쳐 오늘날 존재하고 있다고 주장하는데 과학적 견해를 달리하는 학자마다 학문의 소견을 달리하는 견해 차이가 여전하게 있습니다.

하나님께서 만들어 놓은 태초의 상태 곧 창세기 1장의 피조물의 세계는 장구한 시간과 공간개념이 지나고 있어도 태초에 조물주께서 만들어 놓은 원본 그대로의 상태로 보존되고 있는 것입니다. 피조물이 창세기 1장 원리원칙(Original)에 충실하기 위한 존재의 법칙은 조물주이신 하나님께서 피조물과 맺은 절대 불변의 언약(약속)이기 때문입니다.

생명을 가진 존재가 이 세상을 살아가는 데는 하나님의 창조하시고 설리하시는 원리와 원칙에 충실 하도록 세포 안에 입력해 놓은 DNA(deoxyribonucleic national acid) 곧 생명체가 생존하는데 필요한 일체의 지식(Knowledge)이라는 정보(intelligence)를 입력된(DNA) 그대로 활용함으로서 생존이 가능하고 다음세대로 번식할 수 있는 것입니다.

사람은 에덴동산에서 선악을 알게 하는 나무의 실과를 따먹고 난 후부터 소위 인간에게는 자유의지(free will)가 있다 해서 자기 마음대로 생각하고 말 하고 행동하는 인간중심의 정의를 가지고 있습니다. 사람이 자기의 존재를 위하여 자기 마음대로 생각하고 말하고 행동하는 것을 옳다고 주장하는 것이 곧 인본주의 정의(Humanism Justice)라고 누누이 말하였습니다.

참으로 낯 뜨거운 사실은 누구보다 언약개념에 투철할 사람은 기독교 성직자인데 대부분의 목회자들을 상대해 보면 대개의 목회자들이 약속(언약)이라는 개념이 유명무실하다는 사실을 알 수 있습니다. 이렇듯이 약속(promise)에 대한 인식과 신뢰할 만한 믿음이 별로 없는 목회자에게 그리스도인들이 설교를 듣고 성경교육을 받으면 약속개념에 대한 의무도 책임도 없는 좋지 않은 영향을 받게 될 것입니다.

몇 년 전의 일인데 근린상가빌딩3층 50평 홀을 임대하였는데 처음부터 그곳에서 교회를 하던 목사는 교회가 부흥됐다며 다른 곳으로 이사를 가게 되었습니다. 새로운 입주자를 구한다는 광고를 보고 찾아가 임대교회당 자리를 인수하는 목사와 그 교회자리를 인계받는 목사가 만나 법적계약서를 작성하였습니다. 부동산계약서를 사인하고 계약금까지 지불하고 나니까 인계하는 목사가 하는 말인즉 가능하다면 잔금을 보다 일찍 지불해 주면 그만큼 빨리 이사를 가겠다고 약속하였습니다. 이사 가는 그 목사의 구두약속(口頭約束)을 신뢰하여 10일이나 일찍 잔금을 지불해 주고 서둘러 이사를 갔더니 그 교회는 전혀 이사 갈 준비도 하지 않고 버티고 있는 것입니다. 목사 대 목사 간에 구두로 약속하지 않았냐고 따져 물으니 그 목사가 하는 말은 내가 언제 그렇게 말로 약속했냐며 법적계약서에 그런 약속이 어디 있냐며 딱 잡아떼는 것입니다. 계약서 작성하고 난 후 목사가 나에게 양해를 구하면서 구두(口頭)로 약속하지 않았냐고 항의했더니 계약문서에 들어있지 않은 것은 법률상 아무 효력이 없으므로 비록 구두약속을 했다 하더라도 법적으로 문제될 것이 전혀 없다는 것입니다.

성직자의 말과 행동은 그 자체가 약속인 것인데 꼭 세상적인 사람들 같이 중요한 약속이라며 문서로 기록해 놓아야 그런 것만 약속인지 황당한 일 당한 기억이 지금도 잊혀 지지 않는 것입니다.

오랫동안 절친하게 지내는 장로와 권사 부부가 있는데 많은 사람들이 부러워할 만큼 친밀한 관계를 맺고 유지하고 발전시켜 나가는 그런 아주 가까운 사이 입니다. 자주 만나 교제를 하는데 너무 가깝게 지내다 보니 만나면 농담도 많이 합니다. 그런데 목사가 농담으로 부정적인 말을 하든지 무엇이 잘 안 된다는 말을 하면 당장 완고하게 제재를 받습니다. 농담인데 왜 그러시냐고 말하면 목사님의 말은 농담이라도 그대로 이루어지므로 절대 부정적인 말이나 듣기 안 좋은 말을 해서는 안 된다는 것입니다.

인간세상에서는 언어로 하는 약속이 법적 효력을 발휘하는데 신뢰도가 떨어진다 해도 하나님께서는 성도가 말(언어)로 하는 기도(prayer)에 대하여 반드시 지켜 행할 것을 강력하게 요구하고 계십니다.

"네가 하나님께 서원하였거든 갚기를 더디게 말라. 하나님은 우매자를 기뻐하지 아니하시나니 서원한 것을 갚으라 서원하고 갚지 아니하는 것보다 서원하지 아니하는 것이 나으니 네 입으로 네 육체를 범죄케 말라 사자(使者) 앞에서 내가 서원한 것이 실수라고 말하지 말라 어찌 하나님으로 네 말소리를 진노하사 네 손으로 한 것을 멸하시게 하시랴"(전 5:4~6)

역할분담

계약(Contract)이란 법률용어지만 두 사람 이상이 관계 안에서 약속을 할 때 약속에 따르는 의무와 책임을 분명히 문서나 증인으로 확증해 놓음으로써 법률행위가 법적 효력을 발생하게 되는 것입니다. 둘 이상이 모여 관계를 맺고 약속을 한다는 것은 다같이 존재하기 위한 어떤 공통의 목적을 이루기 위하여 약속한 내용에 대하여 의무와 책임을 분담하는 것입니다.

부부지간(夫婦之間)이란 성숙한 남자와 여자가 결혼하여 한 몸을 이루는 가정이라는 공동체를 만드는 것입니다. 부부가 사랑하며 화목하게 생활해 나가려면 둘 다 해야 할 가정의 일이나 직업적인 일이나 사회생활의 일을 분담하여 수고로운 일을 나눠 행함으로써 일의 능률에서나 결과에서 바라고 원하는 것을 충족할 수 있게 하는 것입니다(롬 8:28).

사랑의 속성을 논하면서 겸손(謙遜)과 봉사(奉事)와 희생(犧牲)과 선택(選擇)그리고 계약(契約)이라는 중요한 속성을 다섯 가지를 선정하여 자세하게 설명하였습니다.

사랑의 다섯 가지 속성은 하나님과 성도가 관계 안에서 더불어 존재하기 위하여 다시 말하여 서로 사랑을 하며 사살아가는 존재를 위하여 반드시 필요한 덕목이며 법칙이므로 이를 위반하면 안 되고 소극적이거나 태만해도 아니 될 일이며 사랑의 완성을 위하여 정직하고 성실하게 의무와 책임을 같이 짊어져야 합니다. 사랑하는 사람끼리 어떻게 사랑하겠다는 것을 조목조목 문서로 남겨놓고 이행하지는 못할 지라도 상식적으로는 상대방과의 무언의 약속을 통하여 서로 신뢰하는 가운데서 서로 도와주고 도움을 받으면서 뜻과 의미를 극대화시키는 사랑을 하는 것이 정해진 이치와도 같은 것입니다.

"우리가 알거니와 하나님을 사랑하는 자 곧 그 뜻대로 부르심을 입은 자들에게는 모든 것이 합력(合力)하여 선(善)을 이루느니라"(롬 8:28)

인내의 중요성

그리스도인에서 인내는 왜 해야 하는가에 대한 결론적인 설명을 말하자면 하나님께서 피조물 특히 사람과 언약(계약)을 맺으시고 난 후부터 한 시도 중단이 없이 무던할 만큼 참으시고 또 참으셔서 피조물 특히 사람으로 하여금 언약(약속)을 지킬 수 있도록 특별하게 배려해 주시고 계십니다. 성경을 읽으면서 주 예수 그리스도께서는 사람들로부터 인격적으로 무시당하시고 차별 받으시고 견제를 받으시고 멸시와 부당한 대우를 많이 당하셨지만 그럼에도 인내하셔서 마침내 십자가에서 고난당하시고 죽으시기까지 인내를 하셨는데 왜 주님께서 끝까지 참으셨는가 하면, 나중에 주님께서 심판의 주(요 5:22)로 강림하실 때 하나님을 믿고 주 예수 그리스도를 위하어 주님처럼 매사에 인내를 하면서 한 평생의 신앙생활을 잘한 성도에게는 전혀 심판에 따르는 고난 고통 고생 따위를 면제하여 주시기 위함입니다.

"네가 나의 인내의 말씀을 지켰은즉 내가 또한 나를 지키어 시험의 때를 면하게 하리니 이는 장차 온 세상에 임하여 땅에 거하는 자들을 시험할 때라."(요한계시록 3:10)

신약성경 고린도전서 13장을 〈사랑의 장〉이라며 긴 문장을 외우고 또는 아름답고 감미로운 멜로디로 노래를 부르기도 합니다. 그런데 고전 13장(사랑의 장)을 자세하게 읽어 보면 참고, 참으며, 참는 것이라고 인내(Endurance, Patience)에 대하여 강조하고 있습니다.

인내란 모든 생명체가 자연환경 안에서 생존하기 위하여 외부에서 발생하는 부당한 압력(stress)을 최소화시키는 생리적 저항성(生理的 抵抗性)인 것입니다. 인내를 저항성(resistance)이라고 정의하는 것은 정신적으로나 육체적으로 가해지는 부당한 압력을 수용성(reception)으로 마냥 받아들이지 않고 자기 존재의 위상을 위하여 옳은 일을 위하여 또는 약속을 올바로 지켜 행하기 위하여 나아가서는 자기에게 유익이 돌아오게 하기 위하여 부당한 압력을 지식과 지혜를 동원하여 의지력으로 대항하고 물리쳐 내고 건강한 존재로 살아가는 것입니다.

나무(tree)가 봄에 잎이 피어나고 꽃을 피우고 여름이면 무성하게 자라고 열매를 맺습니다. 가을이 오면 밤과 낮의 기온의 차이가 심해지면서 겨울이라는 혹한의 추위라는 스트레스(압력)를 견뎌내며 살아남을 수 있는 최선의 대비를 해 놓아야 합니다. 나무는 혹한의 추위가 닥쳐오기 전에 열매를 맺어 후대를 이어갈 씨앗을 장만해 놓아야 하고, 무성하게 자란 잎을 다 떼어내 수분의 흡수를 최소화시켜 놓아야 합니다. 이를 위한 자구책을 강구하는 과정에서 잎이 붉게 물들어 버리는데 사람은 아름다운 단풍(丹楓)이라며 구경하는 것입니다. 나무가 잎을 다 떨어뜨린 후에는 수분을 차단시키고 그 대신 수액이라는 식물성 기름으로 온 몸(나무 몸통과 줄기와 가지)을 감싸 놓아야 추위에 동사하지 않고 버틸 수 있습니다. 식물성 나무가 추위라는 극한의 자연환경에서 살아남기 위한 최선의 방책을 만들어 놓는 것을 기계적 저항(Mechanical Resistance) 생리적 저항(Physi-ological Resistance)이라고 말합니다. 식물성이나 동물성의 몸 안으로 침투해 들어오는 병원균을 스스로 퇴치시키는 저항성을 면역(Immunity)라고 말합니다.

동물이나 식물은 자연환경 안에서 오직 최상의 존재를 위하여 자구책을 갖추어 놓고 살아가는데 이것이 곧 인내의 시스템(Endurance System)입니다. 생명체가 존재를 가능하게 하는 생활환경 안에서 발생하는 자극이나 충격 또는 방해되는 위험요소를 최소화시키기 위하여 능동적으로 방어하는 것을 인내라고 말 합니다.

흔히 인내(忍耐)라면 참고 견뎌내는 것으로 생각하는데 이런 종류의 인내는 수용성(Reception)으로 봐야하고 수용성(受容性)이 위험한 것은 외부로부터 가해지는 부당한 압력(스트레스)을 받아들이기만 하기 때문에 스트레스가 몸 안에 쌓이게 되므로 한 맺힌 질병이 생겨나 더 큰 피해를 입게 됩니다. 인내의 뜻과 의미를 되새기면서 고린도전서 13장을 읽고 또는 노래를 불러 보면 전혀 차원이 다른 감정이 생겨나는 것을 느끼고 즐길수 있는 마음의 정화작용(catharsis)을 경험하는 감동(Inspiration)의 경지에 올라갈 수 있을 것입니다(고전 13:1~13).

"사랑은 오래 참고 사랑은 온유하며 투기하는 자가 되지 아니하며 사랑은 자랑하지 아니하며 교만하지 아니하며 무례히 행치 아니하며 자기의 유익을 구치 아니하며 성내지 아니하며 악한 것을 생각지 아니하며 불의를 기뻐하지 아니하며 진리와 함께 기뻐하고 모든 것을 참으며 모든 것을 믿으며 모든 것을 바라며 모든 것을 견디느니라"(고전 13:4~7)

2 하나님은 사랑이시라

사랑은 왜 하는가?

진리(Truth)를 탐구(quest)하는 사람은 지식(knowledge)과 지혜(wisdom)에 대하여 스스로 질문을 하고 또한 스스로 연구하여 명쾌한 답변을 하려고 노력 합니다. 왜 이 세상에 태어났는가? 왜 살아가고 있는가? 왜 일하고 있는가? 왜 존재 하는가? 사랑은 왜 하는가? 왜 그러한 일을 꼭 하려고 하는가? 다른 사람들은 생각도 하지 않고 있는데 저자는 왜 기독교 정의를 변증하려고 안간힘을 다 쏟아 붓고 있는가?

자기 자신에 대한 많은 질문들에 대하여 정당한 답변을 하지 못하면 육체의 삶에 마음고생이 생겨나서 삶의 의욕을 상실한 채로 고민하고 갈등하고 심각해지면 무기력증에서 헤어나지 못하고 우울증이나 불면증 혹은 다른 복합적인 질병에 걸려 원치 않는 투병생활을 감당해야 합니다.

"너희 마음에 그리스도를 주로 삼아 거룩하게 하고 너희 속에 있는 소망(所望)에 관한 이유(理由)를 묻는 자에게는 대답할 것을 항상 예비하되 온유와 두려움으로 하고 선한 양심을 가지라 이는 그리스도 안에 있는 너희의 선행을 욕하는 자들로 그 비방하는 일에 부끄러움을 당하게 하려 함이라 선을 행함으로 고난 받는 것이 하나님의 뜻일진대 악을 행함으로 고난 받는 것보다 나으니라"(벧전 3:15~17)

자신의 존재를 위하여 또는 상대방과 맺은 언약(약속)을 지켜 행하기 위하여 최선을 다하여 신뢰할 수 있도록 실행하는 삶의 노력이 곧 정의를 행하는 것입니다.

많은 사람들은 선(good)과 악(evil)을 분별하지 못하고 단지 눈앞에 다가온 문제를 자기 좋을 대로 해결하려다가 사리(事理)를 분간 못하고 법과 윤리와 도덕으로 의무와 책임을 잘 못 짊어지는 경우가 많습니다. 약속한 일을 분별하지 못하고 있는 사람, 약속한 일을 자신 있게 실행하지 못하고 망설이고 있는 사람, 실행하는 일을 두려워하는 우유부단한 사람에게는 상담(consultation)이 참으로 중요한데 자기가 자신의 문제에 대하여 정답을 찾지 못하는 사람을 대신하여 상담자가 그 문제의 해답을 정직하고 성실하게 그리고 정확하게 찾아 줍니다.

"경우에 합당한 말은 아로새긴 은쟁반에 금사과니라"(잠 25:11)

사랑은 왜 하는 가에 대한 답변을 준비하고 있지 않으면 서로 사랑하는 가운데서 발생하는 돌발적인 사소한 문재가 걷잡을 수 없이 비화되어 의견차이가 표면화되고, 불만하고, 불평하게 되고, 언쟁하다가 마침내 감정이 격한 가운데서 중대 결정(결별을 선언 하는)을 내리게 됩니다.

진리(Truth)란 무엇인가에 대한 정답은 존재(existence)입니다. ≪약속과 정의≫의 시작부터 존재를 원인으로 정하고 존재의 과정을 다양한 방법으로 설명을 하였습니다. 이제 존재에 관한 결론을 말하려 합니다. 낱낱의 인격체가 각기 따로 독자적으로 존재하는 것이 아니라 존재하는 인격체나 혹은 사물이 서로 더불어 같이 존재하는 것이 진리에 대한 설명입니다.

이 세상의 진리 곧 존재하는 뜻과 의미를 알고 행할 수 있는 개념(conception)을 추상적(abstractly)으로 설명이 가능한 것이 바로 사랑(Love)입니다. 추상(abstraction)이란 낱낱의 다른 관념(생각)들에게서 필요한 부분만 빼내어 이를 종합하여 독창적인 관념연합(Ideology)을 하나의 존재하는 개념으로 만들어 내는 것인데 이것을 창조(creation)혹은 창작(an original work)이라고 말합니다.

하나님은 영원히 존재하시는 인격자이십니다(출 3:14).

유한한 육체의 생명을 가지고 살아가는 사람은 수명이 다하면 육체의 죽음을 맞이하게 되어 있습니다. 생명의 본질적 존재가 유한의 육체의 생명을 이탈하여 다시 영원성이 있는 새로운 생명으로 영원히 살아가려면 영원무궁 하도록 하나님의 나라에서 스스로 존재하시는 하나님과 언약을 맺고 관계 안에서 언약을 완전하게 충족시켜 드리면, 또한 하나님께로부터 언약을 충족시켰다는 의인(Justification)으로 인정받으면 그 사람은 하나님과 더불어 영원히 존재할 하나님의 나라에 들어가서 영생복락을 얻고 누리게 됩니다(계 21장~22장).

이 세상의 모든 피조물은 창조주 하나님께서 광활한 우주공간 그리고 지구라는 이 세상에 유한의 존재(limitation existence)로 만들어 놓으신 것입니다. 분명한 사실은 이 세상에 존재하는 모든 피조물은 절대로 무한의 존재(unlimited existence)로 만들어진 것이 아닙니다. 다만, 예외적으로 하나님의 형상과 모양을 닮은 사람만이 창조주 하나님과 더불어 존재할 수 있는데 아주 중요한 사실은 하나님을 믿고 주 예수 그리스도의 이름으로 구원받은 사람에게만 국한된다는 사실입니다(고전 15:38~58).

태초에 창조주 하나님께서 피조물을 만드시고 각각의 개체에 하나님의 숨(Breath)을 몸체에 불어 넣으심으로써 살아있는 생명체(a living soul)가 된 모든 존재는 지구라는 대자연 안에서 자신의 존재를 다른 존재들에게 과시함으로서 다른 존재들이 인정해 주도록 합니다. 다른 존재로부터 가장 정확하게 그리고 가장 오래도록 자신의 존재를 인정받을 수 있는 가장 좋은 수단과 방법은 자기의 존재를 인정해 줄 상대방과 밀접한 관계를 맺고 그 관계 안으로 들어가 소속(所屬)하면 해결 됩니다.

"나는 나의 사랑하는 자에게 속(belong)하였고 나의 사랑하는 자는 내게 속하였다 그가 백합화 가운데서 그 양떼를 먹이는구나"(아 6:3)

성숙한 남자와 여자가 결혼하여 한 몸이 되어 가정을 이루고 살아가는 부부는 서로의 인격 안에(in personality) 들어가서 더불어 살아가고 있기 때문에 자연스럽게 존재를 인정받고 있는 것입니다.

하나님(출 3:14)께서 스스로 영원히 존재하시는데 왜 우주만물을 창조하시고 섭리하고 계시는가(창 1장). 창조주께 모든 피조물이 존귀와 영광을 올려 드리는(시 19:1-6) 바로 그 장엄한 모습을 바라보시고 느끼시고 즐기워하시는 하나님의 정서는 '심히 좋았더라'(창 1:4,10,12,18,21,25,31)로 표현하고 있습니다. 피조물이 존재하는 광활한 우주 안에 태양계와 지구를 만들어 놓으시고 다시 지구 안에 삼라만상(森羅萬象)이 생명력을 가지고 존재할 수 있도록 창조하시고 섭리하시고 계십니다. 하나님의 존재를 바로 광활한 우주 안에 다 같이 존재하고 있는 모든 피조물이 일제히 창조하시고 섭리하시는 하나님의 존재를 인정해 주고 있게 때문에 하나님은 영광(이 모든 일을 하나님께서 다 행하셨다는 인정)을 받으시고 기쁨과 만족을 정서적으로 표현하고 계십니다.

하나님께서 사람을 왜 만들어 놓으셨으며 사람을 특별히 사랑하시고 사람의 죄와 허물을 자비로우시고 긍휼하신 사랑으로 용서하시며 구원하여 주시고 그런 사람을 하나님의 나라에서 영원무궁하도록 존재하게 하시는 것일 까요? 창세기로부터 요한계시록까지 66권의 성경말씀은 하나님께서 하나님을 특별하게 경외(Fear)하며 순종(obedience)하는 믿음의 사람들과 관계 안에서 언약(약속)을 맺으시고 더불어 존재하시는 이야기(History)로 가득 차 있습니다.

'더불어 살다'는 뜻과 의미는 사람이 한 집에서 같이 살아가면서 서로 간에 상대방의 존재를 가장 만족할 만큼 잘 인정해 주고 존경해 주면서 상대방이 요구하는 모든 조건들을 충족시켜 주는 언약(약속)을 서로 간에 의무와 책임감을 가지고 철저하게 실행에 옮겨 충족시켜주는 특별한 배려(special consideration)입니다.

"누구든지 하나님을 사랑하노라 하고 그 형제를 미워하면 이는 거짓말 하는 자니 보는바 그 형제를 사랑치 아니하는 자가 보지 못하는바 하나님을 사랑할 수가 없느니라 우리가 이 계명을 주께 받았나니 하나님을 사랑하는 자는 또한 그 형제를 사랑할지니라"(요일 4:20~21)

하나님께서 창조하신 천지만물 가운데서 사람이 가장 하나님의 존재를 잘 나타내 드리며 하나님의 존재를 경외(Fear)하여 드립니다. 이 세상에 살고 있는 사람들 가운데서 〈나〉라는 인격자가 하나님을 가장 사랑 하는 다시 말하지만 하나님을 경외하고 하나님의 말씀을 전적으로 순종(Obedience)해 드리는 인격을 가진 사람이 되십시오. 〈나〉라는 존재가 얼마나 존귀하면 〈나〉를 구원하여 주시고 은혜를 충만하게 베풀어 주시려고 영원무궁 하도록 같이 거(居)하시려고 하나님의 독생자 주 예수 그리스도를 십자가에서 희생시키셨습니다. 그러므로 누가 뭐라 말해도 〈나〉는 하나님과 영원무궁하도록 더불어 같이 살아갈 고귀한 인격의 존재입니다.

내가 사랑하는 사람 또는 나를 사랑하는 사람의 사랑의 가치 곧 나와 함께 언제까지나 같이 살아가려고 하는 바로 그런 사람은 이 세상에서 가장 존귀한 존재입니다. 왜냐하면 나를 사랑하는 바로 그 사람이 나의 존재를 최고로 인정해 주고 있기 때문인 것입니다. 다시 말하지만 사랑의 뜻과 의미는 인격을 가지고 있는 생명체와 생명체가 관계 안에서 서로 간에 요구하는 모든 요구와 조건을 충족시켜 준다는 언약(언약)을 맺고 그 약속을 정직하고 성실하게 지켜 행하면서 더불어 같이 존재의 뜻과 의미를 극대화시키며 영원하도록 더불어 존재하는 것입니다.

적극적인 사랑

아가(Song of Song)는 적극적인 사랑을 노래라는 형식으로 표현하고 있습니다.

"나는 나의 사랑하는 자에게 속하였구나 그가 나를 사모(思慕)하는구나 나의 사랑하는 자야 우리가 함께 들로 가서 동네(洞里)에서 유숙(留宿)하자"(아 7:10~11)

사랑하는 사람의 소속개념을 분명하게 밝힘으로써 사랑하는 사람과 떨어질 수없는 관계 안에 들어와 있음을 분명히 밝히는 것입니다. '속(屬)하다(belong to)'(아 6:3)와 '거(居)하다(in remain)'(요 14:20, 요일 4:12~16)의 단어는 둘 다 같은 뜻과 의미를 가지고 있습니다. 생명의 본질인 영혼(spirit)이 육체라는 몸(body)을 입고 창조하시고 섭리하시는 하나님께서 부여해 주신 시간 동안 이 세상에 존재를 과시하게 되어 있습니다. 사랑(Love)도 자기를 좋아하고 자기가 바라고 원하는 모든 요구와 조건을 다 받아주고 실행하여 줄 상대자에게 소속개념을 가지고 있어야 오래 동안 머물러 있으면서 자기의 존재를 만천하에 과시할 수 있는 것입니다.

저자(著者)는 기독교 목사로 본연의 사역에 충실하면서 한편으로는 성도들을 상대로 신앙상담(faith counselor)을 많이 하였습니다. 특히 부부지간, 이성지간, 가족지간, 이웃지간의 갈등이나 심각한 문제를 상담하였습니다. 가장 사랑하는 사람 곧 장래를 약속하고 교제중인 애인지간이거나 이미 결혼하여 한 몸을 이루고 한 가정을 꾸려가고 있는 부부사이에 해결이 안 되는 여러 가지 복잡하고 어려운 문제가 발생한다는 것은 매우 심각한 일입니다.

필자는 젊은 시절에 문학(literature), 주로 소설과 수필을 많이 읽었는데 그 덕분에 틈이 나는 대로 창작소설을 여러 편 집필하였습니다. 영화 시나리오나 TV드라마를 집필하는데도 비록 아마추어 수준이지만 그래도 상당한 잠재능력을 가지고 있습니다. 필자는 상담 받는 사람의 인생에 관한 중대한 문제를 들으면서 한편으로는 피상담자의 사랑에 관한 각본 (scenario)에 수정해야할 문제가 발생한 사연을 침착하게 정리한 다음 그 사람을 잘되게 할 수 있는 새로운 러브 스토리로 각색(dramatization)을 합니다. 그리고는 피상담자를 주인공으로 상담자는 연출가로 호흡을 하면서 새로 선보이는 사랑의 시나리오를 창작품으로 만드는 일에 총력을 기울여 봅니다. 이때 필자는 피상담자에게 사랑의 다섯 가지 속성을 알아듣기 쉽게 설명해 주고 사랑을 왜 하는가에 대한 뜻과 의미를 깨우쳐 줍니다. 사랑에 문제가 있어 상담 받은 수많은 사람들에게 본인들도 깜짝 놀랄 만큼 문제를 잘 해결하여 주었습니다.

한(恨)의 미학(美學)

세계의 위인들(정치가, 군인, 과학자, 음악가, 미술가, 문학가, 등등)을 보면 가난하고 병들고 실패하고 정상적으로 살아가기 어려운 여건의 환경 속에서 그럼에도 불멸의 업적이나 발자취 혹은 창작품을 남겨 놓고 있습니다. 사람이 다른 사람으로부터 인격의 무시와 천대를 받으면서 학대를 받고 중노동으로 혹사당하면 마음속에 원한 같은 것이 사무칩니다.

사람이 너무 가난하여 사람들로부터 차별과 무시를 받으면 마음속에 응어리져 생기는 병 덩어리 같은 것이 주먹만큼 큼직한 것이 뱃속에 들어 있어 무시로 찔림을 주는 고통을 가합니다. 가난을 오래 격어 보든지 실패를 수 없이 반복하면서 그에 따르는 스트레스를 많이 받고 그렇게 살게 되면 마음속에 원한(grudge)이 생겨나 몸과 마음 안에 쌓이게 됩니다.

원한(怨恨)이란 자신의 존재를 위협하고 비협조하고 훼방하고 조롱하는 한 마디로 말해 전혀 도움이 되지 못하는 차라리 해치거나 죽여 버리고 싶을 만큼 분노의 감정이 쌓이는 것을 말합니다. 사람이 말이나 행동으로 실행하여 보기 좋게 앙갚음을 하지 못하는 원한이 많이 생겨나면, 감정이 격화되어 화를 내고 정서가 불안정 되고 잠을 못 자고 우울증세가 나타나고 거기다가 여러 가지 질병이 복합적으로 나타나면 회복불능의 치명적인 불치의 질병으로 변해 버리고 그만 돌이킬 수 없는 폐인(disabled person) 이 되고 맙니다.

이렇듯 사람이 극한 상황에 처하더라도 다시 말하여 원한으로 쌓인 감정을 복수(revengeful)라는 극단적인 행동에 옮기기 보다는 차라리 긍정적이고 진취적으로 좋은 쪽으로 생각을 하고 그럴지라도 새로운 삶의 의지를 극대화시켜 보면 상상을 초월하는 잠재된 능력을 발휘하여 역경을 도전하고 극복하여 마침내 어느 누구도 따라올 수 없는 불멸의 걸작품을 만들어 낼 수 있는 것입니다.

극한 위기에 처한 사람이 새로운 마음을 먹고 결심하여 좋은 목적으로 도전하는 삶의 의지력은 어떤 명분 있는 일에 목표를 정해 놓고 도전하는 데 자기의 생명력을 전부 불어 넣으면서 마침내 노작(hard work)을 완성해 갑니다.

한(恨)이란 존재를 심히 굴욕적으로 무시당하거나 원통한 일을 당했을 때 그렇게 상처를 안겨준 사람을 죽이고 싶도록 분노가 치밀어 오르는 탄식이기도 합니다. 그러나 사람이 그렇게 원통한 일을 당하고도 분한 것을 토해내지 못하고 참게 되면 마음에 분노가 쌓이게 되어 질병이 됩니다.

한(恨)이라는 것을 긍정적이고 건설적으로 재활용할 수 있는 창작의 귀중한 자료로 유익하게 활용할 수 있다는 것입니다. 부정적(否定的)인 한(恨) 덩어리를 긍정적(肯定的)으로 선용하게 되면 불가사의(wonder)한 일이 발생하는데 그 것은 한을 토해내면서 창작하려는 새로운 마음가짐과 목표에 노력하는 집중력을 발휘하여 새로운 것을 창작하는 공력(endeavor)을 쌓아 올리게 됩니다. 그런 노작시간(勞作時間)에 토해져 나오는 한(恨)이란 것이 어느 사이에 변하여 새로운 저력을 유감없이 발휘하는 생명력을 발산해 내 살아 움직이는 창작품을 완성한다는 사실입니다.

원수라도 미운사람이라도 자기에게 피해를 안겨 준 사람이라도 다만 생명의 소중함을 존중해 주는 것은 그 생명의 존재를 인정하고 살려 주는 좋은 일입니다. 원수 갚을 수도 복수할 수 있음에도 괴롭힐 수 있어도 그런 것을 다 버리고 차라리 자기의 존재를 위하여 좋은 일에 몰두하면서 창작을 하게 되면 생명을 죽게 하는 한이란 것이 변하여 생명을 다시 살려주고 또는 새로운 생명으로 거듭나서 다른 존재하는 생명을 유익하게 해주는 가장 보람된 일을 하게 되는 것입니다.

"도적이 오는 것은 도적질하고 죽이고 멸망시키려는 것뿐이요 내가 온 것은 양으로 생명을 얻게 하고 더 풍성히 얻게 하려는 것이라"(요 10:10)

무슨 일을 하든지 자기의 생명을 불어 넣는 심정으로 열심히 최선을 다하여 적극적으로 일을 하다보면 놀라운 성공작품이 완성 됩니다. 옛날 사람들은 거의 다 공통적으로 성별의 차이 곧 남자는 존중의 대상이고, 여자는 인격도 인권도 무시당하며 살았고, 부자와 가난한 사람, 신분이 높은 사람과 천민의 삶은 너무 많이 비교되는 삶의 질적 양적인 차이가 많았습니다.

인격이 무시당하고 차별과 학대를 받고 혹사당하고 착취당하며 살던 사람들은 대개 한(恨)을 품고 살았습니다. 대한민국의 옛날 사람들도 양반과 천민의 계급제도 하에서 천민이라는 신분 때문에 불이익을 당하며 살았습니다. 남존여비(男尊女卑)라는 성차별은 옛날 여성들에게는 평생을 한을 품고 살아가게 하였습니다.

그런데 한(恨) 많은 사람들이 그럼에도 건강하게 살고 평안과 행복을 얻고 누리며 살았다면 누가 믿어 주겠습니까? 옛날 대한민국의 한 많은 사람들이 그들 나름대로 의미 있는 삶을 살아가는 비결이 있었는데 바로 그것은 한을 토해내면서 한 가지 일에 집중하면서 열심히 최선을 다하며 살아가는 것이었습니다.

대한민국 사람들이 노래(唱)를 잘 불렀는데 전통의 노래 곧 창(唱)을 부를 때는 한을 토해내면서 전심전력하여 노래를 부르면 어느 경지에 오르게 되는 데 바로 그 경지(境地)는 득음(得音) 곧 인간의 한계를 초월하는 신령(神靈)의 경지에서 창(노래)을 부르는 최고의 음악인이 된다고 믿었습니다.

20여 년 전 〈서편제〉라는 영화가 상영된 일이 있었는데 고전 음악(唱)을 직업적으로 부르며 살아가는 가난한 사람들의 이야기가 내용이었습니다. 아버지와 딸 그리고 아들 셋이서 창(唱)을 직업적으로 부르는데 부자집 잔치나 무슨 좋은 행사 때나 명절 때 아니면 장날 사람들이 많이 모이는 곳에서 이들 가족이 창(唱)을 부르면 구경꾼들이 돈 몇 푼 던져주는 것으로 연명하며 살았습니다. 사람들로부터 창(唱)쟁이 곧 천민의 신분으로 노래를 부르는 사람이라며 놀림과 차별도 받고 그렇게 살았는데 어느 날 아들은 이런 생활이 싫다며 서울로 도망가 버립니다. 그럼에도 아비지는 딸을 데리고 다니며 여전하게 노래를 부르는데 이런 아버지에게도 평생의 소원이 있었습니다. 기왕 노래쟁이로 한평생을 살아가지만 득음(得音)의 경지(境地)에 올라가고 싶은 음악가의 꿈이 있었습니다. 아버지는 이제 나이가 많아 더 이상 자신의 꿈을 향하여 도전할 수 없게 되자 딸에게 득음의 경지에 올라가 보라며 자신의 평생소원인 득음의 경지에 오르는 음악인의 꿈을 딸에게 전가(轉嫁)시켜 버립니다. 그러나 맘씨 좋은 딸은 득음의 경지에 오르려면 마음속에 한을 품어야 하는데 도무지 한을 품고 살지 않고 아버지와 단 둘이 어렵게 살아도 아버지를 공경하는 효녀로 살아가고 있습니다.

아버지는 딸에게 독약을 몰래 먹여 딸의 눈이 멀어지게 만들어 버립니다. 딸은 자기의 눈이 보이지 않는 장님이 되었어도 아버지를 원망하지 않고 누구를 탓하지 않고 변함없이 명랑한 모습으로 효도를 하며 살아갑니다. 보다 못한 아버지가 딸에게 버럭 화를 내면서 아비가 딸에게 사약을 먹여 장님으로 만들었는데도 딸이 아비에게 한(恨)을 품지 않는다고 오히려 야단을 칩니다.

376

세월이 흘러 아버지는 죽고 장님이 된 딸만 외롭게 살아가는데 어느 날 서울로 도망간 오라버니가 유일한 혈육인 여동생을 찾아옵니다. 오누이는 지금까지 살아오면서 마음속에 응어리져 쌓여있던 한(恨)을 몽땅 다 토해내면서 밤이 새도록 창(노래)을 불렀습니다. 오빠와 여동생이 오래 만에 만나 한을 토해내면서 밤새도록 부르는 창(唱)이 득음의 경지에 도달한 노래였던 것입니다.

사람의 몸과 마음 안에 가득 쌓여 있는 한(恨)을 토해내며 긍정적이고 진취적으로 무슨 일에 몰두하다보면 어느 사이에 신령한 경지에 올라 참 자유를 맛볼 수 있고 자기가 지금 하고 있는 일에서 존재의 뜻과 의미를 만끽할 수 있는 것입니다(딤전 4:12~16)

"이 모든 일에 전심전력하여 너의 진보를 모든 사람에게 나타나게 하라 네가 네 자신과 가르침을 삼가 이 일을 계속하라 이것을 행함으로 네 자신과 네게 듣는 자를 구원하리라"(딤전 4:15~16)

예수 그리스도께서 이 세상에서 인간의 육신의 몸을 입고 33년의 생애를 '한의 미학'(恨의 美學)의 관점에서 바라볼 수 있는 안목(眼目)을 가지고 있는 사람은 아마 드물 것 같습니다. 인본주의로 유물론주의로 소위 세계화가 된 현대의 무한경쟁에서 누가 뭐라 해도 오로지 자기만 이기고 승리하여 모든 것을 얻고 누리려는 성공하는 법을 통달하려는 인본주의 정의감을 가지고 살아가는 사람들이 많이 있습니다.

서점에 가면 소설보다 수필집보다 가장 인기리에 잘 팔리는 책이 있는데 그것은 자기개발에 관한 기발한 제목의 책들입니다. 어떻게 하면 재테크를 잘하여 떼돈 벌 수 있다느니 회사에서 고속 승진 하는 비결이 무엇인가, 사업을 보다 잘 할 수 있는 비법은 무엇인가, 어떻게 하면 남들 보다 먼저 성공할 수 있는가 그런 내용들이지만 이런 책들을 요즘 사람들이 즐겨 읽고 있다고 합니다.

기독교서점도 변화가 일어났는데 얼마 전에만 해도 서점 중앙에 신학에 관한 서적들로 빼곡하게 진열 되어 있었지만 불과 몇 년이 지나가면서 기독교서점에는 신학에 관한 책들이 사라져버리고 설교집이니 간증집이니 자기개발에 관한 책들로 가득합니다. 책방주인이 말하기를 요즘 고객들은 성경공부 잘 안하고 신학서적 같은 어려운 책 안 읽고 한 번 읽고 말 그런 책들만 선호한다고 귀 뜸 해줍니다.

무슨 일이든지 잘하고 성공하는 사람의 특징은 다른 사람 보다 뛰어난 집중력(concentration)이 있다는 것입니다. 오로지 자기 자신만을 위하여 수단과 방법을 가리지 않고 집중력을 발휘하여 돈을 많이 벌고, 재벌이 되고, 사업가로 성공하고, 정치가로 명망을 얻고, 부와 귀를 동시에 얻고 누린다 해도 사람을 살려주고 유익하게 해 주는 공력이라는 생명력이 없으면 헛되고 헛될 뿐입니다(눅 12:16~21).

예수 그리스도의 제자(사도)들의 특징은 오직 주 예수 그리스도의 복음을 전파하는 일에 집중력을 유감없이 발휘하여 〈한의 미학〉이라는 선교사역의 걸작품을 만들어 세계 역사에 특히 기독교역사를 빛나게 하고 있습니다. 기독교의 복음전파는 사람을 살려주는 영혼구원이 목적이므로 복음을 통하여 주 예수 그리스도를 영접하는 사람에게 성령(Holy Spirit)이 그 사람의 속에 들어가 하나님의 생명과 그 사람의 생명이 더불어 살아가게 함으로써 궁극적으로는 영원히 존재하는 사람이 되게 합니다.

"다시 저주가 없으며 하나님과 그 어린 양의 보좌가 그 가운데 있으리니 그의 종들이 그를 섬기며 그의 얼굴을 볼 터이요 그의 이름도 저의 이마에 있으리라 다시 밤이 없겠고 등불과 햇빛이 쓸 데 없으니 이는 주 하나님이 저희에게 비취심이라 저희가 세세토록 왕노릇하리로다"(계 22:3~5)

사랑은 내가 더 적극적으로

구약의 아가(Song of Songs)는 솔로몬이 기록자입니다. 아가의 내용은 솔로몬(Solomon)과 술람미 여자(The Shulammite)와의 사랑을 노래한

서사시(敍事詩)입니다. 솔로몬은 선천적으로 집중력(concentration)이 보통의 사람들 보다 월등한 사람입니다. 솔로몬이 20세의 젊은 나이에 왕이 되어 나라를 잘 통치하려고 정치적 재능을 하나님께로부터 선물 받기 위하여 특유의 집중력으로 일천 번제를 드렸습니다. 국력을 집중한 7년 대공사로 예루살렘 성전을 완공하고 그 여세를 몰아 13년 대역사로 예루살렘 왕궁과 성벽을 쌓아 올린 집중력(集中力)이 돋보입니다.

솔로몬은 일 천 명의 여자와 결혼한 것으로 기록되어 있을 만큼 사랑에 대한 그의 열정을 가늠할 수 있습니다. 일천 명의 여자들과 결혼한 것은 다분히 정치적일 수 있는 것이지만 그런 것 보다는, 솔로몬은 그 많은 여자들 중에서 과연 누구와 진정한 사랑을 하였을까? 누구보다 열정이 많은 솔로몬의 사랑을 받아들이는 일 천 명의 왕비들 중에서 누가 어떻게 하여 솔로몬의 사랑을 독차지하였을까?

솔로몬이 사랑한 여자들 중에 술람미 여자를 지목한 것은 솔로몬의 열정(집중력)보다 한 술 더 떠서 보다 더 적극적으로 사랑하는 술람미 여자의 사랑에 대한 집중력이 돋보이는 사랑의 참된 뜻과 의미를 깨달았을 것입니다.

"너는 나를 인(印)같이 마음에 품고 도장같이 팔에 두라 사랑은 죽음같이 강하고 투기는 음부같이 잔혹하며 불같이 일어나니 그 기세가 여호와의 불과 같으니라 이 사랑은 많은 물이 꺼치지 못하겠고 홍수라도 엄몰하지 못하나니 사람이 온 가산을 다 주고 사랑과 바꾸려 할지라도 오히려 멸시를 받으리라"(아 8:6~7)

'술람미 여자'라는 이름의 뜻과 의미는 솔로몬 왕의 동반자로서 영예로운 왕비(Honorable Empress)의 지위에 있는 신부(bride)를 지칭하는 말입니다. 솔로몬 왕이 일 천 명의 왕비들 중에서 가장 사랑한 여자는 술람미 여자임이 틀림없습니다.

처녀총각들에게 이성에 대한 상담을 해 줄 때면 아가를 잘 설명해 주면서 솔로몬과 술람미 같은 보다 적극적인 사랑을 해 보라고 권면해 줍니다. 아가의 주인공 솔로몬과 술람미 여자 이 두 사람은 마치 한(恨)을 토해 내듯이 서로를 그리워하며 사랑하지만 실제로는 내가 먼저 더 적극적으로 사랑하고 있는 집중력의 생생한 모습을 보여주고 있습니다.

사랑은 내가 먼저 적극적으로 사랑해야 상대방이 감동을 받고 나와 같이 적극적인 사랑으로 화답하여 주는 것입니다.

하나님과 사람의 사랑은 누가 더 적극적으로 사랑할까요? 당연히 사람이 더 하나님을 사랑하는 것 같지만 실제로는 하나님께서 사람보다 더 적극적으로 사람을 더욱 사랑하시고 계십니다. 주 예수 그리스도께서 사랑을 하려면 어떻게 하는 것이 하나님의 사랑하심과 같은 적극적인 사랑을 할 수 있는가를 가르쳐 주시고 계십니다.

"예수께서 가라사대 네 마음을 다하고 목숨을 다하고 뜻을 다하여 주 너의 하나님을 사랑하라 하셨으니 이것이 첫째되는 계명이요 둘째는 그와 같으니 네 이웃을 네 몸과 같이 사랑하라 하셨으니 이 두 계명이 온 율법과 선지자의 강령이니라"(마 22:37~40)

대부분의 사람들이 바라는 대로 만사가 형통하고 복을 받고 누리며 건강하고 화목하고 평안할 때는 하나님을 얼마나 잘 믿는지 그런 사람의 입술에서 연신 하나님께 영광 올려드리며 감사하는 말이 쉬지 않고 고백됩니다.

사람에게 원하는 대로 일이 잘 안되고, 사업에 불황이 겹치고, 망하고, 건강을 해치는 치명적인 질병으로 투병하게 되고, 내우외환에 극도로 시달림을 당하게 되면 거의 대부분의 사람들이 하나님에 대하여 신앙심은 식어지고 부끄럽게도 원망하고 말해서는 아니 될 불경스런 말이 불쑥 튀어나옵니다.

진실로 하나님을 사랑하는 사람이라면 비록 가난해도, 병고의 아픔으로 고통을 받아도 변함없이 하나님을 보다 더 적극적으로 사랑하는 믿음을 보여 주어야 할 것입니다.

요즘 그리스도인들 중에 이혼하는 사람이 부쩍 많습니다. 남편이 좋은 직장에 다니고, 월급도 많이 받아오고, 사업을 잘하고 그럴 때는 부부지간의 금실도 아주 좋아 보입니다. 남편이 실직당하고, 사업에서 실패하여 빚만 듬뿍 짊어지고, 어떻게 잘 살아갈 가망이 없어 보이면 아내는 이혼하자며 집을 나가는 그런 사람들이 많다고 합니다. 주님께서 이웃을 네 몸과 같이 사랑하라고 하신 말씀을 다른 사람은 몰라도 최소한 자기의 아내나 남편에게 마치 자기 자신 만큼 사랑하는 그런 열정을 보여 준다면 다른 사람들로부터 잉꼬부부라는 부러움을 받을 수 있을 것입니다.

선남선녀들의 프러포즈는 옛날에는 총각이 적극적이어야 하고 처녀는 소극적이어야 한다는 것이 법인 것 같이 윤리인 것같이 도덕인 것같이 미화되었었습니다. 행여 처녀가 적극적으로 총각에게 다가오면 마치 잘 못된 만남인 것같이 수군 거렸습니다. 현대의 지성과 미모를 갖춘 남성과 여성은 이상형의 사람을 만나면 누구랄 것 없이 자기가 먼저 적극적으로 프러포즈를 취합니다.

'미치다'라는 말은 대개 미치광이(maniac)를 지칭하지만, 사실 따지고 보면 듣기 거북하고 기분이 나쁜 말 같지만, 곰곰이 생각해 보면 좋은 뜻으로 하는 말이기도 합니다.

"우리가 만일 미쳤어도 하나님을 위한 것이요 만일 정신이 온전하여도 너희를 위한 것이니 그리스도의 사랑이 우리를 강권하시는도다 우리가 생각건대 한 사람이 모든 사람을 대신하여 죽었은즉 모든 사람이 죽은 것이라"(고후 5:13~14)

'미치다'의 뜻과 의미는 무엇에 푹 잠겨 버리는 것, 머리에서 발끝까지 뒤집어 씌우는 것 또는 무엇에 너무 열중하는 태도입니다. 예를 들면 사람이 온통 돈 버는데만 집중하여 다른 것은 거들떠보지도 않을 때 '돈에 미친 사람'이라고 말합니다. 회사를 경영하는 사장(president)은 일에 미쳐 버린 일 잘하는 사원을 반드시 중용시켜 요직에 앉혀줍니다.

예수님을 잘 믿어 교회에 열심히 다니고 교회 봉사하는데 앞장 서는 사람을 빗대어 '예수에 미친 사람'이라고 말해 줍니다.

"바울이 이같이 변명하매 베스도가 크게 소리하여 가로되 바울아 네가 미쳤도다 네 많은 학문이 너를 미치게 한다 하니 바울이 가로되 베스도 각하여 내가 미친 것이 아니라 참되고 정신 차린 말을 하나이다"(행 26:24~25)

주 예수 그리스도를 누구보다 더 열심히 모범적으로 믿는 신앙을 보고 '예수에 미친 사람'이라고 누가 나에게 그렇게 말해 주었으면 얼마나 좋을까요! 존재를 위한 좋은 뜻과 의미로 나를 가리켜 예수 그리스도를 믿는 신앙의 자세가 '미쳤다'라고 비아냥거려도 여한이 없겠고, 나의 신앙생활을 바라보는 사람마다 한다는 소리기'예수에 한이 맺혀있다' 해도 듣기 좋기만 합니다.

사랑하는 하나님과 또는 사랑하는 사람과 더불어 언제까지나 같이 존재하고 싶은 그 아름답고 향기로운 정열적인 사랑의 뜻과 의미를 미치도록, 한이 맺히도록, 집중력을 유감없이 발산할 수 있는 적극적인 사랑을 할 수 있다면 존재의 뜻과 의미가 빛날 것이며 영원히 시들지 아니하는 꽃처럼 향기를 뭉클하게 발산하는 가장 아름답고 행복한 존재로 영원무궁하도록 빛을 발산하게 될 것입니다.

"또 저가 수정같이 맑은 생명수의 강을 내게 보이니 하나님과 및 어린 양의 보좌로부터 나서 길 가운데로 흐르더라 강 좌우에 생명나무가 있어 열두가지 실과를 맺히되 그 나무 잎사귀들은 만국을 소성하기 위하여 있더라 다시 저주가 없으며 하나님과 그 어린 양의 보좌가 그 가운데 있으리니 그의 종들이 그를 섬기며 그의 얼굴을 볼터이요 그의 이름도 저희 이마에 있으리라 다시 밤이 없겠고 등불과 햇빛이 쓸데없으니 이는 주 하나님이 저희에게 비취심이라"(요한계시록 22:1~5)

에필로그

학문에 관한 책을 저술하는 사람들은 통념처럼 다른 사람의 생각·말·행동을 인용(guotation)하여 고증(research)합니다. 필자는 다른 사람의 말·주의·주장을 모방하듯이 인용하고 고증하는 것이 안 좋은 것이라고 봅니다. 꿀벌이 꽃에서 원액꿀을 채집할 때 꿀벌이 꽃의 원액 꿀을 먹고 소화시킨 다음 벌통에 다시 토해 냅니다. 사람들은 자연상태의 꿀을 최고 명품으로 삼는 것입니다. 책을 저술하는 학자도 설교하는 목사도 진리의 지식과 지혜를 먼저 자기의 지식과 지혜로 삼고 책을 집필하거나 설교를 한다면 신선한 가치가 있습니다. ≪약속과 정의≫를 집필하면서 위인들과·학자들의 견해를 많이 읽기는 하였지만 문자 그대로 베껴쓰듯이 인용하고 고증하는 것을 삼갔습니다. 아무쪼록 ≪약속과 정의≫를 읽으시는 독자 제위께서 이해하여 주시고 신앙생활에 보다 유익하시기를 진심으로 기도합니다. 성삼위 하나님의 사랑과 은총이 ≪약속과 정의≫를 읽으시는 분들께 충만하게 임하시기를 기원합니다.

참고도서

톰슨성경(기독지혜사)

성서대백과사전12권(성서교재간행사)

조직신학(최인원)

기독교교리사(성광출판사)

교회사(세종문화사)

변증학(기독교문서선교회)

교의학방법론1, 2권(대한기독교출판사)

자연과학(창조과학회)

그의 나라와 그의 의를(임마누엘선교 미디어)

바이블 스페셜(양문교회)

정의란 무엇인가(김영사)

그 외 다수

참고도서

톰슨성경(기독지혜사)

성서대백과사전12권(성서교재간행사)